JN449950

집단소송법론

저자 약력

고려대학교 법학과 졸업(2001. 8., 법학사)
고려대학교 일반대학원 법학과 졸업(2010. 8., 법학석사)
고려대학교 일반대학원 법학과 졸업(2016. 8., 법학박사)
제46회 사법시험 합격(사법연수원 36기)
공익법무관(대한법률구조공단)
변호사(한영회계법인, 공인회계사회)
대한변호사협회 법제연구원 연구위원
전남대학교 법학전문대학원 부교수(2016. 9. ~ 현재)

집단소송법론

2019년 2월 20일 인쇄
2019년 2월 25일 발행

지은이 | 최광선
펴낸이 | 정병석

펴낸곳 | 전남대학교출판문화원
주소 | 61186 광주광역시 북구 용봉로 77
전화 | (062) 530-0571~3 팩스 | (062) 530-0579
등록 | 1981. 5. 21. 제53호
홈페이지 | http://www.cnup.co.kr
이메일 | cnup0571@hanmail.net

값 19,000 원

ISBN 978-89-6849-603-5 (93360)

집단소송법론

集團訴訟法論

최광선 저

전남대학교출판문화원

머리말

이 책은 저자가 2016년 8월 취득한 박사논문(주제: 증권관련 집단소송법제에 관한 연구)을 수정·보완한 것이다. 변호사 업무를 수행하면서 박사논문을 준비하던 때가 엊그제 같은데 그동안 많은 일이 있었다. 2013년 11월 3일 사랑하는 아들 민호가 태어났고, 2016년 9월 1일에는 전남대학교 법학전문대학원에서 부교수로 강단에 서게 되었다. 학술지 논문을 쓰게 된 이유가 변호사 업무를 수행하면서 마주쳤던 쟁점들을 정리해서 후배들에게 조금이라도 도움을 주고자 했던 것인데 그것이 모여서 박사논문을 쓰는 지경까지 이르게 되었다.

원래 집단소송에 관심을 가지게 된 계기는 대학교 학부시절 민사소송법 강의시간이었다. 그 당시에는 대표당사자소송과 단체소송의 개념을 정확하게 이해하지 못했던 것 같은데 일반적인 소송의 모습에서 벗어나 다수의 권리관계를 효과적으로 대변해 준다는 모습에 끌렸던 것 같다. 이후 석사과정과 박사과정에서 여러 교수님들에게 많은 가르침을 받고 집단소송의 묘미에 대하여 조금씩 알아갔다. 특히 최승재 교수님(세종대 교수, 현 대한변협 법제연구원 원장)과 서울지방변호사회 법제연구원에서 만나서 학문적 교감을 나눈 후, 서울지방변호사회 차원의 개선안을 검토하게 되었고, 필자의 지식이 쌓이는 계기가 되었다. 그 당시 연구를 지원해 준 나승철 전 서울지방변호사회 회장님에게도 감사를 드린다.

법학전문대학원의 교육이 변호사시험 위주로 진행되어가는 모습을 안타까워하는 목소리가 적지 않다. 법학은 시험도구가 아니라 학문으로서 사회의 문제점을 지적하고 그 대안을 제시해야 하므로 그러한 목소리가 나오는 것은 당연하다고 생각한다. 반면 법학전문대학원은 장래에 법조인을 양성하는 기관이므로 종래의 학문적인 교육만을 하기는 어렵다는 점을 본다면 학생들에게 기본적인 내용을 충실히 가르치는 점은 여전히 중요하다. 현재의 법학전문대학원의 교육은 교육 그 자체의 문제라기보다는 선발인원을 둘러싼 시험제도의 문제로 보이며 향후 적절한 대안이 나오길 기대한다.

그렇지만 교수는 교육 이외에도 학자로서 바람직한 법의 모습을 연구하여 제시할 수 있어야 한다고 생각한다. 바람직한 교수는 교육, 연구, 봉사(행정)의 3요소를 균형적으로 갖추어야 하기 때문이다. 비록 미약하지만 이 책에서는 그 동안 집단소송에 대하여 필자가 생각한 바를 정리하여 담아 보았다. 부족한 점이 많겠지만 집단소송에 대하여 지속적으로 관심을 가지려고 한다. 이는 우리 사회의 소액·다수 피해자 및 사회적 약자의 효율적인 구제시스템을 갖추는 일로서 매우 중요한 과제라고 생각하기 때문이다.

이 책이 나오기까지 감사드려야 할 분들이 매우 많다. 먼저 지도교수님이신 정영환 교수님께 감사드린다. 필자가 마음 속으로 지고 있는 빚이 감당할 수 없을 정도로 크다. 매우 어려운 상황에 있을 때 저에게 주신 응원의 말씀은 평생 잊기 어렵다. 지금 학교에서 학생들을 대할 때에도 가끔 교수님이었으면 어떻게 하셨을까 생각하곤 한다. 당장 눈앞의 현상과 이익을 좇지 말고 사건과 사람의 본질을 보라는 취지의 말씀은 복잡한 사안이 찾아올 때마다 필자의 중심을 잡아주곤 한다. 제자들이 언제든 찾아와도 따뜻한 위로를 해 줄 수 있는, 그리고 가끔은 도와줄 수 있는 그런 교수님의 모습을 따르고 싶다. 박사논문과 박사과정을 지도해 주신 정동윤 교수님, 윤남근 교수님, 유병현 교수님, 함영주 교수님, 김경욱 교수님께 감사드린다. 인격적으로나 학문적으로나 부족한 필자를 성장시켜 주시고 학문적인 길을 제시해 주셔서 여기까지 올 수 있었다고 생각한다. 특히 정동윤 교수님께서 고려대학교에 심어주신 민사소송법의 학풍과 정신을 토대로 하여 훌륭한 선후배들이 성장할 수 있었던 것 같다. 필자도 이 학풍과 정신을 유지하고 계승하는데 미력하나마 도움이 되었으면 좋겠다. 함영주 교수님께서는 바쁘신 중에도 마지막까지 헌신적인 지도를 해 주셨다. 학문에 대한 진지한 자세를 배울 수 있었던 소중한 시간이었다고 기억한다. 집단소송에 관하여 보유하고 계신 연구성과를 보면 후학들에게 큰 모범을 주고 계시다고 생각한다.

현재 근무하고 있는 전남대학교 법학전문대학원 교수님들에 대한 감사인사도 빼놓을 수 없다. 좋은 분위기에서 즐거운 직장생활을 하고 있는 것을 생각하면 필자는 정말 복을 많이 받았다고 생각한다. 민사소송법 과목의 선임 교수님이시자 교무처장으로 수고하시는 최환주 교수님께도 감사드린다. 학생들을 지도하는 마음가짐부터 민사소송법을 가르치는 방법까지 모든 면에 있어서 귀감이 되고 있다. 최근 건강에 유의하셔야 하는 상황이 되었는데 빠른 쾌유를 기원한다. 얼마 전 정년퇴임을 하신 홍기문 교수님께도 감사드린다. 교수님께서 전남대학교에 쏟으신 열정을 보면 필자가 혹시 누가 되지 않을지 걱정스럽다. 명예교수 생활도 활기차게 하시고 지역 사회에 많은 공헌을 하고 계신 모습은 후배 교수들에게 귀감이 된다. 필자와 같은 민사법 교실에 몸을 담고 계신 김송 교수님, 김태봉 교수님, 박종미 교수님, 성승현 교수님, 송오식 교수님, 이승우 교수님, 이현재 교수님, 임병석 교수님(가나다 순)께도 감사드린다. 선배 교수님들이 모범을 보여주셔서 전남대학교가 발전을 하고 있다고 생각한다. 동료교수들인 김화 교수님, 이준민 교수님께도 감사인사를 전한다. 성실하게 교정을 봐 주시고 출판을 지원해 주신 성승현 전남대출판문화원 원장님과 직원 분들에게도 감사인사를 전한다.

마지막으로 사랑하는 가족들에게도 감사인사를 잊을 수 없다. 태어날 때부터 지금까지 기도로 중보해 주신 부모님을 빼 놓을 수 없다. 특히 아버지는 신학을 전공하시고 대학에서 학생들을 가르치셨고 어머니는 수학을 전공하여 중학교에서 학생들을 가르치셨는데 이 모습이 아들에게 큰 영향을 미치지 않았나 싶다. 교수라는 직업에 대하여 소년 때부터 관심을 가질 수 있었던 것은 좋은 가정환경 때문이었다고 생각한다. 아내 은정에게도 감사인사를 전한다. 변호사(사법연수원 37기)로 오랫동안 실무에 있으면서 많은 사건을 처리하였고 지금은 전남대학교에서 석박사 통합과정을 밟고 있는데 앞으로는 학문적으로도 대성하기 바란다. 요즘 들어 부쩍 아빠를 찾는 아들 민호도 눈앞에 아른거린다. 요즘 아빠가 왜 집에 일찍 들어오지 않냐고 자주 묻는데 내 인생에서 아들이 이토록 아버지를 간절히 찾는 일이 있을까. 주중과 주말을 가리지 않고 연구실에서 늦게까지 있는 가장을 이해해 주는 아내와 아들에게 항상 고마운 마음 뿐이다.

사람은 본인의 미래를 알 수 없다. 오직 하나님만이 알고 계신다. 그럼에도 사람은 어떠한 소망을 가져 볼 수 있다. 비록 지금 학문적으로 미미한 발걸음을 옮기고 있지만 그러한 시도가 모여 어떠한 긍정의 결과를 내어줄 것이라고 기대한다.

2019년 2월

햇살이 비치는 용봉동 연구실에서

최광선

■ 목 차

제4장 미국외 다른 나라의 증권관련 집단소송 관련 법제

제5장 우리나라 증권관련 집단소송법 개정논의 및 평가

제6장 현행 증권관련 집단소송법의 문제점 및 개선방안

제7장 소비자 집단소송의 발전방향에 관한 제언

제8장 결 론

제1장 서 론

제1절 연구의 목적

현대사회에서의 분쟁은 기술의 발달, 인구의 증가로 대량화·복잡화의 특성을 갖게 되었다. 따라서 전통적 의미의 소송체계인 1대1의 당사자주의로는 분쟁을 효율적으로 해결하는데 한계가 발생한다. 소액·다수 피해의 문제가 법적으로 복잡다기할 경우 국가가 선제적으로 해결해 주면 보다 간명하게 해결될 수 있다. 그러나 모든 문제를 국가가 해결해 준다는 것은 실제로 가능하지도 않고 가능하더라도 국가의 지나친 통제가 더 우려되는 상황이 발생한다. 집단소송은 소액·다수의 피해가 있을 때 전통적으로는 해결하지 못하는 (특히 소송으로 얻는 이익과 소송에 들이는 비용의 차이로 인하여 발생하는) 사건에 있어서 당사자적격의 확대를 통하여 분쟁해결에 기여하는 제도이다. 물론 소를 제기하지도 않을 정도의 이익이라면 그것이 경제적·실질적으로 의미가 있겠느냐는 의문이 있을 수 있지만 이는 소액·다수의 피해에 대한 구제의 필요성을 무시한 처사이다. 이미 대부분의 선진국들이 대표당사자 소송형태 및 단체소송 등을 통하여 이러한 소액·다수 피해의 구제방법을 고안해 놓은 상태이고 분쟁의 국제화로 인하여 외국의 집단소송을 무시할 수 없는 지경이 되었다. 현대 사회는 다수의 위험원[1])을 가지고 있는 위험사회[2])이기 때문에 위험을 감소 또는 방지시키려는 노력을 제고하기 위하여 소송제도를 선진화시키는 것은 매우 중요한 일이다. 실제로 집단피해가 있을 때마다 집단소송에 관한 입법논의가 진

1) 김형배, 『채권각론』, (박영사, 1997), 124면. 불법행위규정을 기초로 하는 보호의무(Schutzpflicht)와 별도로 계약관계에 바탕을 둔 안전배려의무(Rücksichtspflicht)를 인정하고 이에 위반한 경우 채무불이행 책임을 인정할 것인지 여부가 논의되고 있다고 한다.

2) 김상용, 『불법행위법』, (법문사, 1997), 60면. 대중사회에서 안전유지의무는 증가될 수밖에 없으며 운동경기, 대중집회, 시설의 보유자 등 모두가 물적 인적 위험에 대한 안전의무가 인정된다고 한다. 참여하는 자의 수가 많으면 많을수록 안전배려의무는 강해지게 된다고 한다.

행되는 것을 보면 우리 사회가 집단적 분쟁해결에 있어 집단소송에 대하여 거는 기대가 크다는 점을 알 수 있다.

우리나라에서 집단소송은 여전히 많은 화두를 던진다. 우리나라에서는 이미 1980년대 후반에 들어서 소액·다수 피해자에 대한 구제를 어떻게 할 것인가를 본격적으로 논의하기 시작하였고 그에 따라 법무부에서 1990년대 중반부터 집단소송시안을 마련하였다. 그러나 집단소송은 기업을 파괴하는 제도이라는 인식이 매우 강하여 기업 측으로부터 강력한 반발을 사게 되었고 그 이후 입법 논의가 제대로 진행되지는 못하였다.

그러던 중에 1997년 IMF라는 국가적 경제위기를 맞으면서 집단소송 도입의 전기가 마련되었다. 증권분야에 있어 집단소송을 마련하여 견제수단을 강화하라는 국제통화기금의 권고에 따라 어쩔 수 없이 증권분야에만 한정하여 집단소송을 도입하게 된 것이다.[3] 비록 우리나라 자체적인 의지에 따라 집단소송을 도입한 것이 아니어서 아쉬운 점은 있으나 논의 활로가 열렸다는 점에 큰 의의가 있다고 생각한다. 정작 도입이 필요한 분야인 환경, 식품, 인권분야에 대한 집단소송이 도입되지는 못하였으나 적어도 논의에 탄력이 붙었음은 부인할 수 없다. 최근 금융소비자 피해구제 방안에도 집단소송이 논의되고 있으며 심지어 가습기 살균제 사건까지 확대되고 있는 점[4]을 보면 더욱 그러하다.[5]

집단소송과 관련하여 논의되고 있는 현시점에서 가장 문제되고 있는 점은 이론적인 편향성이다. 집단소송이 도입되면 소송이 남발되어 변호사 집단에게만 유리한 제도로 오용될 것이라고 보는 견해와 집단소송을 통하여 모든 사회악을 해소하고 사회정의를 바로 잡을 수 있는 만능적 제도로 보는 견해는 모두 극단적이라고 생각한다. 집단소송을 연구하는 사람들은 이 가운데서 제도의 균형성을 추구하고 대안과 절충점을 찾을 수 있도록 안내할 필요가 있다.

현 시점에서의 집단소송은 크게 증권분야에서 미국식 대표당사자소송(class action)

---

3) 1997년 말 외환위기를 맞아 IBRD와 차관협상을 하면서 차관제공의 조건으로 증권관련 집단소송의 도입을 권유받았다. 자세한 내용은 유병현, “증권집단소송법 제정안에 대한 검토”, (상사법연구 제20권 제4호, 2002), 125면.

4) 가습기 살균제 사건과 관련하여 2014. 2. 5. 서영교 의원이 대표발의한 「소비자집단소송법」이 주목을 받고 있다. 이 법안은 법 제3조에서 소비자 피해에 관하여 8개의 영역을 특정한 후 대표당사자소송을 도입한 입법이다. 증권관련 집단소송과 유사하게 몇 개의 조항에 걸쳐 집단적으로 손해배상청구를 할 수 있는 근거를 마련하였다. 이에 대하여 자세한 사항은 제7장에서 자세히 논하기로 한다.

5) 김홍기, “금융소비자보호를 위한 집단소송제도의 개선방안 - 최근 증권관련 집단소송법의 개정 논의를 중심으로”, (상사법연구 제33권 제2호, 2014), 274면.

을 채택한 「증권관련 집단소송법」(이하 '증권관련 집단소송법'이라고 한다)과 소비자 분야, 개인정보보호 등의 분야에서 독일식 단체소송을 채택한 「소비자기본법」(이하 '소비자기본법'이라고 한다), 「개인정보 보호법」(이하 '개인정보 보호법'이라고 한다)으로 볼 수 있다.[6] 그러나 이러한 집단소송 제도가 과연 성공적으로 운영되고 있는지에 대하여는 의문을 품는 견해가 다수인 것 같다. 제도가 성공적으로 운영되고 있는지를 살펴 볼 때는 단순히 드러난 통계치만 가지고 단정 지을 수는 없지만 현재 드러난 이용실적만 봐서는 적어도 활성화에는 성공하고 있지 못하다고 봐도 과언이 아니다.

물론 집단소송이 지나칠 정도로 활성화가 되어 기업활동을 곤란하게 한다면 문제가 있고 그 점을 우려하여 2000년대 초반부터 집단소송의 남용을 방지하려는 많은 연구가 있었다.[7] 특히 우리나라 증권관련 집단소송법 적용에 있어서는 변호사들이 집단소송을 통하여 얻게 될 이익이 사실상 없거나 오히려 공동소송보다 더 불리하여 실무상 통상공동소송을 통하여 절차를 진행하는 것이 훨씬 간편할 정도라고 한다.

증권소송은 금융지식을 배경으로 하기 때문에 상당히 전문적이고 복잡하다. 민사소송만 해도 법리적으로 상당히 어려운 부분이 많은데 금융지식이 배경이 되는 증권분야가 결합되어 있으니 더 복잡할 수밖에 없다. 누가 피해를 보았는지, 얼마나 피해를 보았는지 제대로 알 수가 없는 경우에 집단소송에 적합한 분야라고 할 수 있는데 증권관련 집단소송법에서는 증권을 다루는 「자본시장과 금융투자업에 관한 법률」(이하 '자본시장법'이라고 한다) 중 일부에 대하여만 집단소송의 대상을 인정하고 있다. 증권관련 집단소송이라는 명칭만 본다면 사실 증권과 관련성이 있기만 하면 집단소송이어야 함에도 불구하고 현재는 그 관련성이 지나치게 좁다.

집단소송 중 대표당사자소송 형태를 취하고 있는 대표적인 국가는 미국이다. 미국의 대표당사자소송의 경우 증권법과는 별개로 형평법을 거쳐 연방민사소송규칙에 입법화되었다.[8] 연방민사소송규칙은 다양한 영역과 결합하여 분쟁을 해결하는 도구로 기능하였는데 남소 또는 남용이 심해지자 1990년대 중반 이후 개혁의 논의가 시작된 것이다. 우리나라에서 집단소송의 도입은 증권분야에서 시작되었는데 정

6) 정동윤·유병현·김경욱, 『민사소송법』, (법문사, 2016),· 1025-1027면 ; 정영환, 『신민사소송법』, (세창출판사, 2009), 872면.

7) 전삼현, "증권집단소송의 현재와 문제점", (기업소송연구, 2007) ; 기업소송연구회, 「증권집단소송법」, (삼영사, 2006), 이외 다수.

8) Mary Kane, 『Civil Procedure In a nutshell』 7th edtion, Thomson West, (2013), p.274.

작 법을 도입할 때에는 미국연방민사소송규칙을 모델로 한 것이 아니라 1995년의 사적증권소송개혁법을 모델로 한 것처럼 보인다. 즉 증권관련 집단소송이라면 증권소송과 집단소송이 분리되어 있는 분야로서 증권법과 민사소송법이 결합된 법률인 것인데 마치 증권법의 특별법인 것으로 오인될 소지도 있어 보인다. 따라서 본서는 증권법 요소와 소송법 요소를 구별하여 논의를 해 보도록 한다.

본서는 주요목적은 증권관련 집단소송을 활성화하기 위하여 작게는 증권관련 집단소송법의 개정안을 제시하고 크게는 집단소송법에 대한 법체계에 변화를 줄 필요성을 살펴보기 위함이다. 따라서 우리나라의 증권관련 집단소송법이 모델로 삼은 미국의 대표당사자소송 제도 및 그와 관련된 증권법 제도를 참고하였다. 미국의 대표당사자소송에 관련된 법률, 판례, 연구논문을 중심으로 우리 법을 조망하여 보려고 한다. 다만 우리나라는 증권분야에만 대표당사자소송을 도입한 것이므로 미국의 증권법 분야에 대하여도 개략적인 고찰을 하도록 한다. 증권관련 집단소송을 활성화하기 위해서는 소송절차의 측면에서 접근하는 것도 중요하지만 실체법적 측면에서도 접근할 필요가 있기 때문이다. 아울러 대표당사자소송형태를 취하고 있지는 않지만 단체소송의 형태로 분쟁을 해결하고 있는 국가들, 최근에 입법화된 2단계 구제절차를 도입한 국가들로부터 시사점은 없는지 살펴보기로 한다. 대표당사자소송과 단체소송이 그 형태와 세부적인 기능은 다르지만 궁극적으로는 다수인에게 발생한 소액의 피해를 어떻게 해결할 것인지의 문제이기 때문에 '원고적격의 확대'라는 측면에서는 사실상 같기 때문이다. 최근 문제되고 있는 소비자집단소송의 발전방안에 대하여도 검토하였다. 소비자집단소송은 대표당사자소송과 단체소송이 조화를 이루어 발전해야 하는 분야라고 생각한다. 최근 제출된 법안을 분석하면서 대안을 제시하였다.

제2절 연구의 범위 및 방법

연구를 위하여 우리나라의 증권관련 집단소송의 연혁과 법무부 집단소송법 시안을 살펴보고 현재 문제되고 있는 사례들을 살펴본다. 이후 미국과 다른 국가들의 제도를 살펴 본 후, 증권관련 집단소송과 관계된 다른 실정법 분야를 검토한다. 현재의 증권관련 집단소송법에 대하여 적절하게 규정된 것인지 입법평가를 해보기로 한다. 이 부분에서는 회계학계의 연구성과를 같이 참조하였다. 종전의 연구는 대부분 비교법적 고찰, 연구 문헌 고찰이었으나 본서에서는 증권관련 집단소송의 또 다른 당사자들의 시각을 통하여 분석하고자 하였다. 기업측에서는 대부분 반대의 논거와 부정적 사례를 제시하고 있는데 비하여 회계학계에서는 비교적 실증적인 연구가 나와 있어 참조하였다. 선행 연구결과를 바탕으로 증권관련 집단소송법상 쟁점이 있는 조항에 대하여 조문 문구 및 개선사항을 검토하고 대안을 제시하기로 한다. 선량한 기업의 보호와 증권관련 집단소송의 활성화는 서로 대립되는 개념이 아니다. 즉 선량한 기업이라면 증권관련 집단소송이 제기되어도 충분히 방어가 가능하다. 따라서 남소에 대하여는 상응하는 패널티를 주도록 하되 선량한 투자자를 보호하기 위해서라면 불법에 상응하거나 그 이상의 응징을 할 수 있는 방향으로 조화를 이루게 하는 것이 바람직하다고 생각한다. 우리나라에서 집단소송이 비록 그 제기 건수는 몇 건이 없으나 그 위하효과가 전혀 없다고 단정하기는 어렵다. 그 점을 감안하여 증권관련 집단소송이 활성화될 수 있도록 논의를 진행하고자 한다.

제1장에서는 연구의 목적과 범위를 제시하고 제2장에서는 우리나라에서 문제되었거나 문제되고 있는 집단소송의 사례를 살펴보는데 일반적으로 집단소송이라고 불리는 분야와 증권관련 집단소송의 분야를 나누어 살펴본다. 이는 먼저 문제가 되는 사례를 살펴보고 향후 어떻게 개선점을 마련할지에 대한 화두로서 제시하였다. 그 후 우리나라 집단소송법의 제정 역사와 현황을 살펴본다. 증권관련 집단소송이 도입될 당시의 찬반론을 살펴보고 집단소송 도입 당시 연구의 집약체인 법무부 집단소송시안에 대하여 검토해 본다. 이후 현행법상 집단분쟁 해결제도인 통상공동소송, 선정당사자소송, 주주 대표소송 등에 관하여 현대형 분쟁에 있어서 한계점이 있음을 살펴보고 향후 집단소송의 개념을 정리할 때 공익소송의 성격을 점검하고 향후 바람직한 기본원리를 설정해 본다. 연혁적 측면을 살피는 것은 반면교사로 삼아야 할 부분, 미래에 참고해야 할 부분을 모두 보는 것으로 마치 한 나라의 역사를

보는 것과 같다. E.H. Carr가 주장했던 것처럼 '역사는 과거와 현재의 끊임없는 대화'[9]라고 할 수 있듯이 증권관련 집단소송의 과거를 조명해 봄으로써 장래의 바람직한 방향을 모색하는 계기가 될 수 있다.

제3장은 비교법적 고찰이 주를 이룬다. 본서의 주제상 미국의 증권법 부분을 먼저 살펴보고 증권관련 집단소송에 있어 미국 연방민사소송규칙이 필요한 부분 발췌하여 살펴보기로 한다. 증권관련 집단소송은 사실 민사소송법과 증권법의 특별법이 결합된 형식이므로 양 법제의 관점에서 분석해 볼 필요성이 크다.

제4장에서는 미국 이외의 국가에서 증권관련 집단소송을 처리하는 방식을 살펴서 단체소송을 주로 채택하고 있는 국가에서도 배울 점은 없는지 알아본다. 특히 최근 독일에서는 자본시장 투자자 보호를 위한 시범소송제도가 연장되었다. 최근 논의가 되고 있는 2단계 권리구제를 택한 나라들이 있는데 대표적으로 일본, 프랑스, 브라질이 있다. 단체소송을 주축으로 하였던 프랑스에서도 집단소송이 도입되었고, 선정당사자의 특칙만을 마련했던 일본에서도 소비자집단소송 제도가 창설되었는데 우리나라에 시사점은 없는지 살펴본다.

제5장에서는 한국의 증권관련 집단소송의 현재 모습에 관하여 살펴보기로 한다. 이 법률의 이용이 저조한 원인이 무엇인지 입법 평가 방법을 통하여 분석해 보기로 한다. 특히 증권관련 집단소송에서 제2차적 책임자라고 할 수 있는 회계법인을 비롯한 회계업계의 평가들을 검토해보고 시사점은 없는지 살펴본다. 이미 증권관련 집단소송법은 민사소송법 이외에도 자본시장법, 「주식회사 등의 외부감사에 관한 법률」(이하 '외감법') 등을 포함하고 있어 그 관계에 대하여도 살펴본다. 아울러 18대~19대 국회의 입법현황을 살펴봄으로써 바람직한 입법방향을 제시하여 보고 19대 국회에서 논의가 마쳐지지 못했다면 20대 국회에서 바람직한 결론이 날 수 있도록 기본 방향을 제시하기로 한다. 아울러 현행 증권관련 집단소송법의 내용을 개략적으로 살펴보기로 한다.

제6장에서는 증권관련 집단소송의 내용을 살피고 관련 법제 정비를 통하여 활성화 방안을 논의한다. 현재의 증권관련 집단소송의 활성화를 위하여 증권관련 집단소송법의 개선안에 관하여 큰 쟁점을 위주로 검토해 보기로 한다. 미시적인 관점에서는 현행 증권관련 집단소송법의 해석론과 개선방안을 제시하지만 거시적인 관점에서는 2단계형 권리구제 형식에 대한 검토를 하기로 한다. 2단계형 권리구제 형식이 입법화되기 위한 전제조건과 제도의 개략적인 설계 및 도입의 실익을 논하기로 한다.

---

9) E.H. CARR·김승일 옮김, 『역사란 무엇인가』, (범우사, 1996), 53면.

제7장에서는 소비자 집단소송의 발전방향에 관한 제언을 하고자 한다. 독일의 단체소소으 아스라엘 집단소송을 살펴보고 시사점을 도출한 후 제19대, 제20대 국회에 제출된 법안을 검토하고 소비자 집단소송의 개선방안에 대하여 살펴본다.

제2장 우리나라 집단소송에 관한 일반론

제1절 집단소송의 의의

집단소송은 종전의 소송절차에 따른 해결이 어려운 환경소송, 약해소송, 제조물 책임소송, 증권소송, 소비자소송 등의 현대형 소송과 같이 소액·다수의 피해자가 발생한 분쟁을 해결하기 위하여 나타난 분쟁해결방식을 총칭한다.[10] 집단소송은 기존의 소송절차를 간소화, 단순화시키면서도 소송의 본질을 최대한 유지하는 것이 중요한 과제이다. 일반적으로 집단소송의 특징이라면 ① 적절한 당사자적격자의 선정 ② 처분권주의나 변론주의의 제한 (피해자들의 절차권 보장 문제) ③ 소액다수 피해자들의 증명 부담을 고려한 증명책임의 완화 ④ 법관의 능동적·후견적 역할과 입법부·행정부에만 일임되었던 공공정책에 대한 사법적 고려 ⑤ 판결결과의 대세효 내지 파급효를 꼽을 수 있다.[11] 대표적 입법례로 미국법의 대표당사자소송과 독일법의 단체소송(Verbansklage)이 있다. 이러한 이슈에 관하여 미국 및 독일의 제도가 중요한 기준이 될 수 있지만 또 다른 집단적·획일적 분쟁해결 방식인 도산법상의 원리도 상당한 참고가 될 수 있다고 보인다. 본서에서 집단소송은 미국법의 대표당사자소송(혹은 class action이라고 한다)과 독일법 등에서 인정되는 단체소송을 포함한 개념으로 사용하기로 한다.[12]

우리나라에서 2005년 1월 1일부터 시행되고 있는 증권관련 집단소송법에서는 미국의 대표당사자제도를 받아들여 법원의 허가에 의하여 수권된 대표당사자가 소송을 수행하도록 하였고(제15조, 제21조) 대표당사자는 허가 후 제외신고기간 만료 전에는 다른 피해자와 병행하여, 제외신고기간 후에는 판결의 효력이 미치는 피해자

10) 정영환, 전게서, 872면.

11) 이시윤, 『신민사소송법』, (박영사, 2017), 771면.

12) 함영주, "집단소송제에 대한 연구 및 입법의 최근 동향", (민사소송 제16권 제1호, 2012), 328면.

를 갈음하여 소송수행권을 가진다고 할 수 있다(법 제28조).[13] 2008년 1월 1일부터 시행된 소비자기본법에서는 독일의 단체소송을 받아들여 일정한 자격의 소비자단체가 법원의 허가를 받아 소송수행을 하도록 하였다(법 제70조, 제74조). 이 경우는 소비자단체가 법원의 허가로 소송수행권을 취득하게 된다. 증권관련 집단소송 및 소비자단체소송 두 제도 모두 법원의 허가에 의한 소송담당의 성격을 가진다.[14]

13) 이시윤, 전게서, 161면 ; 정영환, 전게서, 245면.

14) 이시윤, 전게서, 161면 ; 정영환, 전게서, 245면. 여기서는 임의적 소송담당의 일종으로서 법원의 허가에 의한 소송담당으로 보아 재정(裁定)소송담당이라고 한다. 종래 임의적 소송담당은 당사자의 수권을 전제로 한 것임에 비하여 법원의 허가를 수권과 유사하게 본다는 점이 특징이다.

제2절 집단소송의 필요성

본 절에서는 일반 집단소송이 될 수 있는 사례와 현재 진행중인 증권관련 집단소송의 사례를 살펴본다. 우리사회에서 집단적 분쟁해결의 필요성이 매우 크고 집단소송에 대한 기대가 높다는 점을 알 수 있다.

Ⅰ. 집단소송이 될 수 있는 사례

증권관련 집단소송이 도입되기 이전에 우리나라에서도 집단소송이 될 만한 사례는 다수 있었다. 가장 많이 언급되는 사건은 서울 망원동 수해사건이다. 이 사건은 1984년 서울 망원동일대가 장마로 인하여 침수되어 주민 수백 가구에 재산상 손해를 입게 되었다. 이에 주민들이 침수방지를 제대로 하지 못한 서울시를 상대로 손해배상청구의 소를 제기한 사건이다. 원고들은 ① 망원유수지 일대의 시설물을 점유·관리한 서울시의 관리상의 하자 ② 1979년 배수관로를 연장하고 수문의 이설공사를 시행한 현대건설의 부실공사 ③ 서울시 공무원의 수재발생 방지노력 태만을 이유로 들어 손해배상을 제기한 것이다. 법원은 이 사안의 수해가 "이미 설치된 인공공물인 망원유수지의 수문상자에 내재된 하자, 즉 통상 갖추어야 할 안정성을 갖추지 못한 하자로 인하여 발생한 것"이라고 하여 원고 승소판결을 내렸다.[15] 그 외에도 대구페놀오염사건, 서산시 불량종묘사건, 유명백화점 사기세일 사건 등이 집단소송의 대상으로 거론된다.[16]

최근 국내외 유명자동차 회사에서 잘못된 연비로 인하여 집단소송이 제기되었다. 특히 국내에서는 연비에 대해 '휘발유 1리터로 몇 킬로미터를 주행할 수 있다'고 표시할 뿐 혼잡한 시내 기준인지 고속도로 기준인지 등을 분명히 밝히지 않는다고 하며 부당한 표시와 광고 유형에 해당한다고 주장한다.[17] 아울러 연비가 표시된 것보다 낮다는 미국 환경보호청의 발표와 실제 연비와 체감 연비가 20퍼센트 차이가 난다는 정부의 보도자료를 근거로 제시했다. 이에 자동차 회사에서는 정부에서 규정한 테스트에서 나온 수치를 표시한 것일 뿐이라고 맞서고 있다. 이에 대하여 2019. 1.16. 공정거래위원회는 부당표시·광고행위가 인정된다고 보아 해당 자동차회사에게 시

15) 서울민사지방법원 1987. 8. 26. 84가합5010 판결.
16) 오대성, "집단소송제의 도입필요성과 도입방향", (저스티스 통권 제95호, 2006), 169면 이하.
17) SBS뉴스 2013. 1. 23. 기사 참조, http://news.sbs.co.kr/news/endPage.do?news_id=N1001596546

정명령 및 과징금을 부과하였다. 이와 유사한 사례로 미국에서는 폭스바겐 차량의 디젤 엔진이 연비를 조작했다는 이유로 대표당사자소송이 계속 중인데 현재 화해절차를 진행중인 것으로 보인다.[18] 자동차 연비 문제는 제조물 책임의 일종으로 소액다수의 피해자가 양산되기 때문에 집단소송의 대상으로 거론되기 좋은 사례이다.

2016년 4월에는 유명 다국적 세제제조 회사에서 가습기 살균제 제조시 인체에 치명적일 수 있다는 점을 알고 제품을 출시했는지 여부를 두고 검찰의 수사가 진행되고 있다.[19] 최근 자동차 발화사건과 관련하여도 설계결함으로 인한 손해배상청구소송이 통상공동소송의 형태로 진행되고 있다. 2018. 12. 26. 시점으로 전체 원고는 3천3백여명, 전체 손해배상청구액은 4백억원 정도로 추산된다.

이렇듯 우리나라에서도 대규모 소송의 발생은 언제든지 가능할 수 있어 그에 대한 소송법적 대비책이 필요하다고 하겠다. 후에 검토하겠지만 단순히 통상공동소송이나 선정당사자소송으로만 맡겨두기에는 우리 사회가 너무 발달되었고 복잡해졌다.

Ⅱ. 증권관련 집단소송 사례

1. 이용현황

우리나라에서 증권관련 집단소송제도가 도입된 지 약 10년이 된 지금까지 국내에서 제기된 소송은 현재까지 총 10건이다.[20] 소제기된 10건의 사례의 기본적인 사실관계를 살펴보면 다음과 같다.

첫째 발행시장에서 증권신고서 및 투자설명서의 거짓기재 등을 원인으로 하는 손해배상청구 소송 3건(씨모텍, 동양증권 2건), 둘째 유통시장에서 사업보고서 등의

18) https://www.hbsslaw.com/cases/volkswagenaudi-emissions. 이 사건은 미국소비자들이 1인당 1100만원의 배상을 받는 것으로 종결되었다. 일부 가습기 살균제에 대하여는 형사처벌이 이루어졌지만 다른 가습기 살균제는 성분이 다르다는 이유로 수사가 지연되었고 2019.1.15. 검찰의 압수수색이 개시되었다.

19) 헤럴드경제, 2016. 4. 26. 기사 참조. http://news.heraldcorp.com/view.php?ud=20160426000205

20) 증권관련집단소송은 다음의 사이트에 공고되어 있다(2019. 1. 30. 최종방문) http://www.scourt.go.kr/portal/notice/securities/securities.jsp 참고로 증권시장은 발행시장(1차시장)과 유통시장(2차시장)으로 구분된다. 발행시장은 증권이 발행인 또는 보유자로부터 최초의 투자자에게 매도되는 시장으로서 자금의 수요자인 발행주체가 증권을 새로 발행하거나 특정인이 보유하고 있는 증권을 투자자에게 매각함으로써 증권시장에 새로운 증권을 공급하고 자금을 조달하는 추상적인 시장을 말한다. 반면 유통시장은 이미 발행되어 있는 증권을 투자자 상호간에 매매하는 구체적(현실적)인 시장을 말한다. 이는 제5장에서 자본시장법과의 관계를 설명할 때 자세히 보기로 한다.

거짓기재 등을 원인으로 하는 손해배상청구소송 3건(진성티이씨, GS건설, STX 조선해양주식회사), 셋째 시세조종 및 부정거래행위 등을 원인으로 하는 손해배상청구소송 3건(한화증권 ELS사건, 한국투자증권 ELS사건, 진매트릭스), 부실감사를 원인으로 하는 손해배상청구소송 1건이 있다.

2. 발행시장에서의 소송

(1) 씨모텍 사건

코스닥상장기업인 씨모텍은 2011년 1월 28일 유상증자로 약 286억원 정도의 자금을 조달하였고 2011년 3월 24일 회계법인으로부터 감사보고서에 의견거절을 받고 주식이 거래정지되었다. 씨모텍은 2011년 4월 27일 법원에 회생절차개시결정을 신청하였고 2011년 8월 29일 상장폐지되었다.

이에 씨모텍의 유상증자에 참여하여 피해를 입은 투자자들은 씨모텍이 실시한 유상증자의 투자설명서 및 증권인수인의 분석의견 부분에서 투자자의 합리적인 투자판단 또는 주식의 가치평가에 중대한 영향을 미칠 수 있는 사항에 관하여 명백한 거짓의 기재 또는 표시를 함으로써 위 분석의견을 신뢰하고 유상증자에 참여한 자들에게 손해를 끼쳤다고 주장하며 대표주관사 및 증권인수인인 동부증권(현재는 디비금융투자 주식회사)을 상대로 자본시장법 제125조의 손해배상책임을 묻는 증권관련 집단소송을 2011년 10월 13일 제기하였다.

이 사건은 허위공시가 문제된 사건으로, 대표주관사이자 증권인수인에 대하여도 증권관련 집단소송이 제기될 수 있음을 보여준 사례이다. 씨모텍 사건은 2011년 10월에 소송이 제기되었는데 2013년 9월 27일에 소송허가결정이 내려졌다.[21] 피고는 1심의 소송허가결정에 대하여 서울고등법원에 즉시항고 하였으나 피고의 항고를 기각하였고[22] 피고는 다시 대법원에 재항고하였다. 이 사건은 2016년 11월 4일 소송허가결정이 확정되었다.

(2) 동양증권 사건

원고측 주장에 따르면 ㈜동양은 2012년 제58기 사업보고서 및 2013년 6월 반기보고서를 분식회계처리하여 회사채발행 적격을 가장하였다. 피고 동양증권(주)는 부도위험성이 높아 일반투자자들에게 투자를 권유하는 것이 적합하지 않은 ㈜동양

---

21) http://www.scourt.go.kr/portal/notice/securities/securities.jsp

22) http://www.scourt.go.kr/portal/notice/securities/securities.jsp

의 회사채를 투자자들로 하여금 상환가능성에 대한 객관적인 검증을 거쳐 정당한 방법에 따라 발행된 것으로 오인하도록 기망하여 회사채를 발행 후 판매하여 동 사업보고서를 믿고 ㈜동양의 화사채를 취득하였다가 손실을 입은 투자자들이 증권관련 집단소송의 소를 제기한 사건으로 현재 소제기 공고되어 진행 중이다.[23)]

그와 별개로 원고측 주장에 따르면 동양증권(주) 등이 공모하여 상환할 능력이나 의사가 없으면서도 각 동양그룹 계열사 명의로 거액의 기업어음(CP)과 회사채, 전자단기사채 등을 발행하였고, 분식회계, 불건전영업행위 등을 비롯하여 소위 동양그룹 차원의 지원을 통해 CP, 회사채 등을 정상 결제할 수 있는 것처럼 기망하여 그룹계열의 금융회사인 동양증권으로 하여금 투자자들에게 동양그룹 계열사들의 화사채 등을 사기 판매한 뒤 전격적인 기업회생 신청으로 채무불능상태가 되어 투자자들에게 손해를 입게 하였다는 이유로 소 제기된 사안으로 2019. 1. 31. 현재 진행 중인 사안이다.[24)]

(3) STX 주식회사 사건

이 사건은 STX 조선이 2007년부터 2012년까지 환손실을 감추기 위하여 매출과 자산을 부풀리는 방법으로 분식회계를 하여 사업보고서에 중요한 사항에 대하여 허위기재 하였다는 점이 쟁점이 되었다. STX 주식회사는 약 2조3천억원에 달하는 분식회계 규모와 조선업계의 불황 등을 이유로 2014년 상장폐지되었는데 이에 STX 주주들은 사업보고서의 허위기재로 인하여 STX가 상장폐지되었다고 주장하여 증권관련 집단소송의 소를 제기하였다. 2019. 1. 31. 현재 소송허가절차가 진행 중이다.

(4) 대법원 소송허가 결정의 개략적인 내용

가. 씨모텍 사건

대법원 2016. 11 .4.자 2015마4027 결정(위에서 언급한 씨모텍 사건)은 소송허가절차에서 대표당사자가 소명해야 할 대상은 소송허가 요건이며 손해배상책임의 성립 여부 등은 원칙적으로 소송허가 절차에서 심리할 대상이 아니라고 한다. 다만 법 제12조 제1호에 규정된 “법 제3조 제1항 각 호의 손해배상청구로서 법률상 또는 사실상의 중요한 쟁점이 모든 구성원에게 공통될 것”이라는 소송허가요건을 판단하는데 필요한 한도 내에서 손해배상청구의 원인이 되는 행위 등에 대하여 심리할 수 있다고 판시하였다.

23) http://www.scourt.go.kr/portal/notice/securities/securities.jsp

24) http://www.scourt.go.kr/portal/notice/securities/securities.jsp

여기서 대법원은 이 총원의 범위에 관한 기본원칙을 다음과 같이 설시한다. "증권관련 집단소송의 허가결정서에 기재하여야 하는 '총원의 범위'는 증권 발행회사, 증권의 종류, 발행시기, 피해의 원인이 된 증권의 거래행위 유형, 피해기간 등을 특정하는 방법으로 확정하되, 소송허가결정 확정 후 지체 없이 총원을 구성하는 구성원에게 소송허가결정을 고지하여야 하는 점을 고려할 때 관련 자료에 의하여 특정인이 구성원에 해당하는지를 판단할 수 있을 정도로 명확하여야 한다."

"증권관련 집단소송법 제12조 제1항 제1호는 구성원이 보유하고 있는 증권의 합계가 '피고 회사'의 발행 증권 총수의 1만분의 1 이상일 것을 규정하고 있어, 문언만 보면 구성원이 보유하고 있는 증권을 발행한 회사만이 증권관련 집단소송의 피고가 될 수 있는 것처럼 해석될 여지가 없지 않다. 그러나 증권관련 집단소송법 제3조에 정한 증권관련 집단소송의 적용 범위에 속하는 손해배상청구의 상대방이 될 수 있는 자가 반드시 증권 발행회사에 한정되지 않는 점, 증권관련 집단소송법이 토지관할을 피고의 보통재판적 소재지를 관할하는 지방법원 본원 합의부의 전속관할로 규정하면서도(제4조) 동일한 분쟁에 관한 여러 개의 증권관련 집단소송의 소송허가신청서가 각각 다른 법원에 제출된 경우 관계 법원에 공통되는 바로 위의 상급법원이 결정으로 심리할 법원을 정하도록 규정함으로써(제14조 제2항) 동일한 분쟁에 관하여 증권 발행회사 외에도 증권관련 집단소송법 제3조에 정한 손해배상청구의 상대방이 될 수 있는 다른 채무자를 상대로 증권관련 집단소송이 제기될 수 있음을 전제하고 있는 점 등을 종합하면, 입법자의 의사가 증권관련 집단소송의 피고를 증권발행회사만으로 한정하려는 것이라고 볼 수 없다. 따라서 증권관련 집단소송법 제12조 제1항 제1호에서 말하는 '피고 회사'는 문언에도 불구하고 '구성원이 보유하고 있는 증권을 발행한 회사'라고 해석함이 타당하다."

나. 동양증권((주)동양) 사건

또 다른 소송허가결정 결과를 살펴본다. (주)동양 사건의 원심은 구성원이 될 수 없는 자들을 대표당사자로 포함하고 있다면 법 제11조가 정한 대표당사자의 요건을 갖추지 못하였으므로 법 제12조의 소송허가 요건 충족을 더 살펴볼 필요 없이 소송허가 불허가 결정을 하였다. 그러나 대법원 2018. 7. 5.자 2017마5883 결정의 판단은 달랐다. "① 법 제2조 제1호에 의하면 대표당사자는 복수일 필요가 없고 1인의 대표당사자만 있어도 증권관련집단소송을 수행할 수 있는 점, ② 법 제10조 제4항에 의하면 법원이 법 제7조 제1항에 따라 소를 제기하는 자와 법 제10조 제1항 제4호에 따라 대표당사자가 되기를 원하여 신청서를 제출한 구성원 중 법에 정한 요건을 갖춘 자를 대표당사자로 선임할 수 있는 점, ③ 법 제15조 제3항에 의하면 법원은 총원의 범위를 조정하여 증권관련 집단소송을 허가할 수 있는 점 등"을 근거로 들어 다음과 같이 판시하였다.

대법원은 "대표당사자의 요건을 갖추지 못한 자를 제외하고 증권관련집단소송의 소를 제기한 자 및 대표당사자가 되기를 원하여 신청서를 제출한 구성원 중 법에 정한 요건을 갖춘 자로서 대표당사자를 구성할 수 있는지 여부를 판단할 수 있다고 보았다. 그에 따라 증권관련 집단소송의 소송허가 신청이 법 제3조(적용 범위)와 제12조(소송허가 요건)의 요건을 갖추었는지 여부를 심리하여, 소송허가 신청이 위와 같은 요건을 갖추었다면 증권관련집단소송을 허가하여야 한다"고 판시하였다.

3. 유통시장에서의 소송

(1) 진성티이씨 사건

진성티이씨 사건[25]은 2009년 4월 우리나라에서 처음으로 제기된 증권집단소송으로 파생상품 키코관련 손실을 재무제표에서 누락시켜 주가폭락을 야기했다는 이유로 소제기 되었다. 피고 진성티이씨는 통화옵션상품인 키코(KIKO)에 가입하여 손실을 입었음에도 불구하고 2008년 11월 13일 3분기 보고서에서 "유지하고 있는 통화관련 파생상품 계약은 있으나 중요성 원칙에 따라 기재하지 않았다."고 밝히고 3분기 46.7억원의 당기순이익을 공시하였다가, 약 한달 후인 12월 19일에 신종 키코 상품에 가입하여 175억원 정도의 손실이 발생하였고 이를 반영하여 3분기 당기순이익이 46.7억원 정도의 흑자에서 54.7억원 정도의 순손실로 전환되었다고 수정공시하였다.

주가가 폭락하자 주주들은 진성티이씨가 키코관련 분식회계에 따라 3분기 보고서 공시시점에 파생상품계약 손실액을 인식하였음에도 주주들에게 보고하지 아니하고 거짓으로 분기실적을 공시하여 주가하락에 따른 20억원의 피해를 입었다고 주장하며 집단소송의 소를 제기하였다.

법원은 2009년 6월 19일 이 사건에 관하여 대표당사자를 선임하는 결정을 하였고 2010년 1월 21일에는 허가의 요건을 구비하였으며 증권관련 집단소송법 제3조(총원의 범위), 동 법 제11조(총원의 이익을 공정하고 적절히 대표할 수 있는 자) 및 동법 제12조(다수성의 요건, 공통성의 요건, 적합성 및 효율성의 요건, 형식적 요건)의 규정에 적합하다는 이유로 동 법 제15조에 따라 증권관련 집단소송을 허가하였으며 이에 관한 사항을 공고하였다.

---

25) http://www.scourt.go.kr/portal/notice/securities/securities.jsp.

그 이후 2010년 1월 15일 양당사자는 법원에 재판상 화해를 신청하였는데 법원은 2010년 4월 30일 이를 허가하였다. 법원은 '증권관련 집단소송에서 재판상 화해는 소송에 직접 참가하지 않은 구성원의 정당한 이익을 침해하지 않는 경우에 한하여 허가할 수 있는 바, 증권관련 집단소송법 제35조 제1항의 허가 여부를 결정하는데 공정성, 상당성, 적정성 등을 고려해야 한다.'고 판시 한 후 각 요건을 충족한다고 판단하였다.

(2) GS건설 사건

GS건설은 2008년 이후에 해외 공사들을 다수 수주하여 진행하였으며 해외 공사의 비중은 총 매출의 40% 이상을 차지하였다. GS건설은 그 동안 진행 중인 해외공사에 관하여 매 분기별 그 공사 진행률에 따라 매출, 영업이익 등을 계상하여 이를 재무제표에 반영하였는바 2011년에는 5,980억원, 2012년에는 1,604억원의 영업이익이 각각 발생한 것처럼 공시하였다.

그러나 GS건설은 2013년 4월 10일 해외공사에서 원가를 낮게 추정하여 매분기별 매출과 당기순이익을 과대계상 하였다가 2013년 1분기에 그동안 미반영 손실을 모두 반영함으로써 영업실적 관련 공정공시를 통하여 2013년 1분기 영업손실이 5,354억원 정도, 당기순손실이 3,860억원 정도에 이른다고 발표하였고 이후 GS건설 주가는 폭락하였다.

원고측은 GS건설의 2011 회계연도 사업보고서 공시시점인 2012년 3월 30일 이후부터 기업이 시장에서 예상했던 것보다 저조한 실적을 발표하여 주가에 영향을 미치게 된 2013년 4월 10일까지 약 1년간 GS건설 주식을 취득한 투자자들은 분식회계로 인하여 실적이 과대계상된 재무제표를 신뢰하고 과대평가된 주가로 주식을 취득한 피해자라고 주장하였다. 이에 주가폭락으로 인해 손실을 입은 투자자들을 모아 GS건설 등을 상대로 사업보고서의 중요사항에 대하여 허위작성을 하였다는 이유로 증권관련 집단소송의 소를 제기하였다.[26] 이 사건에서 2016. 7. 6. 소송허가 결정이 확정되었고 2019. 1. 31. 현재 본안소송이 진행 중이다.

4. 시세조종 및 부정거래행위의 소송

(1) 한화스마트 주가연계증권(ELS) 제10호 사건

한화스마트 주가연계증권[27](Equity Linked Securities. 이하 'ELS'라고 한다) 제10호

26) http://www.scourt.go.kr/portal/notice/securities/securities.jsp

사건과 한국투자증권 ELS 제289호 사건은 2009년 ELS 기초자산의 종가에 개입하여 중도상환 또는 조기상환이 불발되게 한 ELS 주가조작 사건으로 ELS의 외부 거래은행인 캐나다 왕립은행(Royal Bank of Canada)을 상대로 한 증권관련 집단소송이었다.

문제가 된 한화스마트 주가연계증권(ELS) 제10호는 만기기준일인 2009년 4월 22일 기초자산인 SK 보통주의 대량 매물이 쏟아져 나오며 주가가 급락해 원금 손실이 발생한 상품이다. 한화증권은 2008년 4월 22일 주식회사 포스코 보통주와 SK 보통주를 기초자산으로 한 한화스마트 주가연계증권(ELS) 제10호를 발행하였는데 이 주가연계증권은 3개월 단위의 조기 상환일 및 만기 상환기준일에 두 기초 자산의 종가가 상환기준가격 이상으로 결정되면 액면금에 연 22%의 수익금을 더하여 상환하고, 두 종목 중 어느 하나라도 만기 상환기준일의 종가가 만기 상환기준 가격 미만에서 결정되는 경우에는 원금의 손실을 보도록 설계되었다.

한화증권은 2008년 4월 25일 이 사건의 상환조건이 성취될 경우 투자자들에게 일정한 상환금을 지급해야 하는 위험을 회피하기 위하여 캐나다 왕립은행과 이 사건 주가연계증권과 동일한 구조의 파생상품을 매매하는 내용의 스왑 계약을 체결하였고 투자자들은 이 사건 주가연계증권의 발행일 무렵에 한화증권으로부터 이를 매입하였다. 이 사건 주가연계증권의 만기 상환기준일인 2009년 4월 22일 SK보통주는 만기상환기준가격 이상인 120,000원에서 124,000원 정도의 가격으로 거래되고 있었는데 피고인 캐나다 왕립은행은 장 종료 무렵에 보유하고 있던 SK 보통주를 대량으로 매도하였고 그 결과 SK보통주의 종가는 119,000원으로 결정되어 이 사건 주가연계증권의 상환조건이 성취되지 못하였다.

원고측은 캐나다 왕립은행이 만기상환기준일에 SK 보통주를 대량으로 매도한 것이 기초자산의 주가를 인위적으로 하락시켜 이 사건 주가연계증권의 상환조건의 성취를 방해한 것이어서 자본시장법 제178조 제1항 제1호 위반에 해당한다는 이유로 캐나다 왕립은행에 대하여 자본시장법 제179조에 따른 손해배상청구의 소를 제기하였다. 법원은 2011년 2월 10일 이 사건에 관하여 대표당사자를 선임하는 결정을 하였으나 대표당사자들의 주장과 대표당사자들이 제출한 자료들만으로는 위와 같은 손해배상청구나 소송요건에 해당함을 인정하기에 부족하다고 판단하여 소송불허가 결정을 하였다.[28] 그러나 대법원은 원심을 뒤집고 소송을 허가하는 결정을 내린다.

27) 주가연계증권은 특정 기업의 주가나 주가지수에 연동해 수익률이 결정되는 상품이다. 주가지수 상승 시 일정한 수익을 얻을 수 있도록 하는 것부터 주가지수 등락구간별 수익률에 차이가 나게 하는 것 등 다양한 유형의 상품이 존재한다. http://terms.naver.com/entry.nhn?docId=9506&cid=50305&categoryId=50305

(2) 한국투자증권 주가연계증권(ELS) 제289호 사건

한국투자증권 주가연계증권(ELS) 제289호 사건은 위 한화스마트 주가연계증권(ELS) 제10호 사건과 사실관계가 대부분 동일하지만 피고가 다른 사건이다. 증권관련 집단소송 이전에 28명의 원고가 통상 공동소송의 형태로 약 18억원을 청구하는 소를 제기하였고 2012년 1월 12일 서울중앙지방법원은 피고 도이치은행의 행위를 시세조종으로 보아 원고 전부승소판결을 선고하였다. 이후 다른 원고들이 2012년 3월 2일 도이치은행을 상대로 증권관련 집단소송의 형태로 추가소송을 제기하였다.

이후 법원은 대표당사자들의 주장과 대표당사자들이 제출한 자료들만으로는 위와 같은 손해배상청구나 소송요건에 해당함을 인정하기에 부족하다고 판단하여 한화스마트 주가연계증권(ELS) 제10호 사건과 마찬가지로 위 소송불허가를 결정하였다. 그러다가 대법원 2015. 4. 9. 선고 2014마188 결정에서 증권관련 집단소송을 허가하는 결정을 내렸다.[29] 이 결정은 자본시장법 제179조의 손해배상에 있어서 적극적으로 거래하여 시세 조종을 일으키는 행위뿐만 아니라 만기까지 소극적, 수동적으로 보유만 하고 있는 행위도 부정행위에 포함될 여지가 있기 때문에 본안에서 본격적으로 심리를 해야 한다는 취지로 해석된다.

(3) 진매트릭스 사건

이 사건에서는 피고 회사의 대표이사였던 유모씨가 장모씨 등과 공모하여 2010년 12월 30일부터 2011년 2월 28일까지 회사의 정보를 잘못 알게 할 목적으로 고가매수 주문 및 가장(통정)매매 주문 등을 하는 방법으로 피고 회사의 업무와 관련하여 그 증권의 시세를 변동시키는 시세조종행위 내지 사기적 부정거래행위를 하였다는 점이 쟁점이 되었다. 투자자들은 정상가격보다 높게 형성된 가격으로 진매트릭스의 주식을 매수하여 손해를 입어 2013년 11월 26일 증권관련 집단소송이 제기된 사건으로 2018년 소송허가결정이 내려졌다.[30]

(4) 대법원 소송허가 결정의 개략적인 내용

대법원 2015. 4. 9.자 2014마188 결정 및 2013마1052 결정(위에서 언급한 주가연계증권 사건들)에서 대법원은 다음과 같이 판시하였다. “특정 시점의 기초자산 가격

---

28) http://www.scourt.go.kr/portal/notice/securities/securities.jsp

29) http://www.scourt.go.kr/portal/notice/securities/securities.jsp 서울고등법원 2015. 11. 17. 선고 2015라656·2015라657(병합) 소송허가결정 공고. 이는 대법원 2015. 4. 9. 선고 2014마188 결정의 파기환송 결과에 따라 고등법원에서 내린 결정이다.

30) http://www.scourt.go.kr/portal/notice/securities/securities.jsp

또는 그와 관련된 수치에 따라 권리행사 또는 조건성취 여부가 결정되거나 금전 등이 결제되는 구조로 되어 있는 금융투자상품의 경우에 사회통념상 부정하다고 인정되는 수단이나 기교 등을 사용하여 그 금융투자상품에서 정한 권리행사 또는 조건성취에 영향을 주는 행위를 하였다면, 이는 그 금융투자상품의 거래와 관련하여 부정행위를 한 것으로서 자본시장법 제178조 제1항 제1호를 위반한 행위에 해당하고, 그 위반행위로 인하여 그 금융투자상품 투자자의 권리나 의무의 내용이 변경되거나 결제되는 금액이 달라져 투자자가 손해를 입었다면 그 투자자는 그 부정거래행위자에 대하여 자본시장법 제179조 제1항에 따라 손해배상을 청구할 수 있다고 할 것이다."이 내용을 보면 마치 손해배상을 청구할 수 있어야 소송허가를 받을 수 있는 것처럼 보인다. 실제로 판시사항에도 "특정 시점의 기초자산 가격 등에 따라 권리행사 또는 조건성취 여부가 결정되거나 금전 등이 결제되는 구조로 되어 있는 금융투자상품의 경우, 사회통념상 부정하다고 인정되는 수단 등을 사용하여 한 권리행사나 조건성취에 영향을 주는 행위가 자본시장과 금융투자업에 관한 법률 제178조 제1항 제1호를 위반한 부정행위에 해당하는지 여부(적극) 및 위반행위로 인하여 손해를 입은 투자자가 부정거래행위자에 대하여 자본시장과 금융투자업에 관한 법률 제179조 제1항에 따라 손해배상을 청구할 수 있는지 여부(적극)"이라고 되어 있다.

5. 부실감사와 관련된 소송

동양네트웍스는 2012 회계연도에 특수관계자인 계열사들이 발행한 기업어음을 매입하는 등의 방법으로 계열사들에게 대규모의 자금을 지속적으로 지원하는 거래를 하고 있었다. 동양네트웍스는 회계연도 사업보고서를 작성 및 공시하면서 기업회계기준 등에 위반하여 위와 같은 특수관계자와의 거래내역을 재무제표 주석에 기재하지 아니하였다.

피고 회계법인은 동양네트웍스의 위 회계연도에 대한 외부감사업무를 담당하면서 회계감사기준을 위반하여 특수관계자 간 거래에 대한 감사절차를 소홀히 하였다. 피고 회계법인은 동양네트웍스가 작성한 재무제표가 적정하다는 적정의견을 표시하였으며, 특수관계자에 대한 대규모 자금지원이 동양네트웍스의 존속가능성에 미칠 중대한 영향에 관하여 특기사항의 기재도 하지 아니하였는바, 이는 감사보고서의 중요한 사항을 사실과 다르게 기재하거나 중요한 사항의 기재를 누락한 것에 해당한다. 따라서 원고측의 주장을 요약하자면, "피고 회계법인은 이 사건 감사보고서가 정당하게 작성되어 공표된 것으로 믿고 주가가 당연히 그에 바탕을 두고 형성되었으리라는 생각 아래 동양네트웍스 발행 주식을 취득하였다가 손해를 입은 선의의 투자자들에 대하여 위 자본시장법 제170조 제1항에 따른 손해배상책임이 있다."라는 취지이다. 이 사건은 2016년 1월 28일 소제기 공고31)가 되었고 소송허가에 대한 치열한 공방이 있은 후 서울서부지방법원은 2018년 11월 20일 소송허가 요건으로서 효율성과 공통성 부분의 충족이 소명되었다고 볼 수 없다고 하여 소송불허가 결정을 내렸다.

6. 증권관련 집단소송은 아니지만 문제될 수 있는 소송

(1) 중국고섬 사건32)

중국고섬공고유한공사(이하 '중국고섬')는 화학섬유제조업을 영위하는 4개의 자회사를 소유한 지주회사로서 싱가포르에 본점 소재지를 두고 2009. 9. 18. 싱가포르 증권거래소의 유가증권시장에 주식을 상장하고 이를 원주로 하는 증권예탁증권(이하 '이 사건 예탁증권')을 한국거래소가 운영하는 유가증권시장에 상장하였다. 원고들은 공모절차(발행시장) 또는 상장 이후 유통시장에서 이 사건 증권예탁증권을 취득한 사람 또는 회사이다.

중국고섬은 이 사건 예탁증권을 한국거래소가 개설한 유가증권시장에 상장하기 위하여 2010. 5. 31. ㅇㅇ증권과 대표주관회사 계약을 체결하였고, ㅇㅇ증권은 2010. 6. 1.부터 중국고섬에 대한 실사를 실시하였다. 중국고섬은 2010. 10. 15. 한국거래소에 이 사건 증권예탁증권의 상장예비심사를 신청하였고 한국거래소는 2010. 12. 9. 이를 승인하였다. 중국고섬은 2010. 12. 15. ㅇㅇ증권, △△증권과 이 사건 증권예탁증권의 인수계약을 체결하였다.

2011. 3. 21. 싱가포르 증권거래소의 중국고섬 원주의 가격이 하루만에 약 24% 하락하였고 싱가포르 증권거래소는 다음 날 싱가포르 원주의 거래를 일시정지하였고 한국거래소도 이 사건 증권예탁증권의 거래를 정지(전일종가 4,895원, 시가 4,450원, 종가 4,165원)하였다. 싱가포르 증권거래소는 2013. 9. 2. 싱가포르 원주의 거래재개를 공시하고 2013. 9. 18. 거래를 재개하였으나, 한국거래소는 2013. 9. 13. 이 사건 증권예탁증권의 상장폐지를 결정하고 상장폐지예고기간, 정리매매기간을 거쳐 2013. 10. 4. 상장폐지 되었다.

중국고섬은 2010. 12. 15. 금융위원회에 이 사건 증권예탁증권의 공모에 관한 증권신고서를 제출하였고 이후 한국거래소에 신규상장심사를 신청하고 한국거래소는

31) http://www.scourt.go.kr/portal/notice/securities/securities.jsp

32) 서울고등법원 2016. 11. 24. 선고 2014나2004505 판결 등.

2011. 1. 21. 이를 승인하여 이 사건 예탁증권은 2011. 1. 25. 한국거래소가 개설한 유가증권시장에 상장되었는데 상당장일 주가는 시가 6,300원, 종가 5,900원이었다.

증권회사에 대한 쟁점사항은 크게 두 가지인데 ① 자본시장법 제125조 제1항에 따른 손해배상청구를 제기할 수 있는 자가 발행시장에서 증권을 취득한 자에 한정하고 유통시장에서 증권을 취득한 자는 이에 해당하지 않는지 여부 ② 이 사건 증권신고서 가운데 각 현금 및 현금성자산·담보제공 단기성 예금 부분의 실사과정에서 주의의무 소홀 여부이다. 자본시장법 제162조 또는 민법 제750조에 의한 손해배상청구가 문제되었다.

회계법인에 대한 쟁점사항은 크게 두 가지인데 ① 외감법이 준용되는 자본시장법 제170조는 감사보고서에만 관련되고 검토보고서는 적용대상이 되는지 여부 ② 현금 및 현금성자산 등 예금 잔고의 실재여부를 확인하기 위하여 중국고섬 종속회사의 거래은행에 방문하여 잔액조회 요청 및 각 은행으로부터 잔액조회를 교부받아 확인한 사실, 회계감사기준과 그 적용지침에서는 감사인으로 하여금 가능한 모든 증거를 조사도록 요구하고 있지 않고 있는 사실 등에 비추어 감사인으로서 상당한 주의를 다하였는지 여부이다. 민법 제750조에 의한 손해배상청구가 문제되었다.

증권회사에 대하여는 실사과정에서 현금 및 현금성 자산부분에 거짓기재가 있다는 점에 대한 확인을 소홀히 했다는 점이 인정되어 대표주관회사에 대하여 손해배상책임이 인정되었다. 반면 회계법인은 은행조회를 실시하는 등의 주의를 기울인 점이 인정되어 상당한 주의의무를 하였다고 보아 거짓기재를 알 수 없다고 판시하였다. 한국거래소는 제출서류의 진실성을 실사할 의무가 없으며 신규상장신청심사를 부실하게 했다고 인정할 증거가 없다고 판시하였다.

(2) SW 사건

SW(실제 사안이나 비밀유지를 위하여 상호를 밝히지 아니한다)라는 회사는 반도체 등의 클린룸 패널 및 커튼월 생산을 하는 코스닥시장 상장법인으로서 2006회계연도부터 2009회계연도까지 공사매출, 공사원가 등의 오류로 당기순이익을 과대계상하였다가 2010. 11. 분기보고서를 정정하였다. 이를 기초로 회사의 사업보고서가 기재되고 회계법인의 감사보고서도 특별한 의견문단 없이 '적정의견'으로 발행되었다.

원고들은 허위재무제표가 공시된 시점부터 2010. 11. 정정 될 때까지 회사의 주식을 매수하여 취득한 후 매도하였거나 보유하고 있는 자들로서 회사의 재무보고 내용을 기초로 정상주가가 왜곡된 관계로 정상주가 보다 높게 형성된 가격을 정당한 가격으로 믿어 투자 손실을 입었다고 주장한다. 2010. 11. 수정공시로 인하여 회사의 주가가 폭락하자 2011. 2. 서울 남부지검은 회사의 대표를 비롯한 임원을 기소하였고 이점이 공시되었으나 코스닥시장 본부에서는 상장폐지실질심사 대상이 아니라고 판단하였음에도 폭락한 주가는 회복되지 않고 있다. 그러나 소 제기 이후 당사자들 간의 합의를 통하여 종료되었다.

Ⅲ. 소결론

최근 대법원 판례의 경향을 보면 비교적 증권관련 집단소송에 있어서 소송허가를 전향적으로 내려주는 결정이 나오고 있다. 특히 자본시장법 제178조의 부정거래행위의 요건을 적극적인 기망뿐만 아니라 의도적인 부작위까지 포함할 여지가 있다고 보는 등 보다 관련 조항을 탄력적으로 해석하였던 점이 돋보인다. 증권관련 집단소송의 청구원인이 되는 조항의 해석을 넓게 해석함으로써 소송허가를 보다 용이하게 할 수 있다.

중국고섬사건은 엄밀히 말하면 증권관련 집단소송이 될 여지도 있었으나 일반 통상공동소송으로 진행한 사건이다. 증권관련 집단소송으로 진행한다고 하더라도 원고들과 소송대리인에게 수임료, 소송비용 회수, 신속한 진행 어느 것에 있어서도 별다른 메리트가 없었기 때문으로 보인다. SW 사건은 당사자들이 합의를 했기 때문에 사실관계가 어떻게 확정될 수 있을지 알 수 없으나 통상공동소송이라고 하더라도 대규모 소송에 있어서는 충분히 당사자들 사이에 합의의 유인이 있다는 점을 보여준다. 특히 SW라는 회사는 향후 회생절차에 돌입하게 되는 점을 볼 때 정작 분식회계를 통하여 허위 재무제표를 작성한 회사는 면책의 가능성이 높아지고 단순히 분식회계를 발견하지 못한 회계법인만 책임을 부담하는 현상(deep pocket)이 드러나게 된다. 이는 주식회사 외부감사에 관한 법률에 비례책임(proportional liability) 도입을 논하게 되는 여러 사례 중 하나이다.[33]

그러나 소송허가 결정을 비롯하여 증권관련 집단소송 자체가 오히려 통상공동소송에 비하여 더 느리다는 지적이 나오고 있다.[34] 실제로 충분히 증권관련 집단소송의 요소를 갖추었음에도 불구하고 원고들과 원고 소송대리인에게 아무런 인센티브가 없기 때문에 제도가 외면당하고 있는 실정이다. 절차진행의 수월성은 집단적 분쟁해결 절차가 갖추어야 할 기본 요소인데 별도의 정책적, 법적 뒷받침이 요구된다고 하겠다.

---

33) 최광선, "개정 외감법상의 비례책임제도에 관한 고찰", (저스티스 통권 제143호, 2014), 43면.
34) 김광록, "증권집단소송의 최근 동향으로 본 증권관련 집단소송법의 발전적 개선을 위한 제언", (상사판례연구 제26집 제3권, 2013), 349면.

제3절 집단소송법 제·개정의 경과

Ⅰ. 서설

우리나라에서 집단소송에 관한 입법경과를 보면 다음과 같다. 환경, 공해, 증권 등 집단적인 분쟁은 증가하고 있음에 비하여 전통적인 소송형태를 이용한 분쟁해결에 응할 경우 절차가 복잡해지고 인과관계의 증명이 매우 곤란하다. 이러한 현대적·집단적 분쟁을 보다 효율적으로 간이하며 1회적으로 처리할 필요성에 대하여 학계와 법조계가 공감을 하고 있었다. 법무부는 1990. 12. 6. 학계, 법조계 등 전문가 12명으로 구성된 '민사특별법제정분과위원회'를 발족하고 논의를 진행하여 1996. 6. 적용대상 청구권에 제한을 두지 않는 '집단소송법 시안'을 마련하였으나. 제도의 전면적 도입에 따른 부담과 현 법체계와의 부조화를 이유로 국회에 제출되지 못하였다. 그 후 1997년 말 외환위기의 발생에 대하여 외환위기의 발생 원인을 기업지배구조의 투명성 부족에서 찾는 여론이 힘을 받게 되면서 기업의 경영투명성 확대를 위한 주요 정책의 일환으로 증권관련 집단소송의 도입이 요구되었다. 또한 1998. 9. IBRD 등과의 차관협상에서 차관제공의 조건으로 증권분야에서 집단소송제도를 강력히 권유받았다.[35)]

1998년 3월 증권관련기관과 학계가 주관이 되어 작성한 "열린 기업·열린 경영을 위한 제도개선방안"에 기업지배구조의 선진화 차원에서 집단소송제도를 도입하자는 의견이 포함되기도 했었다.[36)] 또한 같은 해 9월에는 정부가 세계은행(IBRD)과 제2차 구조조정차관 도입과 관련한 정책협의과정에서 투자자보호를 위해 집단소송법의 도입을 추진하겠다고 약속하였고 11월 재정경제부도 증권에 관련된 경우에만 적용되는 증권관련 집단소송제도의 도입을 적극 검토하기로 방침을 세웠다.[37)]

1998년 11월 제15대(1996-2000) 국회에서 증권분야에 집단소송을 도입하자는 1건의 법률안이 제출된 것을 필두로 제16대(2000-2004) 국회에서 4건의 법률안과 3건의 청원안이, 제17대(2004-2008)에서는 3건의 법률안과 1건의 청원안이 소개되었다.[38)][39)] 정부는 2001. 12. 28. 그 동안의 여러 법안과 연구성과를 토대로 정부안을

35) 유병현, 전게논문, 125면.

36) 김일중·김진호, "한국증권관련 집단소송법 적용범위의 적절성에 관한 연구, 입법과정 검토 및 실증분석", (금융연구, Vol.22 No.3, 2008), 107면.

37) 정윤모·손영락, 『증권집단소송과 투자자 보호』, (한국증권연구원, 2001), 7-8면.

마련하여 국회에서 심의하던 중, 2003. 6. 5. 임태희 의원이 새로운 법안을 제안하여 논의한 끝에 국회 법제사법위원회는 2003. 12. 17. 절충적인 형태의 새로운 법안을 본회의에 상정하였다.[40] 이렇게 마련된 '증권관련 집단소송법안'은 2003. 12. 22. 국회 본회의를 통과하여 2005. 1. 1. 부터 시행하게 되었다. 또한 그 적용대상 불법행위도 동법의 시행이후에 발생된 것에만 적용되는 것이 원칙이다. 그러나 이 법 시행일 기준으로 직전 사업연도말 현재 자산총액이 2조원 미만인 주권상장법인 또는 협회등록법인이 발행한 유가증권의 매매 그 밖의 거래로 인한 일정한 손해배상청구는 2007. 1. 1. 이후 최초로 행하여진 행위로 인한 손해배상청구권부터 적용한다. 자산규모가 적은 법인(회사)에 대하여는 유예기간을 두어 위법행위를 시정할 기회를 준 것으로 보인다.

재계는 회계의 연속성과 관련하여 과거 분식회계가 연속적으로 반영되어 증권관련 집단소송의 대상이 될 수 있다고 하여 증권관련 집단소송법의 시행연기를 강력히 요청하였다. 이에 따라 2005. 3. 2. 국회는 '2005. 1. 1. 이전에 결산일이 도래한 사업연도의 재무제표 작성 시에 회계처리기준에 위반한 내용을 그대로 반영하거나 실질에 맞는 방향으로 해소'하고 그 이후 '그 재무제표가 포함된 유가증권신고서 등을 금융감독위원회 또는 한국증권선물거래소에 제출하거나 공람시키는 행위'에 대하여는 증권관련 집단소송법을 적용하지 않기로 하는 개정안을 의결하여 일부 시행시점이 연기되었다.[41] 이때 부칙에 의하여 증권관련 집단소송의 대상이 되지 않는 부분에 대하여는 회계감사를 한 감사인에게도 역시 법 적용의 대상이 되지 아니한다. 기업회계투명성은 증권관련 집단소송이 도입되기 전이라도 당연히 기업이 지켜야할 가치였음에도 부칙규정을 통하여 일정부분 사면을 받으려고 한 아쉬움은 있다. 그러나 증권관련 집단소송의 도입을 통하여 기업과 회계법인들 사이에 경각심이 고취되었다는 것은 고무적으로 볼 수 있다.

---

38) 김일중·김진호, 전게논문, 107면.

39) 박성민, "증권관련 집단소송제도의 도입과정에 관한 연구 : 신제도주의적 접근", (서울대학교 행정학 박사학위논문, 2006), 94면. 1998. 11. 김원길 의원 등이, 2000. 11. 29. 송영길 의원 등이 의원입법안을 각 제출하였고 2000. 10. 26. 시민단체인 참여연대가 입법청원을 한 바 있다.

40) 상게논문, 97면.

41) 박정우, 「과거분식 해소대책에 관한 연구」 (서울시립대학교부설 산업경영연구소, 2004.8), 30면 이하. 이 보고서에서는 과거의 분식회계는 연속성을 가지는 것을 전제로 하여 분식회계를 해소하는 방안을 마련하는 것은 기업의 경쟁력 제고와 국가경제 활성화에 유익하다고 보고 있다. 과거 분식회계는 경제성장의 부산물로서 분식회계가 있었다는 점 자체를 단죄로만 해결하는 것은 곤란하고 현실을 고려할 때 회계정보생산자의 책임만으로 돌리기는 어려운 점이 있다고 본다. 과거의 분식회계를 해소할 경우 면책시키는 방법을 특별법 형식으로 할 것이냐 부칙 형식으로 할 것이냐의 논란이 있었으나 결국 부칙으로 도입되었다.

이렇듯 입법과정이 매우 순탄치 않았고 논쟁이 심했으며 재계를 필두로 기업측에서는 집단소송에 대하여 대단히 염려했음을 알 수 있다. 흔히 집단소송에 대하여 대기업만 이해관계가 있다고 생각하기 쉽지만 실상 대기업은 내부통제가 잘 되어 있는 경우가 많아 코스닥 상장법인과 같은 중견기업이 더 소송에 취약하다는 점이 지적되었던 것으로 보인다.[42] 아울러 회사의 경우는 채권자들이 많은 관계로 분식회계 사건이 발생하면 도산하는 경우가 많은데, 회사를 감사한 감사인(회계법인, 감사반)의 경우는 손해배상공동기금이나 준비금 또는 보험에 가입하고 있어서 일정한 재력을 가지고 있다.[43] 따라서 감사인을 포함한 회계업계에서도 상당한 관심을 가지고 있는 사안이었다.

Ⅱ. 증권관련 집단소송의 도입에 대한 찬반론

1. 찬성론

(1) 소액다수 투자자들의 실질적 구제책이라는 논거

회사의 허위공시를 사실로 믿고 주식을 거래한 다수의 소액 투자자들이 손해를 입기는 하였으나 그 개별적 손해가 적은 액수에 그치는 경우, 많은 소송비용과 장기간의 소송절차 등을 고려하면 직접 소를 제기할 수 있는 자는 거의 없다. 개별적으로 소를 제기한다고 하더라도 정보와 힘의 불균형으로 인하여 실효를 거두기 어렵고 설령 승소한다고 하더라도 기업측은 잃는 것이 거의 없고 청구인이 얻는 것이 거의 없다. 소 제기 되어야 기업측이 현실적으로 반응하기 때문에 집단소송이 피해구제 방법으로서는 최선이라고 한다.[44]

---

42) 부칙(2004.1.20. 법률 제7704호) 제3항에서는 자산총액 2조 미안인 법인에 대한 적용례를 두어 '2007년 1월 1일 이후 최초로 행하여진 행위로 인한 손해배상청구분'부터 이 법을 적용하도록 하였다.

43) 외감법 제32조에서는 손해배상공동기금, 「공인회계사법」(이하 '공인회계사법'이라고 한다) 제28조에서는 손해배상준비금을 규정하고 있다. 전자는 외감법상 회계감사에 대하여 감사인(회계법인과 감사반)이 제3자에 대하여 부담하는 손해배상을 위한 기금으로서 한국공인회계사회에서 관리하고 감사인은 손해배상공동기금 적립 대신에 보험으로 대체 가능하다. 후자는 회계법인 내부에 적립하는 유보금으로서 회계법인 자체적으로 관리하고 허가없이 용도 외로 사용하면 공인회계사법 제53조 제1항에 따라 형사처벌을 받게 된다. 이러한 점 때문에 자주 회계법인은 소송의 대상이 되곤 하였으며 우리나라에서 비례책임제 도입의 원인이 되었다.

44) 황동욱, 『증권관련 집단소송』, (동현출판사, 2004), 23면 ; 김성태, "소수주주 보호의 법리-증권집단소송제도 찬반론을 중심으로", (울산대학교 사회과학논집 제11권 2호, 1991), 24면.

(2) 기업활동의 투명성 강화

증권관련 집단소송이 제기된 회사나 개인들은 소송이 제기된 사실만으로 회사의 이미지 실추 등 막대한 피해를 입을 뿐만 아니라 패소할 경우 심각한 경제적 타격을 입게 된다. 따라서 회사 등은 이러한 위험을 피하기 위하여 스스로 분식회계나 허위공시, 내부자 거래, 시세조종 등 위법행위를 자제하게 되어 궁극적으로는 투명경영을 촉진하게 된다고 한다.[45]

(3) 시장에 대한 신뢰증대

투명경영의 실현으로 인하여 내국인은 물론 외국인들의 우리나라 증권시장에 대한 신뢰도가 투자증대로 이어져서 기업활동 및 국가경제 발전에 이바지한다.[46]

(4) 분쟁의 1회적 종국적 해결

직접 소송에 참가한 당사자는 물론 제외신고(opt-out)를 하지 않은 모든 관련자에게 기판력이 미치기 때문에 해당 분쟁과 관련된 소송절차를 1회에 해결함으로써 소송 경제에 이바지할 뿐만 아니라 동일 사안에 대한 서로 다른 판결의 존재가능성을 방지한다.[47]

2. 반대론

(1) 기업에는 치명적인 손실을 입히는데 비하여 투자자 보호에 효익이 없음

집단소송 제도자체가 변호사나 소송브로커들의 이익만을 챙기도록 설계된 제도라는 취지이다. 기업에 대하여는 대규모 소송이 제기되었다는 사실만으로도 대부분 주가하락으로 이어지며 금융기관이나 거래업체들도 민감하게 반응한다. 특히 소액주주의 경우에는 매매가 곤란해지는 경우도 있어 자금을 회수하기도 어려워 다른 파생적인 소송을 부추긴다고 한다. 과연 집단소송이 경영의 투명성에 도움이 되었다면 미국도 소송이 도입된 80여년이 되었음에도 경영 투명성이 확고하지 못한 이유가 무엇인지 반문한다.[48]

우리나라의 벤처기업은 대부분 주식시장에서 자금을 조달하고 있는데 성공한 벤

45) 상게서, 23면 ; 상게논문, 24면.
46) 상게서, 23면 ; 상게논문, 24면.
47) 상게서, 23면 ; 상게논문, 24면.
48) 상게서, 24면 ; 이형만, "증권집단소송제도 도입의 문제점", (증권관련 집단소송제도에 관한 법적 검토, 사단법인 한국법제발전연구소 설립기념세미나, 2001), 39면.

처기업일수록 집단소송의 타깃이 되기 쉬워 벤처기업을 포함한 중소기업의 성장을 저해시킨다는 것이다. 또한 소송방지를 위하여 회사는 비용을 소송전후로 부담하게 되는데 이는 소비자의 상품가격 상승으로 이어진다. 소송 제기 건수가 늘면 과감한 기업활동을 위축시키는 결과를 초래한다.[49)]

(2) 남소 및 과도한 비용의 문제

변호사 비용 이외에도 복잡한 손해배상액 산정을 위한 감정비용 증가, 소송진행상 구성원들에 대한 각종 고지 등을 위한 비용, 소송종결후 분배비용, 소송진행이 장기간에 이르는데 사용되는 법률비용을 비롯한 제반 비용 등 과도한 경제적 비용이 발생한다.[50)]

(3) 법원에 대한 과도한 업무부담

집단소송을 진행하는 과정에서 법원은 집단의 인정, 소송허가, 화해·소취하에 대한 승인, 소송고지를 비롯한 각종 소송행위에 대한 감독권한, 직권주의에 기한 소송진행 권한, 소송 및 화해로 인한 배상액 또는 화해금액의 분배감독 등 절대적인 역할을 수행하여야 하는데 이런 업무들은 모두 법원에 과중한 업무로 작용하게 된다. 증권집단소송 진행을 위해서는 증권, 회계 등 관련 분야의 지식이 있어야 하는데 이를 보완하기 위하여 비용이 더 들거나 시간이 더 많이 들 가능성이 크다.[51)]

(4) 위헌 소지 및 현행 민사소송법 체계와의 불일치

집단소송은 당사자주의(처분권주의)의 파괴, 기판력의 확대 등으로 인하여 국민의 재판받을 권리를 침해할 소지가 있다. 자기 자신도 모르게 집단소송의 구성원으로 편입되어 있으나 당해 소송의 결과에 대하여 불만이 있는 피해자의 경우 재판받을 권리를 박탈당하는 결과를 초래하여 위헌의 소지가 있다. 예를 들어 피해집단의 대표가 고의로 패소하거나 변호사 비용만 회수하고 피고측과 화해하는 경우 법원을 기망하면 기판력이 작용하여 선의의 집단구성원에게 피해를 발생하게 할 우려도 있다.[52)] 민사법 영역은 사적자치의 원리가 지배하는데 사적 투자수익이 목적인 증권시장 참여자들에게 굳이 법체계를 흔들어 가면서 특별법을 만들 취지가 있는지 의문이라고 한다.

---

49) 상게서, 24면 ; 상게논문, 39면.
50) 상게서. 24면 ; 상게논문, 39면.
51) 상게서, 24면 ; 상게논문, 40면.
52) 상게서, 24면 ; 상게논문, 40면.

(5) 소송의 결과가 과연 정의와 형평에 부합하는지

투자자의 손해가 심각하거나 경미한 경우에도 원고측과 피고측과의 협상으로 합의를 할 우려가 높다. 미국에서는 대부분 화해로 종결되고 우리나라에서도 화해 종결을 원하는 경우가 많다. 미국에서는 소가의 20-30% 범위에서 화해금액이 결정되는 경우가 일반적이어서 개별 투자자에게 귀속되는 배상액은 극히 경미한 경우가 많다.[53]

회사의 입장에서는 종국결과에 관계없이 집단소송이라는 분쟁을 해결하기 위하여 화해를 선호할 가능성이 높고 이 점을 간파한 투자자들은 우선 소를 제기한 후 사태를 관망하게 될 수 있다. 특히 보험에 가입한 회사를 상대로 의도적인 소송을 기획할 가능성도 있는 것이다. 가사 회사의 승소판결로 확정되더라도 우리나라의 소송비용 구조상 회사가 지불한 비용을 충분히 보전받을 수가 없어 상처뿐인 승리로 남을 가능성도 높다.[54]

Ⅲ. 법무부 집단소송법 시안에 대한 검토

위에서 언급한 찬반론이 꾸준하게 대립하고 있었지만 집단소송법 제정을 위한 움직임 역시 계속적으로 진행되어 왔다. 그만큼 소액·다수 피해자들을 구제하기 위한 사법제도의 선진화에 대한 목소리가 높았던 것이다.

1. 법무부 집단소송법시안 개관

(1) 1996년 법무부 집단소송법 시안의 연혁

우리나라에서의 집단소송에 대한 논의는 1980년대 후반부터 본격적으로 시작되어 집단소송법시안이라는 이름으로 결실을 맺는다.[55] 이 시안은 그간 우리나라에서의 다른 법안의 준비에 비하면 상당한 기간이 걸렸고 집단소송법에 관한 자료축적이나 입법과정에 대한 회의록도 상세히 만들어 두었다는 점에서 후대의 연구에도 상당한 영향을 미치고 있다.

시안마련에 관한 논의 중 집단소송법의 입법형식에 대한 논의는 법무부 민사특별법 제정 특별분과위원회 회의록 제1권에 자세히 나와 있다. 논의를 처음 시작할 때

---

53) 상게서, 24면 ; 상게논문, 41면.

54) 상게서, 24면 ; 상게논문, 41면.

55) 김일중·김진호, 전게논문, 107면.

에는 대표당사자소송, 단체소송, 공법관계에서의 공공소송(행정소송 포함)의 유형을 중심으로 논의되었으며 개별법의 형태로 포섭할 수 없는 새로운 유형의 소송을 염두에 두고 일반화된 별개의 절차법을 입법형식으로 상정하고 있다.

또한 우리 사회의 여건을 고려하여 소비자단체, 환경단체의 요건을 엄격히 하면 현실적으로 단체소송의 원고가 될 수 있는 단체가 거의 없다는 문제제기로 인하여 민사소송법의 특별법이자 집단분쟁의 해결을 위한 단행법으로 제정하는 방식을 택하게 되었다. 시안을 논의하는 과정에서는 별다른 언급이 없었으나 시안 발표 후 한국민사소송법학회에서의 토론에서는 민사소송법 내에 집단소송에 대한 근거규정을 두자는 견해도 제시된 바 있다. 그러나 이 시안은 국회에 제출되지 못하였고 끝내 무산되었다. 다음 해인 1997년 재정경제부도 제2차 금융개혁추진방안에서 장기계획으로 집단소송제도의 도입을 제안한 바 있다.

(2) 1996년 법무부 집단소송법시안의 내용

우리나라의 집단소송법 시안은 미국의 대표당사자소송과 독일의 단체소송을 결합한 구조로 되어 있다. 형식적으로는 총칙, 소의 제기 및 허가절차, 소송절차, 분배절차, 벌칙의 5장으로 구성되어 있다. 이런 체계를 보면 소의 제기 및 허가절차는 미국과 독일의 방식을 병용하고 있다고 보인다.[56] 집단소송을 진행하고자 하는 자는 대표당사자나 단체는 소장과 소송허가신청서를 동시에 제출하여야 한다(제6조). 관할법원은 민사소송법과 행정소송법이 정하는 바에 의한다(제4조). 법원은 법에서 정한 요건을 갖춘 대표당사자, 단체, 소송대리인 및 소송사건에 한하여 집단소송을 허가한다(제9조). 대표당사자는 총원의 이익을 공정하고 적절하게 대표할 수 있는 구성원이어야 하고 대표단체는 한국소비자보호원(현재 한국소비자원), 대한법률구조공단 외에 일정한 요건을 갖춘 단체에 한한다(제10조). 즉 마음대로 집단소송의 소를 제기할 수 없고 법원의 허가를 받아야 하는 것인데 이는 남소를 염두에 둔 규정이다.[57]

소송사건은 구성원이 상당한 다수이어야 하고 구성원의 각 청구가 법률상 또는 사실상 주요한 쟁점을 공통으로 하여야 하며, 집단소송이 총원의 권리실현이나 이익보호에 적합하고 효율적인 수단이어야 한다(제11조). 이는 미국의 대표당사자소송을 참조한 것이라고 한다.[58] 법원이 집단소송을 불허하는 결정이 확정되면 그 집단소송

56) 함영주, “집단소송에 관한 연구 - 우리나라의 집단소송법 시안에 대한 검토를 겸하여”, (고려대학교 박사학위논문, 1997), 164면.

57) 정동윤, “집단소송제도의 도입과 상장회사의 대응”, (상장협 제36호, 1997), 114면.

58) 상게논문, 114면.

은 종료한다(제16조). 구성원은 제외신고 기간 내에 서면으로 법원에서 제외신고를 할 수 있고(제28조), 제외신고를 하지 아니한 자는 판결의 효력을 받는다(제39조).

집단소송의 심리에 있어서는 경제적·증거적으로 열세에 있는 피해자를 위하여 여러 가지 특칙이 인정된다. 피해자의 주장책임을 완화하고 가해기업의 답변의무를 강화하였으며(제29조) 법원의 석명의무를 강화하고 석명에 응하지 않는 경우에는 당사자의 주장을 진실한 것으로 인정할 수 있게 하였다(제30조) 법원의 직권증거조사를 강화하였으며(제31조) 언제든지 당사자신문을 할 수 있도록 하였고(제32조) 문서제출명령의 대상인 문서의 범위를 확대하고 신청요건을 완화하였다(제35조) 정확한 손해배상액의 산정이 곤란한 경우에는 법원이 이를 정할 수 있도록 하고(제36조) 소취하, 화해, 청구의 포기 등은 법원의 허가를 받아야만 할 수 있도록 하였다(제37조). 판결의 효력은 제외신청을 하지 않은 구성원에게도 미치는 것으로 하였고(제39조) 사해재심의 특칙을 규정하였다(제40조). 대체로 피해자에게 주장과 증명의 부담을 덜어주고 법원의 직권 개입을 강화한 내용으로 평가할 수 있다.[59)]

분배절차에 대해서는 제41조에서 제61조까지 21개 조항에 걸쳐 규정하고 있었다. 사실 분배절차는 민사집행법에 관한 특례로서 복잡하고 중요한 민사집행절차 단계에서 신중을 기하는 취지였다. 분배관리인을 상정하고 있는 일본 class action 입법연구회의 안과 유사하다고 한다.[60)]

벌칙 부분은 사실 미국의 연방민사소송규칙이나 일본의 집단소송법 시안에서 규정되어 있지 않다. 미국의 경우 민사소송절차에서 가해자의 악의만 인정되면 법원에서 법정모욕죄 등으로 문제를 해결할 수 있는 반면 우리나라의 경우 형사처벌 이외에는 특별히 실효성을 강제할 수 있는 방법이 별로 없기 때문에 입법화되었다.[61)]

2. 집단소송법 시안에 대한 평가

1996년의 집단소송법 시안은 한국에서의 집단소송을 도입하는 과정에 있어서 미국의 대표당사자소송과 독일의 단체소송 규정을 결합하여 통일된 단행 법률을 제정하고자 시도하였다. 독일이나 일본 등 선진국에서도 집단소송에 관한 통일법전이 없던 터에 집단소송법 제정에 착수한 것은 과감한 시도였고 집단소송법 시안에 민사와 행정사건을 모두 포함시킨 것은 지금 시점에서 보아도 매우 적극적이고 전향적인 시도였다.[62)]

---

59) 상게논문, 115면.

60) 함영주, 전게논문(주 56), 164면.

61) 상게논문, 164면.

시안은 대표당사자소송과 단체소송의 장점을 결합하여 단체와 피해자 개인에게 집단소송의 소를 제기할 수 있는 권한을 엄격한 요건으로 인정하였다. 독일의 개별법상의 단체소송제도에서 결여되었던 단체의 직접적인 손해배상청구를 기본적 구제수단의 하나로 인정한 반면에 남소방지의 고려에서 영업단체의 당사자적격을 인정하지 않았다.

이 사안이 결국은 입법화되지 못하였지만 그 정신은 한국의 다른 집단적 분쟁해결에 관련된 법안에 큰 영향을 미쳤다. 증권관련 집단소송법상의 소송허가절차, 제외신고방식, 소송절차에 대한 특칙, 분배절차 등 시안의 기본구조는 그대로 남아있다.[63] 소비자단체소송에서도 통상의 입법례와는 달리 대표당사자소송의 요소인 소송허가규정을 두어 원고의 남소에 대한 억제장치를 두고 있다.

근래에 증권이나 소비자 이외의 식품, 환경, 시위 등 각종 집단소송제도의 도입에 관한 주장이 제기되고 있다. 유감스럽게도 그때 그때의 수요에 따라 법안이 땜질식으로 제안된다면 과연 문제의 본질적인 해결이 될지 대단히 의문이다. 소액다수자의 피해라든가 1대1 형식의 소송으로 해결할 수 없는 다중이 관련된 분쟁은 이미 전통적인 소송법 이론만으로는 해결하는데 한계에 봉착해 있다. 그런 점에서 일관된 철학을 가지고 효과적으로 현대형 소송을 해결할 수 있는 방식을 모색하는 것은 매우 중요하다고 하겠다. 향후에도 집단소송의 개정안을 논의할 경우 시안이 마련해 놓은 기본정신은 입법에 있어서 시금석이 되리라고 생각한다.

62) 장송청, “집단소송제도에 관한 연구 - 한국법과 중국법의 비교를 중심으로”, (성균관대학교 박사학위논문, 2009), 218면.

63) 상게논문, 218면.

제4절 현행법상 집단분쟁해결 제도

Ⅰ. 현행법상 집단적 분쟁을 해결하기 위한 다수당사자소송 제도

우리 민사소송법은 다수 당사자가 관련된 소송에서의 절차 규정으로 공동소송 제도와 선정당사자 제도가 있는데 이들이 그나마 집단분쟁을 해결할 수 있는 제도이다.

1. 공동소송 제도

공동소송은 하나의 소송절차에 다수의 원·피고가 관여하는 소송형태를 의미한다.[64] 소제기부터 다수의 원고나 피고가 소송을 하는 원시적 공동소송의 형태와 소송이 계속된 이후 예비적 선택적 공동소송인이 추가되는 경우 및 참가승계, 인수승계, 공동소송참가, 변론병합, 한 당사자의 지위를 여러 사람이 당연승계하는 경우 등 후발적 공동소송의 형태가 있다.[65]

민사소송법 제65조는 '소송목적이 되는 권리나 의무가 여러 사람에게 공통되거나 사실상 또는 법률상 같은 원인으로 말미암아 생긴 경우'와 '소송목적이 되는 권리나 의무가 같은 종류의 것이고 사실상 또는 법률상 같은 종류의 원인으로 말미암은 것'을 공동소송의 요건으로 규정한다.

공동소송은 근본적으로 피해액수가 다액이거나 소송을 하려는 적극적인 의지를 가진 피해자들을 이용자로 예정하고 있기 때문에 개인들의 피해액수가 소액이거나 소송에 적극적이지 않은 당사자가 많은 사건에서는 활용하기 어렵다는 문제가 있다.[66] 왜냐하면 공동소송도 다른 일반 민사소송 절차와 같이 당사자들의 적극적으로 참여하는 것을 전제하는 제도이기 때문이다. 이 때문에 공동소송은 일반 민사소송절차와 비교했을 때 민사소송의 일대일 당사자주의에 대한 예외적인 경우에 불과하고 일반 민사소송상의 원칙을 그대로 유지되고 있다. 현실에서 발생하는 집단적인 분쟁은 현행 민사소송법 체계의 원고와 피고처럼 1대1의 관계로만 이루어져 있을 수는 없다. 결국 우리의 민사소송제도는 다수당사자의 분쟁을 비롯한 집단적 분쟁해결에 제대로 대응하지 못하는 결점이 있다.[67]

---

64) 김홍엽, 『민사소송법 제8판』, (박영사, 2019). 980면 ; 이시윤, 전게서, 734면 ; 정동윤·유병현·김경욱, 전게서, 993면 ; 정영환, 전게서, 762면.

65) 김홍엽, 전게서, 980면 ; 정동윤·유병현·김경욱, 전게서, 994면.

66) 정영환, 전게서, 862-863면.

공동소송의 유형 중 통상공동소송은 개개의 당사자가 자신의 소송을 하는 것이므로 분쟁당사자의 수가 많은 집단소송사건에는 맞지 않는 점이 많다. 더욱이 통상공동소송의 경우는 소송자료의 통일이나 소송의 진행, 공동소송의 강제도 되지 않아 집단소송의 목표 중의 하나인 분쟁의 일거해결이 어렵다.[68]

필수적 공동소송의 요건을 충족하기도 쉽지 않고, 소송의 당사자가 되기를 원하지 않는 구성원이 있는 한, 사안을 일괄적으로 해결할 수가 없으며 유사한 소송의 반복도 피할 수 없다.[69] 특히 필수적 공동소송에서의 당사자 추가규정은 입법의 취지가 당사자 중 하나가 빠져 소송자체를 각하해야 하는 경우에 한하여 당사자를 추가할 수 있도록 하는 것이므로 다수의 당사자들을 한꺼번에 모아 분쟁을 한번에 해결하는 집단소송의 이념에는 맞지 않는다.[70]

결국 공동소송제도는 일대일 소송을 원칙으로 하는 민사소송 원칙의 제한된 예외로서 당사자나 법원의 편의를 고려하는 절차에 불과하므로 피해규모가 매우 큰 사안에서 환경오염, 제조물 결함, 의약품의 부작용, 불량식품, 인권침해로 인한 피해 등의 불특정 다수인이 관련된 집단적 피해의 경우에서는 활용하기 쉽지 않다.[71]

우리의 판례는 통상의 공동소송에서도 증거공통의 원칙은 수용하나 주장공통의 원칙은 변론주의에 위배된다고 하여 단순히 심리만을 병합하는 소송일 뿐 공동으로 소송을 할 어떠한 유인도 없다고 한다.[72] 필수적 공동소송의 경우에는 그 기준이 더욱 엄격하여 실체법상의 필요(고유필수적 공동소송)나 소송법상의 필요(유사필수적 공동소송) 때문에 불가피한 경우를 제외하고는 허용하지 않는 경향을 보여 왔기 때문에 필수적 공동소송의 요건이 갖추어졌다고 보는 경우는 매우 드물었으며 대개의 사건은 보다 느슨한 형태인 통상공동소송이나 유사필수적 공동소송으로 다루는 것에 만족해야 했다.[73] 이처럼 당사자가 다수인 기본적 형태의 다수당사자소송에서 우리 법원은 요건의 충족에 대한 판단에 있어 상당히 엄격한 입장을 취하고 있다.[74] 학설은 판례보다 대체로 공동소송의 적용을 확대하자는 입장이 주류로 보이지만 소송법의 원리나 실체법의 규정을 엄격하게 해석하고 유지하여야 한다는 입장도 만만

67) 함영주, 증권관련 집단소송제의 활성화 방안에 관한 연구", (법무부 연구용역보고서, 2013), 25면.

68) 정영환, 전게서, 863면.

69) 함영주, 전게논문(주 67), 25면.

70) 상게논문, 25면.

71) 정동윤, 전게논문(주 57), 109면.

72) 정동윤·유병현·김경욱, 전게서, 998-999면. 대법원 1997. 2. 28. 선고 96다53789 판결 등.

73) 대법원 2003. 12. 12. 선고 2003다44615 판결. ; 대법원 1993. 2. 23. 92다49218 판결. ; 대법원 1991. 4. 12. 선고 90다9872 판결 등이 있다.

74) 정영환, 전게서, 768면.

치 않다.[75)]

2. 선정당사자 제도

선정당사자제도는 공동의 이해관계에 관하여 피해자인 각각의 선정자가 피해자 중의 한 사람인 선정당사자를 선정하여 개별적으로 수권을 하여 그 선정당사자 모두를 위하여 소송을 수행하는 임의적 소송담당의 일종이다.[76)] 그러나 선정당사자제도는 공동소송으로 운영하여야 할 사건을 선정당사자가 수행하는 것이므로 불특정 다수의 광범위한 다수의 피해자가 관련된 사건이어서 전체당사자로부터 수권을 받기 어려운 경우에는 활용할 수 없다는 한계가 있다.[77)] 따라서 피해의 범위가 대규모이기 때문에 범위나 개별피해액의 특정이 어려운 경우에는 활용이 어렵다.[78)] 소송 실무에서 매우 많은 수의 피해자들에게 일일이 수권을 받도록 하는 요건을 요구하는 것은 때로 그러한 유형의 소송을 금지하는 것과 마찬가지의 결과가 되는 경우도 있기 때문이다.

따라서 매우 많은 피해자가 관련된 사건에서 선정당사자가 피해자 전원 또는 대부분으로부터 수권을 받지 못하는 경우 분쟁해결은 실효성이 떨어지고 법원은 선정당사자의 대표성을 인정한다는 사실 외에 일반 민사소송과 같은 원칙에 따라 소송절차를 진행하므로 미국의 대표당사자소송과 같이 법관의 폭넓은 재량을 기대하기도 어렵다.[79)]

또한 선정당사자는 공동의 이해관계가 있는 다수자 중에서 선정자에 의해 선정되어야 하므로 이해관계자 이외의 제3자를 선정하면 변호사대리의 원칙을 잠탈할 수 있는 문제가 발생할 수 있어 선정당사자제도는 소송수행의 전문성 측면에서도 한계가 있다. 선정당사자제도는 기본적으로 공동소송으로 진행할 사안을 간편하고 효과적으로 진행하자는 취지에서 마련된 제도이기 때문에 공동의 이해관계의 범위는 민사소송법 제65조의 공동소송의 요건을 충족하는 사건으로 제한된다.

---

75) 호문혁, 「민사소송법」, (법문사, 2016), 872면.

76) 정영환, 전게서, 864면. 이동률, 『민사소송의 당사자론』, (삼우사, 2007), 227면. 선정당사자는 공동의 이해관계 있는 다수인 법률 또는 임의에 의해 공동소송인으로 소송을 하여야 할 경우, 그 다수인 중에서 소송당사자로 선정된 사람을 말한다(민사소송법 제53조). 선정당사자를 선임한 공동의 이해관계에 있는 다수인 각자를 선정자라고 한다. 선정당사자는 선정자들로부터 소송수행권을 부여받았기 때문에 제3자 소송담당의 하나이고 선정당사자가 받은 판결의 효력은 선정자에게도 미친다(민사소송법 제218조 제3항 및 제220조).

77) 정동윤, 전게논문(주 57), 111면.

78) 정영환, 전게서, 872면.

79) 함영주, 전게논문(주 67), 28면.

선정당사자 제도 역시 공동소송 관계에 있는 원고들 중 한 명을 당사자로 선정하여 수권을 함으로써 그 당사자가 전체 원고를 위하여 소송을 수행하는 방식인데 피해의 범위가 제한적이고 각자 개별적으로 소송을 수행할 수 있을 정도의 상태를 전제로 한다는 점에서 피해의 범위가 광범위하거나 개별 피해액을 특정하기 어려운 경우에는 활용하기 어렵다. 또한 피해자 모두로부터 수권을 받지 못하면 사실상 동일한 소송이 진행될 수밖에 없다는 점에서 현대형 소송에는 적합하지 않다. 실제로 법원의 일부 실무 관행은 각 선정자들로부터 모두 인감증명을 요구하는 경우도 있는데 소송수행을 위하여 인감을 주는 것은 훗날 대리권 남용 등이 우려되어 선정자들에게 부담스럽고 선정당사자가 인감을 모두 취합하기도 어려워 이용이 까다로워지는 결과를 초래한다.

선정당사자제도에서도 다수자들 간에 공통의 이해관계가 있고 선정자들이 포괄적 수권을 통하여 선정당사자를 당사자로 선정한 행위를 하는 경우도 있다. 그렇다고 하여 선정을 받은 사람이 그들을 대신하여 당사자가 되거나 대표로 되는 것이 기존 민사소송법의 원칙에서 당연히 또는 당위적으로 도출되는 것으로 이해하기는 어렵다. 왜냐하면 선정당사자가 선정자의 수권을 받아서 자신의 권리의무 부분을 넘어 선정자들의 권리부분에 대한 소송수행권을 갖게 되는 것도 현행 민사소송법에서는 예외로 볼 수 있기 때문이다.[80)]

결국 선정당사자가 선정자들의 소송행위를 할 수 있는 것은 민사소송법 제53조에서 공동의 이해관계를 가진 사람 중의 특정인을 당사자로 선정하는 경우 선정자들은 소송에서 탈퇴하고 선정당사자만이 당사자가 된다고 규정하고 있기 때문이다. 즉 우리의 선정당사자제도에서 이미 기존 민사소송법 원칙에 대한 파격은 시작되었다고 볼 수 있다.[81)] 선정당사자를 제3자의 소송담당의 또 하나의 예로 규정한 것을 다른 측면에서 보면 소송수행의 편리를 추구하기 위해 기존 소송원리의 예외라고 할 수 있는 내용이 인정되기 시작한 것으로 볼 수도 있다.[82)]

이 점에서 선정당사자제도는 집단분쟁에서 이해관계가 있는 사람들이 소송에 가입신청(opt-in)을 하는 방식으로 문제를 해결하게 한 우리나라와 일본 특유의 집단분쟁해결 제도라고 평가할 수 있다.[83)]

---

80) 정영환, 전게서, 863-864면.

81) 함영주, 전게논문(주 67), 29면.

82) 상게논문, 29면.

83) 상게논문, 29면.

3. 주주대표소송

대표소송은 회사가 이사에 대한 책임 추궁을 게을리 한 경우 소수주주가 회사와 주주 전체의 이익을 위하여 회사를 대신하여 이사에 대한 책임을 추궁하는 소를 말한다(상법 제403조). 이사는 회사의 위임을 받아 그 직책을 수행하며 이사와 회사의 관계는 위임계약 관계로 해석되고 있다.[84] 따라서 상법 제399조의 책임은 위임계약의 불이행으로 인한 채무불이행책임으로 해석된다. 정관이나 법령의 위배, 임무해태의 구체적 모습은 다양하게 나타난다. 금융기관의 이사들이 대출규정에 반하는 부실대출을 의결하여 집행하게 한 경우 제조업체의 대표이사 등이 통상적인 경영판단에 어긋나게 문제 있는 투자결정을 하여 자신이나 제3자에게 이익을 보게 하고 회사에 큰 손실을 끼친 경우 회사의 이사들이 회사의 자산을 횡령한 경우 등을 그 예로 들 수 있다.

본래 집행임원이 설치되지 않은 회사의 경우 이사와 회사 간의 소송에 관하여는 감사나 감사위원회가 회사를 대표하여 회사가 스스로 소를 제기하여야 하나(상법 제394조, 제415조의2 제6항) 감사나 감사위원회와 이사간에 정실관계가 있는 경우 그 소송의 실현을 기대하기는 어렵다. 또한 집행임원설치 회사의 경우에도 집행임원과 회사 간의 소송에 대하여는 이사회가 회사를 대표할 자를 선임하는데(상법 제408조의3 제3항 제3호) 이러한 자도 집행임원과 정실관계가 있는 때에는 쉽게 소를 제기하지는 않는다. 그러나 이사에 대한 책임추궁이 부당히 지연되는 경우와 시효완성이나 이사의 고의적인 무자력화로 회사의 권리실현이 불가능해 질 수도 있으므로 이는 회사와 주주의 이익을 해하는 것이므로 상법은 소수주주에게 회사를 대위하여 이사의 책임을 추궁하는 소를 제기할 수 있도록 한 것이다.

대표소송은 소수주주가 회사의 이익을 위하여 회사의 대표기관 자격에서 소송을 수행하는 것이므로 제3자의 소송담당에 해당한다.[85] 따라서 판결의 효력은 당연히 회사 또는 다른 주주에게 미친다. 대표소송을 진행하는 주주는 회사의 대표기관으로서 회사의 권리를 상대방에게 주장하는 것이 되므로 대표소송 판결의 효과는 회사에 직접 귀속되고 소를 제기한 원고, 즉 주주에게 법률적 또는 경제적 효과가 귀속되는 것은 아니다.[86]

대표소송은 증권집단소송에 비하여 제소요건이 보다 엄격하게 제한되어 있으며 그 목적이 이사의 임무해태에 대한 회사의 책임추궁을 대행하는 것이다. 따라서 투

84) 정승화, "주주대표소송의 활성화를 위한 소고", (상사판례연구, 제26집 제2권. 2013), 35면.
85) 정동윤, 「상법(상)」, (법문사, 2008), 628면
86) 정승화, 전게논문, 37면.

자자들이 주축이 되어 소를 제기하는 증권집단소송과는 구별된다. 또한 판결의 결과가 회사 내부로 유보되기 때문에 증권집단소송 판결의 결과가 사외로 유출되는 것과도 비교된다.

4. 현행법상 단체소송과 대표당사자소송 제도

(1) 소비자기본법상의 단체소송과 집단분쟁조정 제도

소비자기본법상의 단체소송은 사업자가 소비자기본법 제20조의 규정을 위반하여 소비자의 생명·신체 또는 재산에 대한 권익을 직접적으로 침해하고 그 침해가 계속되는 경우 소비자단체가 법원에 소비자의 권익침해행위의 금지 또는 중지를 구하는 제도를 말한다.[87] 이 단체소송은 독일의 단체소송과 유사한 제도인데 소비자단체가 소액 다수의 소비자 피해를 구제하기 위하여 소비자 전체의 이익을 대표할 수 있도록 한 제도이다. 그러나 소비자기본법상의 단체소송은 남용을 우려하여 침해행위의 중지나 금지를 구하는 청구만 허용하고 있어 손해전보나 이행을 구할 수 없다는 점에서 근본적인 한계를 가지고 있다.[88]

소비자기본법상의 집단분쟁조정은 ① 국가, 지방자치단체, 한국소비자원, 소비자단체 또는 사업자에게만 신청권이 있고 ② 물품 등으로 인한 피해가 같거나 비슷한 유형으로 발생한 것으로서 피해자의 수가 50명 이상이고 사건의 중요한 쟁점이 사실상 또는 법률상 공통되는 경우에 소비자분쟁조정위원회에 집단분쟁조정을 할 수 있는 제도이다(소비자기본법 제68조, 같은 법 시행령 제58조). 2013년에는 개별접수 3,249건/집단접수 10건, 2014년에는 개별접수 3,040건/집단접수 10건, 2015년에는 개별접수 3,771건/집단접수 3건, 2016년에는 개별접수 2,790건/집단접수 5건, 2018년 6월까지 개별접수 1,454건/집단접수 13건이다.[89]

소비자기본법상의 집단분쟁조정 절차는 조정의 성격을 가지고 있음에도 불구하고 소비자의 신청권을 배제하고 있어 처분권주의에 반하는 문제점이 있을 뿐만 아니라 분쟁을 유발한 사업자가 집단분쟁조정의 결과를 수락하지 않으면 조정 절차 자체가 무위로 돌아간다는 점에서 제도의 실효성이 적다는 비판을 받고 있다.[90]

---

87) 정영수, "소비자단체소송에 관한 고찰", 법조 56권 3호(통권 606호), 2007. 37면.

88) 상게논문, 17면.

89) 한국소비자원 "소비자분쟁조정위원회" 홈페이지 (2018. 1. 31. 방문)
http://www.kca.go.kr/wpge/m_172/kca6100.do

90) 정영수, 전게논문(주 87), 38면.

(2) 「환경분쟁조정법」상의 분쟁조정 제도

「환경분쟁조정법」(이하 '환경분쟁조정법'이라 한다)은 다수인에게 동일한 원인으로 인한 환경피해가 발생하거나 발생할 우려가 있는 경우에 그 중의 1인 또는 수인이 대표당사자로서 조정을 신청할 수 있고 당해 분쟁의 조정결과에 이해관계가 있는 자는 공고가 있는 날로부터 60일 이내에 조정 절차에 참가를 신청할 수 있도록 규정하고 있다(환경분쟁조정법 제46조 제1항, 제52조 제1항). 그러나 조정의 효력이 대표당사자와 참가를 신청한 자에게만 그 효력이 미친다고 규정하고 있어 분쟁조정이 활성화되고 있지는 않은 것으로 보인다.

(3) 개인정보 보호법상의 단체소송과 집단분쟁 조정제도

2011. 9. 30.부터 시행된 개인정보 보호법에 의한 개인정보 단체소송이 신설되었다. 개인정보보호단체가 나서서 개인정보에 대한 권리침해를 중지 또는 금지시키기 위한 공익소송의 일환이다. 이 단체소송에서도 손해배상청구는 인정되지 아니하고 부작위청구만 인정되고 있다. 조정위원회의 조정을 거부하거나 그 조정결과를 수락하지 아니한 때에는 제소할 수 있는 구조이다. 소비자단체소송과 유사하게 원고적격의 제한, 법원의 제소허가, 변호사강제주의, 청구기각판결의 대세효 등의 절차상의 특례를 두고 있다(개인정보 보호법 제51조 이하).

(4) 증권관련 집단소송법

증권관련 집단소송법은 증권시장에서 발생하는 기업의 분식회계, 부실감사, 허위공시, 주가조작, 내부자거래와 같은 각종 불법행위로 인하여 다수의 투자자들이 피해를 입은 경우에 이를 효율적으로 구제하고 이로 인해 기업의 투명성을 제고하기 위하여 그 적용대상을 유가증권신고서·사업설명서의 허위·부실기재, 사업보고서 등의 허위·부실기재, 내부자거래 및 시세조작행위, 감사인의 분식회계·부실감사 등으로 인한 손해배상청구로 적용대상을 제한하고 있다.

Ⅱ. 공익소송과의 관계

집단소송은 때때로 공익적인 목적을 위하여 사용되기도 한다. 그러나 과연 모든 집단소송이 공익소송이 될 것인가? 아니면 집단소송은 공익의 목적에 항상 봉사해야 하는가? 공익소송이라는 말이 언론을 비롯한 일상생활에서는 종종 쓰이고 있음에 비하여 우리나라에는 아직 공익소송이라는 개념이 법적으로 자리잡고 있지는 않아 보인다. 다수의 이익을 구제하는데 관계되어 있으면 마치 '다수=공익'이라는 도식이 성립하여 집단소송은 항상 공익소송이라는 등식이 성립하게 되는데 이 부분을 조금 더 자세히 살펴본다.

지금까지 개념 정의되어 있는 공익소송에 관한 정의를 보면 다음과 같다. 공익소송이라 함은 다중의 확산이익이 있는 소송으로서 소송을 통해서 약자 및 소수자의 인권보호, 시민권의 신장, 국가권력으로부터 침해된 시민의 권리구제 등을 통해 불합리한 사회제도를 개선하고 잘못된 법을 개정하며 국가권력의 남용을 방지하여, 민주사회의 발전과 정의로운 사회를 만드는데 도움이 되는 사건으로 위원회가 소송을 수행하기로 결정한 사건의 소송을 말한다(민주사회를 위한 변호사 모임, 공익소송위원회 운영규칙 제2조).

목적의식을 가진 공익법 운동단체 또는 공익변호사가 이제까지 적절한 법적 구제를 받지 못했던 확산이익에 대하여 새로운 법원의 판례를 이끌어 내기 위하여 법원에 소를 제기하는 것이라고 정의하기도 한다.[91] 이 정의에서 보면 공익소송의 개념을 구성하는 요소는 ① 공익성을 띈 주체 ② 확산이익의 보호 ③ 인권실현 목적 (제도의 개선이나 판례의 변화) 등으로 요약할 수 있다.[92] 이 경우 공익소송에서의 인권은 중요한 개념표지임에는 분명하지만 당해사건에서 보호되는 목적이 인권이라고 보기에 사회적 설득과 합의의 산물이라고 보기 어려운 경우에는 공익소송으로 포섭하려 할 때 신중할 필요가 있다. 왜냐하면 집단적 사익은 결코 공익이 될 수 없으며 공익소송이라는 명목 하에 모조리 인권이 개입하게 되면 인권개념이 희석될 우려가 있는데다가 집단이기주의를 공익이라는 이름으로 포장해 줄 우려가 있기 때문이다.

민사소송은 자신의 권리를 확보하기 위하여 개인이 법원에 소의 방식으로 제기하는 것이 기본구조이므로 처분권주의, 변론주의가 중심원리가 된다.[93] 이는 민사소송은 철저히 사익을 위하여 봉사하는 도구임을 의미한다. 다만 민사소송인 집단소송의 경우에도 사회적 파급효과가 크고 그 소송의 결과가 당해 사건을 넘어서 다른 유사사건에 규범에 준하는 효력을 가지게 될 때 공익소송으로 볼 수 있는 경우가 있다.[94] 그러나 이는 집단소송 자체가 공익소송이라기 보다는 집단소송에서 생긴

91) 황승흠, "공익소송의 어제와 오늘", (조영래 변호사 8주기 추모 심포지엄 자료집, 1998), 2면.
92) 이상돈, 「공익소송론」, (세창출판사, 2006), 18면.
93) 정영환, 전게서, 416면 ; 정동윤·유병현·김경욱, 전게서, 340면.
94) 박경신, "대강의 정의: 집단소송", (시민과변호사. 통권113호 2003), 615면. '집단소송은 원고들에게는 아무런 금전적인 혜택이 돌아가지 않지만 사회적으로는 중차대한 정책에 영향을 끼칠 수 있다.'고 한다.

결과나 파급력이 공익에 부합하는 경우가 발생하는 것으로 일종의 반사적 효력에 가깝다고 보인다.[95)]

결국 집단소송은 소액다수의 피해자들을 구제하는 민사소송이며 원칙적으로 다수인들의 사익을 보호하는 역할을 한다.[96)] 경우에 따라 집단소송의 반사적 효력이 공익에 미치는 경우가 있을 뿐이다. 따라서 집단소송이 마치 공익을 위한 것으로 보아 사익이나 소수집단의 이익을 포장하는 행위는 철저히 구분되어야 한다.

이와는 별도로 집단소송은 남소라는 편견을 덧씌워 마치 현행법 체계로도 모든 권리구제가 가능하다는 취지의 주장과도 분명히 선을 그을 필요가 있다. 이는 현대형 소송의 존재 자체를 부인하고 있으며 대안을 제시하는 것도 결국 행정부의 사전적 규제 수준이기 때문에 결과적으로 지나치게 기업측의 입장만을 대변하고 있게 된다.

결국 시장이 제대로 기능하려면 견제와 균형이 필수적인 것인데 기업측은 많은 정보를 독점하고 있음에 반하여 투자자는 적어도 소액다수의 피해를 구제받을 사후적 구제수단은 가지고 있어야 균형이 잡힌다. 참고로 행정부인 감독당국은 시장의 심판으로서 공정한 룰을 만들고 집행하는 데 중점을 두어야 할 것이므로 투자자가 직접 구제수단을 강구하는 역할과는 구별되어야 할 것으로 보인다. 감독당국의 역할은 분식회계, 부실감사에 있어서는 회계감리를 통해서 나타나고 불공정행위를 비롯한 시장질서 유지에 있어서는 검사 및 조사를 통하여 드러나게 된다.

그러면 증권분야는 어떠한가? 증권분야는 증권의 매매 기타 거래를 전제로 하기 때문에 시장을 전제로 한다. 시장은 원칙적으로는 보이지 않는 손이 개입해야 하는 분야이기 때문에 극히 사익 추구를 위한 목적을 가진다고 할 수 있으며 증권관련 집단소송은 본질상 자본시장을 전제로 성립하는 소송이다. 따라서 증권관련 집단소

95) 함영주, "우리나라 특유의 집단분쟁에 대한 ADR방식의 대안 모색 - 식품, 집단시위 집단소송법 제정논의와 관련하여 -", (民事訴訟 : 韓國民事訴訟法學會誌, Vol.12 No.2, 2008), 64면. 여기에서는 '집단소송은 기본적으로 과거 군국주의적 전통을 가진 나라의 집단주의와는 대척점에 선 것으로 개인의 권리구제를 가장 우선하는 미국의 개인주의와 자유주의에 기반을 둔 제도'라고 한다. 이와 같은 견해로는 Jacque Cory, "Business Ethics : The Ethical Evolution of Minority Shareholders" Kluwer Academic Publishers, 2001. p.240. 이에 반하여 이상돈, "集團訴訟에 대한 비판적 연구 : 證券集團訴訟을 중심으로", (民事訴訟 : 韓國民事訴訟法學會誌. 제8권 제1호, 2004), 311면에서는 class action을 부정적으로 평가한다. 아울러 Rhchard Posner와 같이 변호사에 의한 '협박공갈'(black mail) 수단으로 평가한 사람도 있다. 참고로 다음과 같이 가치중립적으로 평가한 학자도 있다. Arthur R. Miller, Of Frankenstein Monster and Shining Knight: Myth, Reality, and the Class Action Problem, 92 Harvard Law Review 664. (1979),에서는 '프랑켄슈타인 같은 괴물'도 '빛나는 갑옷을 입은 기사'도 아니라고 하였다.

96) 함영주, 전게논문(주 67), 13면

송 그 자체만 가지고는 반드시 공익에 이바지한다고 보기는 어렵다. 대부분의 피해자들은 투자자이고, 침해받는 기본권은 재산권이다. 물론 재산권도 소중한 기본권임에는 틀림없어 증권관련 집단소송이 최소한 확산이익의 보호에는 기여할 것이나 인권을 보호하는 수준에 이를지는 의문이다. 물론 다수의 사익을 구제하는 사법제도 역시 필요하지만 보다 공익적인 목적을 실현할 수 있는 권리구제 절차 역시 필요하다.

이런 점 때문에 현행 법제에 아쉬움이 있는 것도 사실이다. 실제로 공익성과 확산이익이 동시에 필요한 곳에는 기존의 제도만 가지고 해결할 수 없는 경우가 많다. 다행히 최근에는 소비자 단체소송이 도입되어 이런 공익적인 측면을 해소해 주고 있는데 단체소송은 원고적격이 한정적인 관계로 보다 적극적인 대응을 위해서는 일반개인도 나설 수 있는 제도가 마련되어야 하고 그 제도적 대안이 대표당사자소송이 될 수 있을 것으로 보인다.

단체소송은 대표당사자소송과는 달리 보다 공익성을 추구하는 방향으로 진행되어야 할 필요성이 높다. 소비자단체소송이든 개인정보보호단체소송이든 정부에 등록된 단체가 제소권자가 되는 점을 볼 때 다소 국가에 의하여 공익이 통제될 수 있는 위험성은 있으나 적어도 단체는 정관에 고유의 목적을 기재할 때 충분히 공익성을 감안할 수 있기 때문이다. 반면 대표당사자소송은 반드시 공익성과는 일치하지 않을 수 있다. 현재의 증권관련 집단소송은 일반투자자, 기관투자자 모두 인정되고 있는바 증권시장이라는 철저히 사익추구의 시장에서 기능하고 있기 때문이다. 그렇다고 증권관련 집단소송이 반드시 공익을 추구하지 않는 것도 아니다. 증권시장에서도 정보의 약자가 존재하며 영세한 금융소비자들이 피해를 입었다면 이는 충분히 공익성을 가질 수도 있기 때문이다.

결국 단체소송은 단체의 설립목적에 맞도록 될 수 있으면 공익성에 맞추어 운영할 수 있도록 하고 대표당사자소송은 단체소송에서 미처 다루지 못하는 영역의 소액·다수 피해자를 대상으로 입법체계를 갖추어 갈 필요가 있어 보인다. 비록 어떤 소송절차이든 철저히 공익에만 부합하는 절차는 없다고 하더라도 공익이라는 가치를 실현함에 있어 최대한 역할을 할 수 있는 절차를 만들도록 고민할 필요가 있다.

사실 단체소송이나 대표당사자소송은 전통적인 법체계와 상충을 전제로 만들어졌다고도 볼 수 있다. 전통적인 민사소송법 이론이 소액다수의 피해자를 전제로 한 현대형소송에서는 오히려 자본을 가지고 있는 자의 이익을 공고히 해 주는 역할을 의도치 않게 했다는 오명을 받을 수 있다. 전통적인 당사자적격 이론을 그대로 적용한다면 소액다수의 피해자가 스스로 거대 회사를 상대로 소를 제기해야 할 것인데 증거의 소재, 변론의 수준 차이 등 실질적으로 극복하기 어려운 사항이 많이 발생하기 때문이다. 크게 보면 집단소송은 사회적으로 불안요소로 발전했을지도 모르는 분쟁들을 법정에서 합리적으로 해결해 주는 역할을 하는 사명을 가지고 있는 것이 아닌가 한다. 비록 집단소송이 공익에 헌신하기 위한 제도는 아니지만 공익 추구에 바탕을 두고 다중의 사익도 같이 보호할 수 있는 제도적 기틀을 마련해 주는데 기여하는 것이 바람직하다.

제3장 미국의 증권소송제도와 대표당사자소송제도

제1절 서 설

우리나라 증권관련 집단소송법(이 장에서는 '현행법'이라고 한다)은 법률의 제정 시부터 적용대상이 증권분야로 명확히 정하여져 있었기 때문에 절차법인 민사소송법 요소와 실체법인 자본시장법 요소가 결합되어 있는 특성을 가지고 있다. 증권관련 집단소송법의 제정에 있어서 민사소송법 요소는 미국의 연방민사소송규칙(Federal Rules of Civil Procedure ; FRCP)을 참조하였고 증권법 요소는 미국의 사적증권소송개혁법(The Private Securities Litigation Reform Act of 1995)을 많이 참고한 것으로 보인다.97) 미국의 사적증권소송개혁법은 1933년 증권법(Securities Act of 1933)과 1934년 증권거래법(Securities Exchange Act of 1934)에 수정하는 방식으로 입법한 것이기 때문에 필요한 곳에서 검토해 보기로 한다.

본서는 증권관련 집단소송법을 살펴보는 것이기 때문에 우선적으로 미국의 증권법제를 살펴본 뒤 우리나라에 어떻게 영향을 주게 되었는지 검토한다. 미국의 증권법제는 현행법 제3조 제1항을 구성하고 있는 손해배상청구권뿐만 아니라 인과관계의 판단, 증명책임의 구성, 손해배상의 산정방법에 이르기까지 폭넓게 관련성을 가지고 있다. 증권소송의 근거가 되는 증권법 내용과 증권분야에서 고유하게 인정되는 인과관계의 추정방법인 시장사기이론을 먼저 살펴본다. 증권시장에서의 불법행위의 경우에 인과관계의 판단을 어떻게 하느냐에 따라 증권소송의 승소여부가 좌우되므로 미국에서도 많은 이론적인 토대마련을 위한 시도가 있었다. 이 부분은 현행 자본시장법과 민법의 해석에 있어서 인과관계의 판단요소로 그대로 차용되었기 때문에 우리나라에도 많은 영향을 미쳤다. 이후 미국법의 각 손해배상 규정의 구성요

97) 한충수, "증권관련 집단소송법 시행 10년의 평가와 전망", (서울지방변호사회, 2015), 37면.

소와 증명책임을 살펴보고 손해배상의 산정방식 및 손해배상으로부터 면제되는 안전항 조항을 살펴본다. 이 부분들 역시 현행 자본시장법의 내용에 직접적으로 영향을 미쳤다. 특히 증권소송 분야에서는 1995년 이후 다수의 개혁법이 제출되어 증권사기를 방지하려는 노력이 있어 왔는데 이를 살펴보고 우리나라에서의 시사점은 없는지 검토한다.

그 다음으로 증권관련 집단소송법에 있어서 미국 연방민사소송규칙이 어떻게 영향을 주게 되었는지 살펴보기로 한다. 미국의 민사소송절차 중에서 현행법과 관련하여 특히 중요한 절차들을 거론해 본다면, 사실심리전 증거개시(discovery)[98], 집단인증(class certification)[99], 통지 및 제외신고, 판결의 기판력(res judicata), 배상금분배절차, 변호사의 보수를 들 수 있다. 사실심리전 증거개시절차는 현행법에 직접 도입되지는 않았으나 현행법의 증거수집 방법에 한계가 있기 때문에 대안으로 제시[100]되고 있다는 점에서 시사점을 줄 수 있다. 집단인증은 현행법의 소송허가에 영향을 주었을 뿐만 아니라 집단소송으로 규율되느냐를 판단하는 가장 중요한 절차라는 점에서 비교할 점은 없는지 살펴볼 필요가 있다. 미국의 증권집단소송에서도 집단인증을 받는 문제가 가장 중요한데 Wal-Mart Stores, Inc. v. Dukes, 131 S. Ct. 2541 (2011) 사건(이하 '월마트 사건'이라고 한다)에서 집단인증의 요건과 증명방법에 있어 미국의 대표당사자소송에 큰 영향을 미친 것으로 평가받기 때문에 살펴보기로 한다. 이 판결은 우리나라의 소송허가에도 상당한 시사점을 줄 수 있어 보인다. 통지 및 제외신고는 현행법이 제외신고(opt-out) 방식을 취하고 있는데 미국법은 연방민사소송규칙 제23조(b)에서 유형별로 다르게 판단하고 있다는 점, 제외신고 방식에 있어서 통지는 적법절차 측면에서 중요하게 논의되는데 현행법과 비교적 유사한 연방민사소송규칙 제23조(b)(3)의 유형에서 어떻게 운영되고 있는지 참고할 필요가 있다는 점 등에서 현행법에 중요한 시사점을 줄 수 있다. 판결의 기판력 부분은 향후 제4장과 제6장에서 논의하게 될 권리구제 절차를 2단계로 나누게 되었을

98) 정동윤·유병현·김경욱, 615면. discovery의 번역은 개시제도 또는 사전개시제도 등 다양하게 번역되나 상대방이 가지고 있는 증거방법을 포괄적으로 제출할 것을 상대방에게 요구하여 증거를 수집한다는 측면을 보면 증거개시제도로 번역하는 것이 타당하다고 생각한다.

99) class certification의 번역은 이 외에도 단체인증, 집단인가 등 다양하게 번역된다. 단체라는 용어는 독일법상의 단체소송과 혼동을 주므로 사용하지 않고, 인가라는 용어는 행정법상 행정행위와 혼동을 주므로 사용하지 않기로 한다. 조직화 되지 않았다는 뉘앙스가 있어 보이므로 집단이란 용어를, 법원이 그 사건에 대하여 공식적으로 인정하였다는 뉘앙스가 있으므로 인증이라는 용어를 사용하여 집단인증이라고 하는 것이다.

100) 김주영, "증권관련 집단소송제의 미활성화, 그 원인, 문제점 및 개선방안", (기업지배구조연구, Vol.25, 2007), 64면.

경우를 전제로 하여 1단계에서의 판결이 어느 정도의 범위를 미쳐야 하는지에 대하여 참고가 될 수 있을 것으로 보인다. 통지 및 제외신고는 현행법에 있어서 기판력의 주관적인 범위와 관련되고 판결의 기판력 부분은 현행법에 있어서 기판력의 객관적인 범위와 관련된다고 할 수 있다. 배상금분배절차는 미국법상 독특한 근접배상방식(cy pres comme possible doctrine)이 우리나라의 경직된 손해배상방법에 어떠한 영향을 줄 수 있는지 살펴본다. 이 방식은 형평법에 근거한 방식으로 우리나라에서 전통적으로 인정되어오던 전보배상의 방식과는 상당히 다른 양상을 가지고 있는데 제4장에서 검토하겠지만 브라질의 손해배상 방식에 큰 영향을 미친 것으로 보인다.

미국법에 복수관할소송(Multi-District Litigation)이 있는데 까다로운 집단인증의 요건을 갖추지는 못하였음에도 소액다수 피해자가 발생한 경우 대안으로 기능할 수 있는지 여부를 검토하기로 한다.

제2절

증권관련 집단소송법과 관련된 미국 증권법제

I. 서설

미국법은 1933년 증권법에서 먼저 실체법적 근거조항이 정비되었고 그와는 별개로 연방민사소송규칙에서 집단소송의 근거조항이 정비되었다. 즉 미국의 경우에는 증권법의 민사책임은 1933년 증권법, 1934년 증권거래법에 규정되었고, 대표당사자소송은 연방민사소송규칙에 1938년경에 규정되었는데 이는 대표당사자소송이 광범위한 법적 분쟁 일반에 사용됨을 전제로 하였기 때문에 우리나라처럼 증권거래법(현재 자본시장법)만 규율대상으로 하지 않는 점에서 차이가 있다.

증권법 위반행위와 관련된 집단 소송을 이해하기 위해서 우선 집단소송이 구제할 것으로 예상하고 있는 시장에서의 불법행위를 이해할 필요가 있다. 증권집단소송은 우리가 통상 사기라고 생각하고 있는 것과는 다른 허위표시나 부실표시를 대상으로 하는 경우가 많다. 소송이 제기되어 패소하는 경우 손해배상에 대하여 책임이 있는 기업들은 일반적으로 재무제표와 관련한 허위표시나 부실표시 자체로부터 이익을 내지는 않는다.[101] 따라서 우리가 일반적으로 알고 있는 사기의 법리는 허위표시나 부실표시에는 적합하지 않은 측면도 있다.

단순히 사기가 사람들을 속인다는 측면에서 부정적임에는 틀림없으나 자본시장에서의 사기는 그 이상의 의미를 가진다. 자본주의는 시장경제 체제를 전제로 하는데 이는 시장이 정상적으로 작동하여 수요와 공급이 균형을 이루도록 하는 것이다.[102] 사기는 이러한 시장의 신뢰를 무너뜨리는 데 있다. 특히 자본시장에서는 사기로 인하여 투자자들이 기업정보를 수집하는데 시장의 기능을 신뢰할 수 없어 음성적인 방법을 통하여 더 많은 비용으로 정보를 수집할 것이며 그러한 비용을 지불할 수 있는 투자자와 그렇지 않은 투자자의 격차는 더욱 벌어져서 투자의 왜곡이 발생한다.[103] 회사의 경영자들은 어떻게든 회사의 실적을 자기 입맛대로 포장할 것이고 회사는 사기 리스크를 회피하기 위한 다양한 지출을 하게 된다. 이렇듯 사기는 회사를 통제하고 있는 시장 시스템을 구조적으로 왜곡시킨다는 점에서 어떠한 경우

101) 이상복, “증권집단소송에 관한 연구 - 미국의 증권집단소송제도와 한국의 증권관련 집단소송 법률안에 대한 검토를 중심으로”, (고려대학교 박사학위논문, 2003), 31면.

102) 상게논문, 31면.

103) 상게논문, 32-33면.

든 정당화되기 어렵다.

미국의 증권규제 시스템도 마찬가지로 사기를 억제하기 위하여 다양한 대응수단을 마련하고 있다. 기업의 재무제표는 회계법인에 의한 회계감사를 받고, 사외이사로 구성된 감사위원회는 기업공시에 대한 감독을 하고 있다. 신용평가기관은 기업의 지불능력을 평가하며 애널리스트는 기업공시의 신뢰성과 완전성을 평가한다. 이를 포괄하여 기업감시자 혹은 게이트키퍼(Gatekeeper)라고 하는데 일반적으로 '기업의 위법행위에 대하여 전문가적 지원을 보유함으로써 방지행위를 할 수 있는 사적 기관'으로 정의된다.[104] 그러나 집단소송은 게이트키퍼의 억제수단 이상의 강력한 보충수단으로 기능한다. 게이트키퍼들이 자율규제 성격을 갖는다고 한다면 집단소송은 투자자들이 민간의 영역에서 기업의 회계, 공시 투명성을 제고하는 역할을 수행한다. 집단소송은 투자자들에 의하여 주도된다는 점에서 법무부나 금융당국에서 주도하는 공적 규제와도 그 성질을 달리한다.[105]

Ⅱ. 증권소송에 대한 근거

1. 개요

증권사기를 원인으로 하여 손해배상을 구하는 대부분의 대표당사자소송은 1934년 증권거래법 제10조(b)와 미국 증권거래위위원회(Securities Exchage Commission, 이하 '증권거래위원회'또는'SEC'라고 한다)에서 정한 규칙인 Rule 10b-5[106]에 의하여 제기되고 있고 연방민사소송규칙 제23조(b)(3) 유형으로 진행되고 있다.[107][108]

---

104) Reiner H. Kraakman, "Gatekeeper. The Anotomy of a Third-Party Enforcement Strategy.", Econ & org. 53 (1986), p.55.

105) 이상복, 전게논문, 34-35면. 금융당국이라 함은 미국의 경우에는 증권거래위원회(Securities and Exchange Commision), 우리나라의 경우에는 금융위원회를 들 수 있다.

106) 1934년 증권거래법 제10조(b)는 사기적인 이용방법이 위법(unlawful)하다고 규정하고 있을 뿐이기 때문에 금지되는 행위를 직접 규정하기 위하여 SEC의 규정으로 위임하고 있고 SEC는 세부사항을 규정하기 위하여 Rule 10b-5를 규정한 것이다. 오시영, 『미국법상의 대표당사자소송』, (법률신문사, 2015), 230면. 위 저서에서는 SEC Rule 10b-5를 증권거래수임료규칙 제10(b)-5로 번역하나 자칫하면 증권사기를 방지하기 위한 규정이 수임료와 관련이 있다는 오해를 줄 수도 있어 본서에서는 미국 증권거래위원회규칙 제10조(b)-5로 번역하기로 한다.

107) Robert H. Klonoff, 『Class Actions and Other Multi-Party Litigation In a nutshell』, 3rd edition, Thomson West, 2009. p.323. ; Cornerstone research, Securities Class Action Case Filings 2006: A Year in Review3 (2007) http://securities.stanford.edu. 여기서는 제소건수, 청구원인별 건수 들이 자세하게 나와 있다.

108) 미국 연방민사소송규칙 제23조(b)(3)은 '만약 법원이 집단 구성원들에게 공통되는 법률상 또는 사실상의 쟁점들이 개별 구성원들에게만 영향을 미치는 어떤 쟁점들보다 우월하다면, 또 집단

1934년 증권거래법 제10조(b)는 증권의 매매와 관련한 사기를 포괄적으로 금지한 규정으로서 미국에서 제기되는 증권소송에서 빈번하게 이용된다. 이 조항에 따르면 "전국적 증권거래소에 등록된 증권이나 등록되지 않은 증권 또는 증권을 기초로 하는 스왑계약의 매수 또는 매도와 관련하여 증권거래위원회가 정한 규정에 위반하여 시세조종 또는 사기적인 수단이나 책략을 사용하는 것"은 위법하다.[109] 이때 법문에 '증권거래위원회가 정한 규정에 위반'한다고 되어 있으므로 이 조항의 시행을 위해서는 연방증권거래위원회의 규칙이 필요하였는데 바로 그 결과물이 미국 증권거래위원회규칙 제10조(b)-5인 것이다. 이 조항은 어떤 사람이 재정과 관련하여 중요사실을 허위공시하거나 진실에 반하여 진술하지 않음으로서 존재하는 사실을 존재하지 않는 것처럼 허위로 가장하여 투자자들을 오도한 경우를 불법이라고 정의하고 있다.[110]

대표당사자소송의 필요성에 대한 가장 많은 연구가 이루어진 증권법 관련 사건에서 가장 중요한 쟁점은 투자자의 신뢰요건이라고 하겠다.[111] 증권사기를 원인으로 한 대표당사자소송을 진행하기 위해서는 1934년 증권거래법 제10조(b)와 미국 증권거래위원회규칙 제10조(b)-5에 규정된 신뢰요건을 갖추어야 한다.

소송이 논의되고 있는 공정하고 효율적인 재판을 위하여 이용할 수 있는 다른 수단들보다 우수하다는 것을 발견한다면' 집단소송은 유지될 수 있다고 규정한다.

109) 1934 Securities Exchange Act Section 10
It shall be unlawful for any person, directly or indirectly, by the use of any means or instrumentality of interstate commerce or of the mails, or of any facility of any national securities exchange--
b. To use or employ, in connection with the purchase or sale of any security registered on a national securities exchange or any security not so registered, or any securities-based swap agreement (as defined in section 206B of the Gramm-Leach-Bliley Act), any manipulative or deceptive device or contrivance in contravention of such rules and regulations as the Commission may prescribe as necessary or appropriate in the public interest or for the protection of investors.

110) Rule 10b-5 It shall be unlawful for any person, directly or indirectly, by the use of any means or instrumentality of interstate commerce, or of the mails, or of any facility of any national securities exchange,
(a) To employ any device, scheme, or artifice to defraud,
(b) To make any untrue statement of material fact or to omit to state a material fact necessary in order to make the statements made, in the light of the circumstances under which they were made, not misleading, or
(c) To engage in any act, practice, or course of business which operates or would operate as a fraud or deceit upon any person, in connection with the purchase or sale of any security.

111) Robert H. Klonoff, op. cit., p.324.

증권사기사건에서 허위공시 또는 공시누락에 대한 투자자들의 개별적 신뢰여부는 대표당사자소송에서 집단의 인증에 반드시 필요한 요건이다.[112] 투자자들의 신뢰문제는 각 구성원에게 개별적인 문제이기 때문에 법원으로서는 이러한 개인적 쟁점들이 대표당사자소송에서의 공통성 쟁점에 우선한다고 보아 종종 대표당사자소송의 단체를 인정하지 않는 근거로 삼기도 한다.[113] 신뢰의 문제가 특정 구성원에게만 해당되는 것으로 증명된 경우에는 대표당사자소송의 집단인증 요건 중 공통성(commonality)[114][115]을 갖추기 쉽지 않다는 취지이다. 이러한 개인적 신뢰의 문제는 피고의 허위공시나 공시누락 등이 투자자들이 주식 매매를 결정하게 되는 원인으로 작용하여야 하는 인과관계가 인정되어야 한다. 그 인과관계는 어떤 관점으로 볼 것이냐에 따라 원고 또는 피고에게 유리하게 작용될 수도 있는데 이에 대하여 미국에서는 아래에서 보는 바와 같이 독특한 이론을 발전시켜 나가고 있다.

2. 증권사기 이론에 대한 검토

미국 연방대법원은 개인의 신뢰 관계를 확인할 수 있는 세 가지 방법을 고안하였는데. 첫째는 주식시장에서의 사기이론(the fraud-on-the-market theory), 둘째 공시누락에 대한 신뢰추정(The Affiliated Ute Presumption)[116], 셋째 시장에서 창조된 사기이론(the fraud-created-the-market theory)이다.[117] 특정 사건이 이러한 범주 중

112) Ibid, p.324.

113) Ibid, p.324.

114) 1966년 연방민사소송규칙 개정에 따라 대표당사자소송이 제기되기 위해서는 6개의 전제조건이 충족되어야 하는데 두 가지는 학설 판례상 인정되는 요건이고 네 가지는 제23조(a)에서 규정하고 있다. 전자를 묵시적 요건, 후자를 명시적 요건이라고 한다.

115) 미국 연방민사소송규칙 제23조(a)의 명시적 요건을 분설하면 다음과 같다. 다수성(numerosity)이란 당사자가 다수이어서 공동소송이 비실용적인 경우(the class is so numerous that joinder of all members is impracticable)를 의미한다. 공통성(commonality)이란 구성원들 사이의 청구에 사실상 또는 법률상 공통성이 있어야 한다(there are questions of law or fact common to class)를 의미한다. 전형성(typicality)이란 대표당사자의 청구나 항변이 잡단의 청구나 항변으로 전형이 되어야 한다(the claims or defences of the representive parties are typical of claims or defences of the class)를 의미한다. 대표의 적절성(adequacy of representation)은 대표당사자가 집단의 이익을 적절하고 공정하게 보호하여야 한다(the representive parties will fairly and adequately protect the interest of the class)를 의미한다.

116) 적극적으로 허위공시한 것은 아니더라도 중요한 사실을 누락시킨 경우에는 의존성이 있는 것으로 추정하며 원고는 이를 증명할 필요가 없다는 이론이다. 이 원칙은 연방대법원의 Affiliated Ute Citizen 판결로 정립되었다. 연방대법원은 허위공시에 신뢰를 보인 것과는 반대로 공시를 누락한 경우 투자자들이 그러한 누락을 신뢰하였다는 것을 증명한다는 것은 사실상 불가능하기 때문에 개인별 자료에 근거하여 신뢰에 대한 증명책임의 예외를 인정할 수밖에 없다는 취지이다. Robert H Klonoff, op. cit., pp.327-328.

어느 하나에 해당될 경우 대표당사자소송에서의 확인을 방해하는 주요한 장애물이 제거된다는 의미이다.[118] 그렇지 않으면 단체의 구성원들은 개별적 신뢰로 인한 투자였음을 증명하여야 하고 그러한 신뢰요건이 증명되지 않으면 법원은 대표당사자소송의 집단인증을 거부하게 된다.[119]

주식시장에서의 사기이론(Fraud-on-the-Market)은 기업이 재정상태에 대한 정보를 정직하게 공개하지 않을 경우 주식 가격에 대한 인위적인 조작이 이루어질 수 있다는 이론이다.[120] 시장사기이론에 의하면 잘 발달된 시장에서 거래되는 증권의 가격은 모든 공개된 정보를 바로 반영하며 부실표시의 내용도 즉각적으로 반영하게 된다.[121] 보통의 투자자는 회사가 제공하는 모든 정보를 면밀히 검토하는 존재가 아니며 증권의 가격이 회사에 대한 모든 공개된 중요정보를 반영하고 있다는 '가격의 정직성'에 의존하여 증권을 취득하고 처분한다. 따라서 어떤 투자자가 시장에서 형성된 가격에 증권을 취득하거나 처분하였다면 그 투자자는 부실표시를 포함한 모든 중요정보에 의존하였다는 사실이 추정된다.[122]

주식시장에서의 사기이론은 연방대법원의 Basic, Inc. v. Levinson, 485 U.S. 224 (1988) 판결(이하 '베이직 판결'이라고 함)에서 투자자 Basic은 피고 회사가 합병 논의 중에 있음에도 합병절차에 참여하고 있지 않다고 허위사실을 공시함으로써 자신이 보유하고 있던 주식을 낮은 가격으로 처분케 하여 다른 회사로 하여금 그 주식을 인수하도록 함으로써 나중에 주식가격이 상승함에 따라 그 차액 상당의 손해를 보았다며 미국 증권거래위원회규칙 제10조(b)-5에 근거하여 class action을 제기하면서 위 이론을 주장하였다.

위 사건에서 연방대법원은 원고의 위와 같은 주장에 대하여 각 구성원들이 진행

---

117) 소위 기망적 시장창조이론(Fraud-Created-the-Market Theory)이라고 알려진 신뢰증명 예외는 주식시장에서 팔 수 없는 것으로 알려진 증권을 시장에 내다 팔기 위해 피고가 음모를 꾸며 시장을 창조하였다고 원고가 주장하는 경우에 원고가 개인별 신뢰에 대한 증명책임을 지지 않는다는 이론을 말한다. Ibid, p.328.

118) Robert H. Klonoff, op. cit., p.322. ; Stephen J. Choi, A. C. Pitchard, Securities Regulation: Cases and Analysis 291 (3rd ed, 2012)

119) Robert H. Klonoff, op. cit., pp.322-323.

120) 김화진, 「자본시장법 이론」, (박영사, 2014). 62면, 시장사기이론의 경제적 배경은 자본시장효율성의 가설이다. 이 가설은 주식의 시장가격은 시장에서 공개된 모든 정보를 완전하게 반영하는 해당회사의 미래 현금흐름에 대한 왜곡되지 않은 예상치라고 한다. 이 이론은 증권집단소송의 활성화에 기여하였는데 특히 증권집단소송의 총원을 확정하는데 있어서 각 구성원의 부실표시에 의존한 형태가 공통적이 되므로 공통성(commonality)요건이 쉽게 충족된다고 한다.

121) Robert H Klonoff, op. cit., p.325.

122) 최승재, "효율적 시장가설의 규범 포섭 : 시장사기이론의 적용한계의 획정을 중심으로", (증권법연구, Vol.12 No.1, 2011), 78면.

중인 대표당사자소송에서 개인별 신뢰요건의 충족을 요구하는 것은 그 구성원들로 하여금 대표당사자소송을 진행하지 못하도록 방해하는 것으로 부당하다고 하였다. 즉 신뢰요건 충족여부를 심사함이 없이 위 이론에 의해 증권사기사건을 대표당사자소송으로 인정하였던 것이다. 연방대법원은 주식시장에서의 사기 주장은 개인별 신뢰의 판단을 생략하는 수단으로 이용될 수 있다고 보았다. 연방대법원의 판례 취지에 의하면 회사의 허위공시나 공시누락으로 인하여 고평가 또는 저평가된 가격으로 주식을 처분할 경우에는 그 가격에 대한 개인별 신뢰를 추정할 수 있게 된다. 그러나 이러한 추정도 일정한 다른 요건을 함께 갖추었을 경우에 인정된다.

그러한 특정 요건 중 가장 중요한 것으로는 주식시장이 효율적이어야 한다는 것이다. 뉴욕증권거래소처럼 다량의 주식이 거래되는 주식시장이라면 그러한 자격을 충분히 갖추었다고 볼 수 있다. 낮은 가격으로만 팔리거나 주요증권거래소에서 거래되지 않는 주식만 거래되는 증권거래소에서의 주식매매의 경우에는 일반적으로 그러한 자격이 주어지지 않을 수도 있다. Basic 사건의 경우 하급심법원은 뉴욕증권거래소에서 주식이 거래되었다면 효율적인 시장에서 거래된 것으로 추정되었다고 하였고 연방대법원도 이를 인정하였다.

이 시장사기이론은 우리나라의 판결에도 직접적인 영향을 주었다. 대법원 2002. 10. 11. 선고 2002다38521 판결에서는 "주식투자를 하는 일반투자자로서는 그 대상기업의 재무상태를 가장 잘 나타내는 사업보고서의 재무제표와 이에 대한 감사보고서가 정당하게 작성되어 공표된 것으로 믿고 주가가 당연히 그에 바탕을 두고 형성되었으리라는 생각 아래 대상 기업의 주식을 거래한 것으로 보아야 한다."라고 판시하여 시장사기이론을 그대로 받아들였다.

3. 증권사기와 관련된 미국의 최근사례 - 할리버튼 사건[123)]

할리버튼은 텍사스 주 휴스턴에 소재하고 뉴욕증권거래소에 상장된 다국적 에너지회사이다. 부시행정부에서 부통령을 지낸 딕 체니가 한때 회장으로 있었다. 투자자들인 원고는 회사가 석면오염으로부터 발생한 손해배상책임, 건설사업부문에서 발생한 수익전망, 타 회사와의 합병에서 기대되는 이익 등에 관하여 부실표시를 했고 그 목적은 회사의 주가를 인위적으로 부양하기 위한 것임을 이유로 소를 제기하였다.

이 사건에서 피고 할리버튼은 증권소송에서 원고는 언제나 직접 부실표시에 의거해서 증권을 거래했다는 사실을 증명해야 한다고 주장하였다. 즉 베이직 판결이 추

123) Erica P. John Fund, Inc. v. Halliburton Co.,No. 09-1403, 563 U.S. 804 (2011), 판결문 검색은 다음 사이트를 참조. http://www.supremecourt.gov/opinions/10pdf/09-1403.pdf

정에 의한 거래인과관계를 인정한 것은 잘못되었다고 주장하였는데 이는 자본시장 효율성의 가설이 잘못된 전제에 기초하였다고 보았다. 피고측에 의하면 경제학계에 의하더라도 자본시장이 본질적으로 효율적이지 않으며 그에 대한 실증적인 증거도 상당히 많다고 한다.

피고 할리버튼은 두 가지 측면에서 베이직 판결의 변경을 요구하였다 첫째 원고가 피고의 부실표시가 실제 증권의 가격에 영향을 미쳤는지 증명해야 한다는 것이고 둘째 피고는 부실표시가 증권의 가격에 영향을 미치지 않았다는 것을 본안 뿐만 아니라 총원 확정단계(집단인증)에서 증명할 수 있도록 하여야 한다는 것이다.

연방대법원은 판례가 변경되기 위해서는 특별한 근거(special justification)가 필요하다고 하면서 특별한 근거는 선례에 특별한 오류가 있어야 한다고 하였다. 법원이 시장효율성의 가설을 잘못 이해했다고 하더라도 그것만으로는 판결을 변경할 만한 사유가 되지는 못한다고 한다. 어떤 경제학적 이론이 타당한가가 중요한 것이 아니라 증권시장에 종사하는 전문가들이 공개된 중요정보가 통상 주식의 가격에 영향을 미친다고 여기는 가정이 중요하다고 본 것이다. 얼마나 신속하게 반영되는가의 문제 역시 크게 중요하게 보지 않았다.[124]

반면 총원확정 단계에서도 피고가 거래인과관계의 추정을 복멸할 수 있는 기회를 가지게 되었다.[125] 미국의 재계에서는 이 부분에 찬성하고 있다.[126] 대표당사자소송에서 집단인증이 되면 거액의 소가와 비용이 부담되어 본안의 승패와 관계없이 화해를 해야 하기 때문에 그 전에 어떻게든 다툴 기회를 잡았기 때문이다.

이 판결은 시장사기이론에 대한 도전이 현실적으로 진행되고 있음을 보여준다. 실제로 3인의 개별의견이 베이직판결은 폐기될 때가 되었다고 설시하기도 하였던 점이 이를 뒷받침한다. 공시자료의 내용이 정말 주식시장의 가격에 곧바로, 정직하게 반영이 되는가에 대하여는 일반인의 입장에서도 의문이 든다. 자본시장이야말로 경제적, 정치적, 투기적 요소들이 뒤섞인 시장일 뿐이지 모든 것이 공식대로 움직이는 이론적 교과서 모델은 아니기 때문이다.[127] 현재 우리나라 판례는 베이직 판결의 시장사기 이론을 그대로 받아들여 인과관계 추정에 이용하고 있지만 향후 미국의 판결 태도 변화에 따라 우리나라도 영향을 받지 않을까 한다.

---

124) http://www.lexology.com/library/detail.aspx?g=e5662149-0e42-4bc7-a0f0-733494689cfa (2016. 5.10. 방문)

125) http://www.lexology.com/library/detail.aspx?g=e5662149-0e42-4bc7-a0f0-733494689cfa (2016. 5.10. 방문)

126) New Hurdle in Investors' Class Actions, New York Times, June 23, 2014.

127) 김화진, 전게서, 73-74면.

Ⅲ. 주요 손해배상규정의 구성요소와 증명책임

1. 증권집단소송에서 대표원고

사적증권소송개혁법에 의하면 대표원고로 될 자는 ① 소장을 제출하였거나 대표원고로 될 것을 신청한 자 ② 법원이 판단하기에 가장 큰 경제적 이익을 가진 자 ③ 집단인증에 대한 연방민사소송규칙의 요건을 충족하는 사람 또는 그룹이어야 한다(15.U.S.C. 78u-(4)(a)(3)(B)(iii)(Ⅰ)). 연방민사소송규칙 제23조의 일반적인 요건은 대표원고의 선임단계에서는 엄격하게 심사되지 않으며 대표원고로 될 것을 신청한 자는 자신이 집단의 전형적인 구성원이고 다른 구성원을 대표할 수 있는 적절한 대표능력이 있음을 증명하면 족하다.[128] 이 중에서는 가장 큰 경제적 이익을 가진 자의 요건이 문제되는데 미국의 연방 관련법령에서는 특별한 규정을 두고 있지 않다. 일응의 기준으로 ① 매입한 주식수 ② 총매입주식수에서 총매도주식수를 공제한 순매입 주식수 ③ 원인기간동안 원고에 의하여 투자된 총 순자금 ④ 원고가 입은 대략적인 손실이 제시된다.[129] 이 요건들을 형식적으로 갖춘다고 인용되는 것도 아니며 각각 동등한 가치를 가지는 것도 아니며, 경우에 따라 선택적, 배타적으로 적용되기도 한다. 사적증권소송개혁법상 일단 가장 큰 경제적 이익을 가지면 가장 적합한 원고로 추정되므로 경제적 이익은 중요한 문제이다.[130] 구성원들이 굳이 변호사를 감시해야 할 유인이 없었고 충분한 지식과 사건에 대한 이해도 부족하기 때문에 대표원고를 통하여 변호사를 견제하려고 하였던 것이다.[131]

2. 증권신고서 등 부실기재 관련 손해배상규정의 구성요소 및 증명책임 검토

(1) 개요

미국의 1933년 증권법 제11조에서 증권신고서의 부실기재로 인한 손해배상책임

128) Switzenbaum v. Orbital Sciences Corp., 187 F.R.D. 246 (E.D. Va. 1999)

129) Ashe P. Puri, "Interpreting the Lead Plaintiff and the Lead Counsel Provisions of the Private Securities Litigation Reform Act of 1995", 47 Villanova Law Review,(2000), p.491, 499.

130) 김성호, "증권집단소송에서의 대표원고(lead Plaintiff)에 관한 연구-미국의 사적증권소송개혁법을 중심으로", (상사법연구 제23권 제2호, 2004), 456면. 이 논문에서는 우리나라에서도 미국과 마찬가지로 경제적 이익을 합산하여 대표원고가 될 수 있어야 하는지 여부가 정리되어야 한다고 한다. 사견으로는 전형성, 공통성 등 다른 요건들이 다 갖추어진 경우라면 굳이 경제적 이익의 합산을 막을 이유는 없다고 생각한다.

131) Sherrie R. Savett, Berger & Montague, "Securities Class Actions Since the 1995 Reform Act : A Plaintiff Perspective", Pil Order Number 2773/ Corp, (2004), pp.37-38. 대표원고가 성공적으로 변호사들을 견제하는지는 불분명하나 사건해결의 기간은 길어지는 결과를 초래하였다고 한다.

을, 제12조에서는 등록의무 불이행과 일반적인 부실표시에 대한 손해배상책임을, 제13조에서는 배상청구권의 소멸에 대하여 각각 규정하고 있다.

미국에서는 발행시장에 제출되는 유가증권신고서, 사업설명서를 부실하게 기재함으로써 투자자에게 손해를 입히는 행위는 광의의 증권사기(securities fraud)로 보고 보통법(common law)상의 사기(fraud or deceit)에 따른 손해배상책임을 묻는 경우의 구성요소를 기초로 하되 증권거래법의 특성을 감안하고 투자자를 두텁게 보호한다는 측면에서 일부의 구성요소는 제외하거나 그 증명책임을 전환 내지 완화하고 있다.[132)]

일반적으로 보통법상의 사기에 따른 손해배상책임을 묻기 위하여 ① 고의에 의한 ② 중요한 사실의 허위표시(misrepresentation of a material fact)가 있어야 하고 ③ 피해자가 이를 신뢰하여 거래를 하였어야 하고(reliance, transaction causation) ④ 이로 인하여 인과관계가 있는 손해가 발생하였어야 한다.(loss causation) 또한 이러한 구성요건은 손해배상을 청구하는 원고가 모두 증명하여야 한다.[133)]

(2) 손해배상청구권자(원고)와 배상의무자(피고)

손해배상청구권자는 부실기재가 있는 유가증권신고서에 의하여 발행된 유가증권을 매입한 자이다. 발행시장에서 발행회사(혹은 인수인) 등으로부터 직접 매입한 자뿐만 아니라 유통시장에서 취득한 자 중에서 그 유가증권이 문제되는 유가증권신고서에 의하여 발행되었다는 사실을 증명할 수 있는 전득자를 포함한다.[134)] 배상의무자는 유가증권신고서의 신고인(즉 발행회사), 당해 신고인의 이사, 회계사, 인수인 등으로 1933년 증권법 제11조(a)에 구체적으로 열거되어 있다.

(3) 주관적 요건

원고는 배상의무자의 고의, 과실을 증명할 필요가 없다. 발행회사는 면책이 불가능하나 기타 이사, 인수인 등 관계자의 경우에는 부실기재 사실을 몰랐고 또한 상당한 주의를 하였음에도 불구하고 알 수 없었음(due diligence 항변)을 증명하면 책임을 면할 수 있다(1933년 증권법 제11조(b)).

---

132) 임재연, 『미국증권법』, (박영사, 2009), 265면.

133) 상게서, 265-266면.

134) 이에 대하여 자세한 내용은 상게서, 262면 이하. 미국에서도 유통시장의 전득자가 원고가 될 수 있느냐의 논란이 있었다.

(4) 인과관계

가. 거래인과관계

원고가 부실기재된 유가증권신고서를 신뢰하였음(즉, 유가증권신고서의 부실기재와 원고의 당해 유가증권취득 사이에 거래인과관계가 있음)을 증명할 필요는 없다. 반대로 피고가 원고의 악의를 증명하면 책임을 면할 수 있다(1933년 증권법 제11조(a)).

나. 손해배상 및 손해인과관계

원고가 손해인과관계가 있는 손해액을 증명할 필요는 없다. 증권법은 원칙적인 손해배상액을 배상청구권자의 취득가액에서 손해배상을 청구하는 때의 시장가액(the value thereof as of the time such suit was brought)을 공제한 금액으로 규정하고 있다(1933년 증권법 제11조(e)). 다만 당해 청구권자가 입은 손해액의 전부 또는 일부가 유가증권신고서의 부실기재로 인하여 발생한 것이 아님(negative causation)을 피고가 증명하는 경우에는 그 부분에 관하여는 배상책임을 면할 수 있다(1933년 증권법 제11조(b)).

배상의무자가 수인인 경우 원칙적으로 연대책임(joint and several liability)을 부담한다(1933년 증권법 제11조(f)). 그러나 사외이사(outside director)인 경우에는 악의로 증권관련 법령을 위반(knowingly committed a violation of the securities laws)한 경우를 제외하고는 자신의 책임비율에 상응한 부분(the portion that corresponds to the percentage of responsibility)에 대하여만 책임을 부담하는 비례책임(proportionate liability)을 원칙으로 한다(1933년 증권법 제11조(f)(2)).

3. 사업보고서 등 부실기재 관련 손해배상규정의 구성요소 및 증명책임 검토

(1) 개요

미국 1934년 증권거래법 제10조(b)[135]와 미국 증권거래위원회규칙 제10조(b)-5는 증권법 및 증권거래법에 규정되어 있는 개별적인 손해배상책임이 규율하지 못하는 위법행위들을 규제하기 위한 "포괄적 사기금지조항"이다. 이 조항들은 증권신고서에 의한 발행시장에서, 사업보고서 부실기재 등에 의한 유통시장에서 피해자들이 손해배상책임을 물을 수 있는 거의 유일한 근거규정이다.[136]

135) 박준선, "미국 연방증권거래법 제10(b)에 기한 사적소송과 그 역외적용에 관한 고찰", (상사법연구 제33권 제2호, 2014), 292면. 원고가 이 조항에 근거하여 소를 제기하기 위하여 증명해야 하는 요건을 요약하면 다음과 같다. ① 매수 또는 매도와의 관련성 ② 중요성 ③ 사기적 행위 ④ 악의성(Scienter) ⑤ 신뢰 또는 거래인과관계 ⑥ 손해인과관계 ⑦ 손해의 발생.

미국에서는 사업보고서 등 정기보고서를 부실하게 기재함으로써 투자자에게 손해를 입히는 행위를 광의의 증권사기에 해당하는 것으로 보고 보통법상의 사기에 따른 손해배상책임을 묻는 경우의 구성요소를 기초로 하는 것은 앞서 본 유가증권신고서 부실기재와 동일하다. 다만 구성요건이나 증명책임면에서 유가증권신고서 부실기재에 비하여 훨씬 더 본래의 보통법상의 사기와 유사하게 취급되고 있다.[137]

(2) 손해배상청구권자(원고)와 배상의무자(피고)

사업보고서 등 정기보고서에 부실기재가 있는 동안 유통시장에서 당해 유가증권을 거래한 투자자이다. 기본적으로는 발행시장공시인 유가증권신고서에 부실기재가 있는 경우의 유통시장에서의 투자자도 포함한다. 유통시장에서의 투자자 중 그 유가증권이 유가증권신고서에 의하여 발행되었다는 사실을 증명할 수 있는 전득자의 경우에는 1933년 증권법 제11조에 따른 배상책임을 청구할 수 있다. 배상의무자는 사업보고서 등 정기보고서의 제출인(즉 발행회사)과 기타 관계자이다.

(3) 주관적 요건

원고는 배상의무자의 악의(scienter)를 증명하여야 한다. 연방대법원은 Ernst & Ernst v. Hochfelder, 425 U.S. 185 (1976) 판결에서 미국 증권거래위원회규칙 제10조(b)-5에 따른 소송의 경우에 악의(scienter)[138]가 필요하다고 명시하였다. 특히 1995년 사적증권소송개혁법은 피고가 scienter를 가지고 행동하였다고 강하게 추정시키는(strong inference) 구체적인 사실을 특정하여야 한다고 규정하였다(1934년 증권거래법 제21조D(b)(2)).

(4) 인과관계

가. 거래인과관계

공개시장에서의 거래의 경우는 원고가 신뢰(거래인과관계)[139]를 증명할 필요는

---

136) 김정수, "증권관련 집단소송법상 증명책임과 시장가격 이론", (주식, 증권거래소, 2003), 8면.

137) Broudo v. Dura Pharmaceuticals, Inc. 339 F.3d 933 (9th Cir, 2003)

138) Elkind v. Liggett & Myers, Inc., 635 F. 2d 156(2d Cir, 1980) 사건에서 제2항소법원은 "Scienter is defined as knowing or intentional misconduct, leaving open the possibility that recklessness might suffice."라고 판시하였다. 이를 보면 중과실도 포함될 여지가 있다는 점에서 악의와 완전히 같지는 않으나 고의적인 비행(misconduct)라고 표현되어 있는 점을 감안하면 악의로 번역해도 무방하다고 생각한다.

139) 임재연, 『자본시장법』, (박영사, 2016), 499면. 우리나라 민법상 인과관계 판단에 있어서 특별히 거래인과관계나 손해인과관계를 나누지는 않으나 증권법상 인과관계 판단에 있어서 나누어 사용하는 경우가 많다. 여기서는 거래인과관계의 존재에 관한 학설대립을 소개하고 있다. 개념

없다. 통상 거래인과관계는 위법행위로 인하여 피해자가 일정한 거래를 하였을 때 위법행위와 거래 사이에 발생하는 인과관계를 말한다.[140] 연방대법원은 공개시장에서의 거래와 관련하여 베이직) 판결에서 이른바 시장에 대한 사기(Fraud on the market)이론을 채택하였다. 회사의 부실공시는 회사의 주가에 반영되므로 투자자가 실제로 그 부실공시를 알지 못하였다고 하더라도 시장가격을 신뢰하고 거래하였다면 그 부실공시와 투자자의 거래 사이에 거래인과관계가 존재한다고 하여 이 요건을 완화한 것이다.[141]

나. 손해배상액 및 손해인과관계

원고는 손해인과관계(loss causation)가 있는 손해를 증명하여야 한다. 손해인과관계란 배상책임자의 손해배상책임이 취득자의 손해와 증권신고서의 부실표시간의 인과관계를 말한다.[142] 1995년 사적증권소송개혁법은 1934년 증권거래법 제21조D(b)(4)에서 원고가 손해인과관계(loss causation)를 증명해야 한다고 명시하고 있다. 1934년 증권거래법 제21조D(e)에서 배상액은 "원고의 거래가격"(the purchase or sale price paid or received as appropriate)과 "시장에 올바른 정보고 공시된 이후 90일 동안의 종가평균"(the mean trading price of that security during the 90-day period beginning on the date on which the information correcting the misstatement or omission that is the basis for the action is disseminated to the market)의 차액을 초과할 수 없다고 규정하고 있다. 뿐만 아니라 1934년 증권거래법 제21조D(f)에 따라 악의(knowing)의 피고들은 종전과 같이 연대책임(joint and several liability)을 부담하나 그렇지 않은 피고들은 자신의 책임에 비례한 책임(proportionate liability)만을 부담한다.

4. 내부자거래 등 불공정거래행위 관련 손해배상규정

미국에서는 미국 증권거래위원회규칙 제10조(b)-5 규정이 일반적인 사기금지 규정으로 기능한다. 따라서 발행시장, 유통시장의 공시상의 불법행위뿐만 아니라 내

상으로는 구분이 되지만 실질적으로 거래인과관계를 요구하는 입장이 인과관계의 범위를 확대하려는 의도에서 출발한 것을 감안한다면 법원의 실무적인 운용에 따라 구별의 실익이 크지는 않다고 한다.

140) 상게서, 499면.

141) Lucian A. Bebchuk & Allen Ferrell, Rethinking Basic, 69 Business Lawyer 671 (2014), pp.93-694.

142) 임재연, 전게서(주 132), 503면.

부자가 정보에 대하여 침묵을 하거나 자신은 직접 증권을 거래하지 않으면서 외부자로 하여금 증권을 매도하게 하거나 매수하게끔 유도하도록 부실표시를 하는 경우 그에 대한 손해배상청구에도 적용된다.[143] 내부자가 아니더라도 증권의 매매와 관련된 부실표시를 하는 모든 사람에게 적용되는 일반적인 사기금지 규정이다.[144]

그 요건을 살펴보면 피고가 증권의 매도 또는 매수(the purchase or sale of any security)와 관련하여(in connection with) 사기 또는 악의(fraud or deceit : scienter)를 가지고 중요한 사실에 대하여 허위표시 또는 누락(misstatements or omissions)을 하고 원고가 이를 신뢰(transaction causation)하였으며, 원고의 신뢰가 손해의 직접적인 원인이 되었다는 점 등이다.

Elkind v. Liggett & Myers, Inc., 635 F.2d 156(2d Cir. 1980) 사건에서 연방 제2항소법원은 내부자거래의 경우 내부자의 행위와 피해자의 증권거래 및 손해 사이에 인과관계에 대하여 판시하였는데, 내부자거래에 이용된 정보가 개시되었더라면 피해자의 행위가 달라졌을 경우라고 인정되는 경우에는 인과관계를 추정하였다.

미국은 Insider Trading and Securities Fraud Enforcement Act of 1988를 마련하여 손해배상의 범위에 대하여 입법하였는데 이는 1934년 증권거래법 제20조A에 편입되었다.[145] 미공개중요정보를 이용하여 내부자거래를 한 자는 그와 동시기에 내부자와 반대방향으로 매매한 자에 대하여 배상책임을 부담하는 것으로 하되(1934년 증권거래법 제20조A(a)), 그 배상액은 내부자가 얻은 이익 혹은 회피손실액을 한도로 한다(1934년 증권거래법 제20조A(b)).

5. 손해배상산정방식

(1) 개요

미국 증권거래위원회규칙 제10조(b)-5에 의한 손해배상은 실제적이고 인과관계가 있는 손해만으로 한정된다. 1934년 증권거래법 제28조(a)는 실질손해의 회복만을 허용하고 징벌적 손해를 포함한 추가적 손해배상은 허용하지 않고 있다. 미국은 판례법리로 현실손해배상방식(out-of-pocket rule), 원상회복방식(restitution or recession measure of damage), 거래차익 배상방식(benefit of bargain measure), 부당이익반환

143) Thomas Lee Hazen, 『Securities Regulation In a nutshell』 10th edition, Thomson West, (2009), p.166.에 의하면 내부자 거래에서도 사용된다고 한다.

144) Ibid, p.156.

145) Ibid, p.184.

방식(windfall measure loss rule or disgorgement measure)등이 있다.

현실손해방식은 당해 거래를 위하여 원고가 지급한 총액에서 매수시 취득가액을 차감하여 그 차액을 손해액으로 본다.[146] 원상회복방식은 거래행위를 취소하고 피고가 얻은 부당이익을 반환하거나 또는 구입한 가액을 반환한다.[147] 거래차익배상방식은 청구인이 매수한 가격과 정보가 공시된 때에 당해 주식의 가격과의 차액, 또는 피고에 의하여 부실하게 표시된 가격과 거래일의 진정한 가격과의 차액을 배상받도록 한다.[148] 부당이익반환방식은 피고가 원고의 손해액을 초과하여 부당이익(unjust enrichment)을 얻은 경우에 이 부당이익까지 원고가 청구하는 것으로서 매수인이 전매를 통하여 얻은 이익을 기망당한 매도인에게 반환하게 한다.[149]

다수의 법원은 현실손해배상방식을 수용하여 계산한다. 결국 피고의 이익이 아니라 원고의 손실을 기준으로 정하게 되므로 증권의 매수자는 실제 매수가격과 구매시의 정상적인 매수가격(true value)의 차액을 배상받을 권리로 보았다. 결국 통일된 손해의 산정방법이 없으며 증권법 조차도 명확하게 규정하고 있지 않기 때문에 원고의 손해요인, 피고의 이익, 위법행위의 억지효과 등 다양한 요소를 고려하여 손해배상을 산정하고 있다.

(2) 현실손해배상방식

현재 현실손해방식이 일반적인 손해의 산정방식으로 받아들여지고 있는데 이 방식에 의하여 손해액을 산정하려면 거래된 주식의 수량과 1주당 주식가격이 우선적으로 결정되어야 한다. 따라서 피고의 허위공시나 불공정거래행위로 인한 피해 집단을 특정하기 위하여 피해기간(class period)을 정하고 그 다음 집단구성원이 당해 증권을 실제로 구입한 가격과 거래일 당시의 정상가격과의 차액에 의하여 1주당 손해액을 산정한다. 이때 정상가격을 산정하는 방식은 사건연구방식(event study method)[150]이 주로 사용되고 있다.

---

146) 최정식, 『증권집단소송법의 이해』, (삼영사, 2008), 154면 ; 장상균, 시세조종행위로 인한 손해배상청구소송에 있어서 손해배상의 계산, BFL 서울대학교 금융법센터 제6호, 2004. 93면 이하.

147) 이 방식은 계약취소를 통한 원상회복방식을 증권사기소송에 적용하여 원고는 피고에게 계약의 대상인 증권의 반환을 청구할 수 있다. 증권이 대부분 제3자에게 매각되기 때문에 실제로 당해 증권을 매도한 금액과 매입한 가격의 차액이 반환된다.

148) 이 방식은 미국 증권거래위원회규칙 제10조(b)-5의 증권사기소송에 일반적으로 사용되지는 아니하고 예외적으로 합병이나 공개매수를 위한 적극적인 공격이 있는 경우, 브로커나 딜러에 의한 과당경쟁이 문제되는 경우, 이사의 신임의무 위반이 문제가 된 경우 등에 적용된다. 최정식, 전게서, 155면 이하.

149) 이 방식은 거래시 예상하지 못한 횡재(unforceable windfall)를 원고에게 안겨준다. 오영교, "내부자거래와 민사책임에 관한 연구", (연세대학교 박사학위논문, 1994), 211면.

(3) 사적증권소송개혁법의 손해산정

정상가격을 산정하는 방식들이 허위정보가 공개된 직후에 주가가 급격하게 하락하고 그 이후 상당기간이 지나면 대부분 상당한 정도로 가격이 회복된다는 사실을 고려하지는 않는다. 즉 부실한 공시가 공개된 당시에는 일시적으로 시장이 과민반응을 하게 되고 정상가격의 범주에서 크게 벗어나 주가의 변동을 초래하는 충격효과(crash effect)가 생긴다.[151] 그 결과 일정한 유예기간을 주지 않고 곧바로 손해액을 산정할 경우 실제의 손해 달리 피고가 부담해야 할 액수가 지나치게 커지는 경향이 있다.[152]

이러한 문제점을 해결하기 위하여 사적증권소송개혁법에서 원고가 증권의 시장가격을 기준으로 손해배상을 청구하는 경우에 증권의 매수 가액과 부실공시나 누락이 정정된 정보가 시장에 유입된 날로부터 90일 이내의 유예기간 동안 당해 증권의 평균거래가격과의 차액을 손해배상의 최고한도로 규정하였다(1934년 증권거래법 제21조D(e)(1)). 다만 원고가 위 90일의 유예기간 내에 증권을 매각하거나 재무수를 하면 원래의 매도가액 또는 매수가액과 정정된 정보가 유입된 날로부터 매각할 때 또는 재매수한 때까지의 평균거래가액과의 차액을 손해배상액의 한도로 정하였다(1934년 증권거래법 제21조D(e)(2)).[153]

(4) 증권수량의 산정

1주당 실질손해액이 산정되었으면 피해 증권의 수량이 특정되어야 전체 손해배상액이 계산된다. 증권의 수량은 소송당사자들의 거래량을 제시하면 실제로 파악이 되겠지만 제외신고(opt-out) 방식의 대표당사자소송에서는 부재구성원들의 거래내역을 사실상 알기 어렵고 알려고 하더라도 비용과 시간이 매우 많이 든다. 따라서 증권수량은 피해주식수의 추정치에 근거하여 산출하고 이들 추정치는 주식매매의 형태에 관한 가정에 근거하여 산출한다. 따라서 객관적으로 수집이 가능한 당해 주식의

---

150) 이 방식은 특정사건이 발생한 기간 중에 주가동향과 당해사건이 없었다면 진행되었을 주가동향을 비교하여 그 차이가 통계적으로 의미가 있을 경우 그 차이를 가지고 정상가격을 추정하는 방식이다. ① 사건이 영향을 미치는 기간의 정의 ② 사건과의 견련관계 속에서 비정상주가 수익률의 산출 ③ 비정상주가의 통계적 유의성의 검증절차로 이루어진다고 한다. 황동욱, 전게서, 306면 이하.

151) 최정식, 전게서, 157면.

152) 상게서, 157면.

153) Michael Y. Scudder, "The implication of market-based damages caps in securities class actions", 92 Nw. U. L. Rev, 435 (1997), p.474. 이 견해는 충격이론(crash theory)은 경험적인 근거가 부족하고 90일의 유예기간은 불필요하다고 한다.

일일 총 거래량 등 자료를 이용하여 피해주식의 수를 다양한 방법으로 산출한다.[154)]

6. 미래예측정보에 대한 안전항(safe harbor)[155)] 조항

(1) 개요

기업은 자신들의 미래예측정보에 대항 공시를 하여 투자자의 판단자료로 삼을 수 있도록 할 수 있는데 어느 정도까지 공시할 수 있느냐의 문제가 제기되어 나온 논의가 미래예측정보(forward-looking information)의 문제이다.[156)] 결국 기업에게 투자에 필요한 정보를 광범위하게 공시하도록 하되 그 정보의 공시 한계를 정하여 어느 수준부터의 공시가 책임범위에 들어오느냐의 문제인 것이다.

1979년 미국증권거래위원회(SEC)는 1933년 증권법 규칙 제175조(Rule 175)와 1934년 증권거래법규칙 제3b-5의 일정한 요건을 충족하면 예측정보와 실제 결과가 차이가 있더라도 기업에게 책임을 묻지 않는 미래예측정보에 대한 면책조항을 신설하였다. 이후 미국의회는 1995년 사적증권소송개혁법을 제정하면서 예측정보와 다른 결과를 실제로 초래할 수 있는 중요한 사실에 대한 의미 있는 주의표시(meaningful cautionary statements)를 수반한 예측정보는 안전항에 의하여 면책되도록 함으로써 발행인을 보호하고 있다. 판례법상으로도 확립된 경고문구의 기재원칙(bespeak caution doctrine)도 예측정보의 면책을 강조하고 있다.[157)]

(2) 미래예측정보(forward-looking information)의 개념

미국 증권법상의 정보는 사실정보(factual or hard information)와 예측정보(forward-looking information), MD&A로 나누어진다.

사실정보는 과거의 확고 불변의 사실에 기초한 정보로서 객관적으로 증명이 가능하며 그 정보가 중요하면 반드시 공시가 되어야 한다. 또 과거나 현재의 사실은 정

---

154) 노혁준, "증권관련 집단소송에서의 손해액 산정", (인권과 정의, 제342호, 대한변호사협회, 2005), 94면.

155) safe habor는 말 그대로 안전하게 머물수 있는 항구라는 의미이다. 이 조항의 범위에 들어오면 면책이 될 수 있다는 의미가 될 수 있고 면책허용범위의 뉘앙스를 가지는 것으로 보이나 원어의 뜻을 살리기 위하여 안전항이라는 용어를 그대로 사용한다. 임재연, 전게서(주 132), 228면도 같다.

156) Jonathan C. Dickey, "SECURITIES LITIGATION UPDATE: RECENT DEVELOPMENTS UNDER THE PSLRA AND THE UIFORM STANDARD ACT", GLASSER LEGALWORKS 12TH ANNUAL CLASS ACTIONS INSTITUTE, Gibson, Dunn & Cruncher LLP, (2002), p.17.

157) 임재연, 전게서(주 132), 229면.

보를 제공할 때 그 진실여부를 알 수 있으므로 이를 부실기재하려면 책임을 져야한다.[158] 예측정보는 어떤 사실에 대한 주관적인 분석, 예측 또는 의견 등으로서 객관적인 증명이 가능한 사실정보와 대비되는 개념으로서 발행인이 자기 회사의 장래에 대하여 제공한 예측적인 정보(predictive information)이다.[159] 주문물품을 모두 팔았기 때문에 재주문이 증가할 것이라는 예측이라든가, 기업이 고객과 소규모거래를 성공적으로 시작하였고 그에 따라 고객에 대한 서비스 제공을 장차 확대할 수 있는 권리를 획득하리라는 정보는 미래예측 정보에 포함되는 사례이다.[160] MD&A는 증권발행인이 투자자로 하여금 성공적인 투자를 하도록 도움을 주는 재정정보로서 통계 데이터에 입각한 재정서류, 금융조건 등이 여기에 해당된다.[161]

(3) 예측정보에 대한 면책

예측정보에 대한 면책은 현재 세 가지 종류가 있다.[162] 첫째로 행정입법의 성격을 가진 1933년 증권법의 행정입법인 " SEC 규칙 제175조(이하 'SEC 규칙'이라고 한다)"와, 둘째로 판례법리인 "Bespeak Caution Doctrine", 셋째로 1995년 사적증권소송개혁법상의 면책조항이다.

1933년 증권법의 하위규칙인 SEC 규칙 제175조의 요건은 다음과 같다. 우선 미래예측정보가 합리적인 근거에 의해서 선의로 작성되어야 한다, 따라서 원고는 피고가 예측정보를 공시할 때 선의가 아니며 합리적 근거가 없이 예측정보가 작성되었다는 사실을 증명하면 피고에게 책임을 물을 수 있다. 특히 SEC 규칙 제175조의 미래예측정보는 다음의 사항으로 한정되었다. ① 준비금, 주당손익, 자본지출, 이익배당 등 자본구조 또는 재무구조에 대한 계획을 포함하는 정보 ② 장래의 영업활동에 대한 사업계획이나 대상에 대한 정보 ③ 경영에 대한 토론, 재무상태의 분석 등 영업결과에 포함된 장래의 경제활동에 대한 정보 또는 위에 기술된 모든 정보에 기초가 되거나 관련된 가정(assumption)에 대한 공시정보이다(17 C.F.R. §230. 175(c)).

---

158) 최정식, 전게서, 130면.

159) Harris 사건(182 F. 3d 799(11th Cir. 1999)에서 회사관계자는 최초 보도자료에 기업의 경제사정이 상당히 힘든 상태임에도 불구하고 낙관적인 전망을 기재하였다. 그 이후 보도자료에서는 영업권의 가치가 하락하여 179만 달러의 손실이 발생하였음을 공시하였다. 이에 대하여 원고는 주가에 악영향을 미치는 영업권 부채의 가능성을 피고가 처음의 보도자료에 기재하지 않음으로서 기망을 당하였다는 주장을 하였다. 그러나 법원은 이는 피고가 낙관적인 전망을 한 것으로 예측정보에 해당하며 안전항에 의하여 면책된다고 하였다.

160) 김성호, "미국증권집단소송에서의 면책범위", (상사법연구 제20권 제4호 2002), 149면

161) MD&A란 Management's Discussion and Analysis의 약자이다. 17 C.F.R. § 229. 303.

162) Jonathan C. Dickey, op. cit., p.15.

판례의 법리는 다음과 같다. SEC 규칙 제175조가 입법되었음에도 불구하고 널리 적용되지 못하자 법원은 기업을 보호하기 위하여 중요성(materiality)과 신뢰성(reliance)이라는 증권법상의 기본개념을 근거로 예측정보에 대한 충분한 주의 문구나 위험의 표시를 포함시키도록 한 주의표시의 법리를 발전시켰다.[163] 아직 연방대법원에서 이를 정면으로 다룬 사례는 없어 보인다. 판례의 주의표시 법리는 미래예측정보가 SEC에 제출되었는지 여부, 서면작성 여부, 구두 정보와 관계없이 적용되기 때문에 그 범위가 넓다.

사적증권소송개혁법은 1934년 제21조E, 1933년 제27조A를 안전항의 조항으로 추가하였다. 이에 따라 면책 받기 위해서는 다음 중 어느 하나를 충족해야 한다. 첫째 미래예측정보라는 사실이 특정되고(identified) 미래예측정보의 결과를 변경시킬 수 있는 중요한 사실을 나타내는 의미 있는 주의문구(meaningful cautionary language)가 부가되었거나(accompanied) 둘째 제공된 정보가 중요하지 않거나(immaterial) 셋째 미래예측정보가 잘못되었거나 투자자를 오도할 가능성이 있다는 현실적인 인식(actual knowledge)을 가지고 작성되었다는 사실을 원고가 증명하지 못하여야 한다. 구두에 의한 진술(oral statement)도 미래예측정보로서 안전항에 의하여 면책을 받는다.

Ⅳ. 증권집단소송에 대한 개혁 입법

미국 대표당사자소송의 적극적인 변화는 일반민사소송에서가 아니라 증권분야에서 더 적극적으로 이루어졌다.[164] 1995년 미국 사적증권소송개혁법(Private Securities Litigation Reform Act of 1995)과 1998년 미국 증권소송통일기준법(Securities Litigation Uniform Standard Act of 1998)이 통과되었다. 2002년에는 기업의 조직 운영과 회계 개혁을 위한 입법인 사베인스-옥슬리법이 통과되었다. 사적증권소송개혁법과 증권소송통일기준법은 증권소송에 관한 개혁입법임에 비하여 사베인스-옥슬리법은 증권소송의 원인을 방지하려는 개혁입법임에 차이가 있으나 증권소송에 직간접적으로 영향을 미친다는 점에서 개혁입법으로 볼 수 있다.

1. 사적증권소송개혁법

증권분야에서 사기거래를 통제하는 방법의 하나로서 피해당사자들이 대표당사자

163) 자세한 내용은 김성호, 전게논문(주 160), 154면 이하, 김병연, "미국 연방증권법상 부실공시에 대한 민사책임과 예측정보에 대한 면책조항", (연세법학연구 제8권 제2호 제12호 2002), 127면.
164) 함영주, 전게논문(주 67), 46면.

소송을 진행하는 방법이 최근에 활발하게 활용되어 왔다.[165] 이에 대하여 증권거래 위원회(SEC)의 역할을 보완하는 협력자로서 증권시장의 효율성을 확보하는 지극히 중요한 역할을 수행하고 있고 소액투자자들도 소송에 대한 접근이 용이해져서 소액 다수의 집단적 피해를 구제하는데 기여하는 제도라는 긍정적 평가가 있다.[166]이 법안은 대표당사자를 최적의 자로 임명되도록 하였고 대표당사자 및 대표당사자의 변호사에 대한 감독과 통제를 강화하였다.[167]

첫째 소답서면(pleading)의 기재요건을 강화[168]하고 법원에 개시절차의 중지(stay of discovery)를 명할 수 있게 하였다.[169] 이 규정은 직업적으로 소를 제기하는 변호사가 불법행위의 정확한 내용도 모르면서 대표당사자를 대리(lead counsel)하기 위하여 소장제출 경쟁(race to file)[170]을 한다는 비판에 근거한 것이다.

따라서 대표당사자(원고)는 소장을 제출하면서 동시에 변호사의 지시나 대표당사자소송에서 이익을 볼 목적으로 증권을 매입한 것이 아니라는 사실과 변호사 보수, 집단을 위하여 대표당사자가 된다는 사실, 집단기간 동안 대표당사자가 사건의 증권을 거래한 사실, 3년간 대표당사자로 참여한 모든 소송기록, 대표당사자의 보수(recovery)는 법원이 별도로 명하지 않는 한 비율로 지급된다는 사실, 대표당사자로서 별도의 보수를 받지 않았다는 사실을 인증하는 서약서를 함께 제출하여야 한다. 동시에 사적증권소송개혁법은 대표당사자가 3년 내에 5건 이상의 대표원고(lead

---

165) 이해붕, "증권집단소송에 관한 고찰 - 미국의 증권집단소송을 중심으로 - ", (증권감독원 증권조사월보 제228호, 1996), 8면.

166) 함영주, 전게논문(주 67), 46면.

167) Thomas Lee Hazen, op. cit., p.297.

168) 사적증권소송개혁법에 의하면 어떤 중요한 사실에 대한 허위표시 또는 누락을 청구원인으로 하는 소송에서 당해 소장에 오해를 불러 일으켰다고 주장하는 개별적인 표시와 그 표시가 오해를 유발한 이유를 특정하여야 한다. 만일 그 표시와 누락이 어떤 정보와 믿음에 의하여 형성되었다면 그러한 믿음을 형성한 사실을 구체적으로 특정하여(with particularity) 기재하여야 한다(1934년 증권거래법 제21조D(b)(1)). 아울러 피고가 특별한 심리상태(particular state mind)에서 행동하였음을 증명하여야 하고, 당해 피고가 특별한 심리상태에서 행동하였다는 강한 추정을 불러일으키는(giving rise to a strong inference) 사실을 구체적으로 기재하여야 한다.(1934년 증권거래법 제21조D(b)(2)).

169) 최정식, 전게서, 96면.

170) Edward H. Cooper, "Rule23: Challenges to the Rulemaking Process", 71 N.Y.U.L. 12,45 (1996), p.45. ; Thomas E.Willing, Laurel L. Hooper & Robert J. Niemic, "An Empirical Analysis of Rule 23 to Address the Rulemaking Challenges", 71 N.Y.U.L. 74, 81 (1996), p.97. 이 논문들에 기초하면 증권소송에서는 주식가치의 하락과 같은 사건(trigger event)이 발생하는 즉시 변호사들은 적절한 조사도 하지 않은 채 소장을 접수시킨다. 이런 실무관행은 명백히 법원으로부터 집단의 대표 소송대리인(lead counsel)으로 선임받는 경쟁에서 유리한 이점(advantage)을 얻기 위한 것이다.

plaintiff)가 된 경우에는 대표당사자가 되지 못하도록 하고 있다(1933년 증권법 제27조(a)(2), 1934 증권거래법 제21조D(a)(2)).

또한 근거 없는 개시절차의 남용으로 무고한 당사자들이 경우에 따라 소송비용의 80%에 이르는 증거개시비용을 감당하지 못하여 화해를 강요당한다는 주장을 근거로 증거보전이나 당사자 일방의 부당한 불이익을 예방하기 위하여 법원이 개시가 특히 필요하다고 인정한 경우를 제외하고는 소장각하신청이 계속 중인 동안 개시절차를 중지하도록 하고 있다(1933년 증권법 제27조(b)(1), 1934년 증권거래법 제21조D(b)(3)(B)).[171] 이와 관련하여 당해 개시절차가 중지되는 동안 소송의 모든 당사자는 전자자료를 포함한 모든 증거자료를 보전하여야 하며 이를 고의로 위반한 당사자에게는 법원이 제재를 발하는 명령을 부과할 수 있도록 규정하였다(1933년 증권법 제27조(b)(2)).

둘째 통지절차에 관한 규정을 신설하였다. 증권소송의 소를 제기하는 원고는 소장이 제출된 날로부터 20일 이내에 전국에 판매되는 상업간행물이나 전신서비스를 통하여 대표당사자소송이 계속 중이며 청구의 원인과 집단소송의 제기원인이 발생한 기간(class period: 불법행위 시점부터 불법행위의 공표시점까지 기간)에 대하여 통지(notice)하여야 한다(1933년 증권법 제27조(a)(3)(A), 1934년 증권거래법 제21조D(a)(3)(B)). 복수의 원고가 소를 제기한 경우 최초의 원고가 통지를 하는데 연방민사소송규칙 제23조에 의한 통지절차에 준하여 하게 되며 이메일 등 전자적 방식을 이용해도 된다. 또한 사적증권소송개혁법은 통지 후 90일 이내에 법원은 대표원고(lead plaintiff)를 선임하도록 하고 있다.[172]

셋째 대표당사자소송의 원고의 결정방법과 배상범위를 제한하였다. 법안에 대한 양원협의회의 보고서에서 기존의 소송에서는 법원들이 선착순의 원칙으로 대표당사자소송의 변호사를 결정하여 왔다고 하면서 금전적인 이익이 가장 큰 자와 같이 최적의 원고(the most adequate plaintiff)로 추정되는 자를 별도로 규정(1933년 증권법 제27조(a)(3)(B)(iii)(Ⅰ), 1934년 증권거래법 제21조D(a)(3)(B)(iii)(Ⅰ))하여 기관투자자들이 대표당사자소송의 원고가 되도록 유도하고 있다.

금전적 이익 취득을 주된 목적으로 삼아 대표당사자가 되는 것을 방지하기 위하여 대표당사자도 재산회복의 범위가 주당계산기준으로 다른 집단의 구성원들과 동일하여야 한다고 규정하였다(1933년 증권법 제27조(a)(4), 1934년 증권거래법 제21조D(a)(4)).

---

171) David Herr, Manual for complex litigation fourth, West, 2011. p.763.

172) David Herr, op. cit, p.754.

넷째 1933년 증권법 제27조(a)(6)과 1934년 증권거래법 제21조D(a)(6)은 변호사가 받는 보수와 비용의 총액이 집단의 구성원에게 실제로 분배되는 손해배상 및 판결(prejudgment)로 지급이 예상되는 액의 “적절한 비율(reasonable percentage)”을 넘지 않도록 하여 지급될 변호사 보수의 최종액을 제한하는 규정을 하고 있다.

그 동안 변호사 보수가 전통적인 형평법상의 공통자금의 이론(common fund doctrine) 또는 승소금(기금)에서 일정한 비율을 변호사 비용으로 지급하는 비율(percentage) 방식[173]을 사용하여 왔는데 근본적으로 과도한 보수 문제를 해결할 수 없었다.[174] 이에 대한 예외로 지표(lodestar) 방식[175]을 사용하였으나 타임차지 방식의 보수인데다가 특정 사항들을 참작하여 추가보수를 인정할 수 있어서 과도한 변호사보수 문제를 근본적으로 해결하지 못하기는 마찬가지였다.[176] 따라서 1995년 사적증권소송개혁법에서는 최종보수액이 일정비율을 넘지 못하도록 법원이 통제한다고 규정하였다. 이러한 1995년 법과 표준기준 방식을 비교한다면 변호사 보수의 산정방법은 유사하나 일정한 비율로 제한된다는 점에서 차이가 있다.[177] 그러나 결국 법원의 최종적인 결정에 따라 조절되므로 큰 차이는 없어 보인다.[178]

또한 변호사가 소송의 대상이 되는 주식을 소유하는 것과 같이 실질적인 이해관계가 있을 경우에는 이해상반이 되는 것으로 보아 법원이 변호를 제한 할 수도 있다(1933년 증권법 제27조(a)(8), 1934년 증권거래법 제21조D(a)(4)). 구체적인 근거도 없이 제기되는 소송을 줄이고 절차의 남용을 방지하기 위하여 연방민사소송규칙 제11조(b)의 법원에서 대표로서 행하는 행위에 대한 제재를 검토하여 이것이 인정되면 그 변호사에게 상대방측의 변호사 보수와 기타의 비용을 보상하도록 하였다

173) Robert H. Klonoff, op. cit., p.276. 전통적인 성공보수의 방식으로서 집단이 받게 될 전체보상액에 일정비율을 곱하여 보수를 산정한다. 원고 집단에게 지급되는 배상금 총액에 변호사 선임시 약정한 일정비율을 곱해서 변호사보수를 정한다. 이 방식은 보수산정 방식이 명확하고 보수예측이 쉽다는 장점이 있다. 하지만 변호사 입장에서는 이미 받을 보수가 정해져 있다보니 조기에 소송을 화해로 종결시키려는 유혹을 받게 한다. 그에 따라 변호사 보수가 과도하다는 비판으로 이어져 지표(lodestar) 방식이 등장하는 계기를 마련하였다.

174) Ibid, p.277.

175) Ibid, pp.277-278. 이 방식은 변호사가 합리적으로 사건에 투자한 시간에 합리적인 요율을 곱한 금액과 위험승수를 고려하여 결정된다. 변호사가 합리적으로 투자한 시간에 합리적으로 측정된 당해 업무의 시간당 비용(reasonable hourly rate)을 곱하고, 패소할 위험요소를 고려한 승수(multiplier)를 적용하여 산정한다.

176) 이상복, 전게논문, 189면. 참고로 연방민사소송규칙 제23조(h)에 따르면 법원에게 변호사 보수와 비용 지급의 권한이 부여되어 있다. 변호사보수는 법원에 신청하여야 하고 구성원이나 보수지급청구를 받는 자는 반대의견을 제시할 수 있다.

177) 상게논문, 189면.

178) 함영주, 전게논문(주 67), 49면.

(1933년 증권법 제27조(c), 1934년 증권거래법 제21조D(c)). 이에 대하여 법원이 그간 잘 적용하지 않던 연방민사소송규칙 제11조의 변호사에 대한 제재를 증권 대표당사자소송에 적용하도록 하여 원고에게 불리하게 작용하게 되었는데다가 상대방의 변호사보수까지 패소자 부담으로 하게 된 것은 피해자인 투자자의 제소를 지나치게 억제한다는 비판이 있다.[179]

다섯째 화해절차에 대하여 대폭개선을 하였다. 33년 법 제27조(a)(5)와 34년법 제21조D(a)(5)는 상당한 이유(good cause)가 있는 경우를 제외하고는 화해협약의 조건과 규정을 밀봉하여 제출하는 비공개화해를 금지하였다. 또한 화해보상의 경우 변호사가 보수를 너무 많이 받는다는 비판이 있어서 변호사보수의 상한비율을 법원이 정할 수 있도록 하였고 집단의 구성원들에게 화해안이나 화해협약의 배상총액, 배상액에 대한 동의여부, 변호사의 보수와 비용에 관한 사항과 문의처에 대한 연락방법, 화해의 이유 등을 기재하여 통지하도록 하였다(1933년 증권법 제27조(a)(7), 1934년 증권거래법 제21조D(a)(7)).

2. 증권소송통일기준법

증권소송통일기준법(Securities Litigation Uniform Standard Act of 1998)은 연방법원에 대표당사자소송 수행 우선권을 부여(전국적 범위에서 거래되는 증권사기에 대한 소송은 연방법원이 함)하였으며 연방법원이 주법원의 개시절차를 정지시키는 것도 가능하게 하였다.[180]

1995년 개혁법의 결과를 회피하기 위하여 연방법원에 소 제기될 사건의 상당수가 주법원에서 소 제기된다는 견해가 우세하여 전국적 범위의 시장에서 거래되는 증권사기에 대한 소송은 연방법원에서만 소제기를 할 수 있고 그 연방법원은 증권 대표당사자소송에 대한 통일된 원칙을 적용하도록 하였다(1933년 증권법 제27조(b)(4), 1934년 증권거래법 제21조D(b),(c)). 연방법원보다 주법원에 소제기를 더 많이 하게 된 이유는 주법원이 원고의 입장에서 피고에게 비용에 대한 부담을 느끼도록 증거개시절차를 이용하여 압박을 하는 경우가 많았기 때문이다.[181] 유사 판례가 축적되어 있지 않던 주법원은 증거개시절차나 배심판단에서 대부분 원고에게 유리하였다고 한다. 이러한 상황을 볼 때 과연 1995년 사적증권개혁법이 효과가 있는지 의문이 되었다. 이에 증권집단소송의 순 감소분(net reuction)은 없는 것으로 보인다

179) 상게논문, 50면.
180) Thomas Lee Hazen, op. cit., p.299.
181) Ibid, p.299.

고 하며 이런 상황은 단순히 기망적 행위가 늘어서 그런 것인지 원고측 대리인이 관할의 다양화(portfolio strategy) 전략을 구사했기 때문인지는 분명하지 않다고 한다.[182] 반면 사적증권개혁법이 소답서면의 기준을 높여 법원에 접수된 사건의 질을 높였다는 평가를 하고 있다. 사소나 위협소송을 방지하는데는 기여했다는 취지로 보인다. 이런 논란을 해결하기 위하여 제출된 법안이 1998년 증권소송통일기준법이다. 결국 이 법은 증권집단소송의 남용을 방지하기 위한 연방법의 적용을 회피하는 행위를 방지하고 증권분쟁에 통일적으로 법적용을 하고자 하는 취지이다.[183]

이에 따라 주의 제정법 또는 보통법에 의하여 일정한 증권의 매매에 관하여 부실표시나 중요한 사실의 누락, 시세조종, 사기적 방법을 사용하였다는 것을 근거로 증권대표당사자소송을 하는 개인은 그 증권이 전국적으로 거래되는 증권이거나 등록투자회사가 발행하는 증권이라면 연방지방법원에 소를 제기하여야 하고 법원은 주법원에 소송계속중인 사건을 연방지방법원으로 이송하여야 한다(1933년 증권법 제18조(b),(c); 1934년 증권거래법 제28조(f)(1),(2)). 다만 이 법의 우선적용(preemption)은 사기와 관련된 청구에 적용되어서 계약불이행이나 신인의무 위반과 같은 이유로 주법원에 제기된 청구에는 적용되지 않는다.[184]

182) Michael A. Perino, “DID THE PRIVATE SECURITIES LITIGATION REFORM ACT WORK?”, UNVERSITY OF ILLINOIS LAW REVIEW, Vol. 2003, (2003), p.976.

183) Seth Aronson., Amy J. Longo, "Securities Litigation Uniform Standard Act - the Year in Review”, O’Melveny & Myers LLP, (2003), p.1.

184) Thomas Lee Hazen, op. cit., p.299.

제3절

증권관련 집단소송법과 관련된 미국의 대표당사자 소송제도

Ⅰ. 미국 대표당사자소송의 연혁

미국의 대표당사자소송의 연혁에 대하여 개략적으로 살펴보도록 한다. 그 이유는 기원과 변천의 역사를 간단히 살펴봄으로서 미국 대표당사자소송의 개선방향에 시사점을 얻을 수 있고 그와 연계하여 우리나라의 개정논의에 대한 시사점도 얻을 수 있기 때문이다.

미국의 집단소송제도는 판례법(common law)상의 남소방지장(Bill of Peace)에서 유래한 것이다.[185] 남소방지장(Bill of Peace)은 공동의 이익을 가지는 소액 다수의 피해자들이 가해자를 상대로 권리구제를 받고자 할 때 대표당사자가 절차를 진행하고 그의 종국판결은 집단의 구성원 모두에게 효력이 미치도록 하는 제도였다.[186] 1938년에 보통법과 형평법을 통합하여 연방민사소송규칙이 탄생하게 되었는데[187] 동 조항은 집단소송을 ① 진정(true)집단소송 ② 혼합(hybrid)집단소송 ③ 부진정(spurius)집단소송 등 3가지 유형[188]으로 분류하였으나 각 유형을 정의하기 어려웠을 뿐만 아니라 정확하게 분류하는 것도 쉽지 않았다.[189] 그 중 부진정집단소송이 법률상 또는 사실상의 공통의 쟁점을 가진 집단적 분쟁의 배상을 한 번에 해결하는 것으로서 중요하였다.[190] 그리고 진정집단소송과 혼합집단소송의 판결의 효력은 집단구성원에게 미쳤지만 부진정집단소송의 판결은 불출석 집단구성원이 원하지 않

185) Friedenthal, Jack H., Mary Kay Kane & Miller, Arthur R., 『Civil Procedure』, 4th ed., Thomson/West, (2005), p.738. ; 박민영, 『미국의 Class Action 1』, (한국학술정보, 2012). 26면.

186) Brooks, Roy L. Legallines, 『Civil Procedure. Chicago』, Harcourt Brace Legal and Professional Publications, Inc., (1993), p.122. ; Friedenthal, Jack H., Mary Kay Kane & Miller, Arthur R., op. cit., p.738.

187) Robert H. Klonoff, op. cit., pp.17-18. ; Friedenthal, Jack H., Mary Kay Kane & Miller, Arthur R., op. cit., p.739.

188) 진정집단소송은 연대공동 또는 종속적인 권리에 관한 소송으로서 그 판결은 집단의 모든 구성원을 구속하고 혼합집단소송은 특정재산과 관련된 개별적인 권리에 관한 소송으로서 그 판결은 문제된 특정재산에 관하여서만 모든 구성원을 구속하며 부진정집단소송은 공통한 문제에 의하여 영향을 받거나 공통한 구제수단에 관련된 개별적인 권리에 관한 소송으로서 그 판결은 대표로 된 자와 소송에 참가한 자만을 구속하였다. 정동윤, 「다수당사자소송의 구조와 문제점, 다수당사자소송연구」, (법무자료 제90집, 법무부, 1987), 21면 이하

189) Robert H. Klonoff, op. cit., p.18.

190) Ibid, pp.18-19.

으면 구속력이 없었다.[191] 1966년에는 이 3가지 유형을 나누는 것의 실익이 없고 분류가 어렵다는 이유로 이를 없애고 집단소송으로 얻은 판결은 제외 신청한 구성원 외 모든 구성원을 구속하는 것으로 수정되었다.[192]

현대적 의미의 대표당사자소송 규칙은 1960년대 초 상설자문위원회(standing advisory committee)가 기초하고 1966년 미국연방대법원이 공포한 대표당사자 소송 관련 미국연방민사소송규칙의 개정에서 시작된다.[193] 이 개정에서는 대표당사자소송을 규칙 23(b)(1), (b)(2), (b)(3)의 세 가지 형태로 나누었다.[194] 규칙23(b)(1)과 (b)(2) 유형은 금지명령을 구하는 경우에 일반적으로 활용되며 '소송상의 모든 청구를 만족시키기에 기금이 부족한(limited fund)' 다수의 청구의 경우에는 규칙 23(b)(1)(B)가 이용된다.[195] 1966년 수정 이후 연방민사소송규칙 제23조는 1987년, 1998년[196], 2003년[197], 2007년에 수정되었다. 유형과 요건이 지속적으로 변화하여 왔다는 점을 보면

---

191) Ibid, p.19.

192) Brooks, op. cit., p.122.

193) Robert H. Klonoff, op. cit., p.19.

194) 1966년 개정된 연방민사소송규칙 제23조(b)에서는 다음의 3가지 유형에 해당한다면 집단소송으로서 유지될 수 있다고 규정한다. ① 별개의 소송으로 진행될 때 집단내의 구성원들이 일정하지 않은 다른 판결을 받거나 소송에 참가하지 않은 다른 구성원들의 이익 또는 그들의 이익을 보호할 권리를 침해할 위험이 있는 경우 ② 집단의 상대 당사자가 집단에 일반적으로 적용되는 이유로 일정한 행위를 하거나 하지 않고 그럼으로 인해 집단전체와 관계하여 최종 금지명령(final injunctive relief) 또는 확인판결(declaratory relief)이 적절한 경우 ③ 법원이 판단하기에 집단구성원들의 공통법적 또는 사실관계에 대한 쟁점이 일부 구성원들만의 쟁점을 압도하고 분쟁의 공정하고 효율적인 해결을 위해 집단소송이 다른 가능한 방법에 비해 우월할 경우. 특히 미국에서 제기되는 대부분의 집단소송은 제23조(b)(3)에 해당되는 손해배상청구소송이다. 한편 연방규칙 제23조(c)은 누군가가 집단의 대표로 소를 제기하거나 소송을 당하였을 경우 집단소송을 허가할지 여부를 법원이 결정하도록 정하며 집단소송 허가여부를 판단시 법원이 고려해야 할 사항을 열거하고 있다.

195) Robert H. Klonoff, op. cit., p.21.

196) Ibid, p.23. 연방규칙 제23조에 (f)항을 추가하여 미 연방고등법원이 미 연방지방법원에서 내린 집단인증(class certification) 결정에 대하여 당사자들의 항소(appeal)를 재량으로 허가할 수 있다고 정하였다.

197) Federal Rules of Civil Procedure, Notes of Advisory Committee on 2003 amendments to Rules. 결국 법원이 집단소송허가 결정시 보다 신중한 검토를 하도록 유도하고 그러한 과정에서 본안소송의 승소가능성(merit)도 어느 정도 검토할 수 있는 기회를 제공한다고 할 수 있다. ① 연방규칙 제23조 (c)항을 수정하여 법원에게 집단소송 허가 또는 불허가를 결정할 수 있는 시간적인 여유를 제공하고 법원이 허가 결정문에 집단, 집단의 청구(claim), 쟁점 사항 등을 정리하고, 집단대리인(class counsel)을 선정하도록 하였다. ② 합의와 관련된 제23조 (e)항을 수정하여 집단소송상의 합의 또는 자발적인 철회의 경우 법원의 심리기일(hearing)을 반드시 거쳐 합의 또는 자발적 철회가 공정하고(fair) 합리적이고(reasonable) 적절하다는(adequate) 판단을 받아야 한다는 조항을 삽입하였다. ③ 제23조에 새로운 (g)항을 추가하여 법원이 집단대리인을 선정하는 절차를 규정하였다. ④ 제23조에 새로운 (h)항을 추가하여 집단소송의 종

미국 대표당사자소송에서도 현실과 맞지 않는 부분에 대한 개선수요가 꾸준히 있어 왔음을 알 수 있다.

Ⅱ. 증권집단소송과 관련된 미국 민사소송절차

1. 서설

미국 민사소송은 소답절차(pleading)부터 시작하여 증거개시, 사실심리 이전의 협의(pretrial conference), 신청(motion)의 단계를 거쳐 사실심리(trial)를 하게 된다. 소답절차란 당사자의 주장을 기재한 서면을 교환하는 절차 또는 그 서면 자체를 의미한다.[198] 원고가 소장을 제출하여 소송이 시작되고 원고가 법원이 발부한 소환장과 소장 부본을 피고에게 송달한다. 송달받은 피고가 답변서를 제출하면 소답절차는 종료하고 법원의 허가를 얻어 원고는 재답변서(reply)를 제출할 수 있다. 소답절차가 종료하면 증거개시 절차가 진행되며 소송진행에 관한 협의와 쟁점 확정·증거조사 준비 등을 위한 사실심리 이전의 협의(pretrial conference)가 이루어진다. 이후 본격적인 사실심리(trial)를 하게 되는 것이다.

미국 민사소송절차가 우리나라에 그대로 적용되기는 어렵지만 우리나라의 증권관련 집단소송과 관련성이 있는 부분을 추려 보면 다음과 같다. 첫째 증권관련 집단소송법에서 활성화의 대안으로 제시되고 있는 증거개시 절차에 대하여 알아본다. 둘째 우리나라의 소송허가에 개선점은 없는지를 살펴보기 위하여 유사한 제도인 집단인증 절차에 대하여 알아본다. 셋째 현행 증권관련 집단소송법에서 기판력의 주관적 범위와 관련된 제외신고 부분과의 관련성을 살피기 위하여 미국법상의 통지(notice)와 제외신고(opt-out)에 관하여 알아본다. 넷째 현행 증권관련 집단소송법을 폐지하고 일반법으로서의 집단소송법을 도입할 경우 2단계 권리구제 절차를 채택한다면 1단계 판결의 효력 중 객관적 범위를 검토하기 위하여 미국법상 기판력의 법리(res judicata)를 알아본다. 다섯째 현행 증권관련 집단소송법은 성질상 금전배상이 분배의 기본이 될 수밖에 없으나 향후 일반법으로 집단소송법을 도입하고 2단계 권리구제절차를 채택할 경우 분배방식의 탄력적 운용을 위하여 미국법상 근접배상의 원칙(cy pres doctrine)에 대하여 알아본다.

결시점에 법원이 대리인 보수 및 비용청구에 대한 지급을 승인하는 절차를 정하고 있다.

198) Friedenthal, Jack H., Mary Kay Kane & Miller, Arthur R, op. cit., p.244.

2. 사실심리전 증거개시 절차

증거개시절차는 소송의 당사자 또는 소송의 당사자가 되려는 사람이 상대방이나 제3자로부터 소송에 관계되는 정보를 얻거나 사실을 밝혀내기 위하여 이용하는 기일전 절차를 의미한다.[199] 당사자에게 소송의 증명자료를 확보할 수 있도록 하는 중요한 소송절차로서 이 절차를 통해 당사자들은 사건의 내용을 정확히 알고 본인들의 유불리를 정확히 알게 되어 화해 성사에도 사실상 많은 역할을 하게 된다. 또한 이 절차를 통하여 변론 중에 기습적인 주장이나 증거의 제출을 저지함으로서 사건에 대한 충실한 검토와 조사를 가능하게 하여 집중적이고 효율적인 재판을 가능하게 한다.[200] 원·피고 당사자 쌍방이 자유로이 질문서를 작성하여 서로 교환하고 몇몇 사람으로부터 증언을 녹음하거나 재현장면을 녹화하고 감정인에게 의뢰하는 등 증거를 모아 쟁점을 명확하였다. 특히 배심제를 취하는 미국에서는 기습적인 증거제출로 인하여 재판의 결과에도 영향을 미치는 경우도 있기 때문에 사전에 많은 사실관계의 파악이 필요했던 것이다.[201]

미국의 증거개시절차에서는 요구받은 서류의 제출을 거부하는 것은 불가능하다. 서류의 내용을 바꾸거나 서류를 자의적으로 선택하여 제출하는 것도 허용되지 않는다. 만일 이러한 사실이 판명되면 그 시점에서 소각하 등 소송상 불이익을 받는 것은 물론 법원모욕죄로 처벌받고 가담한 관계자는 형사처벌을 받을 수도 있다. 그러나 이 절차에 장점만 있는 것은 아니어서 너무 많은 자료와 질문서를 요구함으로써 과중한 소송비용 부담은 물론 절차지연이 문제가 되었다.[202]

대표당사자소송에 있어서는 집단인증을 결정할 때 그 쟁점이 본안 사건과 밀접하게 관련이 되어 있으면 법원은 사건 본안에 관한 조사도 한다. 따라서 증거개시절차가 청구의 실체적 내용을 판단하고 연방민사소송규칙 제23조(a)의 요건 충족했는지 여부 등을 검토하기 위하여 필요할 수도 있는 것이다.[203] 나아가 법원은 증거개시절차에 필요한 시간, 증거개시절차가 집단인증을 결정하는데 도움이 될 가능성, 증거개

199) Ibid, p.385.

200) Ibid, pp.386-387.

201) 최정식, 전게서, 95면.

202) 변진석, "미국 민사소송에서 증거개시의 역할과 한계, 한국에 도입가능성", (미국헌법연구 제23권 제3호, 2012), 147면. Friedenthal, Jack H., Mary Kay Kane & Miller, Arthur R., op. cit., p.438. 그에 따라 1980년 연방민사소송규칙에서는 일방당사자가 상대방에게 증거개시절차의 합리적 계획서를 제출하지 않으면 증거개시절차회의를 개최하도록 하였고(제26조(f)(5)), 1983년 개정시에는 증거개시절차가 본안과 관련하여 불합리하게 반복적이고 억압적이며 불균형하다고 판단되면 법원이 증거개시절차를 제한할 수 있도록 하였다(제26조(b)(1)).

203) Robert H. Klonoff, op. cit., p.123.

시절차의 과도한 부담 여부 등을 고려하여 증거개서절차의 범위를 정하게 된다.[204)]

3. 집단인증 절차

(1) 제도의 개요

대표당사자소송의 경우에는 소송의 파급력이 개개인에 의해 제기된 소송과는 비교할 수 없을 정도로 크다. 이는 잠재적인 집단(potential class)[205)]의 규모 자체가 소송 초기에 측정하기 어려울 정도로 거대한 경우가 있기 때문이다. 따라서 '집단'의 소송이 될지 '개인들'의 소송이 될지를 결정하는 절차인 집단 인증은 소송의 영향력을 결정짓는 기능을 한다.[206)] 동시에 해당 소송이 '집단'의 대표당사자소송으로 수행하기에 적합한지 걸러내는 역할도 한다.

대표당사자소송의 개시는 집단 구성원들 중 대표당사자가 되려고 하는 자가 다른 구성원들을 대표하여 소장을 제출하는 형식으로 이루어진다. 연방규칙 제23조(c)(1)에 의하면 법원은 대표당사자소송의 소가 제기되면 실행가능한 조속한 시간 내에 이를 대표당사자소송으로 유지할 것인가의 여부를 명령으로 결정하여야 하는데 이를 인증(certification)라고 한다. 인증에 의하여 대표당사자소송은 집단의 범위가 한정이 되고 대표자가 특정이 되며 실체적인 쟁점도 어느 정도 표시가 된다. 원래 인증절차의 목적은 대표당사자소송의 남용을 막는데 있었으나 점차 피해자의 보호 쪽으로 무게중심이 이동한 바 있다.[207)] 이러한 인증의 전제로서 집단의 확정(class definition)은 피고가 예상피해의 측정과 소송비용의 계산, 보험금으로 보충될 수 있는 부분, 재판적과 출소기한, 책임, 사기나 손해배상으로 인한 손해 등을 산정하기 위하여 필요하다.

---

204) 그 외에도 미국에서는 증거개시절차 이외에도 법원의 광범위한 재량을 인정함으로써 대표당사자소송 제도의 실효성을 정착시키고 있음을 파악할 수 있다. 연방규칙 제23조(d)는 대표당사자소송의 진행에 관한 명령을 할 재량권을 법원에게 부여하고 있는데 이는 공정하고 효율적인 소송수행을 위한 것이다. 대표당사자소송은 대표당사자가 제외신고를 하지 아니한 다수의 구성원들을 대표하여 소송을 수행하고 구성원들은 소송수행에 직접 관여하지 아니함에도 불구하고 대표당사자소송의 판결 등의 기판력을 받게 되어 있으므로 대표당사자소송을 진행함에 있어서도 class 구성원들의 권익보호를 위하여 법원에 광범위한 소송지휘권과 재량권이 주어지는 등 법원의 후견적 지위가 강조되고 있다. 오시영, 전게서, 151면 이하.

205) 대표당사자를 구성하는 집단을 class로 번역한다. class를 단체로 번역하면 독일의 단체소송과 혼동을 줄 수 있다는 점을 고려하였다.

206) 함영주, 전게논문(주 56), 20면.

207) 상게논문, 21면. 이 경향은 Wal-Mart Stores, Inc. v. Dukes, 131 S. Ct. 2541 (2011), 사건 이후 다시 변화하고 있는 것으로 보인다.

인증의 시기에 관하여 2003년 이전의 연방규칙 제23조(c)(1)은 법원은 가능한 한 신속히 대표당사자소송으로 유지할 것인가의 여부를 결정하여야 한다고 규정하였지만 2003년 후의 연방규칙 제23조(c)(1)(A)는 법원은 실행가능한 조속한 시간 내에 대표당사자소송으로서 인증할 것인가의 여부를 결정하여야 한다고 규정을 바꾸었다. 이 결정은 본안 판결 이전에 변경 또는 정정할 수 있다(제23조(c)(1)(C)).

법원은 대표당사자소송의 제기가 있으면 인증여부에 관한 당사자의 별도 신청이 없더라도 인증여부를 결정하여야 한다. 이는 법원이 대표당사자소송을 인증할 때까지는 대표당사자가 집단구성원들에게 제소사실을 통지할 수 없고 법원의 인증이 있을 때 비로소 집단구성원이 제외신고(opt-out)나 가입신고(opt-in)를 할 수 있고 기일에 출석할 수 있으며 대표당사자선정에 대하여 이의를 제기할 수 있기 때문이라고 한다.[208)]

당사자는 법원의 집단인증 결정에 불복하여 즉시 중간항소(interlocutory appeal)를 할 수 있다. 법원은 집단인증의 부인됨으로 인하여 소제기 자체가 불가능 하게 되는 경우, 집단인증이 피고측에 화해에 대한 부당한 압력을 주는 경우, 또는 당해 소송이 중요한 법적 쟁점을 포함하고 있는 경우에 중간항소를 허용 또는 거부하는 등 재량권을 행사한다.[209)]

(2) 집단인증과 관련한 중요판례

2011년 미국연방대법원에서 판결한 Wal-Mart Stores, Inc. v. Dukes, 131 S. Ct. 2541 (2011) 판결[210)]은 대표당사자 소송과 관련하여 아주 중요한 점을 시사하고 있다. 이 사건은 약 150만 명의 직원을 고용하고 있는 Wal-Mart에서 해고당한 여성근로자가 위 회사가 여성에 대한 편견을 당연시 하는 사내문화를 형성함으로써 수천 명의 중간간부들이 여성근로자의 승진과 급여에 대해 불리한 기준을 적용하여 성차별을 당했다는 데서 출발하였다. 이에 고용주인 Wal-Mart를 상대로 손해배상청구를 제기하였다. 반면 피고인 Wal-Mart는 회사의 인사재량권의 범위 내에서 여성근로자에 대한 적절한 차등을 둔 것일 뿐 여성의 능력을 남성보다 못하다는 편견을 가지고 정책을 추진한 바가 없다고 주장하였다.

이 사건 이전에는 원고들이 법적 기준이 다른 경우에도 사실관계가 공통되거나 공통된 사실관계에 근거하여 공통성 요건을 갖추었다고 주장하면 대부분의 법원은

---

208) 한철훈, "증권관련 집단소송법안의 평가 - 남소방지정책을 중심으로 -", (성균관대학교 대학원 박사학위논문, 2003), 44면.

209) 이진규, "미연방 민사소송규칙상의 집단인증", (안암법학 제42권, 2013), 364면.

210) 판결문 검색은 다음 사이트를 참조. http://www.supremecourt.gov/opinions/10pdf/10-277.pdf

연방규칙 제23조(a)(2)의 문언에 따라 당사자의 공통성 주장만으로 요건이 충족되었다고 보아 집단인증을 하여 대표당사자 소송을 허용하였다. 그러나 이 사건에서는 연방규칙 제23조(a)(2)가 적용되는 대표당사자소송의 경우 집단인증의 단계에서 공통성 요건 심사는 필수적이라고 보았고 이후의 판결들에도 영향을 미쳤다.[211)]

이 사건을 처음 취급한 연방지방법원은 약 150만 명에 달하는 Wal-Mart의 현재 또는 퇴직한 여성근로자들이 급여와 승진에서 성차별을 당함으로써 1964년에 제정된 인권법(The Civil Rights Act) 제7절을 위반하였다는 주장에 대하여 공통성 요건이 충족되었다고 하여 대표당사자소송을 허용하였다. 여성근로자들은 Wal-Mart 내 수천 명의 매니저들이 여성근로자를 부당하게 차별대우한 것이 사내문화였다고 하더라도 여성근로자에 대한 성차별이기 때문에 손해배상을 해야 한다는 것이었다.

연방대법원은 원고들이 제출한 증거만으로는 회사 내의 모든 근로자들이 여성근로자들을 성차별하여 그들에게 고통을 주었다는 증거를 발견할 수 없다고 하였다. 특히 다수의견을 대표집필한 스칼리아 대법관은 공통성 요건에 대한 개념을 명확하게 하였다. 공통성이란 하나의 판결로 전체적인 문제가 해결될 수 있어야 한다고 하며 분쟁이 되고 있는 각각 청구의 유효성 판단을 위해 집중된 쟁점을 해결할 수 있어야 한다고 하였다.[212)] 연방규칙 제23조(b)(1), (b)(2) 또는 (b)(3) 어느 경우든지 대표당사자소송에서 공통성에 대하여 "주장하는 것"만으로 판단하여서는 안 되며 변론과정에서 조사를 통해 나온 증거결과에 의하여 판단해야 한다고 한다. 따라서 다수의견에 따르면 원고는 공통성 요건에 대한 명백한 증명을 하여야 하고 이는 증명

---

211) 이진규, 전게논문, 377-387면. 이 판결은 대표당사자소송의 해석기준을 변경함으로써 적용의 축소를 초래한 측면이 있다. 앞으로는 '너무 큰 집단'의 대표소송은 어려워 질 가능성이 높은데 구성원 수가 늘어날수록 구성원들의 차이점이 늘어날 가능성이 크기 때문이다. 다수성 요건의 해석과 비견해 볼 때 굳이 공통성 요건을 지나치게 엄격하게 해석한 것은 아닌지에 대하여 의문을 제기하고 있다. 아울러 집단인증 단계에서도 본안에 대한 사항을 고려하여 지난 Eisen v. Calisle & Jacquelin 판결과는 정반대의 판시를 하게 된 것이다.

212) 월마트 사건의 판결문을 보면 스칼리아 대법관은 집단소송에 관하여 두 가지 증명방식을 지적하였다. 첫째 방식은 기업 전체에 이용된 평가 혹은 시험 방식이 차별적이었음을 보여주는 것이고 둘째 방식은 기업이 인사결정을 할 때 차별적 정책을 시행했음을 보여주는 것이다. 스칼리아 대법관은 이 사건에서 월마트는 각 지역 관리자의 재량에 인사결정을 맡겼으므로 기업전체에 널리 이용된 차별적 평가 방식은 존재하는 것으로 보기 어렵다고 하였다. 또한 월마트에 차별 금지 정책(policy)이 있기 때문에 차별적 정책을 시행했다는 증거가 부족함을 지적하였다. 이에 대하여 원고들은 사회학자의 증언과 통계자료를 통하여 월마트의 기업문화가 성차별을 용이하게 만들었다고 주장하였으나 스칼리아 대법관은 기업문화로 대변되는 고정관념이 얼마나 유의미하게 각 인사결정에 영향을 미쳤는지 증명하지 못하였다고 판시하였다. 결국 원고들은 수십만에 이르는 중간관리자들이 같은 방식으로 차별적 재량권을 행사했는지 증명하지 못했다는 취지이다.

의 곤란으로 이어지게 된다. 특히 본안 판결 이전의 집단인증 단계에서 대표당사자소송의 요건인 제23조(a)의 요건을 판단하였다는 점을 보면 향후 미국법원은 대표당사자소송을 축소하려는 의도를 가지고 있는 것이 아닌가 짐작할 수 있다.

4. 통지 및 제외신고

(1) 통지(notice)

대표당사자소송은 대표당사자가 전체의 이익을 적절히 대표할 수 있다고 보는 한 집단구성원(class member)이 제외신고를 하지 않으면 모두 그 집단구성원으로서 대표당사자에게 수권을 한 것으로 본다. 이렇게 이의를 제기하지 않으면 자동적으로 구성원으로 취급된다는 점에서 제외신고를 할 기회를 보장하는 구성원들에 대한 통지는 중요한 의미를 갖는다.[213)]

통지를 받게 되면 구성원들은 제소된 대표당사자소송을 이용하여 자신의 피해를 구제받을 수 있는지, 제대로 구제될 수 있을지 등을 파악하기 위하여 노력하게 될 것이다. 구성원들은 대표당사자소송이 자신의 피해구제에 부적합하다고 판단할 경우에는 그 판결 등의 기판력을 배제하기 위하여 제외신고를 하게 되어 법원으로서도 동일한 사유로 인한 소송의 중복을 방지할 수 있게 된다.[214)]

연방규칙 제23조(c)(2)에서는 법원이 연방규칙 제23조(b)(3)에 의하여 집단인증(class certification)한 경우 당시의 여건에 비추어 실행 가능한 최선의 방법을 사용하여 class 구성원들에게 소송계속사실을 통지하도록 규정하고 있다. 손해배상청구에서는 다른 청구유형의 경우보다 집단구성원들의 상호관계가 유기적이지 못하기 때문에 이러한 통지절차는 보다 중요한 의미가 있다.[215)]

손해배상청구 대표당사자소송에서 통지를 할 경우에는 소의 성질, 인증된 집단의 정의, 집단구성원의 청구, 쟁점 또는 방어, 제외신고를 하지 아니한 구성원은 소송대리인을 통하여 소송에 참가할 수 있다는 사실, 법원은 구성원이 요구하는 경우 그를 구성원에게 판결의 구속력이 미친다는 사실이 포함되어야 한다(제23조(c)(2)(B)). 이 통지는 이해하기 쉬운 간명한 언어로 정확하고 명확하게 기재하여야 하고 대표당사자소송의 참가를 권장하거나 반대하려는 의도가 포함되어서는 안 된다.[216)]

---

213) Richard D. Freer, 『Civil Procedure』 3rd edtion, Aspen Publishers, (2012), p.808.

214) Ibid, p.808.

215) Ibid, pp.808-809.

216) Ibid, p.809.

손해배상청구 대표당사자소송의 경우에 통지를 받을 자는 그 구성원 전체이다. 집단구성원의 연락처가 확인된 경우에는 개별통지를 하고, 확인이 아니 된 경우에는 공고방식으로 통지한다. 집단구성원 중 일부만 확인된 경우에는 연락처가 확인된 구성원에게는 개별통지, 확인되지 아니한 구성원에게는 공고를 하여도 무방하다.[217)]

연방규칙 제23조(c)(2)(A)는 침해방지 대표당사자소송(연방규칙 제23조(b)(1))과 금지적 또는 확인적 대표당사자소송(연방규칙 제23조(b)(2))에 의하여 인증된 집단에게 법원은 적절한 통지를 명할 수 있다고 규정하고 있다. 연방규칙 제23조(b)(1)과 연방규칙 제23조(b)(2)의 대표당사자소송에서는 구성원의 제외신고권이 인정되지 않기 때문에 통지는 의무적인 것은 아니다.[218)]

(2) 통지비용

통지비용은 일반적으로 대표당사사소송을 진행하는 대표당사자측이 부담하나 대표당사자소송에서 승소하는 경우에는 통지의 비용은 궁극적으로는 소송비용으로서 패소자의 부담으로 돌아간다.[219)] Eisen 사건[220)]에서 환송을 받은 지방법원은 통지비용에 대하여 예비심리를 하여 원고의 승소가능성(meritorious)을 확인한 다음 피고에게 통지비용의 90%를 부담시켰다. 이와 함께 구제방법으로 단주를 샀던 고객이 계속적으로 그 주식시장을 이용하리라는 전제하에 그 시장에서 일정기간 동안 단주의 가격을 낮추어 팔도록 하는 유동적배상(fluid-class recovery)의 방법을 채택하였다. 그러나 항소심법원은 원고가 통지의 비용을 부담하여야 한다고 판결하여 지방법원의 판결을 파기하였고 이를 연방대법원이 지지함으로써 확고한 법리로 정착되었다. 그럼에도 소송실무에서는 화해의 조건으로 통지비용을 피고가 부담하는 경우가 많다고 한다.[221)]

(3) 제외신고(opt-out)

통지의 목적 중 하나는 잠재적인 집단 구성원들이 집단의 일부가 되는 것을 돕거나 개별적으로 자신이 사건을 수행할지 여부를 결정하도록 돕는 것이다.[222)] 대표당

---

217) Ibid, p.809.

218) Ibid, p.810.

219) Ibid, p.809.

220) Eisen v. Carlisle & Jacquelin, 417 U.S. 156 (1974), 연방민사소송규칙 제23조(b)(3)에 의하여 제기된 대표당사자소송은 상당한 노력을 기울이면 확인할 수 있는 모든 구성원들에 대하여 우편으로 개별통지하여야 한다고 판시하였다.

221) 함영주, 전게논문(주 56), 26면.

222) 상게논문, 26면.

사자소송에서의 판결 결과는 소송에 참가하지 않은 사람을 포함한 모든 집단 구성원들을 구속하기 때문에 대부분의 법원은 개개인들이 집단에서 탈퇴하는 것을 허용한다. 일반적으로 집단의 구성원들이 탈퇴한다는 통지를 문서로 하지 않는다면 구성원들은 집단에 포함되게 된다. 매우 큰 청구금액을 가지고 있는 개별 구성원은 집단에서 제외되는 것을 진지하게 고려한 후 선택하여 자신의 책임으로 사건을 스스로 수행할 수 있다. 따라서 제외신고가 많을수록 피고는 많은 개별소송에 직면하게 될 가능성이 있다.

5. 판결의 기판력

미국 보통법상 기판력의 법리(doctrine of res judicata)[223)][224)]는 관할권 있는 법원이 소송당사자에게 본안에 관한 종국판결을 선고하면 같은 당사자는 같은 소송물(claims)에 관하여 다시는 소송으로 다툴 수 없는 것을 뜻한다.[225)] 이는 원칙적으로 주문에 한하여서만 적용되는 것이 아니고 동일한 사실관계[226)](same nucleus of operative facts)로 인한 청구가 판단되었으면 당사자가 전소에서 주장할 수 있었으나 주장하지 아니한 청구에 대하여도 후소에서 주장할 수 없다는 점에서 우리나라의 기판력과는 다르다.[227)]

전소인 집단소송 판결의 기판력이 후소의 당사자에게 미칠 수 있도록 하기 위해서는 다음의 세 가지 요건을 갖추어야 한다. ① 집단소송의 구성원과 후소의 소송당사자가 동일하거나 동일인으로 평가되어야 한다. 이를 위해 후소의 소송당사자는 집단에 포함되어야 한다.[228)] ② 집단소송과 후소의 소송상 청구가 동일하여야 한

---

223) Friedenthal, Jack H., Mary Kay Kane & Miller, Arthur R., op. cit., p.645. 에서는 좁은 의미의 res judicata는 청구배제효(issue preclusion)를 가지고 있는데 다음 두 가지 요소를 가지고 있다고 한다. 첫째 전소에서 승소한 청구인(claimant)이 재차 후소를 제기한 경우 후소는 전소에 포함(merge)되었다고 하여 더 이상 진행할 수 없다고 한다. 둘째, 전소에서 패소한 청구인(claimant)이 재차 후소를 제기하는 것이 금지(bar)된다고 한다.

224) 정영환, "미국민사소송법상의 판결의 효력(Ⅰ)", (안암법학 33권, 2010), p.286. 이 논문에서는 다음과 같이 개념을 정리하고 있다. 넓은 의미의 res judicata = [좁은 의미의 res judicata (=claim preclusion)] + [부수적 금반언(collateral estoppel)=쟁점배제효(issue preclusion)].

225) Richard D. Freer, op. cit., p.574.

226) Lane v. Peterson, 899 F.2d 737, 742 (8th Cir), cert. denied, 498 U.S. 823, 111 S. Ct. 74, 112 L.Ed.2d 48(1990).

227) 정영환, 전게논문, 291면. 궁극적으로 민사소송에서의 기능에 큰 차이는 없다고 한다.

228) Richard D. Freer, op. cit., p.575. 이 교재에서는 resjudicata의 요건을 ① 같은 원고와 같은 피고에 의하여 전소와 후소가 이루어질 것(asserted) ② 전소가 유효하고 종국적인 본안 판결일 것 ③ 전소와 후소가 같은 청구를 기초로 할 것을 요건으로 한다고 설명한다.

다.[229] ③ 전소 판결이 유효성(valid), 종국성(final), 본안성(on the merits) 요건을 갖추고 있어야 한다.[230]

그 외에 대표당사자소송의 특유한 요건으로 ① 집단소송에서 구성원에 대한 고지가 충분히 이루어져야 한다. ② 집단소송의 대표당사자가 적법절차를 보장할 정도의 대표성을 가져야 한다.[231]

기판력의 법리는 보통 "확정판결은 동일한 거래관계 또는 관련된 일련의 거래관계에서 일어나는 원고의 피고에 대한 모든 권리를 소멸시킨다."는 청구배제효(claim preclusion)의 원칙으로 일컬어지기도 한다.[232] 다만 넓은 의미로는 당사자가 한 쟁점에 관하여 공정하고 적절하게 소송할 기회를 가진 경우에는 다른 소송에서 동일한 쟁점에 대하여 다시 문제를 삼는 것이 금지된다는 '부수적 금반언 원칙'(collateral estoppel)과 쟁점 배제효(issue preclusion)원칙을 포함하기도 한다.[233][234]

대표당사자소송의 판결이 선고되면 소송통지 등 모든 요건이 충족된 경우에는 집단구성원이 실제로 소송수행에 참여하였는지 여부를 불문하고 제외신고를 하지 아니한 모든 구성원에게 기판력이 미치게 된다(제23조(c)(3)). 물론 이 경우의 판결내용은 집단구성원의 유불리를 가리지 않는다. 이와 같이 기판력의 인적범위가 확장되는 것을 전제로 한다는 점에서 미국의 대표당사자소송은 대륙법계의 단체소송과 근본적으로 구별된다.[235]

---

229) Ibid. p.583.

230) Friedenthal, Jack H., Mary Kay Kane & Miller, Arthur R., op. cit., p.659.

231) 이상윤, "집단소송에서의 판결의 효력", (BFL 제8호, 서울대학교 금융법센터, 2004), 44면.

232) Friedenthal, Jack H., Mary Kay Kane & Miller, Arthur R., op. cit., p.635.

233) RESTATEMENT (SECOND) OF JUDGMENTS 24(1982). ; Migra v. Warren City School Dist., 104 S. Ct. 892, 894 n.1(1984).

234) Richard D. Freer, op. cit., pp.593-594. claim preclusion은 전소를 제기했으나 패소한 사안에서 구제를 주장하는 것을 금지하는 이론으로 후소는 각하된다. issue preclusion은 전소에서 당사자가 실제로 소송을 진행하고 법원이 결정한 쟁점을 다시 소송을 진행하지 못한다는 점에만 적용된다. 따라서 후소의 각하와 바로 연결되지는 않는다.

235) Robert H. Klonoff, op. cit., pp.173-174., 전소에서 제외신고를 한 자는 전소가 승소를 했든 패소를 했든 후소에서 부수적 금반언을 주장할 수 없다. 왜냐하면 제외신고를 하였기 때문에 전소의 소송당사자가 아니기 때문이다. 나아가 전소에서 제외신고를 한 자는 전소가 승소한 경우 공격적 부수적 금반언(offensive collateral estoppel)을 주장하는 것도 허용하지 않는다. 왜냐하면 이를 허용할 경우 제외신고를 한 자는 원고집단이 패소한 경우 구속을 받지 않고 원고집단이 승소한 경우에는 이익을 향유하게 되는 결과가 되어 언제나 제외신고를 하는 것이 유리해지기 때문이다.

6. 배상금분배절차

(1) 제도의 개요

대표당사자소송의 손해배상액산정에 있어서는 집단 구성원 개개인의 손해에 대한 정확한 보상액을 산정하는 전통적인 방법 외에 부당한 이익을 억제하고 반환하게 하는 대표당사자소송의 입법취지가 함께 고려되어야 한다.236) 이러한 이유로 대표당사자소송에서는 손해배상의 방법으로 집단 구성원 개개인에 대한 개별적 산정이 아닌 피고의 집단 전체에 대한 총배상범위를 정하고 그 총배상금의 한도 내에서 개별 구성원들의 손해를 증명하여 분배하는 방법인 총액배상방법을 주로 이용한다.

그런데 최선을 다하여 집단구성원에게 통지를 하여 배상금을 분배받을 것을 권유하여도 분배에 참여하지 않는 구성원들이 항상 있기 때문에 분배잔여금은 존재하기 마련이다.237) 그 이유는 집단구성원이 분배금청구의 통지를 받지 못하거나 또는 통지 및 분배의 관리비용이 분배될 손해배상금보다 더 많이 소요될 경우에는 분배를 할 수 없기 때문이다. 그러므로 법원과 분배관리인은 사법의 개입을 최소화하면서 분배받지 아니한 구성원에게 최대한의 이익이 될 수 있도록 분배계획을 마련하여야 한다. 증권소송에 있어서는 주식의 손실을 회복하는 것이 주된 목적이기 때문에 대한 금전배상이 중심이 되어도 큰 문제는 없을 수 있지만 일반 민사소송의 영역에서는 보다 다양한 양상의 손해가 존재하므로 금전배상 이외에 다른 원상회복의 필요성이 더 클 수 있다고 생각한다.

(2) 분배잔여금 처리방식

가. 근접배상방식(cy pres doctrine)238)

분배잔여금의 해결방법으로 미국법원은 신탁법에서 유래한 근접배상방식(cy pres doctrine)을 주로 사용하였다.239) 소비자신탁자금에서 주로 이 방식이 사용되었는데

---

236) 석명철, 「미국증권거래법 - 미국의 시장원리와 그 운용 -」, (박영사, 2001), 1249면.

237) 최정식, 전게서, 145면.

238) cy pres comme possible이라는 프랑스어의 줄임말인데 원어 가능하면 가까운 방식이라는 용어에서 유래하였다고 한다. CHRIS J. CHASIN, "MODERNIZING CLASS ACTION CY PRES THROUGH DEMOCRATIC INPUTS: A RETURN TO CY PRES COMME POSSIBLE", University of Pennsylvania Law Review, v.163 no.5, (2015), p.1464.

239) 최정식, 전게서, 145면. 이는 자선기부금이 더 이상 유언자의 의사에 의해서 사용될 수 없을 경우에 차선의 방식으로 유언의 자선기금을 유지하는데 적용되어 왔다. 집단소송에서 이 방식은 피해집단 구성원이 어떤 이유로든 개인적인 보상을 받을 수 없을 때에 차선의 집단에게 이익을 분배하는 수단으로 사용되어 왔다. 참고로 fluid recovery는 cy pres의 일종으로서 가격 인하의 방식을 의미한다.

신탁자금의 중요한 목적은 집단구성원의 이익을 증진시키기 위한 것이다. 이 이론은 미국연방민사소송규칙이 1968년에 개정되어 제23조(b)(1)(B) 유형의 소송에서 부재구성원을 포함시키는 방향으로 확정된 것과 관련이 있다. 구성원들이 특정되기 어렵거나 개별구성원들에게 송달하는 행정비용이 매우 부담스럽거나 구성원들이 집단구성원으로 보상(class award) 받게 된다는 통지를 받는데 실패할 수 있어 이 개정 조항은 이용되지 않을 수 있었다.[240] 이를 타개하기 위하여 시카고 대학교의 Stewart R. Sheperd 교수는 다음과 같이 근접배상이론(cy pres doctrine)을 제안하였다. 그는'분배문제에 있어서 법원은 주요 소인(main cause of action)이 기초하고 있는 법적 구제수단에 상응하는 정도의 법률안과 가장 가깝고 효과적인 의도를 가진 배상방식을 적용할 수 있다'고 주장한다.[241] 이 경우 신탁법상의 cy pres doctrine을 차용할 수 있다고 하며 ① 집단구성원에게 재분배(redistribution) ② 주정부에게 집단구성원에 이익을 주는 방향으로 사용하도록 분배 ③ 자유시장(free market)에 분배와 같이 세 가지 유형을 제안하였다. 이에 법원은 대표당사자소송에서 근접배상이론을 곧바로 도입하였고 1974년 주주들이 Baldwin-Lima-Hamilton Corporation을 상대로 제기한 소송에서 처음으로 인정하였다.[242]

Market Street Railway v. Railroad Commission 사건에서 주정부가 분배잔여금의 반환을 청구하였으나 법원은 과다요금을 지불한 철도이용객에게 간접적으로 이익을 줄 수 있는 차선의 방식으로서 과다 징수된 운임을 철도의 수선자금으로 샌프란시스코 시와 county에 지급하였다. 한편 연방법원은 근접배상방식(cy pres)을 적극적으로 사용하지는 않지만 화해사건에서는 이 방식을 사용하였다.

그런데 근접배상방식(cy pres)에 의한 분배잔여금의 처리는 제3자에게 횡재를 안겨준다는 비판이 제기되었다. 이에 대하여 위 방식이 제3자에게 의도치 않은 이익을 주는 문제점이 있지만 보상을 하지 않는 것보다는 낫고 불법행위 억제효과 및 사회전반에 대한 기부효과 등을 감안하면 적어도 대강의 정의(rough justice)를 실현하는데 도움이 된다는 반론도 만만치 않다.[243] 집단소송에서 제3자의 횡재를 완전하게 차단하려면 확인가능한 집단구성원에게 기금을 분배하거나 기금을 피고에게 반환하거나 아니면 소송을 기각하여야 할 것인데 구성원에 대한 기금의 분배는 제3자의 횡재의 몫이 구성원에게 돌아가는 것이고 다른 방식은 불법이득을 피고가 계

240) CHRIS J. CHASIN, op. cit., p.1468.
241) Ibid, p.1468.
242) Ibid, p.1470.
243) 박경신, 전게논문, 616면.

속 보유하는 결과가 되어 어떤 경우라도 횡재의 결과는 존재하게 된다.[244)]

나. 그 외의 방법

관련된 제3자에게 혜택을 주는 방식 이외에도 분배방식에 있어서 피고에게 반환하는 방법[245)], 정부에 귀속시키는 방법[246)], 가격을 인하하는 방법[247)], 청구권자에 대한 기금분배(Claimant Fund-Sharing)를 추가로 하는 방법[248)] 등 다양한 방법이 사용되고 있다. 연방항소법원이나 주법원에서 자율적으로 사용하고 있는 방법인데 우리나라는 원상회복 방식을 인정하기는 그러나 전보배상의 원칙을 그대로 유지하고 있기 때문에 미국식의 다양한 배상방법이 실현되기 위해서는 민법과 같은 실체법상의 개정이 뒤따라야 할 것으로 보인다. 그러나 미국의 다양한 배상방식은 피해의 회복에 대한 다양한 입장이 존재하고 반드시 금전배상으로만 피해가 회복되는 것은 아니라는 점을 시사해 주고 있다고 생각한다.

미국 실무에서 운영되고 있는 분배절차는 다음과 같다고 한다.[249)] ① 법원은 소

---

244) 이에 대하여는 제3자의 횡재는 구성원을 보호하기 위한 '부수적이면서 필수적인 비용' (incidental but necessary cost)이라고 이해하는 견해와 cy pres 방식은 유동적인 집단 구성원의 청구를 합산함으로써 개별구성원의 손해배상액에 대하여 피고가 가지는 이의신청권을 박탈한다는 문제점을 지적하면서 집단구성원 전부에 대한 평균적이고 일률적이 보상이 적법절차를 훼손시키며 피고에게 불특정 구성원들에 대한 손해배상을 강요하는 결과를 초래한다는 견해의 대립이 있다. Natalie A. DeJarlais, "The Consumer Trust Fund: A Cy Pres Solution to Undistributed Funds in Consumer Class Actions", 38 Hastings L.J. 729, (1987), p.742.

245) Van Germert v, Boeing Co. 사건에서 제2항소법원은 집단구성원의 분배요구를 받아들이지 않고 분배잔여금을 피고에게 반환하였다.

246) 캘리포니아 주는 법원이 잔여금을 대체적인 방법으로 처분할 수 있도록 법을 개정하여 법원이 기금의 지정 귀속을 명하여 피해자로 간주되는 단체에게 혜택을 주거나 조건없이 정부가 기금을 사용할 수도 있도록 하였다. West Virginia v. Chas. Pfizer & Co. 사건에서 화해금액 중 잔여기금을 주정부에 귀속하였는데 이 기금은 공공건강목적을 위하여 사용되도록 지정하여 약물중독의 치료, 공해관리계획의 수립과 일반인에 대한 환경공해방지법의 홍보 등 다양한 목적을 위하여 지출되도록 하였다. 그러나 지방정부가 기금을 다른 목적으로 사용하더라도 제지할 방법이 없으므로 그 용도를 감시할 필요가 있는 점, 기금이 조건없이 주정부에 귀속되면 불법이득의 반환과 위법행위의 억제의 목적은 달성되지만 피해집단이 너무 광범위하게 흩어져 있기 때문에 그들에게 실질적 배상이 이루어지지 않는 점 등의 어려움이 있다. 캘리포니아 대법원은 조건없는 기금의 정부귀속은 가장 낮은 단계의 배상에 해당되므로 다른 방법이 모두 불가능할 때에 선택할 마지막 수단이라고 하였다.

247) 피고가 얻은 불법이득이 전부 환수될 때까지 제품이나 서비스의 가격을 인하하는 것이다. 가격인하의 혜택이 유사한 집단구성원에게 주어지기 때문에 유동적인 집단에게 유용한 방법이다. Daar v. Yellow Cab Co. 사건에서 택시회사가 부당하게 징수한 요금을 반환하는 방안으로 미터당 요금을 인하하였다.

248) State v. Levi Strauss & Co. 사건에서 이미 분배를 받은 피해자들이 그들의 분배비율에 의해서 잔여금을 다시 분배받도록 하였다.

249) 정윤모·손영락, 전게서, 56면.

송지휘권을 행사하여 피고의 손해배상책임이 확정되었으므로 집단 구성원들은 각자의 손해배상을 청구할 수 있다는 내용을 집단 구성원들에게 통지할 것을 명한다. ② 위와 같은 통지를 받은 집단 구성원들이 각자가 입은 손해 및 손해배상액을 증명하면 법원은 집단 구성원들의 증명가능한 손해배상액을 확정한다. 다만 구성원 개인에 대한 배상액 산정에 있어서 필요한 자료가 피고에게 있을 경우 피고에게 자료제출을 명하여 그 자료를 근거로 산정하게 된다. 이때 구성원들의 각 손해액 확정은 법원 공무원 및 외부 변호사 등으로 구성되는 채권확인위원회가 담당한다. ③ 증명가능한 손해배상액이 확정되면 우선 판결금 등으로 조성된 기금에서 소송통지비용, 법원이 승인한 변호사보수 등을 공제하고 그 나머지 금액을 각 구성원들에게 분배하게 된다.

다. 변호사 보수

변호사 보수 산정에 대한 미국의 일반원칙은 각 당사자가 자신의 변호사 보수를 부담한다는 것이다.[250] 그러나 집단소송의 경우는 공동기금(common fund)이 조성된 경우 법원은 그 공동기금으로부터 변호사 보수를 산정할 수 있다. 법원은 가능하다면 소송의 초기에 당사자들에게 보수를 산정하기 위하여 어떠한 방법이 이용될 것인지를 통지하여야 한다.[251] 이는 소송에서 집단구성원들이 잔류할 것이냐 제외신고를 할 것이냐를 결정하는 요소가 되므로 인증통지를 할 때 집단구성원들에게 알려야 한다. 대표당사자소송은 소송초기에 법원이 대표변호사를 선임하고 변호사 보수는 판결이나 화해가 이루어진 다음 분배절차에서 정해진다.

Ⅲ. 대표당사자소송공정화법

1. 서설

연방규칙 제23조를 보완한 대표당사사소송공정화법(Class Action Fairness Act of 2005)이 2005.2.18. 발효되었다. 대표당사소송공정화법의 주요 목적은 여러 개 주에 관할권이 분산되어 있는 대표당사자소송에 대한 통합관할권을 연방법원에 인정하는 것과 연방법원에서 다양한 유형의 대표당사사소송을 해결하도록 하고자 함에 있다. 이는 미국에서 수십 년에 걸쳐 시도되던 대표당사자소송에 대한 개정시도가 일

250) Robert H. Klonoff, op. cit., p.275. 이를 일컬어 'American Rule'이라고 한다.

251) In re Nineteen Appeals Arising Out Of San Juan Dupont Plaza Hotel Fire Litig., 982 F. 2d 603, 612 (1st Cir. 1992).

반 민사소송분야에서도 구체화된 것으로 평가받는다.[252] 물론 1995년 사적증권소송 개혁법이나 1998년 증권소송통일기준법이 있기는 그러나 증권분야에 한정되었던 것에 비하여 대표당사자소송공정화법은 민사소송의 영역인 대표당사자소송제도에 대한 근본적인 수정이라고 할 수 있기 때문이다. 비록 수정의 폭이 넓지는 않아도 대표당사자소송 시스템에 수정을 가했다는 점에서는 충분히 평가받을만하다.

2. 주요내용

(1) 연방법원의 통합관할권

대표당사자소송공정화법은 대표당사자소송의 구성원 수가 100명 이상인 경우 또는 소송가액이 5백만 불 이상인 경우에 구성원 사이의 주요 쟁점이 최소한의 주적상이 요건을 충족할 경우 주법원에 관할권이 인정되는 대표당사자소송을 연방법원으로 이송하여 연방법원이 관할권을 행사할 수 있도록 하고 있다(28.U.S.C. §1733(d)(2),(d)(6)).[253]

다만 증권사기나 기업내부문제가 포함된 사건에 대하여는 대표당사자소송공정화법의 적용이 배제된다.[254] 대표당사사소송공정화법은 여러 개의 주법이 적용되는 사건에 대한 원칙적 관할권을 연방법원에 인정하고 있을 뿐만 아니라 여러 개의 주에 계속되어 있는 사건의 경우에도 이를 모두 연방법원으로 이송하여 연방법원이 관할권을 행사하도록 보장하고 있다. 그 결과 여러 개 주법원에 관할권이 인정되는 대표당사자소송의 경우 대부분 연방법원에서 소송이 이루어지고 있다.

(2) 대표당사자 소송에서의 화해

대표당사자소송공정화법에서 주법원에 대표당사자소송의 소제기를 억제하고 연방법원에서 소송을 수행하도록 한 것은 원래 미국 대표당사자소송의 성격상 당연한 것이 예외적이고 새로운 현상은 아니다. 왜냐하면 원래 대표당사자소송제도는 한 법원 또는 한 지역의 법원에서 다루기 어려운 사안들을 모아서 전국적인 범위에서 하나의 사건으로 병합하여 다루거나 총괄하여 처리하도록 하는 제도이기 때

252) 최승재, "미국 집단소송공정화법 제정의 의미와 시사점", (법률신문 2005. 3. 14)에서 저자는 "이 법은 법 자체에 입법 취지를 원고가 연방법원을 피하여 주 법원으로 도주하는 것을 차단하는 것을 목적으로 한다고 규정함으로써, 이제 증권관련 집단소송은 私的證券訴訟改革法과 聯邦 民事節次法 제23조에 의하여 규율 되게 된 것이다."라고 한다.

253) Robert H. Klonoff, op. cit., pp.24-25.

254) Ibid, p.25. 28.U.S.C. §1733(d)(9). 이외에 연방증권법 적용을 받는 채권, 세무에 관한 사건에는 적용하지 않는다.

문이다.[255)]

대표당사자소송공정화법은 대표당사자소송에서 화해에 대한 보다 구체적인 기준을 제시하였다.[256)] 즉 가해자가 지출하는 금액의 상당부분은 피해자에게 배상을 위한 것으로 사용되어야 하므로 변호사의 보수는 합리적인 범위 내에서만 허용되도록 하였다. 그 중에서 특히 법원이 승인한 화해로 쿠폰 등의 비금전적 손해배상에서는 집단구성원 개인에게 돌아가는 쿠폰가액을 변호사 보수의 산정에 반영하도록 하였다(28.U.S.C. §1712(b)).

대표당사자소송공정화법은 법원에서 대표당사자소송에 대한 화해가 성립할 경우에도 일정한 제한을 가하고 있다. 화해에 있어서 법원으로 하여금 집단구성원들에게 불리하지 않도록 화해 조항에 일정한 제재를 가하거나 구성원들의 금전적 손해에 대한 순손실화해 조항의 성립에 일정한 제한을 가할 수 있도록 법원에 소송지휘권을 인정하고 있다(28.U.S.C. §1712(d)).

(3) 대표당사자소송 과정에 대한 통지

한편 대표당사자소송공정화법은 연방법원에서 대표당사자소소에 대한 화해를 도모하는 당사자는 그 화해조항에 대하여 연방과 주관련 공무원에게 적절한 방법으로 통지하도록 규정하고 있다. 이는 연방법무장관, 규제감독 책임을 맡은 주 책임자에게 화해의 내용에 대하여 알리도록 함으로써 연방이나 주의 담당자도 인식할 수 있도록 하여 적절한 대처를 유도하자는 취지이다.[257)]

Ⅳ. 복수관할소송

1. 제도의 개요

복수관할소송(Multidistrict Litigation)이란 미국에서 복합소송(complex litigation)과 관련된 특수한 제도 중 하나로서 제조물 소송(product liability suit)과 같은 복잡한 사건을 보다 신속하게 처리하기 위하여 마련된 제도이다.[258)] 이는 사실상의 쟁

255) 문기석, "미국집단소송제의 최근 동향에 대한 고찰-美國 2005년 集團訴訟 公正法(The Class Action Fairness Act of 2005)을 중심으로-", (企業法硏究, Vol.21 No.3, 2007), 463면.

256) 정영수, "미국 집단소송의 쿠폰화해에 관한 고찰", 法曹, Vol.57 No.11, 2008. 106면.

257) Robert H. Klonoff, op. cit., p.269.

258) 김경욱, "집단분쟁해결을 위한 새로운 민사소송제도의 도입에 관한 소고", 민사소송 제17권 2호, 2012. 296면에서는 각 광역소송이라는 용어를 사용하고 있다. 함영주, "미국 연방지방법원의 대표당사자소송운영의 경험을 통해 본 우리 집단소송제의 바람직한 운용 및 입법방안", 민사소송 12권 1호, 2008.에서는 복수구소송이라고 번역한다. 이 글에서는 쟁점이 공통되는 복수의 소송이 각기

점이 공통되는 복수의 소송이 각기 다른 지역의 법원(multiple districtcourt)에 계속되어 있을 경우에 활용되어, 사실상의 쟁점이 공통되는 여러 사건들 사이에 증거개시절차가 중복되는 것을 방지하고, 변론전 절차(pretrial proceedings)에서의 결과가 상호 모순되는 것을 방지하는 역할을 한다.[259] 당사자의 신청이나 사법위원회(Judicial Panel on Multidistrict Litigation. 이하 'JPML'이라고 함)의 직권으로 해당 소송 모두를 특정한 법원으로 이송하여 변론전 절차를 진행하도록 하는 연방법원의 소송절차이다.(28.U.S.C. §1407) 다시 말하면 미국 전역에 걸쳐서 진행되고 있는 유사한 형태의 민사사건을 모아 한 명의 연방 판사에게 이전하여 연방법원 시스템을 이용하는 절차인 것이다.

복수관할소송이 도입된 시기는 1960년인데 그 배경에는 General Electronic 사건이 있었다.[260] 그 사건은 다수의 전기장치 제조업체들이 가격을 담합(price-fixing)하다가 적발되자 이와 관련하여 33개 주에 제기된 1,800건 이상의 손해배상사건이 연방법원에 계속된 사건이었다. 이때 33개 법원에서 증거개시절차를 통일시키기 위하여 당시 Warren 대법관은 '연방법원에 계속된 다수의 사건의 조정을 위한 위원회(Coordinatiing Committee for Multiple Litigation of the United States District Courts)를 설립하였다. 이 위원회에서는 유사한 사건을 처리하기 위한 보다 정형화된 절차를 마련할 것을 권고하였는데 그에 따라 의회는 1968년에 28.U.S.C. §1407를 입법하였고 이는 복수관할소송과 JPML의 근거가 되었다. 이 조항은 다수의 법원에 계속된 사실상의 쟁점이 공통된 사건들을 변론전 절차의 통일을 위하여 이송할 수 있는 권한에 대하여 규정하였다. JPML은 이러한 이송이 절적한지 여부와 적절하다면 사건을 어디에 이송할지 어느 법관에 이송할지 정할 수 있는 기관이라는 점도 규정되었다. 이러한 모델은 주법원에도 확산되어 16개 주가 "절차의 통일적 진행"을 위하여 주 전체에 걸친(statewide) 관련 사건을 한 법관에게 이송하도록 광역소송제도를 도입하고 있다.[261]

다른 지역의 법원에 계속되어 있는 경우에 사용되는 제도이므로 복수관할 소송이라는 명칭을 사용하도록 한다. 이명민, "소비자단체소송에 관한 연구", (고려대학교 박사학위논문, 2014),에서도 같다. 참고로 Quasi-class action이라는 용어를 쓰는 학자도 있다. 복수관할소소송(MDL)은 대량불법행위(mass tort)에 사용되기 적합한 절차이며 향후 대표당사자소송의 사용이 퇴조하면 복수관할소송(MDL)의 사용이 더욱 중요해 질 것이라고 한다. Jeremy Hays, "THE QUASI-CLASS ACTION MODEL FOR LIMITING ATTORNEYS' FEES IN MULTIDISTRICT LITIGATION", NYU ANNUAL SURVEY OF AMERICAN LAW, Vol.67, 589, (2012), p.596.

259) 김경욱, 전게논문, 297면.

260) 상게논문, 298면.

261) Edward F. Sherman, "The MDL Model for Resolving Complex Litigation if a Class Action

사건을 이송받은 법원에 변론 전 절차에 관한 관할권이 발생하면 JPML은 해당 사건의 심리에 대해 아무런 권한을 행사할 수 없다. 이송 이후에는 당해 사건들에 대한 변론전 절차가 진행되는데 그 중 중요한 절차는 증거개시절차이다.[262] 이에 대하여는 28.U.S.C. §1407(b)에 규정되어 있는데 JPML의 요청에 의하여 연방대법원장 또는 순회법원장에 의하여 지명된 순회법원 혹은 지방법원의 법관은 법이 정한 범위 내에서 사건을 이송받은 법원에 배정되어 업무를 수행할 수 있다.

병합된 변론전 절차가 모두 진행되고 그 절차의 진행 중에 당해 사건이 종료되지 않았다면 JPML은 이송되었던 사건들을 변론절차(trial)를 진행하기 위해 이송받은 법원에서 원법원으로 모두 환송(remand)하여야 한다. 환송받은 원법원은 해당 사건에 대하여 관할권을 회복하고 변론절차(trial)를 진행할 수 있다. 실무상 JPML은 이송받은 법원으로부터 해당 사건이 변론에 적합하다는 의견제시가 있기 전까지는 환송명령을 내리려 하지 않는 경향을 보이고 있으며 특히 높은 화해율과 신청에 의한 사건의 종료로 인해 환송은 잘 이루어지지 않는다고 한다.[263]

2. 시행상의 문제점

(1) 변론절차의 병합가능성

복수관할소송의 경우 단지 변론 전 절차를 위해서만 관련사건 모두를 이송할 수 있도록 규정하고 있다. 그러나 대부분의 경우 사건을 이송받은 법관이 해당 사건들을 모두 진행하는 것이 보다 효율적이라는 비판이 제기되었고 사건을 이송받은 법관은 28.U.S.C. §1404를 활용하는 편법으로 해당 사건들을 진행하였다.[264]

(2) JPML의 재량권 행사의 기준 문제

복수관할소송에서 JPML의 결정은 가장 중요한 요소를 구성함에도 JPML의 재량권은 그다지 큰 통제를 받고 있지 않으며 특별한 법적 장치도 없는 것이 현실이다.

---

is Not Possible", Tulane Law Review, Vol. 82, No. 6, (2008), p.6.

262) 김경욱, 전게논문, 303면.

263) 상게논문, 304면.

264) Jay Tidimarsh, Roger H. Trangsrud, 「Complex Litigation - Problems in advanced Civil Procedure」, Foundation Press, 2002. pp.39-40. 연방대법원은 1998년 Lexcon Inc. v. Milberg Weiss Bershad & Lerach 사건에서 복수관할소송절차를 위해 사건을 이송받은 법원의 법관은 변론전 절차가 종결되면 이송받은 사건을 모두 원래의 법원으로 환송하여야 한다고 결정하여 당시까지의 관행과는 다른 판결을 선고하였다. 이로 인하여 변론절차(trial)를 병합하기 위해 복수관할소송을 활용하는 방식은 인정되지 아니하였다.

즉 이송을 명하는 JPML의 결정은 종종 형식적인 경우가 많으며 JPML이 "공통성", "편의성의 제고", "소송의 적정하고 효율적인 수행"에 관하여 어떤 의견을 가지고 있었는지 알 수 있는 정보가 별로 없다는 점이 문제로 지적된다.[265)]

(3) 변호사 보수의 문제

복수관할소송에 대하여는 연방민사소송규칙 제23조와 달리 법원이 변호사 보수를 통제할 수 있는 근거가 없기 때문에 변호사 보수와 관련하여 문제점이 발생할 수 있다. 집단소송의 본질상 개별 민사소송에서는 공정했던 성공보수 약정이 집합적 소송(aggregation litigation)에서는 공정하지 않을 수 있다.[266)] 청구권이 집합적으로 제기되고 변호사가 의뢰인을 대표하게 될 경우, 변호사가 의뢰인들의 배상금에서 일정액수를 받는 금액은 변호사 수행업무의 질과 양보다 변호사가 대표하는 의뢰인의 숫자에 더욱 상관성이 크게 된다.[267)] 만약 40%의 성공보수가 합리적이었다고 하더라도 매우 많은 다수의 원고들이 집합된 경우에는 수백만 달러까지 치솟을 수 있게 된다.

둘째 그러한 성공보수는 비효율적인데다가 무임승차 효과도 가져온다.[268)] 병합된 소송에서 일부 변호사가 대부분의 일을 했음에도 모든 변호사가 합의된 액수대로 보수를 받았을 때 그 보수는 결국 일부 변호사들의 공로이다. 대표당사자소송의 경우 제23(h)에 "대표당사자소송으로 인증을 받은 경우 법원은 법률이나 당사자간의 합의에 따라 인정되는 합리적인 변호사 보수와 비과세 비용을 변상해 줄 수 있다." 고 규정하였다. 그러나 복수관할소송에서 이송받은 법원에게는 그러한 권능이 없다.

265) Ibid, p.38.
266) Jeremy Hays, op. cit., pp.601-602.
267) Ibid, p.602.
268) Ibid, p.602.

제4절 미국 제도에서의 시사점

Ⅰ. 미국 증권법제에서의 시사점

1. 발행시장

발행시장에 관하여 본다면, 미국의 경우에는 유통시장에서 전득하였다는 사실을 증명하면 손해배상청구권자가 된다.[269] 우리나라의 경우 증권의 취득자가 원고가 될 수 있음에는 의문이 없으나 취득자로부터 전득한 자가 원고가 될 수 있느냐에 대하여는 판례가 나뉘어 있다. 자본시장법은 손해배상청구권자를 "증권의 취득자"라고 규정하고 있으므로 배상청구권자의 범위와 관련하여 증권의 취득자가 모집·매출에 응하여 증권을 취득한 자에 한정되는가 아니면 유통시장에서 당해 증권을 취득한 자도 포함되는지 문제된다. 우리나라 판례는 대법원 2002. 9. 24. 선고2001다9311, 9328 판결에서는 유통시장에서의 취득자는 포함되지 않는다고 하였고, 대법원 2008. 11. 27. 선고 2008다31571 판결에서는 포함된다고 하였다. 전자는 문언의 취지상 자본시장법 제125조는 발행시장에서 취득한 자를 의미하는 것이므로 엄격히 구분되어야 한다는 것을 근거[270]로 하고 후자는 미국법의 해석을 보더라도 공모가 완료된 후에도 일정기간 비치되므로 일반인에게 열람될 수 있어 유통시장 거래에도 영향을 준다는 점을 근거[271]로 한다. 과거 증권거래법 제186조의5 유통시장의 사업보고서 허위기재로 인한 손해배상책임에 관하여 같은 법 제14조 내지 제16조를 준용하고 있어 포함설의 근거가 될 수도 있었다. 자본시장법은 과거의 증권거래법과는 달리 유통시장에서의 허위공시에 대한 손해배상책임의 근거를 제165조에서 독자적으로 마련하였다. 따라서 제125조에 포함시키지 않더라도 제165조에 따라 보호를 받을 수 있어 굳이 체계정합성을 흔들 이유가 없어 보인다.

우리나라는 배상액 산정시 취득원가에서 변론종결시의 시가의 차액을 기준으로 하는데 미국은 취득원가에서 소제기시의 시가의 차액을 원칙으로 하고 있다는 점이 다르다.[272] 반면 고의 또는 과실 및 거래인과관계 증명책임이 원고에게 있지 않고

269) 이상복, 「자본시장법상 기업공시」, (박영사, 2012), 138면.

270) 채동헌, "증권거래법 제14조 소정의 손해배상청구권자인 '유가증권의 취득자'와 시장조성 포기로 인한 손해배상청구권자의 범위," (대법원 판례해설 제40호, 법원도서관, 2002), 585면.

271) 이동신, "유가증권 공시서류의 부실기재에 관한 책임, 증권거래법에 관한 제문제(상)," (재판자료 제90집, 법원도서관, 2001), 365면.

피고에게 있다는 점은 같다.[273]

2. 유통시장

유통시장에 관하여 본다면, 우리나라와 미국 모두 유통시장의 피해자가 원고가 된다는 점, 발행회사와 관계인까지 피고가 된다는 점에서는 같다. 거래인과관계에 있어서도 시장사기이론에 따라 인과관계가 추정되어 별도로 원고가 증명할 필요가 없다는 점은 유사하다.

우리나라의 경우에는 자본시장법 제125조, 제162조(제170조), 외감법 제31조에 따라 피고측에서 주의의무 없음을 증명하도록 되어 있어, 발행시장, 유통시장, 부실감사 모두 주의의무 증명책임이 전환되어 있다. 반면 미국은 발행시장은 우리나라처럼 증명책임이 전환되어 있음에 비하여 유통시장에 있어서는 원고측이 피고의 악의(scienter)를 증명해야 하는 것으로 규정되어 있다는 점이 다르다. 증권소송에서 증거개시절차를 할 때 피고의 심리상태를 적시[274]하는 것도 악의(scienter)의 증명과 상당한 관련성이 있어 보인다.

증권이 시장에서 유통되는 경우 정기공시와 수시공시는 투자자들이 증권을 취득 또는 처분을 하기 위한 유일한 판단자료가 되지 않는다. 다시 말해 정기적, 계속적, 수시적으로 이루어지는 유통공시와 1회적으로만 이루어지는 발행공시는 차이가 있을 수밖에 없다는 의미이다. 이 점을 반영하여 미국에서는 발행시장과 유통시장에 있어서 증명책임을 달리 해 놓았으나 우리나라는 그의 구별이 없다는 것이 문제로 보인다. 이는 자본시장법이나 외감법 등 실체법에서 증명책임을 어떻게 할 것이냐의 문제로 귀결된다고 하겠다.

손해배상액에 있어서 우리나라는 배상액 산정시 취득원가에서 변론종결시의 시가의 차액인데 비하여 미국은 원고가 손해액 및 손해인과관계까지 증명하여야 한다는 점에서 다르다. 미국에서는 이 경우 사적증권소송개혁법에 따라 배상액의 상한이 원고의 거래가격에서 시장에 올바른 정보가 공시된 이후 90일 동안의 종가 평균의 차액을 초과할 수 없다는 점은 이미 살펴보았다.

272) 임재연, 전게서(주 132), 276-277면.

273) 상게서, 267면.

274) Thomas Lee Hazen, op. cit., p.157.

3. 시장사기 이론을 통한 거래인과관계의 추정

미국의 증권법제로부터 눈여겨 볼 점은 시장사기 이론에 따른 거래인과관계의 추정 문제이다. 미국은 베이직 판결에서부터 시장사기이론을 통하여 사실상 거래인과관계의 증명책임을 피고에게 부담시키고 있으며 최근 할리버튼 사건에서 시장사기 이론은 강한 도전을 받은 바 있다. 재무제표의 허위공시가 주가에 직접 그리고 즉시 영향을 미치는지에 대하여 이론은 분분하지만 연방대법원은 경제학적 이론의 타당 여부가 아직까지 연방대법원 판결을 변경시킬 만한 특별한 사유가 되지는 않는다고 판시하였다. 미국의 시장사기이론은 증권법 영역에서만 적용되고 보통법(common law)에서는 적용되지 않는다.[275] 반면 우리나라는 증권법과 민법 모두 공통적으로 시장사기이론을 받아들여 인과관계를 추정하고 있다는 점이 다르다.[276] 증권법에 있어서는 주의의무 위반에 대한 증명책임이 피고에게 있다는 점을 고려하면 시장사기 이론을 받아들이는데 큰 지장은 없지만 증명책임이 전환되지 않은 민법에 있어서까지도 인과관계 추정을 인정해 주어야 하는지에 대하여는 현재까지도 논란이 있다.

4. 예측정보의 문제

우리나라의 경우에도 예측정보를 자본시장법에 규정[277]하여 안전항 면책규정을 인정하고 있다. 우리나라의 경우에는 주권비상장법인이 최초로 주권을 모집 또는 매출하기 위하여 증권신고서를 제출하기 위하여 증권신고서를 제출하는 경우에는 안전항 면책규정을 적용하지 아니한다(자본시장법 제125조 제3항). 이는 증권시장에 정보의 공시가 이루어지지 않아 시장에서 투자자의 인식이 없는 비상장법인이 최초로 증권을 공모하는 경우에는 예측정보공시의 남용으로 인하여 투자판단상의 혼란을 야기할 수 있으므로 투자자를 보호하기 위한 것이다.[278]

예측정보에 대한 안전항 조항은 우리 증권관련 집단소송법에 대하여도 시사하는 바가 있다. 적극적인 기업활동을 하다보면 미래의 예측은 대단히 어려울 수밖에 없

---

275) 김화진, 전게서, 69면.

276) 증권거래법에서 적용한 판례는 대법원 2007. 10. 25. 선고 2006다16758, 16765 판결이 있다. 민법에도 적용한 판례는 대법원 1997. 9. 12. 선고 96다41991 판결, 대법원 2010. 1. 28. 선고 2007다16007 판결이 있다.

277) 발행시장의 증권신고서에 관하여는 자본시장법 제119조 제3항에, 유통시장에서의 정기공시제도로서 사업보고서에 관하여는 자본시장법 제159조 제6항에, 거래상황 공시제도로서 공개매수신고서에는 자본시장법 제134조 제4항에 각각 예측정보를 자발적으로 기재 또는 표시하여 공시할 수 있도록 하였다.

278) 이상복, 전게서, 182면.

다. 법이 용인하는 테두리에서 적극적인 기업활동은 보호해 주어야 할 필요가 있으므로 비록 부실공시에 경과실이 있다고 한다면 어느 정도 면책이 가능하도록 하여야 할 것이다. 이는 자본시장의 활성화라는 정책적 측면과 주의의무 위반이라는 규범적 측면에서 모두 합리적으로 조정되어야 할 사항이라고 생각한다.

Ⅱ. 미국 대표당사자소송법제에서의 시사점

1. 미국 연방민사소송규칙 제23조에서의 시사점

미국연방민사소송규칙의 연혁을 살핀 이유는 다음과 같다. 1966년 제정된 연방민사소송규칙 제23조가 제정된 이후 2/3이 넘는 주에서는 이 조항을 채택하였지만 그렇지 않는 주에서는 1938년에 제정된 연방민사소송규칙 제23조를 사용하기도 한다.[279] 물론 1966년 제23조를 채택한 주에서도 제23조(b)(3)을 채택한 주도 있고 common law에 따라 제1심 법관에게 대표당사자소송에 재량권을 부여하는 Virginia주도 있고 심지어 대표당사자소송 자체를 인정하지 않는 Mississippi주도 존재한다.[280] 미국이 연방제 국가인 관계로 주법원에서는 연방민사소송규칙을 어느 정도는 자신들의 실정에 맞게 수용하여 적용하는 사례들이 상당수 존재한다. 우리나라 역시 연방민사소송규칙 제23조(b)를 근거하여 시사점을 얻을 수 있다.

이 조항에서 가장 눈에 띄는 것은 제23조(b)의 세 가지 유형이다. 통지(notice)의 방법까지 달리 해가면서 유형화시켜 놓은 이유를 생각하면 현실에서 보다 융통성 있게 대표당사자소송을 사용하라는 취지로 읽혀진다. 다시 말해 단순히 손해배상만을 받기 위하여 사용하는 것이 아니라 소위 확산된 이익(diffuse interest)를 위한 도구로 사용되기도 하고 심지어 구성원들 간의 다툼을 방지하기 위한 도구로도 사용될 수 있다. 우리나라의 증권관련 집단소송은 손해배상으로만 한정되어 있는데 우리나라에서도 이와 같이 금지청구를 비롯하여 손해배상의무 존재 확인판결 등으로도 다양하게 확장될 필요성이 있음을 보여준다.

우리나라는 증권관련 집단소송이 아니라 단체소송에서 금지청구 등이 가능한데 이와 비견될 수 있는 조항이 제23조(b)(2)라고 보인다. 다만 우리나라의 단체소송은

---

279) Robert H Klonoff, op. cit., p197. North Carolina 주 민사소송규칙은 진정당사자소송, 복합대표당사자소송, 부진정당사자소송 등으로 특별히 구별하지는 않지만 자체적인 대표당사자소송에 관한 법률을 제정하여 사용하고 있다.

280) Thomas D. Rowe, Jr., “State and Foreign Class Action - Rules and Statues : Difference from and Lessons for? - Federal Rule 23”, Western State University Law Review vol.35 (2008), pp.102-104. 미시시피주와 버지니아주는 일반 민사소송규칙상 공동소송절차를 이용하고 있다.

단체의 목적에 한정되고 법에 등록된 단체임을 요하기 때문에 제23조(b)(2) 보다는 한정적으로 사용되는 것으로 보인다. 이 조항은 향후 대표당사자소송의 형태에서도 금지나 확인을 구하는 소송으로 도입될 가능성이 있음을 보여준다.

2. 미국의 일반민사소송 절차에서의 시사점

대표당사자소송에 있어서 가장 중요한 절차는 집단인증이라고 할 수 있다. 집단으로 인증이 되어야 대표당사자소송의 각종 규율을 받기 때문인 것이다. 사실상 집단인증을 받게 되면 피고측은 화해협상에 들어가는 경우가 많고 원고측은 협상에서 유리한 주도권을 가지는 경우가 많다고 한다. 따라서 연방대법원이 대표당사자소송에 대하여 관대한지 아닌지 여부를 집단인증을 통하여 알 수 있고 가능한 판단 표지가 제23조(a)의 네 가지 요건 중 최근 공통성 부분에 있어 논란이 있었다. 미국 연방대법원은 월마트 사건에서 공통성(commonality)의 개념을 좁게 판단하여 집단인증을 거부한 반면 우리나라에서는 대법원 2015년 4월9일 선고 2014마188 결정에서 소송허가 결정시 자본시장법 제179조의 손해배상에 있어서 적극적으로 거래하여 시세 조종을 일으키는 행위뿐만 아니라 만기까지 소극적, 수동적으로 보유만 하고 있는 행위도 부정행위에 포함될 여지가 있기 때문에 본안에서 본격적으로 심리를 해야 한다는 취지의 결정이 내려진 바 있어 향후 증권관련 집단소송의 보다 적극적인 활용이 예상된다.

그러나 더 중요한 점은 대표당사자소송의 집단인증 단계에서도 증거개시절차가 기능할 수 있기 때문에 제도가 좀 더 실효적으로 운용되지 않는가 한다. 왜냐하면 집단인증에 대한 법원의 법률적 해석에 관한 부분은 큰 방향을 제시하는 것이기 때문에 개별사건의 승패소와 직접 관련성을 가지는 경우는 많지 않아 보인다. 오히려 증거개시절차를 통하여 결정적인 증거를 수집한 경우 당해 사건의 승패소와 직결되는 때가 많아 우리나라에서도 도입이 논의되고 있다.

3. 미국 내에서의 연방민사소송규칙에 관한 학설

미국 내에서 대표당사자소송에 대하여 백가쟁명식의 많은 학설전개가 있었다. 따라서 제도에 대한 찬반이 명확하게 구분되기 보다는 각 주장자 마다 고유한 특성을 가지고 있다.[281] 여기서는 미국의 대표당사자소소에 관하여 가장 일반적이고 평이

281) Timothy D. Cohelan & Khoury, San Diego, California, "The Advantages and Disadvantages of Class Actions", Cohelan on California Class Actions, (2001), at 1.04

하게 설명하고 있는 Janet Cooper Alexander 교수의 견해부터 먼저 살펴본다.

이후 2014년 에모리(EMORY) 대학교에서는 Randolph W. Thrower 교수 은퇴기념 논문집을 발표하였는데 그 주된 주제가 대표당사자소송이었다. 이 논문집에는 주목할 만한 논문들이 많이 수록 되었는데 미국 학자들이 생각하는 대표당사자소송 개선방안이 나와 있어 소개하고자 한다.

앞에서 미국 연방민사소송규칙 제23조를 살펴보면서 그 요건들이 각 주마다 조금씩 다르게 변용되어 사용되고 있음을 보았다. 고전적인 대표당사자소송의 모습을 보이는 주도 있으며 매우 진보적으로 사용되는 주도 있고 심지어 주 법에 규정이 없는 주도 있었다. 이렇듯 제도라는 것이 항상 변용가능성을 염두에 두고 현실을 잘 반영하고 개선하려는 취지의 산물이라서 항상 미흡한 점에 대하여는 개선의 목소리가 있기 마련이다.

(1) Janet Cooper Alexander의 견해[282)]

이 글에서는 대표당사자소송을 미국에서 사용되고 있는 가장 강력한 법적 도구라고 설명한다. 청구액수가 너무 작아서 소송하기 어려운 사안들에 대하여 보상(compensation)하고 불법행위를 억제(deterrence)하기 위한 제도라고 한다. 기업에게도 소비자에게 비용을 몰래 전가하는 방식보다는 소비자들이 생산품에 대하여 정당한 가격을 지불하도록 하는 기능을 가진다고 한다. 소송진행 측면에서도 개별사안이 매우 많은 경우 공통쟁점(common issue)에 대하여 다시는 소송을 하지 않게 하는 기능을 가진다고 한다. 이 제도는 정부의 규제나 업계의 자율규제(industry self-regulation)의 대안으로 나왔으며 정부규제와 자율규제의 비효율성과 관료제화의 한계를 극복하면서도 소액다수의 피해자들을 구제하는 기능을 수행하는 유일한 수단이라고 한다. 미국에서는 증권거래위원회(SEC)라는 믿을 만한 기관이 있기는 하지만 효과적인 집행을 하는데 부족한 점이 있어 사적 영역에서의 대표당사자소송이 증권법을 집행하는 중요한 역할을 한다고 한다. 또한 정부의 정책집행은 정치적인 이해관계에 따라 다양해 질 수 있다는 점도 지적된다. 마지막으로 (미국의 현실에서) 업계의 대표자들에게 로비를 받는 감독당국은 공익보다는 규제 분야의 이익에 보다 충실하게 될 가능성이 높다고 한다.

특히 미국에서는 다양한 분야에서 대표당사자 소송이 기능해 왔다. 소비자 영역

282) Janet Cooper Alexander, "AN INTRODUCTION TO CLASS ACTION PROCEDURE IN THE UNITED STATES", https://www.law.duke.edu/grouplit/papers/classactionalexander.pdf

에서는 개인적인 경제적 손실이 너무 작아 개인들이 소송을 포기한 분야에서 기능을 한 결과 과도한 요금(excessive fee), 제조물 결함(product defect), 공정거래 분야(antitrust)가 이에 해당한다(특히 소비자의 권리는 매우 광범위해서 증권 사안이나 신체손해 사안에 이르기 까지 다양하다). 환경문제, 대량불법행위 문제, 시민인권 문제에 이르기까지 대표당사자소송은 중요한 역할을 많이 해왔다,

이 견해는 무조건 대표당사자소송을 찬양하기만 하는 것은 아니며 대안을 제시한다. 첫째 대표당사자소송이 정부규제의 대안 역할을 하는 만큼 공익을 대변하는 단체나 전문적인 원고가 잠재적인 원고(potential plaintiff)가 되는데 한계가 있어서는 안된다고 한다. 둘째 집단의 대표와 집단구성원들 사이에 이해관계의 충돌이 최소화될 수 있는 방안을 고안할 필요가 있다고 한다. 소송을 대리하는 변호사에 대한 감독이 필요하다고 한다. 남용의 대부분이 집단과 관계없이 변호사가 자유롭게 경제적인 이익을 얻는데 있다고 한다. 셋째 통지에 관하여 적법절차(due process)의 원리가 잘 지켜 질 수 있어야 한다고 한다. 통지는 집단구성원으로 하여금 최종결정이 선고되기 전에 구성원 스스로의 이익을 고려하여 소송에 참가하거나 아니면 다른 절차를 이용할 수 있도록 적시에 고지되어야 한다. 따라서 제23조(b)(3) 이외에도 차별없이 통지가 되어 구성원들이 제외신고를 할 수 있는 권리가 주어져야 한다고 한다.

이 견해는 시민법(civil law) 체계를 참고하여 소송비용의 각자부담 원칙(American rule)에서 벗어나 패소자부담 원칙(loser pay rule)을 고려하여 변호사 보수를 패소자에게 부담하게 할 필요가 있다고 한다. 또한 법관이 주도적으로 사실관계를 장악하고 쟁점을 명확히 파악하여 대표당사자소송에서 주도적인 역할을 하는 것이 필요하다고 한다.

(2) Linda S. Mullenix의 견해

에모리 대학교의 논문집 중 Linda S. Mullenix 변호사의 논문을 먼저 살펴본다. 이 글에서는 먼저 현재의 대표당사자소송의 장점과 단점을 비교하여 설명[283)]한 후 현재의 대표당사자소송을 비교하여 문제점을 지적한다.

가. 연방민사소송규칙 제23조에 대한 의문점

대표당사자소송이 존재하는 이유는 불법행위로 인한 소액다수의 피해자에 대한 보상이나 구제 수단이라고 한다. 이는 현대형 불법행위의 측면에서 일어나는 세계 공통적인 현상으로 보이는데 미국에서도 별도의 장치가 없으면 구제받지 못했을 사

283) Linda S. Mullenix, “Ending Class Actions As We Know Them : Rethinking the American Class Action”, Emory Law Journal, vol.64., (2014), pp.399-417.

안을 대표당사자소송과 그로 인한 화해(settlement)로 인하여 구제해 주는 수단이 된다고 한다. 그러나 대부분 화해(settlement)로 종결되는데 이때 발송되는 화해 통지문에 개인별 청구금액에 대한 정보가 포함되어 있지 않은 경우가 많다. 화해의 공정성 심리기일(fairness hearing) 이후에 법원의 승인을 받도록 되어 있으나 아주 극소수의 구성원들만 화해기금(settlement fund)에서 보상을 받게 되고 청구액수가 낮은 사건에서는 화해기금은 화해조건 중 근접배상방식(cy pres)이 적용되거나 피고에게 환원될 수 있게 되어 실제로 손해를 입은 피해자들에게는 충분한 보상이 되지 못한다.

대표당사자소송이 존재하는 또 다른 이유는 불법행위자의 위법행위를 억제하는 것이라고 한다. 이는 회사를 비롯한 피고측이 불특정 다수의 대중과 징벌적 손해배상에 노출될 경우 어마어마한 배상 문제가 발생할 수 있어 위법행위를 하지 않으리라 생각하는 것을 전제로 한다. 그러나 회사들이 이러한 생각을 한다는 실증적인 증거가 대단히 부족한 상황이고 오히려 회사측에서는 대표당사자소송은 회사를 운영하다보면 의례히 지불하게 되는 비용처럼 생각할 가능성도 있다. 특히 소송실무에서는 집단인증을 받느냐의 여부에서 화해로 인한 배상문제가 결정되는 경우가 많기 때문에 협상과정에서 화해조건이나 징벌적 손해배상이 법대로 적용되지는 않는 것 같다. 오히려 화해의 유인이 높은 원고측 변호사에 의하여 어떻게 하면 빠르고 적절한 화해를 할 수 있는지가 더 중요한 요소가 될 수 있는 것이다.

대표당사자소송의 또 다른 존재이유는 소송경제와 진행의 효율성이다. 이 입장에서 보면 수천 개의 반복적이고 소모적인 소송의 부담으로부터 집단 분쟁 당사자뿐만 아니라 연방 재판부 모두에게 부담을 벗어나게 하는 실익이 있다. 그런데 대표당사자소송이 본격화 되지 않았던 80-90년대에는 이 제도(제23조(b))가 없어서 혼란을 겪은 적이 있는지 의문이라고 하며 동시에 효율적이 되었다면 무엇과 비교하여 효율적인지도 의문이라고 한다. 대표당사자소송 절차에서도 집단인증을 받기 전에 증거개시 절차를 하게 되는 등 상당한 절차들이 진행되기 때문에 화해를 포함하여 수년간 지속되는 경우가 많아 신속하게 재판이 종료되는 것도 아니라고 한다.

이렇게 장점으로 인식되어 있는 부분에도 허점이 많은데 이는 제23조 규정에 문제점이 있기 때문이라고 한다. 제23조(a)는 조항이 불분명(unclear)하고 연방대법원이 정밀분석(rigorous analysis)[284]을 통하여 집단인증을 하고 있으나 하급 법원에서는 그에 대한 이해가 통일되어 있지 아니하다. 또한 공통성, 전형성, 대표의 적절성의 요건들은 자주 중복되어 사용되는 등 해석이 쉽지 않다. 제23조(a)를 충족하더라

284) 월마트 사건 이후에 연방대법원 대법원이 이 집단 인증이 적법함을 확인하기 위하여 판단한 기준을 일컬어 rigorous analysis라고 하며 정밀분석으로 번역하였다.

도 제23조(b)의 유형 요건을 충족하여야 하는데 지금은 그 유형들이 혼합되어서 실무상 운영에 상당한 혼란을 주고 있다고 한다.[285] 특히 제23조(b)(2)와 제23조(b)(3)은 거의 결합하여 차이가 없어져 감에도 통지에 있어 차등을 두고 있고 압도성 및 우월성 요건도 차이가 있는 등 현재의 실질과 부합하지 않는다. 부재 구성원(absent member)에 대한 적법절차 원리에 있어서도 제23조(b)는 제 기능을 하지 못하고 있다. 제23조(b)(1)과 (b)(2)에 대하여는 판사가 통지를 명령할 수 있는 재량권을 규정하였지만 구성원들이 제외신고(opt-out) 할 수 있는 신청권에 대하여는 규정하고 있지 않다. 미국이 제23조를 통하여 오랫동안 제외신고(opt-out) 방식을 선호해 왔지만 최근 유럽 국가들이 가입신고(opt-in) 방식을 채택하는 것을 보면서 과연 제23조가 부재구성원들의 자율적인 이익을 수호하는데 적절한지 의문이 남는다고 한다.[286]

그러면서 과연 미국식 대표당사자소송이 주는 장점이 제거해야 할 단점과 균형을 이루는지에 대하여 미국의 증권관련 집단소송의 사례를 든다. 미국에서는 시장사기이론이 채택되어 있는 관계로 다른 분야의 대표당사자소송 보다는 증권관련 집단소송의 집단인증이 쉬운 편이라고 한다.[287] 그러나 증권관련 집단소송을 통하여 1996년과 2010년 사이에 원고들 손해의 2.8%만이 반환될 뿐이고 2012년에는 단 1.8%만 반환되었다. 반면 소송관계자들인 변호사 보수, 소송비용, 소송관련 보험 등 소송에 부대되는 곳에 훨씬 많이 지출되고 있다.[288] 이에 더하여 소송 경제에 반하는 사례들이 다수 보이는데 화해에만 3년 이상이 걸리는 사례가 70% 수준, 5년 이상이 걸리는 사례가 20% 수준이라고 한다.[289]

현재의 대표당사자소송은 소송대리인으로 하여금 분쟁의 해결과는 관계없이 일단 소를 제기하고 화해를 통하여 거액의 보수를 챙기도록 하는 비윤리적 행위를 촉발시킬 수 있다. 이런 행위를 제어할 수 있는 장치가 대표의 적절성 요건인데 화해(settlement)로 종료되는 경우 제대로 기능하기 어렵다. 결국 미국의 사법시스템의 신뢰를 회복하기 위해서는 제도를 개선할 필요가 있다.

나. 연방민사소송규칙의 개선방향

우선 대표당사자소송의 유형을 없애고 단일한 유형으로 규정할 것을 주문한다. 이 경우 통지 규정은 대표당사자소송에 적용되도록 하여 통일적인 규율이 필요하다

285) Linda S. Mullenix, op. cit., pp.427-428.
286) Ibid, p.431.
287) Ibid, p.432.
288) Ibid, pp.433-434.
289) Ibid, p.434.

고 한다. 오히려 class action settlement에 대하여 새로운 규정을 두어 점진적인 개정안을 마련할 필요가 있다고 한다. 아울러 손해배상형인 제23(b)(3)을 삭제하고 제23조(b)(2)만을 규정하자고 주장한다. 이미 손해배상형인 제23조(b)(3) 유형은 위에서 살펴본 바와 같이 기업가형 변호사(entrepreneur lawyer)들로부터 수임료를 받아내는 수단, 사소(frivolous suit)와 위협소송(strike suit)의 전형, 사법특별보좌관(special master)[290]의 동조로 인한 적법절차의 불준수, 쿠폰화해, 유동적 배상방식 등이 문제되어 집단구성원들에게 불충분한 배상이 이루어질 수밖에 없다고 한다.[291]

개정안은 어느 유형의 대표당사자소송에서든 청구인에게 통지를 요구함으로써 유형마다 이루어지는 요건의 불일치를 제거하여야 한다. 이 경우 제외신고(opt-out) 방식 보다는 가입신고(opt-in) 방식이 소송의 자율성이라든가 민주적인 참여의 원리에 더 부합하는 것으로 보인다.[292] 제23조(a)의 전제요건이 포함되어 심사되는 집단인증의 심리 중에도 위협소송이나 남소를 방지하기 위하여 본안 심사내용이 관련되어 있으면 심사할 수 있도록 할 필요가 있다. 변호사의 과도한 보수와 관련하여서도 의회의 입법으로 조정할 수 있도록 함이 바람직하다.[293]

(3) Martin H. Redish의 견해

Martin H. Redish 교수도 현재의 대표당사자소송이 개선되어야 한다는 점에 동의하고 있다.[294] 그 주장을 요약하여 보면 ① 제23조(a)에 부재 구성원에게 의미 있는 구제수단(meaningful relief)이라는 요건을 추가하여 부재 구성원들이 실질적으로 보호를 받을 수 있게 할 것을 주장한다. 주된 이유는 절차가 원고집단에게 유리하게 진행되어도 실제로 부재구성원들이 받는 보상이 부족한 경우가 많기 때문에 이를 타개하기 위한 요건이 필요하다고 한다. 상당한 보상이 본안에서 선고되지 않으면 오히려 피고가 기판력의 법리를 이용하기 위하여 총액에 따라 성공보수를 받는 원고측 소송대리인과 화해를 진행시켜도 막을 만한 별다른 수단이 없다고 한다.[295] ②

290) Margaret G. Farrell, "Special Masters Under Revised Rule 53: Designer Roles", ALI ABA, (2005), 우리나라의 사법보과관은 법관의 사무 중 소송비용, 독촉절차, 공시최고절차 등 소송법상의 일부업무와 집행문부여절차, 재산조회절차, 일부의 경매절차 등 집행법상의 일부업무를 담당하는 자이다. 반면 미국의 특별사법보좌관(special master)은 법관이 교수, 변호사, 회계사 등 해당 분야의 전문가를 선임하여 소송의 분쟁에 관련된 사항을 보다 광범위하고 중립적으로 검토할 수 있는 자이다.

291) Ibid, p.429.

292) Ibid, p.441.

293) Ibid, p.430.

294) Martin H. Redish, "Rethingking the theory of the class action : the risks and rewards of capitalistic socialism in the litigation process", Emory Law Journal, vol.64., (2014), pp.466-467.

구성원들이 실제로 배상받은 금액을 기초로 해서만 변호사 보수를 산정하도록 보수 방식을 개선할 것을 주장한다.[296] 제도를 이용하는 자들이 변호사들이기 때문에 변호사의 보상방식(compensatory method)을 바꿀 필요가 있는데 적어도 청구인들(claimants)이 보상받은 정도를 근거로 할 필요가 있다는 취지이다. 적어도 변호사들이 과도한 성공보수에 어두워 제도를 남용하게 되는 유인을 원천적으로 차단하자는 취지로 보인다. ③ 변호사만 배불리는 근접배상(cy pres) 방식을 폐지할 것을 주장한다.[297] 근접배상 방식이 신탁법 이론에서 출발하였지만 겨우 70년대에 시작하여 2000년대에서야 확산된 이론으로 그 근거가 취약하다(vulnerable)고 한다. 결국 배상액수가 크게 하여 변호사 보수만 늘려주며 정작 피해를 입은 사람들에 대한 배상이 되는지 장담하기 어려워 실무상 및 헌법상 원리에도 맞지 않는다고 한다. ④ 집단소송을 수행한 변호사들에게도 진정한 당사자로서 기판력을 받을 수 있도록 할 것(Recognizing Class Attorneys as Real Parties in Interest for purpose of Res Judicata) 등이다. 이 주장은 변호사와 부재 구성원 사이의 관계에 대하여 후견인 모델(guardianship model)[298]을 기초로 신인의무(fiduciary duty)[299]를 부과함을 전제로 하고 있다.[300] 종전의 기업가적 변호사상(entrepreneur lawyer)을 넘어 새로운 변호사상을 요구하고 있다.

(4) 사견

Emory Law Journal에 소개된 위 견해들은 미국에서의 특수한 사정이 전제된 것으로 보인다. 미국은 각종 개혁입법을 제정하여 대표당사자소송의 통제를 시도할 정도로 제도의 남용이 있었던 것으로 보인다. 반면 우리나라의 경우에는 제도의 이용이 저조하여 오히려 사문화를 걱정해야 하기 때문에 직접 우리나라의 사례에 원

295) Ibid, pp.467-468.

296) Ibid, p.469.

297) Ibid, pp.471-472.

298) Ibid, pp.461-462. 이는 저자가 직접 고안한 이론인 것으로 보인다. 전통적인 변호사-의뢰인의 관계에서 멀어짐으로써 야기되는 손해를 막기 위한 것으로 집단구성원의 소송대리인(class attorneys)은 부재구성원의 후견인으로 기능해야만 한다는 이론이다. 계약관계가 없음에도 불구하고 소송대리인과 부재구성원간에 법적으로 강력한 신인의무(fiduciary duty)를 마련하여 소송대리인이 보다 부재구성원의 이익을 강하게 보호해야 하는 모델을 제시한 것으로 보인다.

299) 주주가 회사 또는 다른 주주에 대하여 가지는 충실의무로서 주주가 그 권리를 행사함에 있어 회사 전체의 이익과 다른 주주의 사원권적 이해도 고려해야 할 의무를 말한다. 국내에서는 신인의무로 번역한다. 대표적으로 이기수, "주주의 충실의무", (월간고시 1987.5.), 163면.

300) Martin H. Redish, op. cit., p.472. 이 논문에서는 소송대리인이 부재구성원들에 대하여 주주가 회사에 대하여 가지는 충실의무를 확대하자는 취지이다.

용하기는 적절하지 않을 수도 있다. 그러나 비판론으로 부터도 우리나라에서 검토해 보아야 할 점이 있는지 살펴본다.

첫째 대표당사자소송 뿐만 아니라 증권관련 집단소송법은 원고측과 피고측의 균형을 맞추는 역할을 수행해야 한다. 제도가 어느 편만을 들어서는 안된다는 취지에는 충분히 공감한다. 다만 미국은 남용이 우려되나 우리나라는 사문화가 우려된다는 점에 차이가 있을 뿐이다. 둘째 집단소송의 유형화를 하는 것은 구제수단을 세분화하여 국민들의 재판청구권을 보호한다는 바람직한 측면도 있지만 체계의 불일치가 있게 되면 충분히 혼란이 발생할 수 있다는 점이다. 우리나라의 경우에는 증권관련 집단소송의 경우 손해배상, 단체소송의 경우 금지·중지명령이 도입되었는바, 궁극적으로는 양 제도가 혼용되는 것이 타당하지만 Linda Mullenix의 지적처럼 체계가 달라 혼동을 겪는 일은 최소화 시킬 필요가 있다. 셋째 제도 이용자의 유인(incentive)을 면밀히 파악하여 입법에 반영할 필요가 있다. 미국의 경우에는 변호사의 보수체계가 공익보다는 사익추구에 가깝게 설계가 되어 있고 우리나라의 경우에는 변호사들이 사실상 이용을 하기 곤란하게 구성되어 있다. 전자의 경우에는 원고측 법무법인이 발달하여 충분한 자금을 통하여 대표당사자소송이 일종의 투자로 여겨질 수 있는 반면, 후자의 경우에는 영세성으로 말미암아 차라리 착수금을 바로 받을 수 있는 통상공동소송을 선호하는 경향이 있음도 살펴보았다. 결국 제도의 이용을 활성화하려면 그 이용자의 적절한 이용을 도모할 수 있도록 활성화와 견제가 적절히 조화를 이룰 필요가 있다.

미국의 증권개혁법제와 대표당사자소송 개정안을 반대방향으로 보면 우리나라에 많은 시사점을 줄 수 있다. 미국은 대표당사자소송을 제약하는 방향으로 입법이 이루어져 왔는데 제약의 반대측면을 생각해 보면 그만큼 활성화가 되었기 때문에 남용의 문제도 발생한 것이다. 미국의 제한 입법의 큰 틀은 법원과 변호사에 대한 것으로 압축되는데 전자는 관할권을 연방법원으로 하는 방향, 후자는 보수에 대한 통제를 중심으로 이루어졌다. 이면을 다시 들여다보면 법원이 대표당사자소송에 호의적인 편이었으며 변호사가 대표당사자소송제도를 이용하기에 충분한 보수가 보장된다는 점이었다. 이를 우리나라에 적용해 본다면 법원의 적극적인 의지와 제도의 이용자인 변호사에 대하여 인센티브를 주는 것이 제도 활성화의 열쇠라고 보인다.

4. 복수관할소송에서의 시사점

일반적으로 증권관련 집단소송이나 단체소송은 불특정 다수의 소액피해자가 발생하였으나 개별 피해자 파악도 힘들고 피해액도 소액이라서 소를 제기하여 얻는 이익이 소를 제기하여 드는 비용보다 커서 소송의 유인이 약한 경우 사용될 여지가 있다. 물론 이에 대하여는 지나치게 까다로운 요건을 부과하여 제도의 이용을 힘들게 만든다는 비판이 있고 이를 타개하기 위하여 개정론도 목소리를 얻어가고 있다.

그러나 불특정 다수의 소액피해자가 발생하였으나 손해액이 어느 정도 고액이어서 피해자들이 개별적으로 손해배상청구의 소를 제기할 동인이 충분한 경우는 어떻게 할 것인가? 이 경우에는 피해자들이 적극적으로 소를 제기할 것이기 때문에 민사소송법에 따라 전국각지에서 소를 제기할 가능성이 높다. 언론을 통해 전국적으로 관심을 받는 사건이 아니라면 복수의 지방법원에 다수의 사건이 제기되면 판결이 상호 모순되는 결과가 발생할 수 있다. 물론 상급심으로 올라가면서 정리가 될 것이고 대법원에서 정리될 가능성도 있지만 대법원은 법률심이라는 점, 그리고 파기환송을 통하여 다시 절차를 진행해야 하기 때문에 시간과 비용이 걸리는 점을 감안하면 복수관할 소송은 충분히 대안이 될 수 있어 보인다.

사실상의 쟁점이 공통되는 복수의 소송이 각기 다른 지역의 법원에 제기된 경우 특정한 하나의 법원에서 변론전 절차를 진행함으로써 다수의 관련 분쟁을 통일적으로 또한 신속·경제적으로 해결하기 위한 복수관할소송제도는 소비자 분쟁을 비롯한 증권, 개인정보, 제조물 책임, 노동사건 등 다양한 영역에서 사실상의 쟁점이 공통되는 대규모의 집단적 손해발생이 빈발하는 우리나라의 현실에도 시사하는 바가 크다.[301)]

만약 증권관련 집단소송법이 일반절차법으로 확대되어 대표당사자소송제도가 일반제도로 자리 잡는다고 하더라도 미국의 복수관할소송은 집단적 분쟁해결을 위한 초석이 될 수 있다. 피해집단의 규모가 대표당사자소송에는 이르지 못하는 정도, 즉 까다로운 대표당사자 요건을 갖추지 못하는 경우이지만 일정규모의 피해가 다수 있는 사건에서 역할을 할 수 있어 앞으로 집단적 분쟁해결을 위한 절차법에서 충분히 검토되어야 한다. 나아가 현행 증권관련 집단소송이나 개별법에 산재해 있는 단체소송의 요건에는 정확하게 들어맞지는 않지만 집합적 소송(aggregation litigation)에서는 충분히 대안이 될 수 있다고 생각한다.

301) 김경욱, 전게논문, 310면.

제4장 미국외 다른 나라의 증권관련 집단소송 관련 법제

제1절 서 설

현재 대표당사자 소송제도를 가장 많이 활용되고 있는 나라가 미국이라는 데는 특별한 이견이 없다. 우리나라에서 대표당사사소송을 입법을 할 때에도 미국 사례가 가장 많이 참고가 되었다. 그러나 미국식 제도 역시 나름의 보완이 필요하다는 목소리가 나오고 있다.302)

전세계적으로도 미국식 대표당사자제도를 받아들인 사례가 상당히 많으며 모든 사례에서 각 국가의 실정에 맞게 도입한 것을 알 수 있다.303) 특정 분야에 집단소송을 도입한 국가들이 다른 분야 혹은 포괄적으로 확대하고 있으며 특정 이해관계자를 넘어 다수의 이해관계자들까지 폭넓게 사용범위를 넓히고 있는 추세이다.304)

다음에서는 미국 이외의 다른 주요 나라에서 증권집단분쟁에 대하여 어떻게 대처하고 있는지를 살펴본다. 먼저 시범소송의 형태로서 한시법으로 운영되고 있는 독일의 표본소송절차(Musterverfahren)를 검토하고 우리에게 주는 시사점은 없는지 살펴본다.

이후 최근 논의되고 있는 2단계형 권리구제절차에 대하여 살펴본다. 특히 2단계형 권리구제 제도가 나오게 된 배경, 효과 및 실익에 관하여 검토한다.

---

302) Linda S. Mullenix, op. cit., (2014). ; Martin H. Redish, op. cit., (2014). ; George Vairo, "Is the class action really dead? Is that good or bad for class members?", Emory Law Journal, vol.64, (2014).

303) 함영주, 전게논문(주 67), 109면 ; 2000년 이전에 미국식 대표당사자소송은 캐나다, 호주 정도가 채택하였으나 2009년 무렵까지 22개 국가가 받아들였고 6개 국가가 집단소송과 유사한 그룹소송을 도입하였다. 유럽연합은 1998년 입법지침을 마련하여 소비자보호법 위반행위까지 단체소송제도를 확대하였다.

304) Hensler, Deborah (EDT), Hodges, Christopher (EDT), Tulibacka, Magdalena (EDT), 『The Globalization of Class Actions』, The Annals of the American Academy of Political and Social Science vol. 622, SAGE, (2009), p.13. 이 논문의 말미에 좀 더 다양한 국가들의 집단소송을 개관할 수 있도록 자료를 『부록 1』로 마련하였다.

제2절 독일의 표본소송절차

Ⅰ. 서설

독일은 집단분쟁에 대하여 전통적으로 단체소송의 방법으로 집단적 분쟁해결에 대응하여 왔다. 자본투자자 표본소송법이 제정되기 전까지 독일에서는 개별이익을 묶어서 청구할 수 있는 수단은 오직 단체소송 뿐이었다. 그러나 단체소송은 순수하게 소비자로부터 수권을 받는 등 개별 청구권을 대리하는 것이 아니라 소비자를 앞세운 단체가 손해배상을 청구하는 것이었다.[305] 의외로 독일은 유럽 국가들 중에서도 집단분쟁의 해결에 소극적인 태도를 보여 왔으며 최근 유럽연합의 지침을 따르는 과정에서 변화를 꾀하고 있다는 점을 주목할 필요가 있다.[306]

결국 독일에서는 단체소송(Verbansklage)이 기대만큼 활성화되지 못하였고 그룹소송, 표본소송 등 다른 제도들이 도입되어 시범 시행중에 있다. 최근 논의되고 있는 표본소송절차는 그 연장선상에 있다.

Ⅱ. 독일 표본소송절차의 내용

1. 도입의 계기

독일은 집단분쟁의 해결에 대하여 미국식의 대표당사자소송제도의 도입을 주장하는 측과 부정경쟁방지법의 범위 내에서 단체소송의 도입을 주장하고 유럽의 법통일의 관점에서 이를 권장하는 측으로 나누어져 있었다.[307]

---

305) 함영주, 전게논문(주 67), 113면 ; 최병규, "독일의 자본투자자집단소송법안", 상사법연구 제24권 제1호, 2005, 158면.

306) 함영주, "소비자단체소송의 법적 성질과 집단분쟁해결시스템의 구축방향", (법조 통권633호, 2009), 133-134면.

307) 정규상, "현저한 소액다수피해사건의 법적 구제방법에 대한 고찰", 재산법연구 제8권 1호, 한국재산법학회, 1991, 81면. 독일 민사소송법체계에서 Class Action의 도입을 찬성하는 학자들로는 Hippel과 Koch 및 Gottwald가 있었다고 한다. 이에 대하여 Schricker 같은 경우 Class Action이 독일의 법체계에 맞지 않는다는 이유로 반대하였다고 한다. Class의 구성원을 확정하여야 하는 문제, 구성원들이 실제로 개별적인 손해배상청구권을 가지고 있는지 여부, 손해배상금원의 다른 목적에의 사용, 예컨대 소비자의 계몽과 상담과 같은 목적에 사용하는 문제. 변호사의 성공보수 문제가 쟁점이 되었다. 추측컨대 실질적인 이유는 도입을 반대하는 기업측의 논리가 잠복해 있었을 것으로 보인다.

표본소송절차는 독일의 도이체 텔레콤 사건의 처리에서 기인하였다. 이 사건은 도이체 텔레콤이 자사 소유 부동산의 가치를 높게 책정한 사업설명서를 제출하고 이를 믿고 증자에 참여한 많은 투자자들이 그 뒤에 부동산 평가가치가 상당히 낮게 책정됨으로 인하여 도이체 텔레콤의 주식 가치가 급락하여 손해를 입은 사건이다.[308)]

이 사건으로 독일 프랑크푸르트 지방법원에는 2001년부터 2006년 12월까지 17,000명이 넘는 투자자로부터 약 2,500건의 손해배상청구의 소가 제기되었다. 이 정도 사건 수는 한 재판부가 10년 이상 처리해야 할 사건 수 정도로 프랑크푸르트 지방법원은 기존의 병합절차로는 본질적으로 해결할 수 없었다.

독일 연방법무부의 설명에 따르면 투자시장에서 잘못된 정보가 제공되거나 정보가 전혀 제공되지 않아서 투자자가 손해를 입은 경우 피해투자자의 수는 많으나 개별 손해액은 독자적으로 소송을 진행하여 자신의 권리를 추구할 비용을 부담할 만큼 큰 액수가 아닌 사건이 발생하자 다수의 피해자를 위하여 간이하고 효율적인 권리실현방안의 하나로서 표본소송절차를 고안하게 되었다.[309)] 특히 이 사건에서는 모든 원고의 청구원인 사실, 책임의 원인이 “잘못된 정보제공 또는 정보제공의무의 불이행”으로 동일하였다.[310)]

이러한 사건에도 대처함과 동시에 다수의 동일한 형태로 발생한 손해에 보다 적절히 대응하고 자본시장의 국제적인 경쟁력을 강화하고자 2005년에 자본투자자 표본소송법(Kapitalanleger-Musterverfahrengesetz ; KapMug. 이하 ‘표본소송법’ 또는 ‘KapMug’이라 한다)을 처음 제정하였다.[311)] 이 법률을 통하여 독일정부는 소송과 자본시장에 대한 투자자의 신뢰회복에 주안점을 두면서 자본시장의 투명성의 확보를 위해 기업에 대한 포괄적 통제뿐만 아니라 피해를 입은 투자자에 대한 적절한 구제가 이루어지도록 하고자 하였다.[312)]

미국의 대표당사자소송을 참고하여 만든 자본투자자 표본소송절차법은 동일한 유형의 피해를 입은 자본투자자들의 청구권을 하나의 표본절차에서 묶어 행사하게 하고 원소송절차(Ausgangsprozess)로부터의 공통된 법률문제를 부각시켜 관할 고등법원을 통해 통일적인 분쟁의 해결을 시도함으로써 소비자보호의 개선과 법원의 부

---

308) 김경욱, 전게논문, 282면.

309) 정선주, “집단분쟁의 효율적인 해결과 대량소송의 방지를 위한 대표소송제도의 신설”, (민사소송 제15권 2호, 2012), 252면 이하.

310) 상게논문, 252면.

311) 김경욱, 전게논문 282면에서 재인용. Krenzer, Die Grundzuge des deutschen Kapitalanleger-Musterverfahrensgesetzes (KapMug) & der Fall Deutsche Telekom, 2009, S,1

312) 상게논문, 282면.

담을 경감하는 것을 목적으로 한다.313)

2. 법률의 주요 내용

독일의 표본소송절차는 표본소송의 신청단계, 표본소송단계 그리고 표본소송 이후의 절차단계 순의 3단계로 나누어 볼 수 있다. 첫째 표본소송의 신청단계는 1심 수소법원에서의 절차이다. 수소법원은 원고 또는 피고의 표본절차신청(Musterverfahrensantrag)에 근거하여(KapMug 제2조) 제시절차(vorlageverfahren)를 진행하게 된다. 적법한 표본절차신청은 전자적 연방관보의 '소의 등록부(klageregister)'에 공고된다(KapMug 제3조 제2항) 이와 같이 등록되어 공고된 원소송절차는 절차가 중단(unterbrochen)된다(KapMug 제5조). 제시절차의 개시는 수소법원을 통해 전자적 소의 등록부에 표본절차신청의 등록을 하는 것 이외에도 6개월 이내에 9명의 원고가 추가적으로 표본절차신청에 합류하는 것을 요건으로 한다(KapMug 제6조). 요건이 충족되면 수소법원은 (법률문제의 해명을 목적으로 하는) 확인목표(Feststellungsziel)와 확인이 필요한 쟁점을 적시한 제시결정(Vorlagebeschluss)을 내린다(KapMug 제6조). 제시결정이 이루어지면 표본절차신청의 확인목표에 관하여 심급상 상위에 있는 고등법원(Oberlandesgericht)의 재판이 이루어지게 된다(KapMug 제6조).

둘째 표본소송단계는 고등법원에서의 표본절차 수행과 관련된다(KapMug 제9조). 고등법원은 재량에 따라 제8조 제1항에 따라 중지된 절차의 원고들 중 표본원고(Musterkläger)를 결정한다. 이때 표본원고로 선발되지 못한 원소송절차의 원고들은 표본절차에 피소환자(Beigeladenen)는 보조참가인과 유사한 지위를 가진다((KapMug 제14조)314) 이 절차는 확정된 구속력을 가지는 표본재판(Musterentscheid)의 선고로써 종료된다(KapMug 제22조). 확정된 표본재판은 수소법원의 제시결정으로 중지된 모든 원소송절차의 수소법원을 구속한다(KapMug 제22조).

셋째 표본소송 이후의 단계는 수소법원에서 중지된 개별소송절차가 재개된다(KapMug 제22조 제4항). 이 절차에서는 판결 또는 화해를 통하여 권리분쟁을 해결하며 소송비용에 대한 재판도 행하여진다(KapMug 제22조-제24조).

이 법률은 당초 5년 기한의 한시법으로 제정되어 2010년 11월1일 그 효력을 잃게

---

313) 상게논문 282면에서 재인용. Krenzer, a.a.O., S.1.

314) 김경욱, "독일의 자본시장법상 분쟁에 관한 모범(표준)소송절차의 운영현황", 고려대학교 산합협력단, (법원행정처 연구용역 보고서, 2015), 42면, 159면. 피소환자는 그들의 의사표시와 행위가 표본원고의 의사표시와 행위에 모순되지 않는 한, 공격방어 방법을 제출하고 모든 소송행위를 유효하게 행할 권리를 가진다. 이 부분을 보면 사실상 보조참가인과 유사한 지위임을 알 수 있다.

되어 있었다. 그러나 2009년 말 경에 이루어진 법 시행에 관한 중간평가 이후 2010. 6. 17. 독일 의회는 법률의 개정 없이 2011. 11. 17.까지 2년간 효력을 연장하였고 그 이후 독일연방법무부는 2011년 자본투자자 표본절차법 개정안을 제출하였다. 개정법은 2012. 11. 1.부터 8년간 효력을 가지게 되었다(제28조 KapMug).

3. 법률에 추가된 개정내용

표본소송제도가 결국 2020년에 종료되는 연장법이 입법되면서 추가된 입법 내용을 살피면 다음과 같다.[315] 첫째 자본투자자 표본소송법은 금융상품을 판매하는 자본관련시장정보와 연결된 소송으로 은행과 투자관련 전문가들을 상대로 하는 법이다. 법의 적용범위를 넓히기 위하여 입법자들은 독일 연방대법원(BGH)이 채택한 제한적인 해석을 채택하지 않았다. 따라서 개인들은 이제 더 이상 자본시장에서의 허위 정보와 투자 사이의 인과관계에 대한 증명을 부담하지 않아도 된다. 둘째 이제 청구권자들은 이전에 각자 소를 제기했던 것과 달리 제소기간(Termin für die Klage zu erheben)을 지키기 위하여 표본소송이 계속 중인 항소법원에 청구를 함으로써 참가하면 된다. 참가한 청구권자들은 표본소송의 결과를 기다린 후 별도로 청구를 할 것인지를 결정하게 된다. 셋째 개정법은 피고와 표본소송 원고 사이에 행해진 법원이 허가(Genehmigung)한 화해(Vergleich)에 대하여 수정을 가하여 법원이 승인한 표본소송절차에서의 화해는 탈퇴(Austritt)[316]를 하지 않은 모든 당사자들에게 구속력이 미치게 하였다. 이전의 법에서 화해는 모든 당사자들이 동의하여야만 효력이 있어 화해는 사실상 불가능하였었다. 넷째 표본소송개정안에서는 원고변호사에게 일반 법령상의 변호사 보수 외에 청구의 금액에 따라 추가보수를 받도록 하였다.

Ⅲ. 법률에 대한 평가

1. 법률의 장·단점에 대한 논의

독일에서는 표본소송법 시행 이후 제도의 장단점을 분석하였는데 그 내용은 다음과 같다.[317] 장점으로 볼 수 있는 측면은 도이체 텔레콤 사건의 경우 표본소송제도

---

315) 독일의 표본소송제도에 관하여 참고한 자료의 인터넷 주소는 다음과 같다. http://www.disputeresolutiongermany.com/2012/07/class-actions-in-germany-kapmug-extended-until-2020-modest-change-of-scope/

316) 위 인터넷 자료에는 opt-out으로 표현하였으나 KapMug 제19조에서는 탈퇴(Austritt)로 표현하고 있으므로 독일법 표현에 맞게 사용하였다.

가 아니었더라면 증인신문 등 증거조사가 무려 17,000번 행해졌을 것인데 이를 1번으로 줄일 수 있었기 때문에 소송비용이나 시간 측면에서 매우 효율적이었다는 점이다. 특히 위 사건의 경우 법원이 추정한 감정비용은 2,000만 유로였는데 이는 개별 소송에서 개인이 별도로 부담하기에는 무리였으나 17,000명에 달하는 원고가 이를 나누어 부담하였기 때문에 가능한 일이었다. 표본소송절차를 진행하는 법원이 준비서면 등을 전자식으로 교환하는 등 소송기술적인 측면에서 현명하게 절차를 이끌었다는 점 등도 긍정적으로 평가되고 있다.[318)]

이에 비하여 단점으로 볼 수 있는 측면은 변호사 보수가 낮기 때문에 제도의 이용자들인 변호사들이 제도를 선호하지 않는다는 점이다. 표본소송의 원고측 변호사는 일반소송보다 훨씬 더 많은 시간과 노력을 들임에도 불구하고 그에 상응하는 보수를 받지 못한다고 한다. 아울러 참가인측 변호사가 대표원고측의 소송결과에 무임승차한다는 점도 문제 삼고 있다. 이런 문제점 때문에 실제로 법원이 표본소송신청을 시사했음에도 신청이 행하여지지 않은 경우도 상당히 있다고 한다.[319)] 그리고 원고측 변호사들 중 일부는 표본소송절차가 복잡하다는 점, 표본소송신청이 제기된 수소법원에 동일한 사건이 최소한 9건 이상 제기되어야 한다는 점 등을 볼 때 변호사의 입장에서는 이 제도를 이용하기 쉽지 않다는 취지의 비판을 하고 있다.[320)]

기업측에서는 실제로 승소가능성이 적음에도 불구하고 일부 투자분야 전문변호사들이 적극적인 광고로 당사자를 모집하여 표본소송을 대리하고 있으며 그 중 일부는 표본소송을 부추긴다고 주장한다. 또한 표본소송에서는 원고가 화해나 인낙을 할 수 없도록 하는 등(제14조 제2항 KapMug) 당사자의 사적자치 원칙이 지나치게 제한된다고 한다.[321)]

그밖에 표본소송절차를 수행하는 과정에서 절차를 이용하는데 다소 복잡하다는 점이 있다고 한다.[322)] 위 사건에서는 제4조 KapMug이 표본소송에서 확정해야 할 쟁점을 명확하게 나타낼 것을 요구하고 있어 프랑크푸르트 지방법원의 송부결정이 193면에 달하고 33개의 주신청(Hauptantrag)을 포함하고 있는 등 절차가 매우 복잡

317) 함영주, 전게논문(주 67), 114면.

318) 상게논문 115면에서 재인용, Jann, "Der Telecom-Prozess ; Stresstest für das Kapitalanleger-Musterverfahrengesetz", ZIP (2008), p.1314.

319) Kölner Kommentar zum KapMug, 1. Aufl., Ein. Rndr. 44.

320) 함영주, 전게논문(주 67), 115면에서 재인용, Braun/Routter, "Die Diskussionsentwurf zum KapMug – Verbesserter Anlegerchutz?", BKR (2004), p.296.

321) Hess, "'Private law enforcement' und Kollektivklagen", JZ (2011), p.69.

322) 함영주, 전게논문(주 67), 116면에서 재인용, LG Frankfurt Vorlagebeschuss vom 11.07.2006, 317 OH 1/06

하다는 사실이 드러났다. 그리고 이 소송에서는 표본소송의 쟁점이 확대됨으로써 2011년 5월 18일 예정되었던 판결선고일이 미루어지는 등 절차지연의 문제점도 드러났다.[323)]

2. 미국식 대표당사자소송 모델로의 전환인지 여부

자본투자자 표본소송이 미국의 대표당사자소송을 도입한 것으로 보는 견해도 존재하나 이와 같은 표본소송 절차는 당사자 중 한 쪽의 신청과 다른 9명 이상의 원고들의 가입신고가 있어야 진행될 수 있다는 점에서 미국 연방민사소송규칙 제23조 (b)(3)유형에 따라 제외신고 방법(opt-out)을 가장 일반적으로 이용하는 미국의 집단소송과는 차이가 있어 보인다. 또한 고등법원의 판결은 미국의 집단소송과는 달리 소를 제기하지 않았지만 동일한 사실적·법적 기초에 근거하여 소를 제기할 수 있었던 잠재적 원고들에 대하여 어떠한 구속력도 갖지 않는다. 이러한 점을 보면 독일의 자본투자자 표준소송(KapMug)은 미국 모델로의 혁명적 전환이라기보다는 독일 민사절차 원칙 위에서 이루어진 제도 개선의 연장선으로 평가할 수 있을 것이다.

그러나 독일의 표본소송절차는 최근 개정을 통하여 화해의 효과를 제외신고를 하지 않은 모든 당사자들에게 구속력을 미치도록 하고 법원의 허가를 받도록 하고 있어 미국제도의 영향을 받고 있는 것이 사실이다.

결국 금융시장에서의 위법행위에 대하여 대처하는 방식은 각 나라마다 고유한 특성이 있겠지만 위법행위에 대하여 단호한 대응을 하고 있다는 점을 볼 때 점점 상호 영향을 주고받아 어느 정도는 유사성을 띄게 될 가능성이 높다.[324)]

---

323) 상게논문, 116면에서 재인용, Pressemitteilung des OLG Frankfurt/Main vom 11.05.2011.
324) 상게논문, 117면.

제3절 2단계형 권리구제 제도를 도입한 사례

Ⅰ. 서설

최근 2단계 권리구제형 제도에 대한 관심이 높다. 1단계에서 구성원들에게 공통적으로 효력이 미치는 부분에 대하여 판결을 내려 놓은 뒤 2단계에서 개별 구성원들이 권리구제를 신청하는 방식이 일반적이다. 특히 최근 일본과 프랑스가 2단계 권리구제형 구제절차를 도입하여 우리나라에서도 관심이 높은 편이다. 2단계 권리구제형 제도는 브라질에서 유래하였다고 소개되고 있다.[325] 일본이 근래 class action을 논의할 때 미국식의 대안으로 삼은 제도가 브라질 방식이었고 이를 국내에 소개하여 알려진 것으로 보인다.

일단 2단계 권리구제형이라는 단어만 들으면 뭔가 새로운 제도가 도입된 것처럼 느껴질 수 있다. 판결을 두 번 받게 되기 때문에 기존의 제도보다 좀 더 합리적이라거나 반대로 피해자들에게 불리하게 된다거나 하는 선입견이 있을 수 있다. 우선 이 절에서는 2단계 권리구제 형식을 취하고 있는 국가의 제도를 소개함으로써 향후 체계 전반적 개선을 위한 실마리를 찾고자 한다.

Ⅱ. 일본

1. 제도의 개요

일본에서는 2013. 12. 11. 소비자피해의 집단적 구제를 위한 새로운 민사소송제도를 신설하는 법률(정식명칭은 '소비자의 재산적 피해와 집단적 회복을 위한 민사재판절차의 특례에 관한 법률'이며, 이하에서 '민사재판절차특례법'이라고 한다)이 제정되었다.[326] 민사재판절차특례법 제정 과정이 순조롭지 않아 남소의 위험 등을 이유로 기업의 반대가 극심하였다. 이에 대해 일본 정부는 청구적격을 엄격하게 규정하고, 청구 범위를 제한하는 등의 조치로 대응하였다.[327]

---

325) 곽관훈, "일본의 집합소송의 도입 논의 및 쟁점사항", (상사판례연구 제26집 제2권, 2013), 12면.
326) 서희석, "일본에서 소비자집단소송제도의 창설", (고려법학 제74호, 2014), 1면.
327) 상게논문, 26면.

민사재판절차특례법에 따라 새로 시행되는 제도는 소비자피해의 집단적 구제(손해배상 등)를 목적으로 한다는 점에서 "소비자집단소송" 또는 "소비자집합소송"으로 불린다.[328] 특히 미국이나 캐나다 등 영미법계 국가의 class action을 참조하였다는 점에서 일본판 class action으로도 불린다.

그 동안 일본은 선정당사자제도를 통해서 유가증권의 거래과정에서 발생한 집단적 피해의 구제에 관하여 여전히 선정당사자 제도를 이용해 왔다. 그러나 소액 다수의 집단적 피해이거나 피해자가 광범위하게 산재하여 일일이 선정당사자를 선정하는 것이 곤란하거나 또는 불가능한 경우, 또는 불특정 피해자가 있는 경우에 선정당사자제도로서는 피해구제에 있어 그 한계가 있다. 이에 대한 대책으로 집단소송제도의 도입에 관한 논의가 활발히 전개되어 1978년에는 집단소송제도의 도입을 위한 특별법시안을 마련한 적이 있었지만 입법에 이르지는 못하였다.[329][330]

2. 선정당사자 제도의 보완입법

일본은 민사소송법의 전면개정에 맞추어 미국식 집단소송제도 그 자체를 도입하는 대신에 선정당사자제도를 확충한 추가적 선정당사자제도를 마련하였다. 1996년 개정 민사소송법에는 "계속 중인 소송의 원고 또는 피고와 공동이익을 가진 자로서 당사자가 아닌 자는 자기를 위해서 그 소송의 원고나 피고를 선정당사자로 선정할 수 있다."라는 추가적 선정의 법적 근거를 마련하였다(일본민사소송법 제30조 제3항). 즉 변론의 병합에 의해서만 소송참가가 가능하던 법규정을 개정하여 계속 중인 소송의 원고 또는 피고와 공동의 이익이 있으면 소송에 참가하지 않아도 공동이익을 가진 자가 소송 진행 중 참가할 수 있게 되었다.

선정당사자소송에서는 다수가 소송이 계속 중인 사실을 알고 선정당사자에게 선정행위를 하면 다수의 피해자를 구제할 수 있는 장점이 있지만 선정자의 개별적인 손해배상액으로 한정되는 한계가 있으며[331] 또한 유사한 소송이 진행되는 사실을 공동의 이익을 가진 자에게 고지할 수단과 방법이 없고 또 소송이 진행되는 사실을 알

328) 상게논문, 2면.

329) 함영주. "집단분쟁해결을 위한 소송구조 개선방안", (법무부 연구보고서, 2011), 176-179면에서 재인용. 다케시타(竹下守夫) 교수는 일본에서 1978년 집단소송법이 통과되지 못한 이유를 설명하고 있다.

330) 상게논문, 176-183면. 일본에서 1978년의 입법을 제1기라고 한다면 그 이후 1990년-1996년까지 신민사소송법 제정과정에서의 논의를 제2기, 1999년-2001년까지 사법제도 개혁과 Class의 입법론을 제3기, 2008년부터 현재시점까지의 입법논의를 제4기로 분류할 수 있다.

331) 상게논문, 172면.

더라도 당해 소송이 적합하지 않다고 판단하여 별소를 제기할 수 있다는 한계가 있다. 실제 일본에서 개정민사소송법 시행 이후 법원이 새로운 선정당사자제도의 취지를 충분하게 고려하여 다수자가 관련되는 사건의 실무처리에 일회적·통일적인 해결의 자세를 취할 것을 기대하였으나 선정당사자 제도의 이용이 활성화되지 않았다.[332)]

일본은 집단적인 분쟁해결을 위한 집단소송제도의 도입을 포기하는 대신 1996년 민사소송법의 개정을 통해 제7장에 대규모소송에 관한 특칙을 두었다.[333)] 법원 내에서의 수명법관에 의한 증인·당사자 신문과 5인의 합의체로의 심리·재판과의 관계와 관련하여서는, 지방법원의 3인으로 구성된 합의체가 전자의 절차를 행하는 것만으로는 반드시 충분하지는 않다고 생각되는 경우 이들 규정을 활용하여 신속한 집중심리를 할 수 있도록 한 것으로 볼 수 있다.

3. 소비자계약법에 소비자단체소송 도입

일본은 2007년 6월부터 적격소비자단체가 소비자계약법에 위반하는 부당한 권유행위, 부당조항을 포함하는 소비자계약의 청약 또는 승낙의 의사표시의 금지를 청구할 수 있는 단체소송제도를 도입하였다.

내각총리대신의 인정을 받은 적격소비자단체가 소비자피해를 사전에 방지하고 동시에 피해확대를 방지하기 위해서 소비자계약법상의 부당행위 및 경품표시법에서의 부당표시, 특정상거래법에서의 부당행위에 관하여 금지청구를 할 수 있다. 또한, 식품표시법의 부당표시도 금지청구의 대상이 된다.

2008년 소비자계약법의 개정으로 금지청구의 대상을 경품표시법의 상품의 부당표시와 특정상거래법상의 부당행위에도 확대 적용하였다. 실제 소송에서는 해제를 동반하는 손해배상액의 예정, 위약금을 정하는 조항에 대한 금지청구의 사례가 많

---

332) 상게논문, 172면.

333) 첫째 수명법관에 의한 증인 등의 심문에 관한 특칙으로서 법원은 대규모소송에 관련한 사건에 대하여 당사자의 이의가 없는 때에는 수명법관에게 법원 내에서 증인 및 당사자본인 신문을 할 수 있도록 하였다(제268조). 수명법관에 의한 증인 등의 심문은 일정한 경우 법원 외에서 이루어지는 것이 원칙이지만(제185조, 제195조) 대규모소송의 경우에는 법원 내에서 수명법관이 증인 등의 심문을 할 수 있게 하였다.

둘째 합의체의 구성에 관한 특칙으로서 지방법원에서는 대규모소송에 관련한 사건에 관하여 5인 법관의 합의체로 심리 및 재판하는 취지의 결정을 그 합의체에서 할 수 있도록 하였다(제269조 제1항). 지방법원합의체는 3인의 법관으로 구성되는 것이 원칙이지만 대규모 소송의 경우에는 예외적으로 5인의 법관으로 구성될 수 있다. 판사보의 경우 동시에 3인 이상이 합의체의 구성원이 되거나 합의체의 재판장이 될 수는 없다(제269조 제2항).

이 나타나고 있다고 한다.[334)]

4. 민사재판절차특례법의 도입

(1) 법안의 주요 내용

이 제도는 소비자계약과 관련한 분쟁에서 다수의 재산적 피해가 발생한 경우 소비자가 사업자에 대하여 민사실체법상의 권리(취소권, 해제권, 손해배상청구권 등)를 가지고 있다고 하더라도 교섭력 및 정보력의 격차 등에 의하여 권리를 행사하는 것이 많다는 실태를 고려하여 그 실체법상의 권리를 효과적으로 실현하기 위하여 도입하였다(민사재판절차특례법, 이하 이 절에서는 '법'이라고 한다. 법 제1조). 소비자가 사업자와 체결하는 이른바 소비자계약에서는 동일한 사업자에 의해 같은 재산적 피해를 입는 소비자가 많다는 점 및 그 경우 소비자가 사업자에 대하여 실체법상의 권리를 가지고 있더라도 개별적으로 그 권리를 실현한다는 것은 현실적으로 곤란하다는 점을 감안하여 동일한 소비자피해를 집단적으로 해결하려는 목적에서 도입된 것이다.[335)]

이 법에 따라 소송절차를 수행하는 주체는 특정적격소비자단체이다. 특정적격소비자단체는 소비자계약법에 근거하여 금지청구권을 행사하는 적격소비자단체[336)] 중에서 새로운 요건을 충족하는 단체를 내각총리대신이 인정(認定)하며 유효기간은 3년이다.[337)][338)] 이때 인정에 관하여 보면, 인정을 받을 수 있는 요건이 법 제65조

334) 함영주, 전게논문(주 329), 171면.

335) 서희석, 전게논문, 2면.

336) 소비자단체소송제도에서 인정되는 단체로서 내각총리대신이 신청에 따라 적격소비자단체를 인정하며, 2014년 1월 기준 전국 11개 단체가 있음(특정비영리활동법인으로 교토소비자계약네트워크, 홋카이도 소비자지원네트, 간사이 소비자지원기구, 사이타마 소비자피해를 없애는 모임, 효고 소비자네트, 일본소비자기구, 히로시마소비자네트, 후쿠시마 소비자지원기구, 오이타현 소비자문제 네트워크, 도카이 소비자피해방지 네트워크, 공익사단법인 전국소비생활상담원협회).

337) 인정요건은 다음과 같다. ① 금지청구관련 업무를 상당한 기간에 걸쳐 계속하여 적정하게 수행하고 있을 것, ② 체제, 업무규정 등이 피해회복관련 업무를 적정하게 수행하기에 충분할 것, ③ 수권계약의 내용을 업무규정 기재사항으로 하고, 감독의 대상으로 함으로써 업무를 적정화할 것, ④ 지급받는 보수나 비용이 있는 경우 그 금액 또는 산정방법, 지급방법, 그밖에 필요한 사항을 정하고 있으며, 소비자 이익 보호의 관점에서 부당하지 않을 것 등이다(법 제65조). 내각총리 대신이 적격소비단체를 인정하는 것을 특정인정이라고 한다(법 제65조).

338) 특정인정의 요건은 법 제65조 제4항에 기재되어 있다. 1. 소비자계약법상의 관계업무를 장기간 적정하게 수행하고 있을 것, 2. 본법상 제1단계 절차와 제2단계 절차 및 민사집행에 관련된 업무(피해회복업무)를 적정하게 수행할 수 있는 체제 및 업무 규정이 정비되어 있을 것, 3. 다수결에 의한 이사회가 설치되고 중요사항이 다른 자에게 위임되지 않으며 이사 중 한명 이상이 변호사일 것, 4. 전문위원이 피해회복 재판절차를 검토하는 부문(부서)에 대하여 조언 또는 의

제4항에 비교적 상세히 규정되어 있고 법 제65조 제5항에는 업무규정의 내용이 마련되어 있는 점을 감안하고 그 외에 구체적인 특정인정의 기준이 가이드라인으로 정해져 있는 점[339]을 감안하면 법에서 정한 조건을 갖춘 경우 특별한 사정이 없는 한 내각총리대신은 인정을 해 주어야 할 의무를 가진다고 볼 수 있다.

이 법의 대상이 되는 청구는 사업자가 소비자에 대하여 부담하는 금전 지급의무로서 다음의 청구와 관련된 것이어야 한다(법 제3조제1항). ① 계약상 채무이행의 청구(법 제1조제1호), ② 부당이득에 관한 청구(법 제1조제2호), ③ 계약상 채무의 불이행으로 인한 손해배상의 청구(법 제1조제3호), ④ 하자담보책임에 따른 손해배상의 청구(법 제1조제4호), ⑤ 불법행위로 인한 민법 규정에 따른 손해배상의 청구(법 제1조제5호)이다. 그러나 법원은 간이확정절차에서 채권에 관하여 적절하고 신속하게 판단하기 곤란한 경우에 소를 각하할 수 있다.

피고는 소비자와 계약체결을 한 상대방인 사업자이고 ⑤의 경우 채무를 이행하는 사업자와 계약체결을 권유·강제·조장하는 사업자도 피고가 될 수 있다.

다만 소비자계약의 목적이 되는 것 이외의 재산이 멸실·손상됨으로 발생한 확대손해, 소비자계약의 목적물이 제공되었다면 얻을 수 있었던 이익을 상실함으로 생긴 손해인 일실이익, 사람의 생명 또는 신체에 피해를 줌으로 생긴 손해인 인신손해, 정신적 고통을 받음으로 생긴 손해인 위자료는 이 법의 대상에서 제외된다.

(2) 소비자단체소송제도의 특징

일본에 새로 도입된 소비자단체소송제도[340]의 특징은 분쟁의 해결절차를 2단계로 나누고 있다는 점이다. 먼저 1단계의 소송에서 "사업자가 상당다수의 소비자에 대하여 이들에게 공통하는 사실상 및 법률상 원인에 기초한 금전지급의무가 있다는 점을 확인"하고 2단계 소송에서 "개별소비자의 채권확정절차"를 간이한 형태로 진행한다. 그 절차를 거친 후 확정된 채권액에 따른 개별적 권리구제를 실시하게 된다.[341]

견을 진술하는 체재가 정비되어 있는 등 피해회복 관계업무의 적정한 수행이 가능한 전문적인 지식경험을 가지고 있을 것, 5. 피해회복관계업무를 적정하게 수행할 수 있는 재정적 기반을 갖출 것, 6. 피해회복 관계업무에 관련한 보수 또는 비용에 관한 규정이 마련되어 있고 소비자의 이익옹호 차원에서 부당하지 않을 것, 7. 피해회복 관계업무 이외의 업무를 행하는 경우 피해회복 업무의 적정한 수행에 지장을 주지 않을 것.

339) 특정적격소비자단체 가이드라인에 관한 내용은 다음의 사이트를 참조하였다.
http://search.e-gov.go.jp/servlet/Public?CLASSNAME=PCMMSTDETAIL&id=235030021&Mode=0

340) 소비자단체가 소송을 수행하는 구조이므로 단체소송으로 보는 것이 타당하다.

341) 이를 표로 예시하면 다음과 같다.
김재영, "글로벌소비자법제동향", (제1권 5호 통권5호, 한국소비자원, 2014), 4면.

제1단계 절차는 통상의 소송에 의한 것으로 '공통의무확인소송'이라는 새로운 유형을 마련한 것이다. 여기서는 특정적격소비자단체가 대상 소비자의 수권을 받지 아니하고 직접 독자적으로 소를 제기한다. 수권없이 소송을 수행하기 때문에 대상 사건의 존재와 관련된 정보와 증거의 취득이 매우 중요하다고 하겠다.342)

이때 1단계에서 확정되는 판결은 그 효력이 당사자 이외에 ① 원고가 아닌 특정적격소비자단체 ② 대상소비자로서 2단계 간이확정절차에서 채권신고를 한 자에게도 미친다(법 제9조). 이는 기판력의 확장을 의미한다. 이 경우 소비자의 경우에는 1단계의 승소판결을 유리하게 원용할 수 있는 근거가 마련되었다고 평가할 수 있다. 다만 원고측이 패소했다면 피고 사업자측이 유리하게 원용할 수 있는 근거는 없기 때문에 기판력의 편면적 확정이라고 한다. 이에 대하여는 소비자집단소송이 균형을 잃었다고 평가하기도 한다.343)

제2단계에서는 제1단계의 공통쟁점에 관한 확정판결을 전제로 대상소비자마다 개별쟁점을 심리하는 절차이다. 이는 개별 소비자에게 귀속되는 대상채권의 존부 및 금액을 확정하는 절차이다. 비교법적으로는 비송절차형(증인신문이나 감정 등 증거조사를 생략하고 서면에 따라 간이한 심리 도모)과 합의절차형(조정 등 합의절

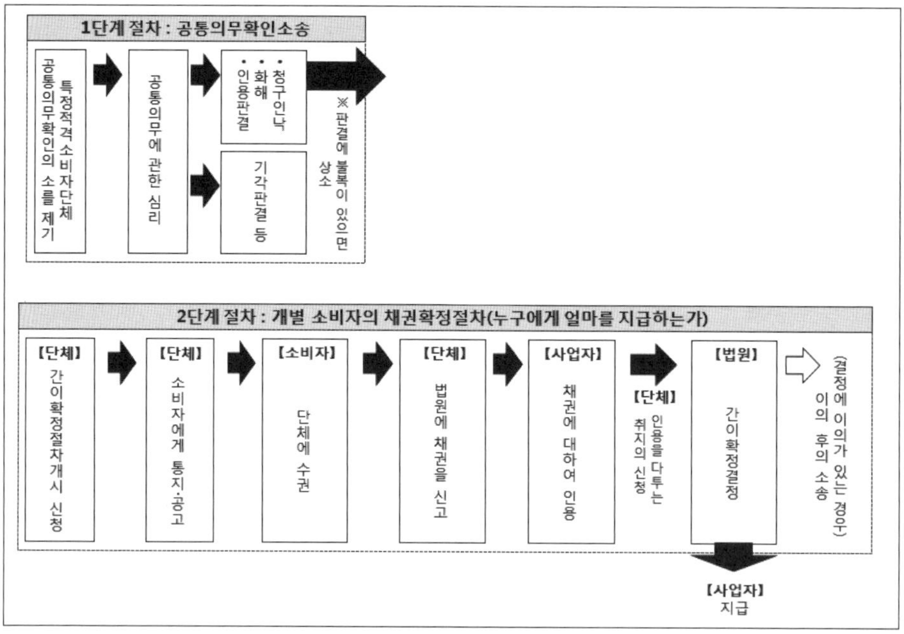

342) 서희석, 전게논문, 16면.

343) 三木浩一, "消費者集合訴訟制度の理論と課題", NBL 1016号, (2014), 50정. 그러나 사업자가 승소한 경우 개별소비자가 다시 별소를 제기할 가능성은 높지 않아 심각한 하자가 있는 것은 아니라고 한다.

차를 도입하여 개별적인 화해를 촉진)으로 나누어지지만 일본은 비송사건형을 원칙적으로 하였다.[344)]

제2단계에서는 특정적격소비자단체의 간이확정절차 개시신청에 따라 절차가 시작되어 대상소비자에게 수권을 촉구하기 위한 통지와 공고를 하게 된다(법 제25조, 제26조) 이후 소비자들의 채권신고서를 작성하고, 상대방이 신고채권을 인정하지 않은 경우 인부를 다투는 취지의 신청을 할 수 있다(법 제43조) 이후 법원은 당사자 심문 및 증거조사(서증에 한정) 후 간이확정결정을 하게 된다(법 제46조). 법원의 간이확정절차에 이의가 있는 경우 당사자나 소비자단체는 신청을 통하여 소제기를 한 것으로 간주된다.

Ⅲ. 프랑스

1. 소비자단체소송[345)]의 도입

프랑스는 집단소송과 그리 친한 법제는 아니었다. 프랑스의 단체소송 제도는 판례를 통한 단체소권부여가 선행하고, 이러한 판례의 내용을 입법에 의하여 도입하는 과정을 밟아왔다.[346)]

프랑스에서는 20세기 초부터 집단이익이라는 개념의 정립 및 집단이익을 보호하기 위한 형태로서의 단체소송을 인정하고 판례 및 입법을 통하여 그 법리를 발전시켜 왔다. 이러한 제도정립의 역사는 민사소송, 형사소송 및 형정소송 등 모든 소송법

344) 三木浩一, 前揭論文(註343). 53面.

345) 함영주, "소비자단체소송의 발전과 전망 - 최근 프랑스 소비자단체소송 입법을 중심으로 - ", (충북대학교 학술 발표문, 2014), 1면. 프랑스 소비법 개정을 일컬어 프랑스식 class action의 도입이라고 하여 마치 프랑스가 미국식 대표당사자소송제도를 직수입한 것으로 오해할 여지가 있어 용어를 살펴볼 필요가 있다. 미국식 대표당사자소송의 가장 큰 특색은 대표원고에 의한 집단인증이라고 할 것인데 프랑스에는 그러한 절차가 없다. 또한 기판력의 확장도 원칙적으로는 이루어지지 아니하며 그 적용범위도 소비자에 한한다. 그렇다면 우리나라에서는 소비자단체소송과 유사하므로 소비자단체소송으로 번역한다.

346) 프랑스에서는 그 동안 소비자단체소송을 발전시켜 소비자단체가 소송을 통하여 소비자의 집단적 이익 또는 개별적 이익에 대한 피해를 배상받을 수 있도록 하였다. 형사사건의 피해자가 그 사건으로 입은 손해의 배상을 청구하는 사소권(partie civile), 사업자가 형벌을 받지 않는 경우로서 소비법령 위반행위로 피해를 입은 소비자 개인이 사업자를 상대로 제기한 손해배상청구에 인가소비자단체가 참가하여 소비자의 집단적 이익에 대하여 손해배상을 제기하거나 위법행위의 금지를 청구하는 소송참가(interventions en justice), 인가소비자단체가 복수의 소비자로부터 서면 위임을 받아 그들의 손해배상청구권을 대리하여 행사하는 대리소권(action en representation)이 주요한 구제수단이다. 박희주, "프랑스의 그룹소송(프랑스식 집단소송) 도입에 관한 최근 동향", (소비자정책동향 No.3, 2010), 2-3면.

의 영역을 망라하고 있으며 개인과 국가라는 법 주체와 병행하여 단체에 대하여 거의 대등한 자격을 부여하여 왔다. 프랑스에서 19C 말경부터 직업조합이 당사자로서 제기하는 단체소송의 적법성을 판례가 인정하고 있었으나 새로운 형태의 이른바 현대형 소송에서는 재판 절차상 전통적 방식과는 다른 제도적 틀을 요구하는 경우가 증가하게 되었고 소비자법 분야에서 먼저 소비지단체소송의 성격을 가지는 그룹소송(L´action de groupe)을 도입하게 된 것이다.[347)]

프랑스에서 2014. 3. 17. 일명 'Loi hamon'라고 불리는 소비자법 개정안(La loi n°2014-344 du 17 mars 2014 relative à la consommation)에 소비자단체소송을 도입하였다. 프랑스에서 몇 년간 집단소송에 관한 논의가 있었고 소비자단체소송이 다중 분쟁 해결방안으로서 일반 법체계 내에 활력을 불어 넣었다. 그리하여 많은 개인 소비자들의 청구가 하나의 법원에서 단일한 소송으로 진행될 수 있는 계기를 만들었다.

Loi hamon으로 불리는 새로운 소비자법의 핵심적인 내용은 소비자단체소송의 도입 이외에도 고지의무(les obligations d'information), 방문판매와 원거래 판매(le démarchge et la vente à distance), 계약관련 개선사항(les innovations relative à certains contrats) , 경쟁청(Autorite de la concurrence)[348)]의 권한 확대 등이 주된 내용이다.[349)] 프랑스에서도 지금까지 소송비용 등의 문제로 소비자들이 직접 소를 제기하는 것이 쉽지 않았다. 새로운 소비자법은 소비자들에게 새로운 피해구제수단을 제공하고 소비자들은 정부로부터 인가받은 소비자단체가 사업자를 상대로 제기한 소송에 참가하여 피해를 구제받을 수 있다. 최근에는 소비자법상의 그룹소송을 민사소송법으로 확대하였다(제826-2조). 민사소송법에서는 그룹소송을 차별금지법, 노동법, 환경법, 보건법, 데이터 파일 및 자유에 관한 법률에 적용되도록 규정하고 있다. 제1심 법원의 토지관할은 피고의 소재지로 하며 피고가 외국인이거나 국내에 주소 또는 거소가 없다면 파리 대심법원(Tribunal de grande instance)이 관할권을 가진다.

347) 이명민, 전게박사논문, 117면 ; 권혁재, "프랑스의 단체소송제도", (법학논고, Vol.35, 2011), 330-331면.

348) http://www.autoritedelaconcurrence.fr 참조. 2009년 1월 프랑스는 경제선진화법(Loi du 4 aout 2008 de modernisation de l'economie)으로 기존의 경제재정부와 경쟁위원회(conseil de la concurrence)로 나뉘어 있던 경쟁정책 수립 및 집행 권한을 하나의 독립적인 관청으로 통합하여 경쟁청(Autorite de la concurrence)을 설립하였다.

349) Stéphane Piedelièvre, "La loi n°2014-344 du 17 mars 2014 relative à la consommation", ÉTUDE ET COMMENTAIRES AFFAIRES, LA SEMAINE JURIDIQUE - ENTREPRISE ET AFFAIRES, (2014), p.27.

2. 법률의 주요내용

프랑스가 도입한 그룹소송은 미국의 집단소송과 비교되는 여러 가지 특색을 가지고 있다. 그 주요한 내용을 보면 다음과 같다.[350]

(1) 그룹소송 적용범위 및 수행적격(Champ d'application de l'action de groupe et qualité pour agir ; L. 623-1조)

원고 적격 : 정당하게 인가받은 전국적 규모의 소비자단체만이 소를 제기할 수 있다. 이 경우 자연인인 소비자만이 소비자단체가 제기한 그룹소송에 참가할 수 있는데[351] 사업자와 전문직업인은 소비자단체소송에 참가할 수 없다.

청구원인 : 동일하거나 유사한 상황에 있는 소비자들은 사업자(전문직 포함)의 재화의 판매 또는 용역의 제공의 경우(A l'occasion de la vente de biens ou de la fourniture de services) 관련한 계약위반이나 법정의무 위반 행위 그리고 국내와 유럽당국의 감독당국이나 법원에 의하여 금지된 반경쟁적 행위로부터 입은 손해를 배상받기 위하여 그룹소송을 이용할 수 있다.

소송 객체 : 경제적 이익에 대한 손해만이 그룹소송의 대상이 될 수 있으며 신체적 피해 또는 정신적 피해는 그룹소송의 대상이 되지는 않는다. 손해에 대한 증명을 쉽게 할 수 있도록 소비자들은 소송진행 중 어떤 단계에서도 판사에게 사업자가 가지고 있는 자료를 포함하여 증거 기타 문서의 보존에 필요한 모든 법적 조치(toute mesure d'instruction légalement admissible nécessaire)를 취하도록 요청할 수 있다(L. 423-3조).

(2) 소송 절차

그룹소송절차는 크게 책임에 관한 판결(Jugement sur la responsabilité)을 위한 절차와 간이한 그룹 소송절차(Procédure d'action de groupe simplifiée)의 2종류로 구분된다. 미국의 제외신청(opt-out)과는 다른 참가신청(opt-in) 방식을 채택하고 있다.[352]

소비자단체가 제1심 대심법원(Tribunal de Grande Instance)[353]에 소를 제기하면

---

350) Freshfields Bruckhaus Deringer, "France adopts class action", 2014. ; LATHAM&WAKINS, "Client Alert Commentary", 2014.3. ; Daniel MAINGUY, "L'ACTION DE GROUPE EN DROIT FRANÇAIS - Après la loi Hamon du 17 mars 2014", Gazette du Palais, (2014).

351) 함영주, 전게논문(주 345), 10면.

352) Freshfields Bruckhaus Deringer, "France adopts class action", 2014. p.1.

353) 프랑스의 1심 법원은 jurisdiction du premier degré라고 하는데 그 중 일정액 이상 또는 다른 법원의 전속관할에 속하지 않는 사건을 담당하는 Tribunal de grande instance와 소액사건을 담당하는 Tribunal d'instance로 나뉜다. 우리나라와 비교한다면 전자는 1심 지방법원 후자는 1

법원은 소비자단체가 제소한 개별 사건들에 기초해 쟁점을 결정하고 "책임에 관한 판결(Jugement sur la responsabilité)"로 불리는 판결을 선고한다(1단계 절차). "책임에 관한 판결"은 그룹소송이 사업자의 책임, 소비자가 소송에 참가할 수 있는 기준 및 기간[354], 배상 대상이 될 수 있는 손해의 성질[355], 배상 조건, 판결을 공표하기 위해 채택된 조치 문제[356]를 다룬다. 사업자는 소송비용에 포함되어 있지 않은 소비자단체에 의해 발생된 비용에 충당하기 위하여 잠정적 금액의 지불을 명령받을 수 있다.

이 단계에서는 법원이 사업자가 책임이 있는지 여부에 관한 결정하게 되는데 이 때 사업자가 책임을 부담하는 소비자 집단과 그러한 집단의 구성원이 특정되었는지도 살피게 된다. 손해액 및 손해가 산정되어야 하는 방법을 특정하는데 있어 법원은 관련 자료를 공개하도록 사업자에게 명령을 내리는 것을 포함하여 절차의 어느 단계에서든 증거를 보전하기 위하여 필요한 조사를 명할 수 있고 광범위한 조사 권한을 가진다. 법원은 그룹소송에 참가한 소비자들을 위하여 기간과 조건을 정하면서 집단에 속할 수 있는 소비자가 어느 범위인지 고지하도록 하는 조치를 명할 수 있다(L. 623-4). 파기원(Cour de cassation)[357] 이전의 단계에서 법원의 결정이 확정되었더라도 법원은 공개적 조치를 강제하는 명령을 내릴 수 있다(L.623-4). 최종결정에 따라 유책 사업자는 중대한 손해로 인하여 그룹소송에 참여한 소비자들에게 배상하여야 한다.

심 소액사건법원 정도로 생각할 수 있다. 사법연수원, 『프랑스법 Ⅱ』, 2006. 4-5면에서 Tribunal de grande instance를 지방법원, Tribunal d'instance를 소법원으로 번역하고 있으나 Tribunal de grande instance의 역할이 우리나라의 제1심 지방법원과 유사하기 때문에 위와 같이 번역한다.

354) 이는 L.623-5에 따라 소비자단체가 소를 제기할 수 있는 사안인지에 대한 판단으로 보인다. (les conditions de recevabilité mentionnées à l'article L. 623-1), 사법연수원, 『프랑스법 Ⅰ』, 2006. 118면에서는 소송요건 또는 수리가능성으로 번역하기도 한다.

355) L.623-2조에 따르면 그룹소송에서 재화나 용역의 제공에 따른 물질적 피해(dommages matériels)만을 인정할 뿐 신체적, 정신적 피해를 인정하고 있지 않으므로 법원은 손해의 성질이 무엇인가를 판단할 필요가 있다.

356) L.623-7조에 사업자 책임이 있다고 판단한 경우, 그 결정에 근거하여 판사는 그룹에 속할 가능성이 있는 소비자에게 이 결정을 고지(informer)할 수 있는 적절한 조치(les mesures adaptées)를 지시한다.

357) 사법연수원, 전게서, 19면. 현재 소비법과 관계된 소송의 최종심은 파기원이 된다. cassation은 파기라는 의미로 사용되는데, 이 법원은 우리나라의 대법원과 유사하게 일반법원의 최고법원이며 법률심으로서 파기환송 여부를 결정하게 된다. 참고로 프랑스에는 국사원(Conseil d'Etat)라는 행정법원 중 최고법원이 있다. 행정부 내부에 행정법원을 두고 있는 셈인데 프랑스 혁명 당시 사법부가 혁명의 견제를 하고 왕정을 옹호하자 혁명정부에서는 행정작용에 대한 사법판단을 별도로 하는 법원 조직을 행정부에 두면서 양대 법원 체계로 나뉘게 되었다고 한다.

소비자들은 “책임에 관한 판결”이 공표된 후에 비로소 소송에 참가할 수 있다(2단계 절차). 집단(groupe)은 동일한 사업자에 대해 유사한 또는 동일한 상황에 있으며 그리고 판사에 의해 결정된 집단에 참가하기 위한 기준에 맞는 소비자들로 구성된다.[358]

그 외에도 간이한 절차(Procédure d'action de groupe simplifiée)가 도입되어 있다. 판사는 사업자의 책임을 인정하는 판결을 한 후 소비자에게 직접 개별적으로 배상할 것을 사업자에게 명할 수 있다(L. 623-14조). 처음부터 피해를 입은 소비자들의 신원과 숫자를 알 수 있고 또한 그 소비자들이 동일한 금액 또는 재화·용역별로 동일한 금액의 피해를 입은 경우 간이한 소송절차를 적용한다.

소비자에 대한 배상조건은 “책임에 관한 판결”에서 규정되는데 사업자에 의한 직접 지불도, 소비자단체 또는 소비자단체를 지원하는 사람에 의한 간접적 지불도 가능하다. 법원은 사업자(전문직 포함)에게 직접 개별적으로 소비자들에게 손해를 배상할 것을 명할 수도 있다. 이런 단순한 절차는 제외신고 방식의 소송처럼 보이지만 프랑스 소비자법 L. 623-15는 소비자들이 배상에 승낙(accepté) 하였어야 한다고 규정하고 있다. 이 부분에 대해 헌법위원회(Conseil Constitutionnel)[359]는 단순화된 절차규정은 가입신고 방식의 소송이고 그 절차가 헌법에 위반되지는 않는다고 판단하였다.[360]

나아가 이 법은 소를 제기한 단체로 하여금 원만한 화해를 하도록 하기 위하여 조정(Médiation)을 통하여 분쟁을 해결하는 것도 가능하게 하고 있다. 만약 당사자들이 합의를 해서 법원이 그러한 화해가 소비자의 이익에 부합한다고 본다면 합의는 판사의 승인(l'homologation du juge)에 따르고 강제력(force exécutoire)을 가진다. 합의는 소비자들이 가입신고 방식으로 참여하고 손해의 배상을 확보하기 위한 조치 내용을 포함할 수 있다(L. 623-22).

Ⅳ. 브라질

브라질은 시민법 국가(대륙법계)이면서도 가장 먼저 미국식 대표당사자소송제도

358) 함영주, 전게논문(주 345), 10-11면.

359) 의회가 제정한 법률의 위헌성을 판단한다는 점에서 우리나라의 헌법재판소와 유사하나 법률이 사전적, 예방적 통제를 위주로 하고 사후적 통제는 원칙적으로 국사원이나 일반법원에서 담당한다는 점에서 우리나라의 규범통제 제도와는 다르다. 헌법위원회는 선거소송, 및 국가긴급권 발동시 자문역할을 하는 등 상당히 정치적인 역할도 한다. 사법연수원, 전게서(주 317), 60-74면.

360) Freshfields Bruckhaus Deringer, op. cit., p.2.

를 받아들인 이후 비교적 성공적으로 정착시켜 나가고 있으며 그 영향력이 상당하다. 시민법 국가(대륙법계)인 우리나라에도 시사하는 바가 크며 참고로 일본도 민사재판절차특례법의 도입에 있어서 브라질 모델을 참고하였다고 한다.361)

1. 제도의 개요

캐나다의 퀘벡주와 더불어 브라질은 시민법(civil law) 국가 중에서 드물게 집단소송제도를 가지고 있는 나라로 알려져 있다.362) 브라질의 집단소송제는 국가기관이나 시민단체에 한하여 당사자적격을 부여하고 있어 소송의 당사자를 제한하고 있다는 점에서는 유럽 각국의 단체소송과 유사한 점이 있으나 개별적 손해배상을 허용한다는 점에서는 미국식 제도와 유사하다.363)

브라질에서 집단소송제 도입의 계기가 되었던 것은 이탈리아 법학자들의 미국식 집단소송제 도입 필요성에 대한 논의를 시작하면서부터였다. 이러한 시도는 브라질에 큰 반향을 일으켜서 1985년 공적민사소송법(Public civil action act; Ação Civil Pública)을 탄생시켰다.364)365)

브라질 법관은 재판진행 뿐만 아니라 조치에 대하여도 강력한 재량권을 가지고 있다. 예를 들어 환경오염을 방지하기 위하여 회사에 의무를 부과함에 있어, 판사는

---

361) 横山 淳, “日本版 クラスアクションと金融商品取引法”, 大和總研調査季報, Vol.5. (2012), 106面.

362) A. Gidi, “Class action in Brazil: A Model for Civil Law Countries”, American Journal of Comparative Law vol.50, 2003, p.312.

363) 브라질의 다수당사자소송을 당사자적격의 성질에 따라 분류한 견해로는 M. Cappelletti, “Governmental and Private Advocates for the Public Interest in Civil Litigation ; A Comparative Study, in Ⅱ Access to Justice, Promising Institutions (Cappelletti and Weisner eds., 1979), pp.773-775. 첫째는 집단소송(class action)으로서 집단 구성원에 의한 소송이며, 둘째는 공적소송(parens patriae civil action)으로서 정부 공무원에 의한 소송이며, 셋째는 단체소송(organizational or associational action)으로서 집단이나 협회 등에 의한 소송이다. 브라질의 집단소송제도는 세 가지의 성격을 모두 가지고 있다고 한다.

364) Ada Pellegrini Grinover, “The Globalization of Class Actions : Brazil”, The Annals of the American Academy of Political and Social Science vol. 622, SAGE, (2009), p.64.

365) 三木浩一, “ブラヅルにおけるクラスアクツョン(集団訴訟制度)の概要”, NBL 961号, (2011). 49面에서는 公共民事訴訟法으로 번역하고 있다. 하지만 이 법 제1조에서 자연환경, 소비자, 도시계획, 예술, 미술, 역사, 관광, 환경, 민중경제 등을 보호하기 위하여 일정한 기관이나 단체에게 민사소송을 진행할 수 있는 권한을 부여한 것이므로 규정되어 있는 바, 미국법상의 부권소송(parens patriae)이나 독일법상의 단체소송(Verbansklage)의 복합적 성격을 가진다. 그렇다면 사전적인 의미에서 두루 여러 분야에 관계된다는 公共보다는 공익을 위하여 특정하게 정해진 영역에서 소송이 제기된다는 취지로 公的이라는 용어를 쓰는 것이 더 타당하지 않은가 한다.

오염금지라는 소극적인 의무사항 부과를 포함하는 조치와 유사한 간접적 강제처분(constraint)을 명하거나 정화기를 설치하거나 공장을 닫는 것과 같이 의무사항을 지시하는 등의 적극적 요구도 할 수 있다.[366)]

2. 법률의 주요내용

(1) 집단소송으로 구제받을 수 있는 권리

브라질의 소비자법 제81조는 집단소송을 통해서 구제 받을 수 있는 집단적 권리의 종류를 '확산된 권리(diffuse right)'[367)], '집합권리(collective right)'[368)], '동질적 개별적 권리(homogeneous individual right)'[369)] 등 세 가지로 명시하고 있다.[370)] 그리고 1985년의 공적민사소송법에서 다루는 권리는 개인의 권리로 분할 불가능한 '확산된 권리'로서 환경, 허위광고를 당하지 않을 권리. 좋은 경치에 대한 권리 등이다. 이러한 권리들은 개별적 권리로 분할이 불가능하기 때문에 구제수단도 금지명령이

---

366) Ada Pellegrini Grinover, op. cit., p.63.

367) A. Gidi, op. cit., p.354. 특정한 사물에 대해서 다수인이 권리를 가지지만 각 개인에게 전속되는 것은 아닌 권리를 말한다. 예를 들어 깨끗한 공기를 누릴 권리, 정직한 광고를 볼 권리 같은 것들이 초개인적인 권리이다. 이런 종류의 권리는 특정 개인이나 특정한 집단에 한하여 부여된 것이 아니라 일종의 공공재적 성격을 지닌 것이다(The right to a safe environment, and to truthfulness in advertising belongs to everyone in the community and ,at the same time, belongs to no one in particular). 따라서 이러한 공공재에 대한 권리를 사법적 소송으로 다루기 때문에 이것을 다루는 법은 사법과 공법의 중간적 위치에 놓여있다고 볼 수 있다. ; RICARDO LUIS LORENZETTI, 『JUSTICIA COLLECTIVO』, 1st editon, Santa Fe-RUBINZAL- CULZONI, (2010), p.106. 여기서는 "Derechos sobre bienes juridicos individuales"라고 표현되어 있다.

368) A. Gidi, op. cit., p.356. 집합권리란 개인의 권리로 분할 불가능하다는 점에서 '집합권리'도 '확산된 권리'와 유사하다. 확산된 권리의 경우 권리자는 가해자와 어떠한 사전적 법적 관계를 가지고 있지 않은 반면 집합권리의 경우 권리자들은 가해자와 사전에 특정한 또는 동일한 법적 관계를 가지고 있다고 할 수 있다. 예를 들어 좋은 교육을 받을 권리의 경우 가해자인 학교와 권리자인 학생들간에는 모두 동일한 개별적 계약관계를 가지고 있었다고 할 수 있다. ; RICARDO LUIS LORENZETTI, op. cit., p.112. 여기서는 "Derechos sobre bienes juridicos colectivos"라고 표현되어 있다.

369) A. Gidi, op. cit., p.359. 동질적 개별적 권리란 동일한 원인(common origin)으로부터 비롯된 주관적 권리 또는 손해배상청구권을 말한다. 예를 들어 공해에 의해 동일한 피해를 당한 피해자들의 손해배상청구권, 분식회계로 인하여 피해를 본 투자자들이 회사나 경영자, 또는 회계법인에 대해서 가지는 손해배상청구권 등을 들 수 있다. ; RICARDO LUIS LORENZETTI, op. cit., p.119. 여기에서는 "Derechos sobre intereses individuales homogén eos"라고 표현되어 있다.

370) 三木浩一, 前揭論文(註 365), 51-53面에서는 'diffuse right'를 擴散的權利, 'collective right'를 集合的權利, 'homogeneous individual right'를 同種個別的權利로 번역한다. 결국 2단계 판결이 기능하는 클래스액션은 동종개별적권리라고 한다.

나 총액배상이 사용된다. 즉 개별적 피해의 구제는 공적민사소송법의 대상이 아니다. 그리고 1989년과 1990년에 장애인, 증권투자자, 아동 등 세 집단의 집단적 권리구제를 위한 실체법이 제정되었다. 이 법들에 대한 실체법적 권리의 구제는 공적민사소송법에 따르게 되어 있다.

피해자들이 집단소송을 통해서 개별적 피해를 구제받을 수 있게 된 것은 1990년 소비자법이 제정되면서 부터이며 이 법에서는 개별 피해구제를 위한 절차를 상세히 규정하고 있다. 그리고 집단소송의 절차가 비록 소비자법에 규정되어 있으나 모든 동질적 개별권리의 침해에 대한 구제는 이 법이 정하는 절차를 따른다.[371] 이처럼 공적민사소송법과 소비자법, 기타 실체법들이 브라질의 집단소송제도를 구성한다.

(2) 2단계 권리구제 방식

브라질의 동질적 개별적 권리와 관련된 집단소송에서는 1단계 판결이 공통쟁점소송(issue class action)의 성질을 가지므로 피고에게 손해배상책임이 있음을 선언하는 데에 그친다.[372] 그 과정에서 밝혀지는 것은 피고의 행위가 피해자들에게 어떤 피해를 가했고 그것이 어떤 법에 위반되는지의 문제이다. 이 과정에서 개별 피해자들이 배상을 받으려면 각자 별소를 제기하여 피고의 행위와 자기의 손해간의 인과관계 및 손해액의 규모를 증명해야 하고 거기서 승소하면 다시 집행에 관한 소(enforcement suit)를 제기해야 한다.[373]

참고로 동질적 개별적 권리에 대한 브라질의 집단소송은 우리나라의 증권집단소송과 다음과 같이 차이가 있다.[374] 우선 1단계 소송에서 인과관계와 손해액수 산정이 모두 종료된다. 다만 승소했을 경우 집단 구성원이 해야 할 일은 자신이 집단 구성원이고 손해와 어떤 관계에 있는지를 증명하면 되는 것이고 판결에 명시된 방식에 의해서 자동적으로 받을 배상액이 정해진다.[375]

만약 1단계 공통쟁점소송이 끝난 지 1년 이내에 충분한 숫자의 피해자들이 별소를 제기하지 않을 경우, 대표당사자는 집단 전체의 손해액이 얼마인지를 증명해서 받아내야 하며 당해 금액은 피해자에게 직접 지급되는 것이 아니라 정부기금으로

---

371) Ada Pellegrini Grinover, op. cit., p.63.

372) A. Gidi, op. cit., p.359.

373) Ibid, p.359.

374) 확산적 권리나 집합적 권리를 대상으로 하는 집단소송의 경우에는 장래의 침해에 대한 예방명령, 원상회복명령, 지역사회에 생긴 포괄적 손해의 배상 등을 목적으로 하므로 2단계 구성의 실익이 없다. 브라질에서 2단계 절차가 논의 되는 부분은 동질적 개별적 권리에 대한 것이다.

375) Ibid, pp.359-360.

편입된다.[376)]

(3) 당사자적격

브라질 소비자법 제82조는 집단소송의 소를 제기할 수 있는 주체를 법무부장관, 연방공화국, 주정부, 일정한 시민단체 등으로 명시하고 있다. 이들은 단독으로 혹은 연대하여 집단소송을 할 수 있는데 다만 시민단체는 고유한 분야의 소송만을 할 수 있다. 예를 들어 환경단체는 환경소송, 노동조합은 노동소송과 관련된 집단적 권리 침해에 대하여만 제소권이 있다.[377)]

(4) 기판력

불가분의 이익을 보호하는 소송에서는 권리가 불가분적이므로 민사소송의 판결은 대세효[378)]를 가진다(erga omnes)[379)]. 물론 증거부족으로 청구기각되면 기판력은 발생하지 않고 새로운 소송이 새로운 증거에 따라 적격요건을 갖춘 자에 의하여 소 제기될 수 있다. 만약 결정으로 집합적 소송을 기각한다면 그 결정은 새로운 집합적 소송을 금지하지만 개인들은 통상적인 소송절차에서 권리구제를 받을 수 있다.[380)]

(5) 재판비용

집단소송이 아닌 개별소송의 경우 재판비용[381)]의 부담에 관하여 브라질도 패소자부담의 원칙을 채택하고 있다. 즉 변호사 비용이나 기타 직접적 비용과 관계없이 소가의 10-20%를 패소자가 승소자에게 지급한다. 그러나 집단소송에 대하여는 예외가 인정되고 있는데 집단소송의 소를 제기한 원고측의 대표당사자는 패소하더라도 피고에게 재판비용을 지급할 의무가 없다.[382)]

---

376) Ibid, p.360.

377) Ibid, p.366. 브라질에서는 피해자 개인이 집단소송의 소를 제기할 수 있는 권리가 없다. 브라질에서는 단체소송의 소를 제기하고자 하는 시민단체는 정부의 사전허가를 받을 필요가 없다.

378) 三木浩一, 前掲論文(註365), 53面에서 대세적인 효력(對世的な 效力)으로 번역하고 있다. ; 이시윤, 전게서, 669면에서 일반 제3자에 대한 확장으로 번역하고 있다.

379) 원문은 다음과 같다. Ada Pellegrini Grinover, op. cit., p.66. "In actions to protect invisible interests, the procedural treatment is erga omnes, since rights are indivisible."

380) Ibid, p.66.

381) 여기에는 judicial cost, the lawyer's cost of the other party가 포함된다. Ibid, p.66-67.

382) Ibid, p.67.

제4절

주요 국가들의 제도에서 얻은 시사점

Ⅰ. 독일에서의 시사점

독일의 표본소송절차는 시험소송의 방식으로 평가 받는다. 몇 개의 선구적인 사례에 관한 판결을 내려놓고 다른 유사한 절차를 일괄적으로 해결하게 되면 소송비용과 소송절차에서 상당한 장점을 가지게 된다. 결국 이 방식은 어떻게 당사자들을 모두 참여시키고 판결의 결과를 그들 모두에게 구속력을 갖도록 하는 것인가라는 과제를 가지게 된다.[383] 물론 이 방식도 고등법원이 쟁점을 판단한 후 다시 1심 수소법원으로 송부하는 것이기 때문에 심급의 이익을 해한다는 지적이 충분히 있을 수 있다.[384]

우리나라의 경우에도 시험소송을 할 수 있는 방법이 있다. 대법원이 자본시장법(구 증권거래법)과 민법 사이에 청구권 경합을 인정하기 때문이다.[385] 다시 말해서 원고는 자본시장법이든 민법이든 선택적으로 주장할 수 있고 자본시장법의 손해배상청구권이 소멸시효가 지났다고 하더라도 민법상 불법행위로 인한 손해배상청구를 할 수 있는 상황이다. 먼저 일부 원고(주로 투자자)가 시범적으로 자본시장법에 기하여 손해배상청구를 하게 된다. 자본시장법 제125조, 제162조, 제170조는 피고가 주의의무 없음을 증명해야 하는 구조로 전환되어 있기 때문에 일부 원고는 증명책임의 혜택을 누리게 된다. 이때 일부 원고가 승소를 하게 되면 대부분 자본시장법상 소멸시효는 지나게 된다. 대부분 소송이 1년을 넘기 때문에 자본시장법상 "해당사실을 안 날로부터 1년, 제출일로부터 3년"의 시효를 도과하게 되는 것이다.

이때 나머지 원고들이 민법상 손해배상청구권으로 별도의 소제기를 하게 된다. 이때 소멸시효는 불법행위로 손해를 보았음을 안 날로부터 3년, 불법행위가 있는 날로부터 10년이라는 상대적으로 장기의 소멸시효의 적용을 받게 되는 것이다. 이미 자본시장법상 손해배상청구가 승소했다면 재판의 기록송부촉탁을 하여 증명책임의 효과도 경감시키게 된다. 결국 청구권 경합이 합법적인 시범소송을 운영할 수

383) 함영주, 전게논문(주 12), 351면 이하.

384) 정선주, 전게논문, 274면 이하.

385) 이 방법 이외에도 다른 법에 근거한 손해배상인 경우 당사자들 중 한명이 먼저 소제기를 하고 1심 판결의 결과를 기다려 다른 사람들이 별소를 제기하는 경우도 많다. 이런 경우는 대부분 소멸시효가 3년 이상인 때 해당한다. 통상 1심 재판이 1년 정도 걸리는 점을 생각하면 자본시장법상 1년의 단기소멸시효를 감안할 때 순수하게 시범소송으로 진행하기에는 시간이 촉박하다.

있게 해주는 도구로 충분히 사용될 수 있다. 이는 원래의 제도를 약간 변칙적으로 이용한 것인데 우리나라에서도 시험소송 방식에 대한 수요가 있음을 보여준다.

독일의 표본소송절차는 결국 사건을 모아서 공통쟁점을 고등법원에서 판단한 후 다시 수소법원으로 내려 일괄적으로 처리한다는 것인데, 미국의 복수관할소송처럼 대표당사자소송의 집단인증을 받지 못한 사건처리를 위한 제도 도입을 검토해 볼 수 있다. 우리도 관련 소송의 정지나 관할의 집중을 도입할 필요도 있어 보인다.

Ⅱ. 프랑스에서의 시사점

프랑스도 종전의 프랑스식의 단체소송과 달리 상당히 파격적인 입법을 하였다. 미국식과 다른 유형의 그룹소송으로 2단계형 구제방식을 도입하였고 소비자들의 적극적인 참여를 유도하였다는 점에서 의미가 있다. 특히 2단계 절차를 간이한 절차로 규정한 점을 주의 깊게 살펴볼 필요가 있다.

프랑스에서는 1단계 판결을 단순히 "사업자는 구성원에게 손해배상책임이 있음을 확인한다."수준으로 내리는 것이 아니다. 1심 판결에서 어느 정도 소비자들을 특정하고 배상조건과 배상기간 마저 정하도록 하여 2단계 판결에서는 곧바로 소비자들에게 배상이 이루어지도록 한 점이 특징이다. 다시 말해 2단계 판결에서 소비자들이 사건과의 관련성만 증명하면 곧바로 배상을 받을 수 있도록 하고 있다는 점이 커다란 시사점이 될 수 있다.

프랑스의 2단계 권리구제 방식은 대단히 간명하고 실용적인 측면이 있어 보인다. 우선 1단계 제소권자가 소비자단체라는 점이 중요한 특징이다(L. 623-1). 법에 정한 소비자단체이기 때문에 소송과 관련된 사무를 일관되고 전문적으로 수행할 여력이 있다는 의미이다.

프랑스 소비자법에 따르면 이미 1단계 판결에서는 판사는 각각의 소비자 또는 그가 정의한 그룹에 따라 형성된 각 카테고리의 소비자들에 보상가능한 피해를 결정하고, 또한 이의 금액 또는 이 피해를 평가하는데 필요한 모든 요소를 확정한다(L. 623-5). 판사는 사업자 책임이 있다고 판단한 경우, 같은 결정에 의거 판사는 그룹에 속할 가능성이 있는 소비자에게 이 결정을 고지할 수 있는 적절한 조치를 지시한다(L. 623-7). 심지어 단체가 사업자로부터 배상금액을 전부 받아서 예금공탁금고에 입금하여 보관한다(L. 623-10).

이 정도면 우리나라의 증권관련 집단소송보다 법원이 훨씬 더 많은 재량권을 가지며 나아가 법원이 분배금까지 단체에게 맡겨 놓는 결과가 된다. 2단계의 간이한 절차는 우리의 증권관련 집단소송의 분배신청과 유사한 수준으로 보이며, 사건과의 관련성만 증명이 되면 곧바로 수령할 수 있는 수준에 가까워 보인다. 위법사실의 확인 부분은 감정비용이나 증명 문제로 인하여 일반 소비자들이 소송대리인을 선임하였더라도 매우 곤란해 하는 부분이므로 법적으로 공인된 단체가 담당하고 1단계 판결이 확정되면 소비자들이 직접 참가신청을 하게 되는 방식은 대단히 유용하다. 가입신고 방식은 선정당사자 혹은 통상 공동소송과 과연 어떤 점에서 차별화가 되는지 의문을 제기하는 견해도 있으나 1단계 확인 판결을 전제로 한 가입신고는 소액다수 피해자들로 하여금 해결하기 어려운 부분을 증명해 주었다는 점에서 의미가 있다고 하겠다. 우리나라에서는 프랑스의 사례를 참조하여 현재 잘 사용되고 있지 않은 중간판결(민사소송법 제201조)을 활성화 시킬 필요가 있어 보인다.[386)]

판사는 손해를 본 소비자의 신원 및 인원수가 확인되고 소비자들이 동일한 금액의 피해를 입었을 경우 등에 있어서 사업자에게 책임에 관한 판결을 선고하고, 사업자로 하여금 직접 그리고 개별적으로 기간과 방법을 정하여 보상하도록 선고하도록 되어 있다(L 423-10조)는 조항을 보면 미국의 분배절차를 유지하는 기본정신인 가해자와 피해자와의 합의에 따른 분배진행[387)]과 매우 유사한 점이 있어 보인다. 프랑스는 법에서 사업자가 피해자에게 배상하도록 하게 된다는 점을 분명히 하고 있다(L 423-11). 결국 집단적 피해배상을 위해서는 법원이 직접 관리하여 각각을 배상액을 산정해 주는 방식보다는 사업자가 스스로 피해액을 산정하여 배상해 주는 방식이 가장 효율적이라는 점을 알 수 있다. 이 경우 법원은 후견적으로 분배절차의 성격이 강한 2단계 배상절차를 감독하는 역할을 하되 경우에 따라서는 강력한 재량권을 발휘할 수 있도록 장치가 마련된 것이다.

제외신고(opt-out) 방식과 가입신고(opt-in) 방식이 본질적인 차이를 불러오는 것처럼 서술하는 경우도 있지만 프랑스의 경우에는 단지 피해를 본 소비자가 직접 2단계에 위임을 하는 것만 차이가 날 뿐 다른 차이점은 거의 없도록 운영할 제도적 토대를 마련했다고 보인다. 다시 말해 가입신고(opt-in) 방식이라고 하더라도 제2단계 절차에 구제신청을 하기만 하면 별도로 손해액을 증명할 필요도 없을 뿐만 아니

---

386) 우리나라 법원은 독립된 공격 또는 방어의 방법, 그 밖의 중간의 다툼에 대하여 필요한 때 또는 청구의 원인과 액수에 대하여 다툼이 있는 경우에 그 원인에 대하여도 중간판결을 할 수 있는데 프랑스의 1단계 판결도 최종 금전배상 판결이전에 중요한 쟁점사항에 대한 판결을 내리고 있으므로 우리나라의 중간판결과 유사한 점을 지닌다.

387) 함영주, 전게논문(주 258), 125면.

라 사업자측의 방어전략에서 도출된 항변을 통한 심급별 재판 진행을 겪지 않아도 되도록 설계가 되어 있는 것이다.

2단계 권리구제방식으로 설계를 한다고 해도 집단적 분쟁해결의 취지와 분쟁해결의 통일성, 효율성, 신속성인 점을 감안하면 1단계 판결이 있은 후 2단계 절차에서는 가능한 신속히 처리되는 것이 타당하다. 1단계 판결은 쟁점에 대한 모든 요건사실 심지어 파악되는 개인들의 손해배상 산정방식까지지도 판단해 놓고 2단계 판결에서는 마치 도산절차에서 채권신고를 하듯이 피해자가 신고만 하면 완전히 조작이나 허위가 아닌 한 곧바로 구제를 받을 수 있도록 설계되어야 한다.

2단계에서 소비자들이 직접 신청하는 가입신고(opt-in) 방식을 사용하여 재판받을 권리의 본질상 권리위에 잠자는 자를 보호해야 하는지에 대한 논란, 유럽인권협약 제6조(The European Convention on Human Right Article 6, 공정한 재판 및 공개재판을 받을 권리)[388]와 같은 기본적인 절차권이나 헌법에 명시된 권리를 침해할 여지가 있다는 논란을 잠재울 수 있었다고 보인다. 아울러 단체소송에서 단체가 손해배상청구를 하지 않고도 소비자 개인에게 손해배상청구를 할 수 있는 길이 열렸기 때문에 종래의 법체계와 충돌할 여지를 최소화 시켰다고 보인다.

---

388) ARTICLE 6 (Right to a fair trial)

1. In the determination of his civil rights and obligations or of any criminal charge against him, everyone is entitled to a fair and public hearing within a reasonable time by an independent and impartial tribunal established by law. Judgment shall be pronounced publicly but the press and public may be excluded from all or part of the trial in the interests of morals, public order or national security in a democratic society, where the interests of juveniles or the protection of the private life of the parties so require, or to the extent strictly necessary in the opinion of the court in special circumstances where publicity would prejudice the interests of justice.
2. Everyone charged with a criminal offence shall be presumed innocent until proved guilty according to law.
3. Everyone charged with a criminal offence has the following minimum rights:
   (a) to be informed promptly, in a language which he understands and in detail, of the nature and cause of the accusation against him;
   (b) to have adequate time and facilities for the preparation of his defence;
   (c) to defend himself in person or through legal assistance of his own choosing or, if he has not sufficient means to pay for legal assistance, to be given it free when the interests of justice so require;
   (d) to examine or have examined witnesses against him and to obtain the attendance and examination of witnesses on his behalf under the same conditions as witnesses against him;
   (e) to have the free assistance of an interpreter if he cannot understand or speak the language used in court.

프랑스 소비자법 L. 623-11에서 “판사는 손해 본 소비자의 피해에 대한 보상이 실행되어야 하는 기간을 확정하고, 이 기간이 되면, 사업자가 의무를 이행하지 않은 점에 대한 배상을 청구한다.”라고 하여 사업자에 대하여 개별피해자에 대하여 임의로 배상을 하도록 하고 부당하게 응하지 않을 경우에는 제재[389]를 과하는 방법을 취하여 2단계절차의 실효성을 확보하고 있다. 이 점은 2단계 구제절차를 설계하는 나라에게 많은 시사점을 준다.

결국 사업자의 진지한 배상노력, 법원의 확실한 후견적 감독, 가입신고를 하는 당사자가 협력하면 2단계 권리구제 방식이 실질적으로 작동할 수 있을 것이다. 다만 물질적 손해만을 소송의 대상으로 삼았다는 점은 아쉬움으로 남는다.

Ⅲ. 일본에서의 시사점

일본에서는 미국식 제도에 대하여 부정적인 편인데 전통적으로 남소를 부추긴다거나 과도한 손해배상액이 산정되는 등 사업자에게 견디기 힘든 부담을 준다는 논거가 주류를 이룬다. 미국식 제도는 대표당사자 제도에 민사소송의 배심제도, 징벌적 손해배상, 증거개시절차, 성공보수 제도, 원고 편향성을 갖춘 일부 주법원·법관의 광범위한 재량, 영리추구를 전제로 한 변호사像, 미국식 변호사 비용 제도 등 여러 가지 제도가 결합하여 시너지를 낸다고 한다.[390]

일본의 민사재판절차특례법상의 집단소송제도에 대하여는 오랜 기간의 고민 끝에 일본의 법체계와의 상충을 최소화하면서도 집단적 권리구제를 위한 진일보한 제도라는 자체 평가가 있을 수 있다.

그러나 다음과 같은 문제점도 발견된다. 원고적격이 특정적격소비자단체에 한정되어 있어 활용의 폭이 좁게 설계되어 있다. 새로운 제도를 시범적으로 실시해 본 후 재검토를 행한다는 취지라고 설명하는 견해[391]도 있지만 이는 제도의 도입을 진지하게 실행하려는 의지가 있는지 의심스럽다. 원고적격에 관하여는 미국의 경우에는 집단의 문제로 해결하고 있고 브라질의 경우에는 소비자를 제외하면 검찰청, 연방정부 및 주정부, 민간단체 등 원고적격이 매우 다양하며, 프랑스의 경우에는 소비자보호단체이기는 그러나 그 단체에 소비자들의 참여가 보장되어 있다는 점에서 일

389) 원문은 “des demandes d'indemnisation auxquelles le professionnel n’a pas fait droit.”인데 ‘사업자가 제대로 이행하지 않는 점에 대한 배상요구’라고 번역할 수 있다.
390) 三木浩一, “集合的權利保護訴訟制度の構築と比較法制度研究の意義”, NBL 882号, 2008. 14面.
391) 三木浩一, 前揭論文(註343), 55面.

본의 원고적격은 좁은 편이다.[392)]

대상사안이 일부 조항에만 한정된다는 점도 문제점으로 지적된다.[393)] 소비자계약에 의한 손해배상청구라고 하더라도 인신손해, 일실이익, 확대손해, 위자료 배상청구는 제외된다. 항공기사고, 열차사고, 원자력사고와 같은 인신손해나 확대손해를 전제로 한 제조물책임소송은 제외된다. 개인정보 유출사고의 경우에도 그 성질이 사실상 위자료가 중심이 되기 때문에 대상에서 제외될 가능성이 높다. 사실 적용 청구권의 범위 문제는 법정책 문제 쉽게 말하면 대화와 타협의 산물이기 때문에 적용의 확대에 있어서는 조심스러운 면이 있으나 적어도 법 이론적으로만 볼 때는 일관성 없는 기준이 될 수 있다.

일본의 제도에 대하여는 다음과 같은 점에 대한 보다 심도 있는 검토가 필요하다. 첫째 소비자나 소송대리인에게 1단계 구제절차를 신청하는 실익이 과연 있겠냐는 것이다. 특정적격소비자단체라는 개념을 도입하여 소비자단체의 공익성과 적극성을 기대하고 있는 것인데 과연 1단계 구제절차에 있어 진지하게 인센티브를 고려하였는지 의문이다.[394)] 참고로 독일의 표본소송절차는 어느 것이 표본인지 여부의 확정도 쉽지 않지만 처음 표본소송이라고 주장하는 변호사에게 아무런 인센티브를 주지 않아 제도운영에 난점이 있다는 것을 이미 살펴본 바 있다.

둘째 2단계의 가입신청 부분이 어떻게 기존의 선정당사자나 통상공동소송 제도와 차별화 될 수 있는지에 대한 고민이 진지한지 살펴보아야 한다. 이 부분은 다시 두 가지로 나누어지는데, 소비자들이 적극적으로 참여가 가능하였다면 굳이 집단소송제도를 별도로 만들 필요가 있었는지 여부와 별도의 가입신청으로 참여한다고 하더라도 실질적인 배상금액이 나올 수 있는지 여부이다. 이는 제도의 본질적인 물음과도 연결되는데 가입신고 방식을 통해서 실질적으로 집단소송이라는 제도를 무용의 제도로 만들려는 숨은 의도가 있는 것은 아닌지 주의해야 하기 때문이다.[395)]

따라서 일본의 방식을 그대로 답습하거나 별도의 검토 없이 그대로 모방하는 방식은 주의를 요한다. 2단계 권리구제방식이 성공하려면 1단계 구제절차에서 판결문의 내용이 매우 정교해야 하고 이유에 대하여도 구속력을 가져야 한다. 다시 말해 분배절차의 실무사항을 제외하고는 주의의무 위반, 인과관계 확정, 손해의 발생사실, 손해의 계산방법, 공통성에 따른 피해그룹의 유형화 등 대부분의 사항이 판결문

392) 서희석, 전게논문, 25면

393) 상게논문, 26면.

394) 함영주, 전게논문(주 329), 206-207면.

395) 상게논문, 207면.

에 적시될 정도가 되어야 한다.

또한 법관의 재량이 인정되어서 1단계 판결이 그 취지대로 작동할 수 있도록 감독하여야 한다. 프랑스의 경우처럼 사업자측이 제대로 이행을 하지 않는 경우 법관이 제재를 할 수 있을 정도가 되어야 한다. 2단계 구제절차에서 부당한 절차지연의 항변이 남용되지 않도록 하여야 하고 권리신고에서 관련성만 소명하면 바로 배상을 받을 수 있도록 절차를 설계하여야 한다.

마지막으로 소비자들에 대한 공지가 제외신고에서의 공지와 같은 수준으로 제공되어야 한다. 그렇게 되면 사실상 제외신고 방식이냐 가입신고 방식이냐의 논란은 송달의 위험을 누가 부담할 것이냐의 문제와 끝까지 어떠한 행동을 취하지 않은 피해자(주로 소액피해자)의 문제를 제외하고는 사실상 같아 질 수 있게 된다.

Ⅳ. 브라질에서의 시사점

브라질은 법체계에서 확산된 권리, 집합적 권리와 동질적 개별적 권리 도입하여 조화시킨 첫 시민법계 국가이다. 이러한 접근은 다른 라틴 아메리카에 점진적으로 영향을 미치게 되었다. 다양한 사법체계에 영향을 받은 남아메리카 모델 민사소송규칙[396]은 확산된 이익과 광범위한 당사자적격을 포함하고 있다.[397] 그와 함께 기판력 법리는 동질적 개별적 권리와 함께 브라질 법체계의 큰 특징으로 자리잡고 있다. 이 법은 우루과이에서 수용되었고 아르헨티나는 이미 같은 개념을 차용하여 1994년 헌법에서 금지명령과 같은 종류의 집합적 권리 방어를 위한 구제책을 규정하게 되었다. 포르투갈도 1995년에 헌법으로 대중소송의 근거를 두어 확산되고 집합적 권리에 대한 방어를 도입하였고 그 이후 동질적 개인적 권리의 범주도 규정되었다. 거의 모든 라틴 아메리카의 다른 국가에서 이름은 다를지라도 동질적 개인적 권리뿐만 아니라 확산된 이익과 집합적 이익의 방어에 대한 소송법적 규정은 채택되었다.[398]

그러나 브라질의 모델이 마치 미국과 다른 모델로 오해하는 경우가 있지만 사실은 그렇지 않다. 일단 손해배상의 방법이 미국의 근접배상방식(cy pres)과 유사할 정도로 매우 자유롭고 법관에게 강한 재량을 부과하고 있다.[399] 다시 말해 어느 단체

---

396) 원문은 'The Model Code of Civil Procedure for Ibero America'이다.

397) Ada Pellegrini Grinover, op. cit., p.67.

398) Ibid, p.67.

399) 김정호, "증권관련 집단소송제도에 관한 법경제학적 연구", (숭실대학교 박사학위논문, 2003), 51면. 브라질은 배상금의 처리방식을 확산된 권리로 인한 집단소송에서는 특별기금계정으로

가 청구하더라도 1단계 절차에서 위법판결이 나게 되면 브라질은 2단계 판결에서 비교적 자유로운 방법으로 배상방법을 정할 수 있게 된다. 이 점이 미국식 손해배상과 유사하다. 만약 손해배상의 방법이 금전배상을 통한 원상회복이라는 엄격한 도그마에 갇힐 경우 미국식 근접배상방식(cy pres)을 필두로 한 자유로운 분배방식은 법제화되기 어렵다.

브라질은 미국 법제에 대하여 대단히 우호적인 국가이다. 미국식 대표당사자소송제도를 도입하면서 어떻게 하면 브라질에서 가장 효과적으로 작동할 수 있을지 고민을 거듭하여 성공적으로 정착시켰다는 점을 주목할 필요가 있다. 우리나라에서의 집단소송 제도에 대한 논의 역시 제도의 성공적 도입을 위한 의견제시 면에서 필요한 것이지 제도를 작동하지 못하도록 하는 것에 초점을 맞추는 것은 바람직하지 않다.

V. 논의의 정리

위에서 살펴본 독일, 프랑스, 일본, 브라질의 권리구제 방식을 종합하여 보면 다음과 같다. 독일이나 프랑스는 미국식 제도를 도입하지 않지만 자국의 제도틀안에서 미국식 제도와 비슷하게 소액다수의 피해자를 구제하는 결과를 내기 위하여 노력하는 것으로 보인다. 일본은 이미 미국식 제외신고 방식(opt-out)에 대한 도입불가를 전제로 하여 제도를 구상하다보니 외형상 달라 보이는 제도를 도입하려고 한 것으로 보인다. 브라질은 미국식 제도를 상당히 많이 따랐으나 주로 국가나 단체의 주도권을 좀 더 인정하고 있는 것으로 보인다. 그렇다면 소액다수의 피해자를 민사소송절차에서 효율적으로 구제하겠다는 목적은 같지만 구체적으로 미국식 대표당사자소송제도를 어느 정도까지 도입할 것이냐에 대하여 각 나라의 사정에 따라 달라진 것으로 볼 수 있다.

편입되어 법무부의 감독하에 유사 피해방지를 위한 사업에 지출된다고 한다. 동질적 개별적 권리로 인한 집단소송에서는 원칙적으로 피해자 개인들의 배상명목으로 지급되고 피해자가 없을 경우 특별기금계정으로 편입된다고 한다.

제5장 우리나라 증권관련 집단소송법 개정논의 및 평가

제1절 서 설

Ⅰ. 논의의 전개

1. 서설

본 장에서는 증권관련 집단소송과 관련이 있는 다른 제도에 대하여 살펴보고자 한다. 인접 분야를 살펴봄으로써 증권관련 집단소송법이 가지는 위상과 의미를 제대로 정립할 수 있기 때문이다. 우선 우리의 증권관련 집단소송제는 특수한 분야인 증권분야에 접목된 것이기 때문에 금융소비자의 피해구제와 관련된 다른 문제도 살펴볼 필요가 있다. 먼저 소액다수의 피해자를 구제하는 또 다른 수단인 단체소송에 대하여 살펴본다. 이를 통하여 증권관련 집단소송과 보완할 점은 없는지 살펴볼 필요가 있다. 궁극적으로 증권관련 집단소송법도 금융피해자를 구제하기 위한 법률이기 때문에 금융소비자와 관련된 현행 법제를 개관하고 시사점을 찾고자 한다.

그 다음으로 자본시장법과의 관계를 살펴볼 필요가 있다. 증권관련 집단소송이 민사소송법의 특별법이지만 자본시장법상의 손해배상청구권을 실현하는 절차법으로 기능하기 때문에 절차법의 내용을 구성하는 실체법을 이해할 필요가 있다. 자본시장법과의 관계를 살펴봄으로써 다음 장에서 논의할 증권관련 집단소송법 제3조의 적용범위를 더 풍부하게 논의할 수 있다.

그 다음으로 분식회계와 부실감사에 대하여 논하기로 한다. 이 부분은 자본시장법 제170조에서 외감법 제31조(구 외감법 제17조 이하 구법 생략)를 준용하고 있는데 이 역시 증권관련 집단소송법 제3조의 적용범위를 구성하고 있기 때문이다. 기업에 부정행위가 있으면 대부분 자금의 출처 및 흐름이 문제되고 비정상적인 자금

흐름에 대하여 회계처리를 정상적인 자금흐름인 것처럼 고쳐 놓아야 하기 때문에 실무상으로 분식회계는 대부분의 부정행위에 영향을 미친다. 자금이라는 것은 거래에 따라 흐름이 있기 마련으로 흔적을 남기지 않으려면 비자금 형태로 전환시킬 수밖에 없는데 비자금 전환 역시 회계상 문제점을 항상 가지고 있다. 부실감사는 이런 분식회계가 있을 때 공인회계사가 제대로 회계감사기준에 따라 회계감사를 하지 않은 경우를 말한다. 이러한 분식회계와 부실감사에 대한 감독당국의 행정조사를 회계감리라고 하는데 본 장에서 살펴본다.

그 다음으로 징벌적 손해배상 및 손해배상의 방법에 관하여도 살펴본다. 기업측의 불법행위를 억제하려면 법원에서 단순히 불법이라고 판결하는 것보다는 금전적 배상액수를 통하여 불법의 동기를 박탈하는 것이 보다 효과적이다. 아울러 현재의 경직된 금전배상의 방법에 어떤 변화를 가져올 수 있는지에 대하여도 검토한다. 앞에서 살펴보았듯이 미국의 대표당사자소송에서는 산정된 손해배상의 분배를 일반적인 방법과 다르게 하여 집단적 분쟁해결의 특성에 부합하도록 조정하고 있다. 우리나라의 법제에서도 그럴 수 있는 가능성은 없는지도 살펴보도록 한다.

그 다음으로 입법평가를 통하여 현재 증권관련 집단소송법이 가지고 있는 문제점과 대안의 기초가 되는 부분을 이론적으로 정리하고자 한다.

2. 헌법상 재판청구권과의 관계

증권관련 집단소송은 증권의 매매 그 밖의 거래과정에서 기업의 분식회계 및 허위공시(발행시장 및 유통시장), 불공정 거래(내부자거래, 시세조종 등), 부실감사 등 불법행위로 인하여 손해를 입은 증권투자자 집단 중 1인 또는 수인이 대표당사자가 되어 손해배상소송을 수행하고 당해 판결의 효력이 제외신고를 하지 않은 피해자 총원에게 미치도록 한 민사소송의 특수한 형태이다.[400] 다시 말해 직접 소송을 수행하지 않은 당사자도 판결의 효력을 받는 특수한 소송인 것이다.

이에 관하여는 헌법에서 정한 재판받을 권리의 입장에서 생각해 볼 필요가 있다. 헌법 제27조 제1항은 "모든 국민은 헌법과 법률이 정한 법관에 의하여 법률에 의한 재판을 받을 권리를 가진다."라고 규정하고 있기 때문이다. 증권관련 집단소송에서는 대표당사자와 일부 구성원들 이외에는 사실상 소송이 어떻게 진행되는지 관심이 없는 경우가 많다. 다른 공동소송 제도들은 최소한 절차 참가를 위한 위임절차를 거치는데 증권관련 집단소송은 그런 절차를 거치지 않는 제외신고 방식이기 때문이다.

400) 최정식, 전게서, 169면.

여기서 헌법의 문구상 “법률에 의한 재판”이 무엇인지 문제될 수 있다. 헌법상 재판받을 권리의 요체는 법관과 재판이다.[401] 헌법재판소는 재판받을 권리에 대하여 법관에 의한 재판을 받을 권리와 법률에 의한 재판을 받을 권리에 대하여 판시한 바 있다. 헌법 제27조 제1항에 있어서 “법관에 의한 재판을 받을 권리를 보장한다고 함은 결국 법관이 사실을 확정하고 법률을 해석·적용하는 재판을 받을 권리를 보장한다는 뜻이고 그와 같은 법관에 의한 사실확정과 법률의 해석적용의 기회에 접근하기 어렵도록 제약이나 장벽을 쌓아서는 아니된다.”라고 판시하고 있다(헌법재판소 2000.2.24. 99헌바17·18·19 결정).

“법률에 의한 재판이라고 함은 합헌적인 법률로 정한 내용과 절차에 따라 행하여지는 재판을 의미한다.”라고 판시하고 있다(헌법재판소 1993.7.20. 90헌바35 결정). 이 판시에서는 형사재판에 있어서는 그 기본원리라고 할 수 있는 죄형법정주의 원칙과 적법절차원칙이 합헌적 법률의 가이드라인으로 보았다. 민사재판의 경우 재산권과 재판받을 권리를 본질적으로 제약하는지 문제된다. 우선 제외신고 방식이 재산권 보장의 핵심인 사적자치 원칙과 배치되는지 검토해 본다. 재산권의 경우 보다 광범위하게 헌법상 형성권이 인정되는 점(헌법 제23조 제1항), 제외신고 방식을 취하더라도 당사자에게 재판을 통하여 재산권 실현 여부가 보장되는 점을 감안하면 과잉금지원칙에 위배되지는 않는다. 다음으로 제외신고 방식이 재판받을 권리를 제약하는지를 본다. 제외신고 방식이 처분권주의를 전면으로 제한하는지의 문제로 귀결되는데 제외신고 방식이 당사자의 참여권을 박탈하는 것이 아니라 통지를 받은 자가 원하면 언제든지 탈퇴를 할 수 있는 방식이기 때문에 처분권주의의 변형으로 보인다. 결국 통지를 통한 기회보장이 충분히 된다면 원고의 입장에서는 소제기를 선택하느냐 제외신고를 선택하느냐의 문제에 불과하여 재판청구권을 전면적으로 제약은 아니므로 충분히 법률로 수용가능하다. 결국 민사재판에서 법률에 의한 재판 문제에 대하여는 형사재판에서 보다 입법형성권의 재량이 더 넓다고 할 것이다.

증권관련 집단소송과 관련하여서는 재판이 과연 무엇인가를 살펴본다. 민사재판은 국민이 국가에 대하여 재판을 요구할 수 있는 권리와 관련된다. 이때 국가는 특별한 사정이 없는 한 당연히 국민에게 재판받을 수 있는 길을 열어주어야 한다. 이때 어떤 재판이 되어야 할지에 대하여는 비교적 광범위한 입법재량이 있다고 생각된다. 그렇다고 아무런 내용이나 재판청구권에 넣을 수 있는 것은 아니다. 적어도

401) 권영성, 『헌법학원론』, 법문사, 1998. 519면 이하. 허영, 『한국헌법론』, 박영사, 1997. 352면. 물론 신속한 재판을 받을 권리, 공정한 재판을 받을 권리도 헌법상 보장되기는 하나 이는 당연한 전제조건이므로 특별히 서술하지 아니하였다.

민사소송법의 4가지 이상을 구현하는데 본질적 제한이 있는 재판제도는 용납되기 어려운 것이다.

증권관련 집단소송제도를 두고도 위헌논란에 휩싸인 적이 있다.[402] 제외신고 제도로 인하여 대다수의 구성원들은 소 제기, 변론, 소송의 종결까지 쉽게 관여할 수 없도록 제도가 설계되어 있기 때문에 국민의 재판청구권을 제한한다고 한다.[403] 물론 증권관련 집단소송법이 현행 민사소송법 체계 중 처분권주의에 상당한 변형을 가하고 있는 것은 사실이나 재판받을 권리의 본질적인 내용을 침해한 것은 아니라고 생각한다. 구성원이 제외신고를 하여 소송에서 탈퇴하거나 제외신고기간 초과 전에 일반 민사소송절차를 이용할 수 있기 때문이다. 별도의 장에서 현행의 제외신고 제도에 관하여 논의하기로 한다.

그 정도 수준에서 위헌을 논할 정도까지는 아닌 것으로 보인다. 그러나 별도의 장에서 현행의 제외신고 제도가 현행 민사소송법 제도와 제대로 부합하는지는 논의하기로 한다.

이미 증권관련 집단소송법 제6조에도 "이 법에 특별한 규정이 없는 경우"라고 적시하여 본법이 민사소송법의 특별법이 될 수 있도록 규정하였기 때문에 재판청구권이 구현된 민사소송법의 내용을 일정부분 수정하는 것은 가능하다고 하겠다.

향후 증권관련 집단소송법 개정안에서 민사소송법의 특별법으로서 그 근거뿐만 아니라 민사소송법에 예외에 해당하는 제도의 근거도 충분히 마련할 필요가 있어 보인다. 현대형 소송은 전통적인 민사소송과 확연히 다른 점들을 가지고 있고 있으므로 현대형 소송의 특징을 충분히 반영한 입법이 필요하다.[404]

402) 함영주, 전게논문(주 329), 292면.

403) 상게논문, 292면. 제외신고 방식과 관련하여 재판청구권을 두고 문제되는 점은 크게 두 가지이다. 첫째는 재판수행을 원하더라도 대표원고와 소송대리인이 있기 때문에 적극적으로 재판에 임하지 못하는 경우가 있다. 둘째는 재판절차에 편입되고 싶지 않더라도 제외신고를 하지 않아 본의 아니게 구성원이 되는 경우가 있다. 그러나 이 두 가지 모두 문제의 본질과는 거리가 먼 주장이 아닌가 한다. 왜냐하면 우선 법원이 고지의 방법에 대하여 상당히 고민을 하고 있어 충분한 내용이 전달되도록 제도를 운영할 수 있다는 점이다. 공시송달만 보더라도 모든 송달을 해도 되지 않는 경우 관보나 법원 인터넷 게시판에 공고만 되어도 송달이 되도록 하는 반면 집단소송에 있어서는 적어도 구성원들이 관련 사실을 알게 될 정도까지 송달의 방법을 마련하고 있기 때문이다. 또한 피해자들이 가입신고를 잘 하지 않는 이유는 집단소송의 대상이 되는 사건의 성격 자체가 직접 소를 제기할 실익이 없거나 본인에게 손해가 발생한 사실을 모르는 경우가 많기 때문이다. 기업의 입장에서는 이렇게 소송으로 진행되기 어려운 점을 이용하여 소송과정에서 소송의 진행을 방해하는 전략을 사용하기도 한다. 심지어 통상공동소송이면 충분하다는 주장도 있으나 이는 적어도 현대형 소송의 특질과 당사자적격의 확대가 집단소송의 큰 흐름이라는 문제를 인식하지 못하는 견해가 아닌가 한다. 같은 취지로 함영주, 전게논문(주 329), 177-178면도 같은 취지.

404) 이시윤, 전게서, 785면.

제2절 증권관련 집단소송법과 다른 분야와의 관계

Ⅰ. 우리나라의 단체소송과의 관계

1. 소비자단체소송의 도입

(1) 소비자단체소송절차 개요

우리 사회가 고도로 산업화되면서 사업자들이 제공하는 상품이나 용역으로부터 발생하는 소비자의 피해는 다양한 원인으로부터 광범위하게 발생하고 있다. 사업자로 인한 소비자 피해의 문제는 사업자와 소비자의 구조적인 불평등에서 기인하는 점, 소비자 개개인의 피해가 비교적 소액이어서 적극적 권리구제를 기대하기 어려운 점, 사업자의 부당한 행위가 다수의 소비자에게 반복적으로 지속된다는 점에서 집단적 분쟁해결 방법이 요구되는 분야라고 할 수 있다.[405)]

이에 우리나라에서는 2004년 국무총리 산하 사법개혁위원회가 집단소송제도의 도입을 대통령에게 건의한 이래 2004년 9월 재정경제부의 소비자단체소송 도입방안에 대한 공청회가 있었으며 2005년 1월 6일 정부가 제출한 소비자보호법 개정법률안을 비롯한 총 6건의 관련 법률안이 국회에 제출되었다.

다만 제258회 국회 제6차 재정경제위원회(2006.2.21)는 위 6건의 법률안을 통합하여 재정경제위원회의 대안으로 제안하기로 하고 각각의 법률안은 본회의에 부의하지 않기로 하였다.[406)]

이에 따라 2006년 8월 28일 국회 재정경제위원장의 제안으로 "소비자보호법 전부개정법률안(대안)"의 일부로 소비자단체소송의 도입이 추진되었다. 이 법률안은 2006년 8월 29일 국회본회의를 통과하여 같은 해 9월 27일 법률 제7988호 "소비자기본법"으로 법률 명칭이 변경되어 공포되었고 2008년 1월 1일부터 시행되고 있다.[407)] 본 법률안은 소비자단체소송제도의 도입이유로 "저질수입상품 등에 따른 소비자안전위해, 악덕상술, 과장광고 등 불공정거래 행위로 인한 소비자권익침해행위의 방지, 소제기를 우려한 사업자의 자발적인 위법행위 중지와 예방, 제품의 품질과 안전성의 향상 그리고 제품 결함의 사후시정 등의 활성화를 들고 있다.[408)]

---

405) 김경욱, 전게논문, 261면 ; 정영수, 전게논문(주 87), 8면.
406) 소비자단체소송의 자세한 연혁에 관하여는 이명민, 전게박사논문, 13면 이하.
407) 한충수, "소비자보호를 위한 바람직한 집단소송 시스템", (민사소송 제10권 제1호, 2006), 146면.

(2) 소비자단체소송의 절차

가. 적용대상

소비자기본법 제70조 각 호의 어느 하나에 해당하는 단체는 사업자가 소비자기본법 제20조의 규정을 위반하여 소비자의 생명, 신체 또는 재산에 대한 권익을 직접적으로 침해하고 그 침해가 계속되는 경우 법원에 소비자권익침해행위 금지·중지를 구하는 소를 제기할 수 있다(소비자기본법 제70조).

나. 소의 제기

소비자기본법 제70조는 단체소송을 수행할 수 있는 단체의 종류와 범위를 규정하고 있다. 단체로는 소비자단체, 사업자단체, 비영리민간단체가 있다.

소비자단체는 제29조의 규정에 따라 공정거래위원회에 등록한 소비자단체이어야 한다. 정관에 따라 소비자의 권익증진을 주된 목적으로 하여야 하며, 단체의 정회원 수가 1천명 이상, 법에 따라 등록한 후 3년이 경과한 요건을 갖춘 단체이어야 한다(소비자기본법 제70조 제1호). 따라서 영리목적의 단체나 단체 구성원의 상호부조를 목적으로 하는 단체는 제외된다.[409)]

사업자단체[410)]는 「상공회의소법」에 따른 대한상공회의소, 「중소기업협동조합법」에 따른 중소기업협동조합중앙회 및 전국 단위의 경제단체로서 대통령령이 정하는 단체이다(소비자기본법 제70조 제2호). 이때 대통령령이 정하는 단체란 전국단위의 경제단체로서 ① 사업자 등을 회원으로 하여 민법에 따라 설립된 사단법인으로서 정관에 따라 기업경영의 합리화 또는 건전한 기업문화 조성에 관한 사업을 수행하는 법인 중 공정거래위원회 정하여 고시하는 법인 ② 사업자 등을 회원으로 하여 민법에 따라 설립된 사단법인으로서 정관에 따라 무역진흥업무를 수행하는 법인 중 공정거래위원회가 정하여 고시하는 법인을 말한다(소비자기본법 시행령 제63조).

비영리민간단체[411)]는 비영리민간단체지원법 제2조의 규정에 따른 비영리민간단

---

408) http://likms.assembly.go.kr/bill/billDetail.do?billId=036510

409) 이명민, 전게박사논문, 159면. 이 부분에 대하여는 단체의 요건을 지나치게 까다롭게 두었다는 비판이 있다. 특히 회원수를 1천명 이상 요구한 것은 다른 나라에 없는 요건이며 일본과 같이 업무를 안정적으로 수행할 수 있는지, 재정적 요건을 충분한 지 등 단체의 구조를 보는 것이 타당하다고 보인다.

410) 고형석, "소비자단체소송제도에 대한 연구 - 일본 소비자계약법상 소비자단체소송제도와 비교를 중심으로", (소비자학연구 제19권 제2호, 2008), 94면. 이 부분에 대하여는 소비자단체소송인데 왜 사업자단체가 원고적격을 가지게 되었는지 의문이라고 한다. 소비자단체에게는 공정위 등록 이외에 추가요건을 인정하고 있는 반면 사업자단체에는 그러한 추가요건이 인정되지 않아 형평성에서도 문제가 있다.

411) 비영리단체에 대한 요건이 사업자단체에 비하여 까다롭게 되어있다.

체로서 ① 법률상 또는 사실상 동일한 침해를 입은 50인 이상의 소비자로부터 단체소송의 제기를 요청받을 것 ② 정관에 소비자의 권익증진을 단체의 목적으로 명시한 후 최근 3년 이상 이를 위한 활동실적이 있을 것 ③ 단체의 상시 구성원수가 5천명 이상일 것 ④ 중앙행정기관에 등록되어 있을 것의 요건을 모두 갖춘 단체이어야 한다(소비자기본법 제70조 제3호).

증권관련 집단소송법은 원고와 피고 모두 변호사강제주의를 취하고 있는 반면, 소비자기본법은 원고측만 변호사강제주의를 취하고 있다(동법 제72조). 단체소송의 소는 피고의 주된 사무소 또는 영업소가 있는 곳, 주된 사무소나 영업소가 없는 경우에는 주된 업무담당자의 주소가 있는 곳의 지방법원 본원합의부의 관할에 전속한다(소비자기본법 제71조 제1항).

다. 소송허가신청과 소송허가요건

단체소송에서는 제도의 도입당시에 소송이 남용될 수 있을 것을 우려하여 단체소송을 제기하는 단체는 소장과 함께 ① 원고 및 그 소송대리인 ② 피고 ③ 금지·중지를 구하는 사업자의 소비자권익침해행위의 범위를 기재한 소송허가신청서를 법원에 제출하도록 하여 소송허가제를 채택하였다(소비자기본법 제73조 제1항). 위 소송허가신청서에는 ① 소제기단체가 동법 제70조 각호에서 규정하고 있는 단체로서의 요건을 갖추고 있음을 소명하는 자료 ② 소제기단체가 법 제74조 제1항 제3호의 규정에 따라 사전에 소비자권익 침해행위의 금지·중지를 요청한 서면 및 이에 대한 사업자의 의견서를 첨부하여야 한다. 다만 이러한 서면에 의한 요청 후 14일의 기간 내에 사업자의 응답이 없는 경우에는 사업자의 의견을 생략할 수 있다(소비자기본법 제73조 제2항).

단체의 소송허가신청에 대해 법원은 다음의 세 가지 요건을 모두 갖춘 경우에만 결정으로 단체소송을 허가한다.[412] 그 요건은 ① 물품 등의 사용으로 인하여 소비자의 생명, 신체 또는 재산에 피해가 발생하거나 발생할 우려가 있는 등 다수 소비자의 권익보호 및 피해예방을 위한 공익상의 필요가 있을 것 ② 법 제73조의 규정에 따른 소송허가신청서의 기재사항에 흠결이 없을 것 ③ 소제기단체가 사업자에게 소비자권익 침해행위를 금지·중지할 것을 서면으로 요청한 후 14일이 경과하였을 것이다(동법 제74조 제1항). 단체소송의 허가결정이 있는 경우에는 민사집행법 제4편의 규정에 따른 보전처분을 할 수 있다(소비자기본법 제76조 제2항).

412) 이에 대하여 지나치게 소비자단체에게 까다로운 요건이 된다는 문제가 있다고 한다. 이명민, 전게박사논문, 162-163면.

라. 판결의 효력

단체소송이 소비자권익침해행위의 금지·중지를 구하는 소송인 점에서 원고가 승소한 경우에는 소비자는 물론 다른 소비자단체 등이 다시금 소를 제기할 이익은 없게 된다. 다만 원고가 청구기각판결을 받은 경우에는 다른 단체에 의한 반복적 소제기와 이로 인한 남소의 위험 및 사업자의 응소의 부담이 문제될 수 있다. 이에 소비자단체소송에서는 원고의 청구를 기각하는 판결이 확정된 경우 이와 동일한 사안에 대하여는 단체소송의 제기요건을 갖춘 다른 단체는 단체소송을 제기할 수 없다(소비자기본법 제75조 본문).[413] 다만 판결이 확정된 후 새로운 연구결과나 증거가 나타난 경우 또는 기각판결이 원고의 고의[414]로 인한 것임이 밝혀진 경우에는 다른 단체에 의한 단체소송의 제기가 가능하다(소비자기본법 제75조 단서).

(3) 금융소비자 피해와 증권관련 집단소송법과의 관계

증권관련 집단소송법은 제3조의 적용범위로 인하여 사실상 금융소비자 피해를 구제하기 위한 법으로 기능한다. 적용범위에 관하여 자본시장법이 적용되는데다 대상이 증권의 매매를 전제로 하기 때문이다. 우리나라의 경제규모가 지속적으로 성장하고 금융거래도 매우 복잡해지면서 금융소비자들의 피해 역시 다양하게 발생하고 있다. 일단 여기의 금융소비자는 금융업자와 금융상품계약을 체결하는 등 금융거래를 하는 상대방으로서 예금자와 투자자, 보험계약자, 대출채무자를 모두 포괄하는 개념으로 정의할 수 있다.[415]

금융소비자 피해[416]에 대한 구제는 금융회사가 민원처리 형식으로 해 줄 수도 있고 금융감독당국이나 공적 기능을 가진 기관의 조정에 의해서도 이루어질 수 있다. 그러나 본질적으로 피해자들이 보호를 받기 위해서는 사법적 구제절차가 튼튼한 밑바탕이 되어야 한다. 왜냐하면 금융회사의 자발적 보상이나 금융감독원 등의 대체

---

413) 정영환, 전게서, 1038면 이하. ; 이명민, 전게박사논문, 179면 이하. 통상 소송을 통한 분쟁은 당사자 사이에서 해결되는 것이 원칙이나 일정한 신분관계, 단체관계, 공법상 관계에서는 분쟁의 획일적 처리를 위하여 기판력을 일정한 이해관계 있는 제3자 또는 일반의 제3자에게 확장할 필요성이 있다.

414) 사실 원고의 고의에 의한 패소는 형사절차에서 증명되지 않는 이상 현실적으로 증명하기 어려울 것으로 보인다.

415) 정순섭, "금융규제개혁과 금융소비자 보호", (상사판례연구 제22집 제4권, 2009), 8면

416) 금융부분 소비자 피해사건의 특징으로는 집단성, 복잡성과 전문성, 국제성, 시스템 관련성, 정보비대칭성이 있다고 한다. 김주영, "금융소비자 피해의 사법적 구제에 관한 소고", (BFL 제58호, 2013), 44-45면 ; 그와 유사한 취지로 피해소비자의 다수, 피해구제의 소극성, 증명의 곤란성 등을 드는 논문으로, 고형석, "집단적 소비자피해의 효율적 구제를 위한 소송제도의 개선방안에 관한 연구", (재산법연구 제32권 제4호, 2016), 113-114면.

적 분쟁해결절차는 실무상 사실 법원의 비교되기 때문이다. 법원의 요건사실 인정 여부나 과실비율 인정 같은 법원의 판단을 기준으로 나름대로의 기준을 정하기 때문에 법원의 사법적 구제수단이 미약하다면 다른 구제수단도 자연스럽게 기능을 제대로 하지 못하게 된다.

결국 자본시장법에 따른 증권에 투자한 투자자 중 일반 서민으로서 금융상품을 금융기관으로부터 구입한 자는 기본적으로 소비자의 성격을 가진다.[417] 현재의 증권집단소송법은 기관투자자이든 영세한 일반투자자이든 가리지 않고 소를 제기할 수 있도록 하여 정보의 비대칭성을 전혀 고려하지 않고 같은 피해자 취급을 하였다. 그러나 이제는 소비자의 특성을 감안한 권리구제절차를 정비할 필요가 있다. 즉 증권관련 집단소송 이외에 금융피해자를 위한 소비자단체소송[418]을 더욱 활성화 시켜야할 필요가 크다고 하겠다. 이때의 소비자는 기관이나 전문적인 투자자를 제외한 일반적 투자문외한이 포함될 것으로 보인다. 금융기관 임직원의 권유로 주가연계증권(Equity Linked Security)[419]를 구입한 주부나 은퇴자, 영세상인이 그 예가 될 수 있다.

2. 개인정보단체소송의 도입

(1) 개인정보 단체소송절차 개요

인터넷보급의 확대와 더불어 개인정보가 제3자에 의하여 무단으로 사용되는 개인정보의 침해 문제는 급속도로 증가하고 있다. 그 동안 우리나라에서는 "정보통신이용촉진 및 정보보호 등에 관한 법률", "공공기관의 정보공개에 관한 법률", "신용정보의 이용 및 보호에 관한 법률" 등 각 분야별로 개인정보를 취급하고 있었다. 그러나 법체계가 복잡하고 통일적인 규율이 어려운데다가 각 법률사이에 틈새 영역이 존재하는 경우가 많아 모든 영역의 개인정보를 취급하는 일반법의 필요성이 대두되어 2011년 3월 "개인정보 보호법"이 제정되어 같은 해 9월30일부터 시행되고 있다.[420]

---

417) 정순섭, 전게논문, 16면. 성질상 당연히 기관투자자는 소비자에서 제외된다. 금융기관에서 판매하는 금융투자상품을 구입하였다는 측면에서 투자자는 금융소비자의 개념에 포함될 수 있다. 예금자, 투자자, 보험계약자 그리고 대출채무자를 포함하는 공통개념으로서 금융업자와 금융상품계약을 체결하는 등 금융거래를 하는 상대방을 금융소비자라고 한다.

418) 연태훈, "금융소비자법 제정의 필요성과 개요", (금융소비자보호 강화를 위한 기본방향 토론회 자료집, 한국개발연구원 외2, 2010), 3면. 현재 이러한 유형의 단체소송은 도입되어 있지 않다. 하지만 향후 단체소송이 활성화가 된다는 전제하에서 본다면 소액 다수의 금융소비자 또는 영세한 투자자들에 대한 보호 필요성은 있어 보인다.

419) 주가연계증권은 특정 기업의 주가나 주가지수에 연동해 수익률이 결정되는 상품이다. 주가지수 상승 시 일정한 수익을 얻을 수 있도록 하는 것부터 주가지수 등락구간별 수익률에 차이가 나게 하는 것 등 다양한 유형의 상품이 존재하며 이를 구입하는 자는 금융소비자가 될 수 있다.

개인정보 보호법 제51조 이하에서는 개인정보 단체소송을 규정하여 사업자의 위법행위로 다수의 정보주체에게 유사한 피해가 발생하는 경우 피해의 직접당사자가 아닌 법정 요건을 갖춘 단체가 그 권리침해행위의 금지·중지를 구할 수 있게 되었다.

(2) 개인정보 단체소송 절차

가. 단체소송의 대상

개인정보 보호법 제49조에 따르면 국가, 지방자치단체, 개인정보 보호단체 및 기관, 정보주체, 개인정보처리자는 정보주체의 피해 또는 권리침해가 다수의 정보주체에게 같거나 비슷한 유형으로 발생하는 경우로서 개인정보 보호법 시행령 제52조에서 정하는 사건에 대하여는 분쟁조정위원회의 일괄적인 분쟁조정을 의뢰 또는 신청할 수 있다. 이때 동법 제51조에서 규정하고 있는 소비자단체와 비영리민간단체는 개인정보처리자가 이러한 집단분쟁조정을 거부하거나 집단분쟁조정의 결과를 수락하지 아니한 경우에는 법원에 권리침해 행위의 금지·중지를 구하는 소를 제기할 수 있다(개인정보 보호법 제51조). 따라서 개인정보단체소송에서는 권리침해로 인한 손해배상청구나 위법하게 수집한 개인정보의 삭제를 구할 수는 없다.[421]

나. 소의 제기

개인정보 보호법 제51조는 일정한 요건을 갖춘 소비자단체와 비영리민간단체를 개인정보 단체소송의 소를 제기할 수 있는 단체로 규정하고 있다.[422] 소비자단체의 경우 소비자기본법 제29조에 따라 공정거래위원회에 등록한 단체로서 ① 정관에 정보주체의 권익증진을 주된 목적으로 하는 단체이면서 ② 단체의 정회원수가 1천명 이상이고 ③ 등록 후 3년이 경과하여야 한다(개인정보 보호법 제51조 제1호). 비영리민간단체의 경우 비영리민간단체 지원법 제2조에 따른 단체로서 ① 법률상 또는 사실상 동일한 침해를 입은 100명 이상의 정보주체로부터 단체소송의 제기를 요청받고 ② 정관에 개인정보 보호를 단체의 목적으로 명시한 후 최근 3년 이상 활동실적이 있으며 ③ 단체의 상시구성원수가 5천명 이상이고 ④ 중앙행정기관에 등록되어 있어야 한다.

단체소송의 원고는 변호사를 소송대리인으로 선임하여야 하나 피고는 반드시 그럴 필요는 없다(개인정보 보호법 제53조). 단체소송의 소는 피고의 주된 사무소 또

420) 고형석, “개인정보침해와 피해구제에 관한 연구”, (법조, 통권 661호, 2011), 273면.

421) 상게논문, 287면.

422) 이 경우도 소비자단체소송과 같이 인원 요건을 둔 것이 지나치다는 비판이 있을 수 있다. 같은 취지로 상게논문, 293-294면.

는 영업소가 있는 곳 등의 지방법원 본원 합의부의 관할에 전속한다(개인정보 보호법 제52조 제1항).

다. 소송허가신청 및 소송허가요건

단체소송을 진행하는 단체는 소장과 함께 ① 원고 및 그 소송대리인 ② 피고 ③ 정보주체의 침해된 권리의 내용을 기재한 소송허가신청서를 법원에 제출하여야 한다(개인정보 보호법 제54조 제1항). 이때 소송허가신청서에는 ① 소제기단체가 법 제51조에서 규정하고 있는 단체소송을 진행하는 단체가 갖추어야 하는 요건을 갖추고 있음을 소명하는 자료 ② 개인정보처리자가 조정을 거부하였거나 조정결과를 수락하지 아니하였음을 증명하는 서류를 첨부하여야 한다(개인정보 보호법 제54조 제2항).

법원은 ① 개인정보처리자가 분쟁조정위원회의 조정을 거부하거나 조정결과를 수락하지 아니하였으며 ② 위 법 제54조에 따른 소송허가신청서의 기재사항에 흠결이 없는 경우에만 결정으로 단체소송을 허가한다(개인정보 보호법 제55조 제1항). 단체소송의 허가결정이 있는 경우에는 "민사집행법"에 따른 보전처분을 할 수 있다(개인정보 보호법 제57조 제2항). 단체소송을 허가하거나 불허하는 결정에 대하여는 즉시항고 할 수 있다(개인정보 보호법 제55조 제2항).

라. 확정판결의 효력

원고의 청구를 기각하는 판결이 확정된 경우 이와 동일한 사안에 관하여는 개인정보 보호법 제51조에 따라 개인정보 단체소송의 소를 제기할 수 있는 다른 단체는 단체소송을 제기할 수 없다. 다만 ① 판결이 확정된 후 국가 또는 지방자치단체 등에 의하여 그 사안과 관련하여 새로운 증거가 나타난 경우 ② 기각판결이 원고의 고의로 인한 것임이 밝혀진 경우에는 다른 단체에 의한 단체소송의 제기가 가능하다(개인정보 보호법 제56조).

3. 소결론

우리나라에 도입된 단체소송제도는 단체가 자기의 이름으로 권익침해의 중지 또는 금지청구의 소를 제기함으로써 소비자 또는 정보주체의 권익보호를 할 수 있도록 하고 있으나 그 기능은 주로 장래에 대한 예방적 청구에 그치고 이미 발생한 피해배상에 대하여는 실효성이 반감되어 있다.[423] 소비자나 정보주체가 사업자의 위법행위로 인하여 피해를 입었다고 하더라도 소비자단체나 관련 비영리단체가 직접

423) 전병서, "소비자단체소송에 있어서 단체의 제소권 - 그 이론적 근거 및 앞으로의 과제-", (법조 제639호, 2009). 119면.

피해를 입은 것이 아닌 한 소비자단체가 손해배상청구의 소를 제기하거나 관여할 수가 없기 때문이다.

특히 사업자가 위법한 행위로 부당한 이익을 얻고 있었다면 개개인의 소비자가 스스로 손해배상청구를 하지 않는 이상 그대로 그 이익을 보유하게 된다. 이때 소비자들이 소액의 피해라고 생각하여 권리구제를 하지 않는다면 사업자의 위법행위를 민사적으로 통제할 수단은 없게 되는 셈이다.[424] 아직 독일을 비롯하여 단체소송을 위주로 채택하고 있는 국가들에서는 이득반환청구를 위주로 논의가 전개되고 있는 것으로 보인다.[425]

그렇다면 단체소송의 한계점을 보완하기 위하여 소비자나 정보주체를 비롯한 소액다수의 피해자들의 손해배상청구권을 어떻게 구성해야 할 것인가의 과제가 남는다. 결국 손해배상청구권의 실현은 대표당사자소송을 통하여 가능할 것이므로 현행 단체소송은 대표당사자소송과 상호 보완적으로 운영될 필요가 있다.

Ⅱ. 증권관련 집단소송법과 자본시장법과의 관계

1. 개요

증권관련 집단소송법은 제3조의 적용범위에 있어서 자본시장법 조항을 특정하여 적용하고 있다. 따라서 증권관련 집단소송법을 연구할 때 자본시장법의 관련 내용을 파악해 보는 것은 제도의 본질과 관련된 문제라고 생각한다.

주지하다시피 이 법은 주식시장에서의 위법행위로 인한 모든 손해의 배상청구에 적용되는 것이 아니라 제3조 제1항에 열거되어 있는 위법행위로 인한 손해배상청구에 한하여 적용된다. 즉 증권신고서 및 투자설명서의 허위 또는 부실기재(자본시장법 제125조) 사업보고서 및 반기·분기보고서의 허위 또는 부실기재(동법 제162조), 미공개중요정보 이용행위·시세조종행위·부정거래행위(동법 제175조, 제177조, 제179조), 회계감사인의 부실감사행위(동법 제170조) 등으로 인한 손해배상청구에 한한다.

---

424) 伊藤 浩, 消費者団体訴訟の課題, 立教法學, 第73号, (2007), 176-177面. 사업자가 불공정 조항을 사용하거나 부당한 권유를 하여 소비자 전체에게 불이익을 입힌 행위는 소비자단체의 활동을 방해함과 동시에 그 목적에 방해가 되는 것이기 때문에 소비자단체에게 현실적인 손해가 발생한 것이어서 손해배상청구권이 인정되어야 한다는 견해이다.

425) 정영수, 전게논문(주 87), 39면.

2. 증권관련 집단소송법 제3조 제1항 각호에 관한 검토

(1) 제1호 자본시장법 제125조에 따른 손해배상청구 검토

증권시장은 발행시장(1차시장)과 유통시장(2차시장)으로 구분되며 이 두 시장은 상호보완 관계에 있다. 발행시장은 증권이 발행인 또는 보유자로부터 최초의 투자자에게 매도되는 시장으로서 자금의 수요자인 발행주체가 증권을 새로 발행하거나 특정인이 보유하고 있는 증권을 투자자에게 매각함으로써 증권시장에 새로운 증권을 공급하고 자금을 조달하는 추상적인 시장을 말한다. 새로운 증권이 최초로 출현하는 시장이라는 점에서 1차시장(primary market)이라고 한다.[426] 반면 유통시장은 이미 발행되어 있는 증권을 투자자 상호간에 매매하는 구체적(현실적)인 시장을 말한다.[427]

자본시장법은 증권신고서[428] 및 투자설명서[429] 중 중요한 사항에 관하여 부실표시를 함으로써 증권의 취득자가 손해를 입은 경우에는 그 손해에 관하여 배상의 책임을 지도록 특칙을 두고 있다(자본시장법 제125조 제1항, 제126조, 제127조). 이러한 손해배상책임의 특례는 민법상 일반불법행위책임의 성립요건 중 가해자의 고의·과실, 가해자의 위법행위와 피해자의 손해 사이의 인과관계, 손해배상액에 대한 증명책임을 가해자에게 전환하고 있다. 이는 증권거래의 특수성을 고려하여 피해자인 투자자를 두텁게 보호하고자 함이다.

(2) 제2호 자본시장법 제162조에 따른 손해배상청구 검토

유통시장공시는 증권이 시장에 상장되어 거래되고 있는 경우 그 발행회사가 해당 증권 및 회사의 기업내용에 관한 정보를 정기적으로 투자자에게 제공하거나(정기공시), 투자자의 판단에 중요한 사실이 발생할 경우 신속하게 공시(수시공시)하여야

---

426) 이상복, 전게서, 31면 이하.

427) 쉬운 예를 든다면, 공모주 청약과 같이 해당 주식이 처음 증권시장에 등장했다면 발행시장이고 유명 증권회사를 통해 삼성전자 주식을 매입한다면 유통시장인 것이다. 일반 개미투자자들의 다수는 유통시장에서 주식을 구입한다.

428) 이상복, 전게서, 54면 이하. 기업이 증권을 발행하는 경우 상법의 관련규정에 따라 증권의 청약과 관련된 내용을 신문공고 또는 주식청약서나 사채청약서에 기재하도록 하여 투자자가 이를 근거로 투자판단에 필요한 정보를 얻도록 하고 있다. 그러나 이 정도로는 투자자가 투자판단을 하기에는 부족하다. 이를 고려하여 증권을 공모하는 경우에는 발행회사 및 증권에 관한 상세한 정보를 증권신고서에 기재하여 일반투자자에게 공시하고 있다. 증권을 발행하는 회사와 투자자 사이의 정보비대칭을 해소하기 위한 문서인 것이다.

429) 상게서, 107면 이하. 투자설명서는 증권의 매수청약을 권유하는 경우 일반투자자에게 제공하는 투자권유문서로서 증권신고서의 내용을 보다 알기 쉽게 작성하여 일반투자자에게 제공하는 문서이다. 과거 증권거래법은 사업설명서라는 용어를 사용하였다.

하는 적극적인 법적 의무를 말한다.[430)]

사업보고서[431)]·반기보고서(6개월 단위 사업보고서)·분기보고서(3개월 단위 사업보고서)·주요사항보고서[432)] 및 그 첨부서류(회계감사인의 감사보고서는 제외) 중 중요사항에 관하여 거짓의 기재 또는 표시가 있거나 중요사항이 기재 또는 표시되지 아니함으로써 사업보고서 제출대상법인이 발행한 증권의 취득자 또는 처분자가 손해를 입은 경우에는 손해배상책임이 발생한다(자본시장법 제162조 제1항). 자본시장법 제162조 단서에는 배상책임을 부담하는 자가 상당한 주의를 하였음에도 불구하고 이를 알 수 없었음을 증명한 경우에는 배상의 책임을 지지 아니한다고 하여 증명책임을 전환하고 있다. 참고로 회계감사인의 감사보고서는 자본시장법 제170조에 별도로 마련되어 있으며 이 경우 외감법 제31조가 준용되고 있다.

(3) 제3호 자본시장법 제175조, 제177조, 제179조에 따른 손해배상청구 검토

증권의 불공정거래라는 용어와 관련하여 종전의 증권거래법에서는 주로 증권의 유통시장(대부분 거래소 시장)에서의 시세조종행위 등에 한정하여 사용하고 있었다. 즉 과거 증권거래법은 제188조의 4(시세조종 등 불공정거래의 금지)에서 불공정거래를 사실상 증권거래소 시장에서 증권의 매매거래(유통)와 관련된 시세조종행위 등을 중심으로 제한적으로 규정하고 있었다. 그러나 현행 자본시장법은 이를 훨씬 포괄적이고 광범위한 개념으로 정의하고 있다. 즉 자본시장법에서는 ① 내부자 거래의 제한(자본시장법 제172조 내지 제174조), ② 시세조종행위 등의 금지(자본시장법 제176조), ③ 부정거래 행위 등의 금지(자본시장법 제178조 내지 제178조의3)를 모두 포함하는 것으로 규정하고 있으며 증권의 불공정거래를 위 세 가지를 모두 포함하는 포괄적인 의미를 갖게 된다.[433)]

증권의 불공정 거래를 규정하고 있는 자본시장법의 내용을 조금 더 구체적으로 말하면 다음과 같다. 증권의 불공정거래란 내부자 거래, 미공개중요정보를 이용한 증권거래, 통정매매 및 가장매매를 포함한 시세조종행위는 물론이고 증권의 발행 유통 등 전 과정에서 자본시장법이 요구하는 관련 정보의 공시 등 각종 의무를 이

---

430) 상게서, 351면 이하.

431) 상게서, 359면 이하. 사업보고서는 제출대상법인이 매 사업연도 경과 후 당해 사업연도의 경영성과, 재무상태, 그리고 증권의 변동에 관한 사항 등 기업내용에 관한 사항을 기록하여 감독당국에 제출하는 연차보고서이다.

432) 상게서, 360면 이하. 주요사항보고서는 사업보고서 제출대상법인이 영업활동 등에 관하여 주요사실이 발생한 경우 그 사실이 발생한 날의 다음 날까지 금융위원회에 제출해야 하는 보고서를 말한다.

433) 윤승한, 「자본시장법 강의」(삼일인포마인, 2014), 829면 이하.

행하지 않고 증권을 거래하는 행위, 그리고 위계·사술 등에 의하여 상대방을 기망에 빠뜨리면서 증권을 거래함으로써 부당한 이득을 취하는 일체의 거래행위를 총칭한다고 할 수 있다.[434)]

특히 자본시장법은 포괄적 사기금지조항을 제178조에 도입함으로써 증권의 불공정거래의 규제 및 투자자보호와 관련하여 상당한 진전을 이루었다고 평가받는다.[435)] 금융투자상품의 매매(증권의 경우 모집·사모·매출을 포함) 또는 그 밖의 거래와 관련하여 ① 부정한 수단, 계획 또는 기교를 사용하는 행위 ② 중요한 사항에 관하여 거짓의 기재 또는 표시를 하거나 타인에게 오해를 유발시키지 아니하기 위하여 필요한 중요사항의 기재 또는 표시가 누락된 문서, 그 밖의 기재 또는 표시를 사용하여 금전, 그 밖의 재산상의 이익을 얻고자 하는 행위 및 ③ 금융투자상품의 매매, 그 밖의 거래를 유인할 목적으로 거짓의 시세를 이용하는 행위를 하는 것을 엄격히 금지하고 있다. 뿐만 아니라 누구든지 금융투자상품의 매매, 그 밖의 거래를 할 목적이나 그 시세의 변동을 도모할 목적으로 풍문의 유포, 위계의 사용, 폭행 또는 협박하는 행위 등을 모두 금지하고 있다.

가. 미공개정보의 의의 및 요건

미공개정보이용행위 금지규정은 자본시장법 제174조에 규정되어 있으며 제174조를 위반한 자가 해당 특정증권 등의 매매, 그 밖의 거래를 한 자가 그 매매, 그 밖의 거래와 관련하여 입은 손해를 배상할 책임을 지게 된다(자본시장법 제175조).

자본시장법의 적용을 받는 미공개정보란 특정 회사의 업무 등에 관한 정보로서 투자자의 투자판단에 중요한 영향을 미치는 정보로서 일반인에게 공개되지 아니한 것을 말한다. 자본시장법은 내부자 거래의 구제요건으로서 내부정보에 대하여 "상장법인 등과 관련된 미공개중요정보"일 것을 요구하고 있다(자본시장법 제174조 제1항). 내부정보는 우선 상장법인의 업무 등과 관련된 정보이어야 하며, 미공개중요정보는 "투자자의 투자판단에 영향을 미칠 수 있는 정보로서 시행령이 정하는 방법에 따라 불특정 다수인이 알 수 있도록 공개되기 전의 것"으로 정의하고 있다.[436)]

나. 시세조종행위 책임

시세조종행위는 자본시장법 제176조에 규정되어 있으며 제176조를 위반한 자가 그 위반행위로 인하여 형성된 가격에 의하여 해당 증권 또는 파생상품에 관한 매매

434) 변제호 외5, 『자본시장법』, (지원출판사, 2015), 601면.
435) 상게서, 604면.
436) 상게서, 622면.

등을 하거나 그 위탁을 한 자가 그 매매는 또는 위탁으로 인하여 입은 손해 등에 대하여는 손해를 배상할 책임을 지게 된다(자본시장법 제177조).

시세조종이란 증권시장에서 시장기능에 의하여 자유롭게 형성되어야 할 가격이나 거래량에 인위적인 영향을 주어 증권가격을 조작하는 행위를 말한다.[437] 이러한 시세조종행위는 증권시장의 생명이라고 할 수 있는 시세의 객관성을 훼손하는 행위로서 투자판단을 오인하게 하여 불특정 다수의 투자자에게 손해를 입힐 뿐만 아니라 투자자의 증권시장의 공정한 가격형성 기능을 저해하여 시장을 교란시키고 금융불안 및 국민경제의 안정을 해하는 중대한 결과를 초래한다.[438]

다. 부정거래행위의 적용요건

부정거래행위 금지규정은 제178조에 규정되어 있으며 제178조를 위반한 자가 그 위반행위로 인하여 금융투자상품의 매매, 그 밖의 거래를 한 자가 그 매매, 그 밖의 거래와 관련하여 손해배상책임을 지게 된다(자본시장법 제179조).

구 증권거래법 제188조의4 제4항에서는 시세조종의 마지막 유형으로 유가증권의 매매 기타 거래와 관련하여 ① 부당한 이득을 얻기 위하여 고의로 허위의 시세 또는 허위의 사실 기타 풍설을 유포하거나 위계를 쓰는 행위 ② 중요한 사항에 관하여 허위의 표시를 하거나 필요한 사실의 표시가 누락된 문서를 이용하여 타인에게 오해를 유발하게 함으로써 금전 기타 재산상의 이익을 얻고자 하는 행위를 금지하였다. 그런데 조문의 위치상 시세조종 금지조항에 편입되어 있어 포괄적 불공정거래 금지조항이 시세조종에만 한정되는 것으로 해석될 소지가 있었다.[439] 이는 다양하고 새로운 금융투자상품과 이들과 결합된 다양한 금융거래기법의 등장은 투자자보호 측면에서 새로운 문제를 야기할 수 있다. 기존의 개별조항으로 규율하기 어려운 새로운 형태와 구조의 불공정거래들이 등장할 개연성이 높기 때문이다.

포괄적 사기금지 조항 도입에 대하여는 규정의 형식이 추상적이고 포괄적인 규정방식이기 때문에 위헌소지가 있다는 주장이 있었으며 증권관련 집단소송의 적용대상에 포함되어 소송의 확대와 남소의 우려를 지적하는 목소리도 있었다.[440] 그러나

---

437) 상게서, 668면 ; Thomas Lee Hazen, op. cit., p.144.

438) 상게서, 669면. 자본시장법은 시세조종행위를 ① 위장거래에 의한 시세조종(자본시장법 제176조 제1항) ② 현실거래에 의한 시세조종(자본시장법 제176조 제2항 제1호) ③ 허위표시에 의한 시세조종(자본시장법 제176조 제2항 제2호, 제3호) ④ 불법한 시세의 고정이나 안정행위 ⑤ 금융투자상품간 연계에 의한 시세조종(자본시장법 제176조 제4항) 등 5가지 유형으로 분류하고 있다.

439) 김학석·김정수, 『자본시장법상 부정거래행위』, SFL 그룹, 2015. 181면.

440) 변제호 외5, 전게서, 726면. 현재는 제기된 증권관련 집단소송 건수가 많지 않아 남소의 우려는

내부자 거래, 시세조종 등 특정된 금지대상 외의 모든 사기행위를 금지하여 규제공백을 방지할 수 있는 포괄적 사기조항의 도입 필요성에 대한 정책적 필요성이 인정되어 입법화되는데 성공한다.[441] 특히 국회는 자본시장법 제178조 제1항 제1호에서 금융투자상품의 매매와 관련하여 부정한 수단, 계획 또는 기교를 사용하는 행위를 금지하는 규정을 신설하였고 이는 구 증권거래법 제188조의4 제4항과는 큰 차이점을 가지게 되었다.[442] 제178조를 내용적으로 구분한다면 크게 4개로 구분할 수 있다. ① 제1항 제1호의 부정한 수단, 계획 또는 기교를 사용하는 행위 ② 제1항 제2호의 중요사항 거짓의 기재 ③ 제3호의 거짓의 시세이용 ④ 제2항의 풍문의 유포, 위계의 사용행위, 폭행·협박행위로 분류할 수 있다.

자본시장법 제178조 제1항은 "누구든지 금융투자상품의 매매(증권의 경우 모집·사모·매출을 포함한다. 이하 이조 및 제179조에서 같다), 그 밖의 매매와 관련하여 다음 각 호의 어느 하나에 해당하는 행위를 하여서는 아니된다."고 규정하고 있다.

동조 제1항은 부정거래행위의 전제요건으로서 "누구든지"라고 하여 행위 주체를 불문한다. 매매 뿐만 아니라 다른 유형의 거래도 포괄하며, 증권의 경우 매매에 모집·사모·매출까지 포함시킴으로써 유통시장뿐만 아니라 발행시장에서의 불공정행위까지 규제대상으로 삼을 수 있도록 하고 있다. 여기서 '매매'란 매도인이 금융투자상품을 상대방에게 이전할 것을 약정하고 매수인은 이에 대하여 대금을 지급할 것을 약정함으로써 성립하는 계약이다. '그 밖의 거래'에는 담보설정계약, 합병계약, 교환계약, 공개매수, 신주예약권의 행사 등이 포함된다.

동조 제2항의 부정거래행위는 "매매 그 밖의 거래와 관련하여" 이루어져야 한다. 이는 해당 부정거래행위의 매매 관련성이 인정되어야 한다는 의미이다. 이는 미국 증권거래위원회규칙 제10조(b)-5의 "매매와 관련하여(in connection with)"와 같은 취지로 볼 수 있다. 따라서 부정한 수단, 계획 또는 기교를 사용한 행위가 매매 관련성이 있으면 행위자가 매매 그 밖의 거래를 현실적으로 실행하지 않더라도 제178조 제1항을 적용할 수 있다.[443] 이때 행위의 대상은 모든 금융투자상품이며 해당상품의 상장여부는 묻지 않는다. 동조 제2항에는 금융투자상품의 매매 또는 시세변동을 목적으로 위계·폭행·협박 등의 사용을 금지하고 있다.

부정거래행위는 포괄조항으로서 추상적 형식의 구성요건으로 되어 있어 어떤 행

현실화되지 아니하였다.

441) 상게서, 726면.

442) 상게서, 725면 ; 김학석·김정수, 전게서, 181면.

443) 김학석·김정수, 전게서, 181면.

위가 내부자거래 또는 시세조종에 해당하면서도 부정거래행위에도 해당하는 경우가 있게 된다. 특히 법 제178조 제1항 제1호의 "부정한 수단, 계획 또는 기교를 사용하는 행위"가 부정거래행위의 근원 조항으로서 다른 불공정거래와의 상호관계가 어떻게 되는지 문제된다.

이에 대하여 법 제178조 제1항 제1호의 부정거래행위를 독립적으로 적용된다는 견해와 내부자거래, 시세조종으로 규제할 수 없는 행위에 보충적으로 적용된다는 견해 사이의 대립이 있다. 전자의 견해는 원래 시세조종행위에 포함되어 있던 부정거래행위를 독립시켜 별도의 조항으로 입법화한 취지와 감독 및 집행상 우선처리 촉구기능 등을 고려하여 부정거래행위를 독립적으로 적용할 수 있도록 하는 것이 바람직하다고 본다.[444] 후자의 견해는 법 제178조 제1항 제1호는 불공정거래의 일반조항이고 다른 불공정거래행위는 특별조항의 관계에 있다고 하며 양자는 법조경합의 관계에 있어 내부자거래 또는 시세조종에 해당하면 당해조항만 적용되고 부정거래행위의 적용은 배제된다고 한다.[445]

대법원 2009. 4. 9. 선고 2009도675 판결에서 대법원은 주식 시세조종 등의 목적으로 자본시장법 제176조와 제178조에 해당하는 수 개의 행위를 단일하고 계속된 범의 아래 일정기간 계속하여 반복할 경우 자본시장법 제176조와 제178조 소정의 시세조종행위 및 부정거래행위 금지 위반의 포괄일죄가 성립한다고 판시하였다.[446] 이 논의는 형사법상으로는 죄수론을 판단하기 위하여는 유용한 논의로 보이지만 현재 법정형이 같기 때문에 처단형에서 차이를 발생시키지는 않는 것으로 보인다.[447] 이론상으로만 본다면 제178조 제1항은 다른 자본시장법 조항이 다루지 않는 부분에 대하여 보충적으로 적용하여야 중복적용의 문제를 해결할 수 있어서 죄형법정주의 논란을 최소화 시킬 수 있다고 생각한다.

(4) 제4호 자본시장법 제170조에 따른 손해배상청구 검토

이 조항은 외부감사인의 부실감사로 인하여 피해자들이 손해배상청구를 할 수 있는 경우에 증권관련 집단소송의 대상이 될 수 있음을 규정한 조항이다. 회사의 재무제표는 회사가 작성하는 것이 원칙이나 그 재무제표가 해당 회계처리기준에 부합하게 작성되었는지는 독립된 외부감사인이 회계감사기준에 따라 감사하여야 한다(외

444) 안수현, "불공정거래 규제법제의 현황과 과제 - 2011년 자본시장법 개정안의 평가를 포함하여 - ", (BFL 제50호, 2011), 37면.

445) 최승재, "자본시장법 제178조 제1항 제1호에 대한 연구", (금융법연구 제6권 제2호, 2009), 19면.

446) 김학석·김정수, 전게서, 298면. 여기서는 판례의 동향이 자세히 설명되어 있다.

447) 대법원 2011. 10. 27. 선고 2011도8109 판결.

감법 제61조). 그런데 외부감사인이 회계감사기준에 부합하지 않는 부실감사를 한 경우에는 그만큼 주식의 매매 등과 관련되어 투자자들이 제대로 된 정보를 받지 못하게 되기 때문에 손해가 발생할 수 있다. 따라서 외부감사인은 비록 증권의 매매와 직접적으로 관련되지는 않았지만 회계감사를 통하여 거래의 투명성을 감시하여야 하는 역할을 부여한 것으로 볼 수 있다.[448]

증권관련 집단소송법은 외부감사인이 회계감사를 함에 있어 중요한 사항에 관하여 감사보고서에 기재하지 아니하거나 허위의 기재를 함으로써 이를 믿고 이용한 선의의 투자자에게 손해를 가한 경우 외부감사인은 이에 대하여 손해배상책임을 부담한다(외감법 제31조 제1항, 제2항). 이때는 외부감사인이 손해배상청구권자가 입은 손해에 관한 사항 중 중요사항에 관하여 거짓의 기재 또는 표시가 있거나 중요사항이 기재 또는 표시되지 아니함으로써 발생한 것이 아님을 증명한 경우라야 외부감사인의 배상책임을 면하게 된다(외감법 제31조 제7항).[449]

3. 감리제도가 증권집단소송에 미치는 영향

(1) 감리당국의 증권집단소송 과정에의 개입가능성

회계감리제도는 회계감사 이후 감독기관이 감사보고서 및 감사조서를 검토하여 이 과정에서 부실감사의 사실이 적발될 경우 해당 공인회계사, 감사인 및 재무제표를 작성한 회사에 대하여 제재를 가하여 궁극적으로 회계감사 품질을 높이는 제도이다.[450] 회계감리제도의 법적근거는 외감법 제26조에서 "증권선물위원회는 감사의 공

448) 이효익·김한수, 「회계감사」 제2판, (신영사, 2015), 653-654면. 외부감사인(회계법인)이 회계감사를 하게 되면 감사보고서에는 4가지 종류의 의견이 기재될 수 있다. 적정의견, 부적정의견, 한정의견, 의견거절인데 그 외에 다른 형식은 현행 감사기준상 존재하지 않는다. 적정의견은 재무제표가 한치의 오차가 없다는 것을 확인해 주는 것이 아니라 중요성의 관점에서 보았을 때 더 이상 재무제표를 수정해야 할 정도는 아니라는 의견이다. 부적정의견은 충분하고 적합한 감사증거를 입수하였으나 왜곡표시가 재무제표에 개별적으로 또는 집합적으로 중요하며 전반적이라고 결론을 내리는 경우에 표명하는 의견이다. 의견거절은 감사의견의 근거가 되는 충분하고 적합한 감사증거를 입수할 수 없으며, 발견되지 아니한 왜곡표시가 재무제표에 미칠 수 있는 영향이 중요하며 전반적이라고 결론을 내리는 경우에 표명하는 의견이다. 한정의견은 부적정의견이나 의견거절에는 미치지 못하는 수준으로서 왜곡 표시가 중요하기는 하나 전반적인 재무제표에 영향을 미치지는 않은 경우를 의미한다.

449) 외부감사인의 개념에 대하여 주의할 점이 있다. 외부감사인은 회계법인 또는 감사반으로서 외감법에서 정한 회사에 대하여 회계감사를 할 수 있는 법인이나 조직을 의미한다. 다시 말해서 감사인은 공인회계사로 구성된 법인 또는 조직이지 결코 개인은 아니다. 따라서 외감법을 비롯한 법률에서 정한 회계감사는 대부분 회계법인이 수행하게 되고 당사자 사이의 약정으로 정한 회계감사를 임의감사라고 하는데 이는 개인 공인회계사도 수행할 수 있다는 점과 대비된다.

450) 박정우·정래용, "증권집단소송제에 따른 감리제도 개선방안에 관한 연구". (상사법연구 제25권

정한 수행을 위하여 필요한 감사보고서의 감리 및 감사인의 감사업무 운영에 관한 감리업무를 행한다는 취지로 규정한 것에 근거를 둔다. 이에 따라 증권선물위원회는 금융감독원의 보좌를 받아 상장회사 및 그 감사인을 감리하게 되고 외감법 제38조 제2항에 따라 증권선물위원회는 한국공인회계사회에 비상장회사 및 그 감사인에 대한 회계감리를 위탁한다. 이러한 회계감리는 기업의 분식회계 여부에 대해 감사인과 기업의 잘못을 규명하는 행위이기 때문에 감리결과 자료가 얼마든지 소송의 증거자료로 사용될 수 있다. 마치 형사소송에서 사용되었던 기록들이 민사소송에 증거로 이용되듯이 감리조치에 사용되었던 기록들이 관련 민사상 손해배상청구에 증거로 자주 이용되므로 감리제도의 정비는 증권관련 집단소송과도 상당히 밀접한 관련이 있다.

회계감리는 분식회계나 부실감사가 있게 되면 회계감독당국이 실시하는 행정조사로서 그 결과로 작성된 각종 자료는 민사소송에도 자주 인용된다. 일반적으로 민사소송만 제기하게 되면 감사인의 주의의무 위반 부분을 다투기 굉장히 까다로운데다가 외감법이나 자본시장법에 따라 감사인에게 주의의무 위반이 없다는 점에 대한 증명책임이 전환되어 있다고 하더라도 회계처리나 회계감사에 문외한인 일반 투자자 입장에서는 이를 다투기 어렵기 때문에 회계감독당국의 분식회계 및 부실감사에 대한 판단과 그 조치수준을 가지고 소송에 임하는 경우가 많다. 불법행위로 인한 손해배상청구에서 같은 사안의 형사판결문을 증거로 내는 것과 유사하게 분식회계나 부실감사로 인한 손해배상청구에서는 회계감리에 따른 조치결과 통보서를 증거로 내는 것이 일반적이다. 따라서 감리제도의 운영이 어떻게 되느냐에 따라 민사소송제도의 운영에 상당한 영향을 미치게 된다.

엄밀히 말하면 감리당국의 감리결과는 회계처리와 부실감사의 당부만 판단하는 것임에 비하여 법원에서 불법행위(특별법이든 일반법이든 불문한다)에 대한 손해배상청구의 판단은 주의의무 위반 이외에 인과관계, 손해산정, 위법성 등 감리당국이 고려하지 않는 요소들이 많다. 감리결과는 법원의 판단에 중요한 기준은 되지만 모든 결과에 영향을 미치는 것은 아니다.[451] 감리제도는 회계정보의 투명성을 제고하

제3호, 2006), 229면.

451) 대법원 2011. 1. 13. 선고 2008다36930 판결 등. 대법원 판례는 회계법인이 회계감사기준을 성실히 준수했으면 주의의무를 다했다고 추정하는 것으로 보인다. 또한 대법원 2014. 12. 24. 선고 2013다76253 판결에서는 감독당국에서 감리조치를 받았다고 하더라도 회계법인이 할 수 있는 범위내에서 회계감사기준을 준수하였으면 주의의무를 다 한 것으로 보아 손해배상책임을 부정하였다. 현행 감리조치는 회사의 기업회계기준 위반을 이유로 하였다면 그 부분에 있어서 회계법인이 회계감사를 어떻게 하였는지를 위주로 진행된다. 대체로 기업회계기준 위반이 있으면 회계법인에게 조치를 내리고 있으나 대법원 2014. 12. 24. 선고 2013다76253 판결은 감리조치의 판단기준과 법원의 판단기준이 다를 수 있음을 보여준 사례로 보인다.

여 선의의 투자자에게 피해가 발생하지 않도록 하는 사전적인 목적을 가진다. 반면 일반 소송을 비롯한 증권관련 집단소송은 분식회계 등으로 인하여 선의의 투자자가 입은 피해를 사후적으로 보상해 주는 것이 주된 목적이다.[452)]

사실 감리결과가 소송에 이용되는 것 자체를 위법 또는 부당하다고 할 수는 없으나 다음과 같은 규제의 중복이 될 수 있음은 부인하기 어렵다. 기업과 감사인들에 대한 통제는 크게 감독기관이 하는 공적 규제와 투자자들이 하는 사적 규제로 나뉘게 된다. 전자는 감사보고서의 문제점을 지적하거나 회계법인의 운영체계를 감독하는 감리제도가 대표적이고 후자는 분식회계나 부실감사로 인하여 입은 손해를 법원을 통하여 구제받는 소송제도가 대표적이다. 양자의 관계는 상호보완적이 될 수도 있으나 별개의 영역에서 고유한 목적을 유지할 필요가 있다. 왜냐하면 감리결과가 지나치게 소송에 영향을 주게 되면 감독당국이 가지는 고유한 제재를 벗어나 민간 영역의 제재를 사실상 선도하는 결과가 될 수 있기 때문이다. 다시 말하면 감독당국의 의지에 따라 소송의 승·패소를 주도할 수도 있어 감독당국의 과다한 개입이 있을 수 있다.

(2) 대안의 제시

가. 분식회계와 부실감사 부분에 대한 문제점

증권관련 집단소송 제도의 정비를 위해서는 대표적인 소송대상인 분식회계[453)](허위기재 및 중요정보 누락)의 개념과 범위에 대하여 명확한 규정을 둘 필요가 있다. 「외부감사 및 회계 등에 관한 규정」 제23조 등에 따르면 회계처리기준 위반행위에 대하여 감리를 할 수 있는 근거를 두고 있다. 2004. 6. 16. 이전에는 분식회계라는 문구를 사용하였던 것을 개정하여 회계처리기준 위반행위라는 용어를 사용하게 된 것이다. 따라서 감독당국은 분식회계[454)]를 회계처리기준 위반행위로 보는 것으로 추정할 수 있지만 현행규정은 다음과 같은 문제가 있다.

---

452) 이 부분에 대하여는 소송에 사전억제효과라는 기능도 중요하다는 반론이 있을 수 있다.

453) 분식회계는 재무제표를 작성하는 회사가 하는 행위이고 부실감사는 회계처리의 결과물인 재무제표를 감사하는 외부감사인이 하는 행위이다. 회사는 기업회계처리기준에 따라 회계처리를 하는 것이고 외부감사인(회계법인)은 회계감사기준에 따라 회사가 작성한 재무제표를 감사한다는 점이 명확히 구별되어야 한다. 따라서 회계법인은 분식회계에 공모하거나 방조는 할 수 있을지언정 직접 분식회계를 할 수는 없다.

454) 김광윤·박혜영, "회계 투명성 제고방안에 관한 실증적 연구 - 세무적 고려 포함", (세무학연구 제18권 제3호, 2002), 238면. 이 논문에서는 분식회계를 기업의 경영성과나 재무상태를 실제와 다르게 작성하여 재무제표를 보고하는 것으로 보아, 정상적인 재무제표에 인위적으로 수정을 가하는 모든 행위를 의미하는 것으로 기업의 경영성과를 양호하게 보이게 하거나 재무상태를 건전하게 하거나 이익을 조정하는 행위를 통칭한다고 한다.

첫째 개념이 지나치게 포괄적인 나머지 경미한 사항도 회계처리기준에 위반될 수 있게 된다. 회계원칙의 변경이나 회계추정의 변경은 정당한 이유가 있으면 회계처리기준에 따라 얼마든지 할 수 이는 것인데 이 과정에서 오류가 발생하였다면 분식회계가 될 수 있는 문제가 있다. 또한 주석 미기재와 같은 사항까지도 분식회계가 되어 당기순이익, 자기자본 등 자본항목에 영향을 미치지 않는 부분까지도 집단소송이 되는 문제가 생긴다.

둘째 회계감리는 감독당국의 표본추출에 의하여 감리를 받는 경우가 제일 많은데 회계처리기준의 해석은 법조문 해석만큼이나 다양하게 나올 수 있어 궁극적으로는 감리자의 권한이 너무 크다는 문제점이 제기된다.[455] 감리주기가 이제 25년 정도로 감축된 현실[456]을 감안할 때 민감한 회계처리에 대하여 일일이 감독기관으로부터 유권해석을 받아야 할 것이다.

나. 제도의 개선

사실 감리제도의 본래의 목적은 분식회계와 부실감사의 방지에 있었음에도 불구하고 지금까지의 감리제도는 사후적발과 처벌위주였다는 점을 부인하기 어렵다. 따라서 감리제도의 본질적 기능을 회복하고 회계정보의 신뢰성을 제고하는 방향으로 감리제도는 개선될 필요가 있다. 이를 위해서는 감리제도를 통하여 지적하는 것이 무엇인지 먼저 살펴볼 필요가 있다. 유감스럽게도 분식회계나 부실감사를 규율하는 외감법, 자본시장법에는 어디에도 분식회계나 부실감사에 대한 정의 규정이 없다. 금융위원회 내부 규정에서 회계처리 기준 위반행위로 정의되고 있다. 그런데 회계처리기준 위반이 과연 법률 위반과 동일한 수준의 위법인지는 의문이며 가사 그런 수준의 위법이라고 하더라도 법률에 명확한 정의 없이 처벌이나 행정조치를 부과할 경우 명확성의 원칙 위반이 될 소지도 있어 보인다.

이에 대하여 적어도 증권관련 집단소송법에는 단순히 자본시장법 제170조에서 외감법을 인용하여 법 제3조의 적용범위를 규정할 것은 아니다. 증권관련 집단소송이 가지는 불법성에 비하여 모든 외감법상의 회계처리 기준과 회계감사 기준 위반이 증권관련 집단소송의 대상이 되기에는 균형이 맞지 않기 때문이다.[457] 그렇게

---

455) 이두아, "증권집단소송절차의 진행과 관련된 여러 쟁점들 및 그에 대한 제안", (BFL 제8호, 2004), 35-36면.

456) 이투데이, 2016. 3. 10. 기사, "금감원 회계감리 주기 25년…적체 200건 달해" http://www.etoday.co.kr/news/section/newsview.php?idxno=1300886

457) 따라서 다음과 같이 대안을 제시하는 견해도 있다. 박정우·정래용, 전게논문, 255-256면에서는 "회사가 재무제표, 연결재무제표를 작성함에 있어서 외감법 제13조 제3항에 의한 회계처리 기준을 위반하거나 감사인이 회계감사를 함에 있어 외감법 제5조 제1항에 의한 회계감사기준 등

되면 경미한 과실의 경우에는 적어도 증권관련 집단소송의 대상이 되지 않도록 할 필요가 있다.[458] 뿐만 아니라 증권관련 집단소송법이 인용하고 있는 자본시장법(또는 외감법)에도 위법행위(분식회계, 부실감사)에 대한 정의를 분명히 해둘 필요가 있다.

사실 감리결과를 투자자들이 이용하는 것을 막을 방법은 없다. 실체적 진실 발견에 있어서 감리당국 역시 충분히 협조하여야 하기 때문이다. 그러나 감리당국이 감리를 하면서 적어도 증권관련 집단소송의 이용에 있어서 과도한 개입을 막고 신중한 판단을 유도하고자 하는 취지를 감안한다면 증권관련 집단소송법이 준용하는 자본시장법이나 외감법 내에 분식회계나 부실감사의 유형을 정해 놓는 것은 의미가 있다고 보인다. 즉 기업이나 감사인이 위법행위에 대한 예견가능성을 높여 예방효과를 높일 수 있다는 점, 투자자의 입장에서도 보다 명확히 소송 대상의 범위를 확정할 수 있다는 점, 감리당국이 증권관련 집단소송에 개입하는 근거를 명확히 할 수 있다는 점 등이 예상된다. 이는 궁극적으로 회계처리기준이나 회계감사기준 위반으로 인하여 주가가 받는 영향이 감소되어 투자자들의 회계정보 불확실성이 역시 감소하게 된다.[459]

4. 회계학계의 연구결과

증권관련 집단소송은 단지 법조계, 법학계를 넘어 재계 및 회계감사업계에도 상당한 관심의 대상이 되었다. 현행 증권관련 집단소송법에 회계감사인도 피고로 법정되어 있기 때문에 그 관심은 당연하다고 보면 된다. 재무제표를 작성하는 회사와 작성된 재무제표를 감사하는 감사인(회계법인)은 각각 분식회계와 부실감사의 책임

을 고의 또는 중과실로 위반한 경우 또는 회계처리기준이나 회계감사기준에 관련된 법령을 중대하게 위반한 경우"로 제안하고 있다.

458) 경과실의 경우 본안의 최종승소 가능성이 높지는 않을 수 있으나 증권관련 집단소송의 소제기가 공고되거나 소송허가가 통지된다면 그만큼 무형의 평판위험(reputatipn risk)이 발생할 후 있기 때문에 문제가 된다. 이 부분은 현행법상의 손해배상으로도 전보가 어렵기 때문에 피고측의 입장에서는 매우 민감할 수 있다.

459) 현재 회사와 회계법인에게 적용되고 있는 「외부감사 및 회계 등에 관한 규정 시행세칙」 별표2에 규정된 감리결과조치양정기준은 그 기준이 너무 엄격하여 개선의 여지가 있다. 이 양정기준에 의하면 회계처리기준 위반은 중과실 조치를 기준으로 더 중하면 고의 더 경하면 과실로 조치된다. 그러나 중과실이라는 개념이 어느 집단의 평균인 수준, 심지어 전문가 집단이라도 전문가 집단에서의 평균인을 기준으로 하고 있는 대법원 판례(대법원 1967. 7. 18.선고 66다1938 판결)의 태도와는 사뭇 달라 의문이다. 이 양정기준에 따르면 전문가는 회계에 문외한인 일반인을 기준으로 하여 주의의무가 평가되므로 일반 경과실은 거의 적용의 여지가 없게 되는데 이는 법원이 판단하는 주의의무의 판단기준에 맞지 않다.

을 부담한다. 그러나 파산과 회생이 비교적 용이한 회사와는 달리 파산시 자격을 상실(공인회계사법 제4조)하게 되는 공인회계사들의 경우 판결에 따라 집행할 수 있는 재산이 일정부분 확보되어 있는 경우가 많다. 회계법인의 경우 외감법 제17조의2에 따라 한국공인회계사회에 적립해 두는 손해배상공동기금(혹은 보험)과 공인회계사법 제28조에 따라 회계법인 내부에 유보해 두는 손해배상준비금이 마련되어 있기 때문에 무자력이 되기 쉬운 회사에 비하여 소송의 표적이 된다. 그에 따라 회계학계에서도 수행한 연구가 적지 않은데 그 결과를 간략히 소개한다.

회계학의 선행연구는 대부분의 연구가 이익조정이나 보수주의 등과 같이 기업이 작성하는 재무제표에 미치는 효과를 다루고 있다. 그러나 위에서 언급하였듯이 증권관련 집단소송제도는 재무제표를 감사하는 외부 감사인의 행동에도 상당한 영향을 미칠 것으로 예상하였다. 소송위험 증가는 감사위험의 증가로 이어지고 감사인은 이를 억제하기 위하여 더욱 보수적인 감사를 실시하게 되며 상대적으로 높은 감사위험에 대한 대가로서 피감사대상 법인에 추가적인 감사보수를 요구할 수 있다.[460)]

따라서 제도 도입 전후에 감사보수의 차이를 검증하는 작업은 증권관련 집단소송제도가 외부감사인의 감사위험을 높이고 잠재적으로 높아진 소송위험을 감지하여 실제 외부 감사행위에 반영하는지에 대한 정책적인 시사점을 제시할 것으로 예상된다.[461)] 국내에서는 미국과 달리 국내에서 현재까지 제기된 소송 건수가 적어 증권관련 집단소송제도의 무용론까지 나오고 있는 실정이다. 그러나 실제 소송의 제기가 없다고 하더라도 제도가 무용하다고 결론짓기는 어렵다.[462)] 집단소송제 도입이 이익조정 등 재무제표의 보수성을 높인다는 연구에서도 제도의 도입효과가 있음을 보이고 있다.[463)]

증권관련 집단소송제 도입 이후 감사인의 보수성 변화에 관한 연구에서는 증권관련 집단소송제 도입 이후 소송위험이 높아지는 감사시장의 환경 변화가 감사인의 행태에 미치는 영향을 분석하였다. 구체적으로는 증권관련 집단소송제 도입 이후 소송위험이 증가되면 감사인이 소송위험을 통제하기 위하여 보수적 감사를 수행하는 경향이 더욱 강화되었다고 한다.[464)]

실증분석 결과 증권관련 집단소송제 도입 이전과 비교하여 증권관련 집단소송제

460) 김상일·김경태, "증권집단소송제 도입이 감사보수에 미치는 영향", 회계·세무와 감사연구 제55권 제1호(통권 제57호), 2013.6. 31면.

461) 상게논문, 35면.

462) 상게논문, 52-53면.

463) 김평기, "소송위험이 적시성에 미치는 상호작용 효과", 산업경제연구 제24권 제2호, 2011.4. 865면.

464) 박종성·김정환, "증권관련 집단소송제 도입 이후 감사인의 보수성 변화", 회계저널 제22권 제1호, 2013.2. 322면.

도입 이후 감사인이 계속기업 불확실성의견을 표명하는 확률이 유의미하게 증가된 것으로 나타났다.[465] 이러한 결과는 증권관련 집단소송법 도입이후 높아지는 소송위험을 관리하기 위하여 감사인들이 재무건전성이 낮은 기업에 대해서 좀 더 보수적인 감사를 수행하고 있음을 보여준다.[466] 그리고 증권관련 집단소송제 도입을 전후로 한 감사인의 계속기업 불확실성의견 표명확률 변화정도는 감사인 간에 차이가 있는 것으로 나타났다.[467] 이 연구는 회계감사 측면에서 증권관련 집단소송제도의 실효성에 관한 실증적 증거를 제시하고 있다.

증권관련 집단소송제 도입 이후 제소건수가 미미하기 때문에 실효성에 대한 회의적인 시각이 다수 존재한다. 그러나 소송이 실제로 진행되면서 제도의 긍정적 효과를 만들어내는 측면도 있으나 제도의 존재 자체가 시장에 미치는 효과도 고려할 필요가 있다. 이 연구는 증권관련 집단소송제 도입 이후 감사인이 좀 더 보수적으로 감사를 수행함으로써 소액주주를 보호하고 회계투명성을 제고시키는 긍정적인 효과가 존재함을 보여준다고 하겠다.[468]

증권관련 집단소송법은 소송비용 및 손해배상금의 규모가 과거에 비해 증가하므로 감사인의 소송위험이 증가할 것으로 예상된다. 감사인이 증권관련 집단소송법 도입 이전과 유사한 수준의 감사위험을 유지하고자 한다면 증권관련 집단소송법 시행으로 인해 증가한 소송위험을 감소시키기 위해 회계감사를 보수적으로 강화할 필요가 있다.[469] 보수적으로 강화한다는 의미는 감사인이 엄격하게 회계감사를 한다는 의미이다. 특히 피감사기업이 계속해서 존속할 수 있는 능력이 있는지에 대하여 의문을 가져올 수 있는 사건이나 상황이 있는지 조사해야 하는데 증권관련 집단소송법 시행 이후 회계감사인은 더욱 보수적으로 감사를 하게 되었음이 감사보고서를 분석한 결과로 드러났다.[470] 이러한 접근은 단순히 소제기 건수만 중요시하는 점을 벗어나 증권관련

---

465) 상게논문, 322면.

466) 박종성·김정환, "소송위험이 회계감사 계약에 미치는 영향", 회계정보연구, 제29권 제4호, 2011.12. 211면. 이 논문에서는 주로 상장회사를 많이 감사하는 대형회계법인(Big 4)과 비상장회사를 많이 감사하는 비대형회계법인을 나누어 분석하였다. 결과적으로 상장회사를 담당하는 회계법인의 경우 소송위험을 통제할 목적으로 재무상태가 불량한 기업들의 감사계약을 회피하고 있다는 점도 지적하였다.

467) 상게논문, 211면.

468) 김상일·김경태, 전게논문, 53면.

469) 신찬휴·김정교, "2000년대의 감사환경 변화와 감사인 보수주의 : 내부회계관리제도와 증권관련 집단소송법을 중심으로", 회계학연구 제40권 1호, 2015.2. 333면.

470) 상게논문, 333면. 다만 이 연구는 코스피 시장에서는 내부회계관리제도 도입에 의한 감사인 보수주의 완화만이 관찰되었고 코스닥 시장에서는 증권관련 집단소송법의 시행에 따른 감사인 보수주의 강화만이 관찰되었다. 다시 말해서 감사인의 입장에서 볼 때 여전히 코스피 시장에서

집단소송이 가지는 일반예방효과에도 주목하게 하였다는 점에서 의의가 있다.

회계학계에서도 결국 기업의 회계투명성을 높이기 위한 법적 제도적 뒷받침이 필요하다는 점에 대하여는 견해가 대부분 일치하는 것으로 보이며 이를 위하여 현행 감리제도 및 공시제도를 개선하여 회계정보가 적시에 투명하게 공개되어야 한다.[471]

Ⅲ. 손해배상 제도와의 관계

1. 징벌적 손해배상의 도입문제

(1) 개요

징벌적 손해배상은 “가해자가 고의 등의 주관적으로 악의성을 가진 경우 가해자의 행위에 대한 징벌과 가해자 및 제3자의 장래 유사한 행위를 억지할 목적으로 부과되는 배상”을 말한다.[472] 일반 손해배상과 달리 특수한 요건으로 가해자의 행위가 악의적이고(malicious), 억압적이며(oppressive), 무자비한(outrageous)한 경우 배심원에서는 재량으로 피고의 비난가능한 행위에 대한 징벌의 성격과 그 행위의 재발을 방지하기 위하여 징벌적 손해배상을 부과할 수 있는 것이다.[473] 소액 다수 피해자 사건, 대표적으로 소비자 피해 사건의 경우 전보배상원칙[474] 하에서는 소송비용과 노력에 비하여 배상받을 수 있는 액수가 너무 적기 때문에 이른바 ‘불법행위법의 불완전 집행’ 현상이 발생하게 된다. 따라서 가해자로서는 불법행위로 인하여 얻을 수 있는 이익이 소송이 제기된다고 하더라도 배상해야 할 손해보다 크다는 결정을 하기 쉽다. 이러한 이유로 소액 다수 피해자 사건에서 징벌적 손해배상제도를 도

는 내부회계관리제도의 위험요소는 다소 완화되어 있는 반면 증권관련 집단소송을 위험요인으로 인식하여 보수주의에 변화가 없다. 반면 코스닥 시장에서는 오히려 증권관련 집단소송을 여전히 위험요소로 인식하여 보수주의가 강화되었고 내부회계관리제도에 대하여는 변화가 없다. 이는 코스피 시장 기업의 경우 내부관리회계제도를 비교적 잘 정착시켜 나가고 있는 반면 코스닥 시장 기업의 경우 여전히 회계관련 리스크를 인지하고 있는 것으로 볼 수 있다.

471) 고성삼·조애랑·유재형, “분식회계와 증권집단소송제도에 관한 연구”, 대한경영학회지 제21권 제3호(통권 68호), 2008.6. 1416면.

472) Restatement (Second) of Torts §908 (1979), 무자비한(outrageous) 행위를 한 자를 처벌하고 난 이후 그 자 또는 다른 자가 유사한 행위를 하지 못하도록 재발을 방지하기 위하여 인정된다고 한다. ; 박민영, 전게서, 189면. 제조물 피해로 인한 대표당사자소송에 많이 사용된다고 한다.

473) George C. Christie, “Current Trends in the American Law of Punitive Damages”, 20 ANGLO-AM. Law Review. (1991), p.349-350.

474) 김형배, 『채권총론』, (박영사, 1998), 196면. 전보배상의 원칙이란 민법 제390조에 규정되어 있는데 본래의 이행에 갈음하는 배상을 말한다. 급부의 전부가 불능으로 된 때에는 본래의 급부를 목적으로 하는 청구권은 소멸하며 이에 갈음하여 전보배상청구권이 성립한다.

입하여 불법행위에 대한 억제 효과를 가져와야 한다는 주장이 제기된다.

우리나라 하급심 법원(서울지법 동부지원 1995.2.10. 93가합19069 판결)은 징벌적 손해배상제도가 "보통법(common law)상 인정되고 있는 구제방법의 일종으로서 불법행위의 효과로 손해의 전보만을 인정하는 우리의 민사법 체계에서 인정되지 아니하는 형벌적 성질을 갖는 배상형태로서 우리나라의 공서양속에 반할 수 있다."고 판시한 바 있다.[475] 징벌적 손해배상(punitive damage)은 제도가 탄생할 때부터 징벌(punishment)에 중점을 두고 도입된 제도이다.[476] 그러나 징벌적 요소 이외에도 억지(deterrence)의 효력[477]이 중시되고 있는 최근의 법경제학의 사조에 영향을 받고 있다.[478]

(2) 현황

우리나라는 법이론상 징벌적 손해배상이 인정되지 아니하는 국가였지만 국회의 입법은 이미 징벌적 손해배상을 부분적으로 수용하고 있었다. 2011.3.29. 「하도급거래 공정화에 관한 법률」 제35조에서 최초로 기술자료 제공 요구 행위 등 법률 위반 행위에 대하여 피해자에게 발생한 손해의 3배를 넘지 않는 범위내에서 손해배상을 부담하게 하는 형식으로 입법이 된 것이다. 이후 기술자료 유용 행위에 부당한 단가인하, 부당한 발주취소, 부당한 반품행위로 위법행위의 범위가 확대되었다. 현재는 개인정보를 다루는 정보통신망법 제32조, 개인정보보호법 제39조 제3항에도 배상도입이 포함되어 있으나 제20대 국회에서는 더 광범위한 분야에서 더 폭넓은 배상이 될 수 있는지 여부 등에 대하여 다시 쟁점화 될 것으로 보인다.

---

475) 이 판결에서 왜 공서양속에 반하는지에 대하여 구체적인 설명은 없다. 독일식 전보배상 체계에 반한다는 이유로 공서양속에 반한다고 하였다기 보다는 우리나라의 법체계가 민사와 형사로 철저히 구분되어 있음에 비하여 징벌적 손해배상체계는 다소 혼용을 전제로 하고 있으므로 우리나라에 이질적이라는 의미로 받아들일 수 있을 것으로 보인다.

476) 김차동, "징벌적 손해배상제도 도입방안", (징벌적 손해배상제도 도입에 관한 심포지엄, 법률신문사, 2015), 17면.

477) 불법행위법은 행위자에게 행위동기를 부여하는 도구로서 기능한다. 즉 행위자는 얼마나 주의를 기울일지, 얼마나 빈번히 그러한 행위를 하게 될지 결정할 때 책임을 질 수 있는 위험성 때문에 타인에게 발생할 수 있는 손실을 고려하게 된다. 사고로 인해 예상되는 손실을 줄이고자 하는 측면에서 보면 더 많은 주의를 기울이거나 행위 빈도를 낮춤으로써 소요되는 한계 비용이 한계 이익과 일치하는 지점에서 바로 최적의 주의와 최적의 행위 수위가 결정된다.

478) 김차동, 전게논문, 21면. 이에 따르면 징벌적 손해배상제도의 3가지 주요목적은 다음과 같이 정리하고 있다. "① 법 위반행위에 대한 제제수단으로서의 처벌(punishment) ② 합리적인 의사결정을 하는 자를 전제로 가해자가 법위반행위로 말이암아 얻는 이익이 제재비용을 포함한 각종 비용 보다 작은 경우 행위를 하지 않게 되는 억지(deterrence) ③ 전보적 손해배상으로 피해자의 손해를 충분히 보상하지 못하는 점을 보완"을 목적으로 한다고 한다.

(3) 찬반론

찬성하는 견해[479]는 ① 우리나라의 손해배상제도가 실손해를 충분히 배상하여 주지 못한다고 하며, 지나치게 적은 위자료와 회수되지 못하는 소송수행비용을 전보받을 수 없다는 점 ② 소액 다수의 피해자가 있을 때 가해자의 입장에서는 불법으로 얻는 이익이 배상으로 잃는 손해보다 크다는 점 ③ 고의적 불법행위에 대한 형사법적 틈새를 보완할 수 있다는 점 등을 들고 있다.

반대하는 견해[480]는 ① 민사법과 형사법의 구별 체계를 흔든다고 하여 이중처벌의 문제가 있다는 점 ② 원고에게 우발적 소득을 제공하여 남소가 우려된다는 점 ③ 판사에게 과도한 재량이 부여된다는 점 ④ 기업에게 부과될 수 있는 거대한 액수가 문제된다는 점 등을 들고 있다.

(4) 징벌적 손해배상에 관한 검토

징벌적 손해배상 도입을 반대하는 견해는 다소 관념적인 면에 치우쳐 있다고 보인다. 민사와 형사가 별개이기 때문에 체계정합성을 유지하기 위하여 현실을 외면하자는 주장은 대안의 제시로서는 부족한 측면이 있다. 물론 위자료의 기준을 올리면 되지 않느냐는 반문이 있겠지만 그 위자료 산정이야말로 법관의 재량사항이기 때문에 일관된 법적용을 담보하기 어렵다. 또한 법관 입장에서도 특별한 이유가 없이 위자료 산정 기준을 올려야 할 이유가 없는데다가 법의 통일적 규율에 있어서 법관의 재량권 행사는 답이 되지 못한다.

징벌적 손해배상으로 인하여 전보배상을 초과하여 받은 금액이 우발적 소득이라고 하기에는 현재의 전보배상 체계의 손해배상은 사실상 본래의 역할을 한다고 보기 어렵다. 법이 정하고 있는 손해라는 개념과 일반인들이 생각하는 기회비용의 상실을 포함한 손해라는 개념이 지나치게 동떨어져 있기 때문에 오히려 사법불신의 큰 요인이 될 수 있어 신중한 검토가 필요하다. 원고가 소송이라는 위험을 부담했음에도 필요 이상으로 큰 이익을 받는 것을 방지하는 측면에서 현행 「하도급거래 공정화에 관한 법률」처럼 손해의 배수방식으로 한도를 정해 놓을 필요는 있다.

이중처벌이므로 받아들이기 어렵다는 논거를 본다면 우리나라는 이중처벌의 개념이 대단히 협소하게 사용된다는 점을 주의할 필요가 있다. 다시 말해서 미국식의 이중위험과는 달리 여러 종류의 제재를 받더라도 그 목적이 구별되면 이중처벌이 아니라는 것이다.[481] 물론 여러 종류의 제재를 받은 총합이 비례성의 원칙에 위반

479) 최나진, "징벌적 손해배상제도에 관한 비판적 고찰", (고려대학교 박사학위논문, 2014), 179면.
480) 상게논문, 193면.

되면 위헌의 문제가 발생할 수 있으나 현재까지 헌법재판소는 벌금형, 과징금, 과태료의 병과에 대하여 이중처벌이 문제되지 않는다고 판시해 왔다는 점을 감안할 필요가 있다. 따라서 우리나라에서 입법된다고 하더라도 민사벌과 형사벌의 목적이 다르고 피해의 회복에 기여를 하고 그 액수가 과도하지 않도록 기능할 수 있다면 우리나라 법체계에서 헌법재판소는 합헌 결정을 내릴 가능성이 높다.

징벌적 손해배상의 입법론으로는 ① 법령에 근거규정만 두고 실제 징벌적 손해배상액을 산정함에 있어 배심원이나 판사에게 그 권한을 위임하는 "재량적 징벌적 손해배상제도"와 ② 실제 손해액(actual damages)에 일정한 배수를 곱하여 산정하는 징벌적 손해배상이 있다.

미국에서는 제조물책임법을 비롯한 통상 징벌적 손해배상의 경우 배심원이 구체적인 징벌적 손해배상금액을 산정할 수 있는 권한을 갖는 재량적·징벌적 손해배상 제도가 운용되고 있다.[482] 반면 미국 반독점법인 Clayton Act에서는 실손해액의 3배 배상을 징벌적 손해액으로 명하는 배수증액 징벌적 손해배상 제도가 운용되고 있다.[483]

결국 어떤 입법형식을 취하는지는 입법자의 재량이라고 하겠으나 반대론에서 우려하는 남소의 위험과 원고의 과도한 이익 추구는 어느 정도 견제함이 타당하기 때문에 배수증액 방식이 더 타당하다고 보인다. 이는 우리나라의 손해개념이 지나치게 관념적이고 규범적이어서 일반인들이 인식하고 있는 손해와는 괴리가 크기 때문

481) 헌법재판소 2002. 5. 31. 선고 99헌가18, 99헌바71·111 등.

482) Jack B, Weinstein, 함영주 역, "집단소송을 통한 정의실현", (법원공보사, 2001), 247면. 징벌적 손해배상제도는 그 배상액을 소를 제기한 원고에게 지급하므로 소액 다수 피해자들 모두가 실제 권리를 회복하는 효과를 가져오지 않는다. 배상액의 일부를 국가에게 지급하도록 하는 경우에도 마찬가지이다. 또한 징벌적 손해배상소송이 제기되었다고 하더라도 동일한 원인에 기한 다른 소송을 막을 수 없으므로 소송 경제를 도모하는 측면도 갖고 있지 아니하다. 오히려 징벌적 손해배상제도는 피고의 자력을 약화시킴으로써 소액 다수 피해자들에 대한 보상을 어렵게 만들 수 있다는 지적이 있다.

483) 종종 인구에 회자되는 징벌적 손해배상에 따른 '천문학적 규모의 배상액'이 실제로 항소심에서 대폭 감액된 경우가 많다는 것도 전보배상액과 밀접한 관련성을 가지고 징벌적 손해배상액을 결정하는 미국 법원의 경향을 보여준다. 근래의 미국연방 대법원 판결 역시 같은 맥락으로 보인다. BMW of North American, Inc., v. Ira Gore, Jr.(1996), 사건에서 연방대법원은 차량을 새로 도색하였음에도 그 사실을 알리지 않고 새 차로 판매한 BMW측에 대하여 200만 달러의 징벌적 손해배상액을 인정한 앨라배마 주 법원의 판결에 대하여, 원고의 실제 손해액(4,000달러)의 500배에 이르는 200만 달러의 징벌적 손해배상액은 너무나 과도하여 위헌이라고 판시하면서 주 법원의 판결을 파기하였다. 위 판결에서 미국 연방대법원은 징벌적 손해배상이 과도한 것인지를 살펴보는데 필요한 세 가지 기준으로서 ① 피고측 행위의 비난 가능성 정도 ② 원고측이 받은 실제 손해액과 징벌적 손해배상액 사이의 불균형 정도 ③ 배심원단에 의한 징벌적 손해배상액과 다른 법률 등에 의하여 부과될 수 있는 민사적 벌금액 사이의 차이 등을 제시한 바 있다.

에 발생한 문제이다. 실제로는 소송비용에 포함되어야함에 불구하고 포함되지 못하는 각종 유무형의 비용들을 전보받지 못하는 현실을 개선할 수 있는 방안으로도 사용될 수 있다고 하겠다.

2. 손해배상의 방법과 분배절차의 관계

(1) 개요

미국의 대표당사자소송제도가 독특하게 운영되고 있는 이유 중의 하나는 바로 손해배상 방법 및 분배방법이 다양하기 때문이다. 미국의 경우에는 증권소송의 경우에 손해배상 산정방식에 대하여 판례와 1995년 사적증권소송개혁법이 기준을 정하고 있다. 그러나 우리나라는 차액설에 관하여 대법원 판례로만 운영이 되고 있을 뿐인데다가 분배의 방식에 대하여는 아예 아무런 규정이 없다.

결국 우리나라에서 분배방식이 정비가 되려면 엄격한 손해배상의 방법에 변화가 있어야 하지 않을까 한다. 미국에서 사용하고 있는 각종의 방식은 분배와 관련하여 광범위한 법원의 재량에서 기인하고 있는 것으로 보이지만 우리나라의 경우 법관의 재량이 축소되어 있는 편이기 때문에 적어도 민법상의 손해배상 방법이 완화되어야 분배절차의 기틀도 분명하게 마련될 수 있어 보이기 때문이다.

(2) 현행 민법의 태도와 2004년 개정안에 대한 소개

우리민법은 손해배상책임과 관련하여 채권자는 채무자의 귀책사유에 의한 채무불이행으로 발생한 손해의 배상을 청구할 수 있으며(민법 제390조), 그 범위는 통상손해를 한도로 하나 특별한 사정으로 인한 손해는 채무자가 그 사정을 알았거나 알 수 있었을 경우에 한하여 배상책임이 있다(민법 제393조). 배상의 방법은 '다른 의사표시가 없으면 손해는 금전으로 배상한다(민법 제394조).'[484]로 규정되어 손해배상책임에 관하여 우리나라의 태도는 제한배상주의, 금전배상주의의 원칙을 취하는 것으로 이해되고 있다.[485] 위 민법 규정들은 모두 불법행위(민법 제763조)에도 준용

484) 그 예외로 거론되는 부분은 첫째 민법 제764조에 있어서 "법원은 피해자의 청구에 의하여 손해배상에 갈음하거나 손해배상과 함께 명예회복에 적당한 처분을 명할 수 있다."인데 적당한 처분에 원상회복이 포함될 수 있으나 실무상 대부분 손해배상으로 본다. 간혹 법률상 정정보도 청구권이 인정될 뿐 다른 원상회복에 대한 진지한 고민은 없는 듯하다. 둘째 광업법 제93조 제1항 "손해배상은 금전으로 한다. 다만 배상금액에 비하여 과다한 비용을 요하지 아니하고 원상을 회복할 수 있는 경우에는 피해자는 원상의 회복을 청구할 수 있다.", 제2항 "배상의무자의 신청이 있는 경우에 법원은 적당하다고 인정할 때에는 제1항 본문의 규정에 불구하고 금전배상 대신에 원상회복을 명할 수 있다."라고 규정하여 원상회복의 근거를 인정하고 있다.

되고 있어 불법행위의 성질을 가지는 자본시장법상 손해배상청구권에도 적용된다.

이러한 현행법의 태도는 지나치게 협소하다고 생각하여 금전배상을 원칙으로 하되 손해배상의 방법으로서 금전배상 이외에 원상회복도 할 수 있도록 2004년 민법 개정안이 제시된 바 있다. 개정안의 내용은 "손해는 금전으로 배상한다. 그러나 채권자는 상당한 이유가 있는 때에는 원상회복을 청구할 수 있다."라고 하여 원상회복에 의한 방법을 인정한 것이다.

(3) 개정안에 대한 검토

이 개정안에 대하여도 찬반론이 나뉘었다. 반대론에서는 원상회복의 강제집행을 어떻게 할 것인지 불분명하다는 점을 들며 분쟁해결의 시간과 비용을 줄이기 위해서는 금전배상의 원칙을 유지할 필요가 있다고 한다. 또한 원상회복의 수준이 어떻게 되는지 분명하지 않으며 어떤 경우가 '상당한 이유'에 해당하여 원상회복을 해야 하는지 분명하지 않다고 한다.[486]

반면 회복되어야 할 상태란 손해배상을 일으키기 전의 상태와 경제적으로 동가지적인 상태가 회복되면 된다는 의미이다. 다시 말해 손해가 없었다면 누렸을 상태와 가장 유사한 상태가 원상회복이라고 한다.[487] 이 경우 가해행위가 없었더라면 일어났을 상황 등 다양한 요소를 고려해야한다고 하며 특히 개념이 모호하다는 것은 반대의 이유가 되기 어렵다고 한다. 민법상의 임의규정을 두는 것인데 해석의 여지가 없이 일의적이고 구체적인 규정을 두기 어려우며 충분히 해석론으로 모호함을 극복할 수 있기 때문이다.

(4) 소결론

민법상 손해배상의 방법을 검토한 이유는 대표당사자소송에 있어서 손해배상을 어떻게 할 것이냐의 전제를 살펴본 것이다. 현행 증권관련 집단소송의 경우 특별히 민법 제394조에 대하여 검토할 필요는 없다. 증권 피해로 인하여는 사실상 금전배상으로 충분히 전보가 될 수 있어 다른 방식을 특별히 고민할 이유는 없기 때문이다.

그러나 향후 증권관련 집단소송법이 대표당사자소송이 일반법으로 흡수되는 경우를 생각해 보자. 이때는 분배절차를 어떻게 운영할지 좀 더 생각해 보아야 한다.

---

485) 신국미, "손해배상의 방법으로서 원상회복의 도입", (한양법학 제21권 제1집, 2010), 381면.

486) 윤진수, "손해배상의 방법으로서의 원상회복", (비교사법 제10권 1호, 통권 20호, 2002), 80면. 민법개정위원회에서 개정안에 대한 반대(또는 신중론자들이 발표한 견해가 실려있다.

487) 상게논문, 112면. 같은 논문 93면을 보면 주요 외국에서도 원상회복의 방법이 금전배상과 같이 허용되고 있다고 한다. 독일에서는 원상회복이 원칙적인 방법이고 영미법에서는 금전배상이 충분한 배상을 하지 못하는 경우 인정되고, 프랑스에서는 법원의 재량에 따라 인정된다고 한다.

다양한 분쟁의 양상이 일반적인 대표당사자소송으로 전개되었을 때 분배절차를 과연 현행 증권관련 집단소송의 분배방식으로 진행해도 아무런 문제가 없을 것인가? 증권피해는 오히려 숫자가 특정이 가능하고 입은 손해도 주가의 하락 정도가 되기 때문에 오히려 문제의 해결이 어렵지 않을 수 있다. 반면 불특정 다수의 개인정보 유출로 인한 손해배상, 발달 장애인 전반에 대한 인권침해에 대한 손해배상 등을 금전으로 환산하여 일일이 분배를 할 수 있는지는 의문이다. 이 경우 미국에서는 근접배상방식 이른바 'cy pres doctrine'으로 다양한 수단의 배상방법이 있음을 확인하였다. 그러나 우리나라의 경우에는 원칙이 금전배상이고 다른 의사표시나 법률의 규정이 있어야만 원상회복이 고려될 수 있으니 소액다수의 피해사건에서는 의사표시의 합치가 있기 매우 곤란하므로 사실상 금전배상으로만 분배절차가 굳어지게 된다.[488)]

대표당사자소송의 일반화를 대비해서 적어도 분배절차의 탄력성을 기하기 위해서는 여러 가지 제도가 정비되어야 하는데 그 중 가장 중요한 부분 중의 하나가 바로 손해배상의 방법이라고 생각한다. 적어도 2004년 민법 제394조의 개정안처럼 "상당한 이유가 있을 경우 원상회복"은 분배절차에서 집단구성원에게 금전 외의 배상을 할 수 있는 근거조항이 될 수 있을 것이다. 이 경우 대표당사자소송의 분배절차는 '상당한 이유'에 포함이 되고 분배에 의한 근접배상방식(cy pres doctrine)은 '원상회복'에 포함이 될 여지가 있어 보인다. 다시 말해 정확한 손해배상 액수의 산정이 없더라도 배상 및 분배가 가능할 수 있는 근거로 기능할 수 있다. 소액다수의 집단적 피해에 있어서 절차법에서 별도의 절차를 준비해야 하듯이 실체법에 있어서도 소액다수의 집단적 피해배상을 위한 규정들을 검토할 필요가 있다고 생각한다. 그런 면에서 원상회복이라는 개념은 전보배상만큼 중요한 역할을 할 수 있다고 생각한다. 물론 쿠폰화해를 방조하는 것 아니냐는 지적이 있을 수는 있지만 그러한 부작용은 법원의 승인 절차, 변호사 보수 감액 등을 통하여 제거할 수 있다.

또 원상회복에 대한 강제집행을 어떻게 할 것이냐에 대하여 또 다른 지적이 있을 수 있다. 이 부분 역시 강제집행 제도를 상당히 개정하여야 하는 문제가 남는데 현행 체계에서는 법관에게 재량을 주어 채무자에게 원상회복을 명하게 하고 적당한 회복이 되지 않는다면 간접강제를 하는 방법을 생각해 볼 수는 있을 것이다. 궁극적으로 강제집행의 문제도 입법으로 해결해야 할 일이다.

---

488) 윤진수, 전게논문, 93면. 참고로 영미법에서 채무불이행이나 불법행위에 관한 보통법상에도 금전배상이 원칙적인 것은 우리나라와 같다. 그러나 채권자는 형평법에 따라 특정이행(specific performance)과 유지명령(injunction)을 받을 수 있다. 이 경우 다양한 방법의 원상회복이 인정되며 강력한 법관의 재량도 함께 인정된다.

제3절 증권관련 집단소송법에 대한 평가

입법평가는 입법의 효과를 조직적이고 체계적인 방식으로 분석하고 평가하려는 일련의 시도 또는 전체적 과정으로 정의될 수 있다.[489] 입법평가를 위한 대표적인 수단인 비용-편익 분석(cost-benefit analysis)은 입법으로 인한 비용과 편익을 추계하여 입법을 평가하고자 하는 일련의 합리적 과정을 일컫는다.[490] 입법의 결과는 다양한 집단들에게 상이한 영향을 미치게 되므로 입법과정에는 여러 사회적 이해관계들이 관여하게 된다.[491] 쉽게 말하면 법률에 있어 각종 이해관계자들의 입장을 살펴서 고려해야 한다는 의미로 압축할 수 있는데 단순히 찬반론을 전개하는 것이 아니라 이해당사자들이 입장에서도 고려해 볼 요소가 있는지 검토해 본다는 점에서 의의를 찾을 수 있다.

증권관련 집단소송에 대한 입법평가를 하기 전에 먼저 법에 이해관계를 가지는 당사자들을 살펴볼 필요가 있다. 먼저 원고측과 피고측으로 나눌 수 있고 원고측이나 피고측을 대리하는 변호사 집단이 있으며, 재판을 진행하고 심리하는 재판부로 나누어 볼 수 있다.

원고측은 일반 투자자, 기관 투자자로 나누어 질 수 있으나 증권관련 집단소송에만 집중해서 보면 대표당사자에게 소송 수행을 위임한 원고와 단체에는 속하지만 제외신청을 하지 않은 잠재적인 원고(potential plaintiff)로 나누어 볼 수 있다.

피고측은 증권관련 집단소송법 제3조에 따라 정하여 지게 된다. 아직 현행법은 열거조항에 대하여만 증권관련 집단소송의 소를 제기하도록 하고 있기 때문이다. 이에 따르면 자본시장법(주로 발행시장 관련자) 제125조의 증권신고서 및 사업설명서의 거짓기재와 관련된 자, 자본시장법(주로 유통시장 관련자) 제162조의 사업보고서·반기보고서·분기보고서·주요사항보고서의 거짓기재와 관련된 자, 자본시장법 제175조의 미공개정보 이용행위와 관련된 자, 자본시장법 제177조의 시세조정(주가조작)과 관련된 자, 자본시장법 제179조의 부정거래행위와 관련된 자, 회계감사와 관련된 부실감사를 수행한 감사인(회계법인)이 열거된 셈이다.

어떤 제도든지 이해관계자가 있으면 각자의 의견을 반영하여 합의점을 도출하여

489) 박영도, 『입법학 입문』, (한국법제연구원, 2008), 533면.

490) 전게서, 586면.

491) 정호영, "입법평가를 위한 법경제학적 접근방식에 관한 연구", (중앙대학교 박사학위논문, 2003), 85면.

운용되는 것이 원칙이다. 그러나 증권관련 집단소송법은 소액·다수의 피해자(원고)를 구제한다는 매우 훌륭한 목적을 가지고 있음에도 원고의 반대편에 있는 당사자들에게 어떤 인센티브를 주지 못하여 제도의 운영에 애로점이 발생하게 되었다. 다시 말해 피고측의 당사자들에게 어떤 인센티브도 주지 못하는 결과 피고측 당사자들은 증권관련 집단소송에 대하여 거부반응부터 일으켜 증권관련 집단소송이 우리나라에서 기능하지 못하도록 할 수밖에 없도록 만든 것이다. 증권관련 집단소송법은 우리나라의 이해관계자들이 자발적으로 만들지 못하고 IMF 이후 국외에서 도입을 권고한 탓에 이식되어 도입되었기 때문에 피고측에서는 선입견이 클 수밖에 없고 어찌 보면 집단소송이 별로 필요하지 않은 분야에서부터 도입이 되었다고도 볼 수 있다.

그렇다면 증권관련 집단소송 제도가 정상적으로 기능하기 위한 열쇠는 각 이해관계자들의 최소한의 타협점이 절충될 수 있는 방안부터 찾아야 한다. 다시 말하여 증권관련 집단소송의 본질을 훼손하지 않는 한도에서 피고측에도 제도 도입에 있어서 효용성이 있는 점을 찾아야 한다는 의미이다.

첫째 어느 당사자를 기준으로 삼든 증권관련 집단소송은 시간이 많이 걸리게 된다. 대규모의 당사자가 있는 한 어쩔 수 없는 현상이라고 할 수 있다. 따라서 분쟁을 한 번에 끝낼 수 있는 방안을 모색하는 것이 보다 탄력적인 운용을 가능하게 한다고 생각한다. 현재의 구소송물 이론과 재판실무는 청구권경합설을 따르기 때문에 민법상 소멸시효가 지나지 않는다면 제외신고기간 동안 제외신고를 하지 않은 자는 제외신고기간 후에 민법상 손해배상청구를 통해 별소를 제기할 여지가 있다.[492] 그렇다면 피고측은 민법상 불법행위청구의 소멸시효 기간 내에는 항상 소송제기의 위험이 있게 된다. 이는 소송자체만으로 시간이 많이 걸리는데 특별법상의 청구에도 사실상 장기간의 소멸시효가 제기된다는 점에서 명시적인 입법이나 합리적인 판례의 축적 같은 개선이 필요하다.

---

492) 청구권경합설은 원고의 청구가 다수의 법률에 근거하여 청구권이 성립하면 그 청구권 모두 원고의 선택에 의하여 동시에 혹은 이시에 행사 가능하다는 이론이다. 예를 들어 원고가 민법과 자본시장법 모두에 근거하여 손해배상을 청구한다면 원고의 선택에 의하여 동시에 혹은 이시에 각각의 법률에 따라 청구권을 행사할 수 있게 된다. 법원행정처, 『증권관련 집단소송실무』, 재판실무자료 2005-1, 2005. 30면에 의하면 증권관련 집단소송에 관하여는 청구권경합설을 따르지 않는 것으로 기재되어 있으나 감사인과 관련된 다수의 판결에서 증권거래법과 민법사이의 청구권경합을 인정하고 있다(대법원 1999. 10. 12. 선고 97다26555 판결). 증권관련 집단소송법의 제기대상이 모두 자본시장법(구 증권거래법)을 준용하고 있기 때문에 과연 청구권경합설이 폐지될지는 의문이다. 가사 증권관련 집단소송법에 청구권경합설이 폐지된다고 한다면 다른 증권거래법이나 외감법과 민법사이의 청구권경합설은 어떻게 될 것인지 의문이 남는다.

피고측이 원고측과 합의를 할 경우 별도 소제기를 유발할 수 있다. 이런 현상은 감사인에 대한 손해배상청구에서 종종 있어 왔는데 감사인(회계법인)이 외감법상 손해배상청구에 대하여 합의를 했다고 하더라도 이를 기화로 민법상 소멸시효 기간 내인 점을 이용하여 별도의 손해배상청구가 제기된 적이 있다. 이 경우 민법상 손해배상책임에서는 합의를 한 외감법상 손해배상청구 소송을 기록송부 촉탁을 이용하여 증명상의 부담을 상당히 경감시켰다. 따라서 증권관련 집단소송에서 화해나 조정에 따라 합의에 이르게 되면 더 이상 다른 분쟁이 발생하지 않도록 제도적 보완을 할 필요가 있다.

둘째 증거확보의 문제에 있어서 당사자들의 균형을 잘 맞추어야 한다. 특히 원고측 입장에서는 확실한 증거를 입수하지 못하여 패소의 위험을 부담하는 경우가 많은데 이를 타개하기 위하여 미국식 증거개시제도의 도입을 강하게 주장한다. 물론 현행법에는 문서제출명령 제도가 있어 증거의 편중을 시정한다고 하지만 실상은 극히 제한적으로만 운용되고 있다. 다시 말해 문서제출명령에 대한 거부 사유가 너무 광범위하기 때문에 거부할 사유가 많고 당사자 소지 문서의 경우에는 법관의 심증에만 맡기고 있고 제3자 소지 문서의 경우에는 과태료만 부과되어 있어 패널티가 극히 경미하다고 할 수 있다.

반면 미국식 증거개시 제도는 미국에서조차 제도의 남용으로 인하여 지속적으로 범위를 축소하거나 제한을 가하는 방식으로 진행되고 있다. 특히 변호사-의뢰인 특권과 같은 각종 제출거부 특권, work product 이론의 발전 등으로 당사자의 비밀을 유지하는 방향으로 진행하는 점을 참조할 필요가 있다.

사실 실무상으로 회사나 감사인과 같은 피고측이 우려하는 것은 비밀누설과 그로 인하여 파생되는 2차 소송이다. 만약 한국식 디스커버리가 정착된다고 하더라도 그 기록의 내용을 재판부가 소유하고 당사자들은 그 기록을 열람을 하되 반출하지 않도록 하여 결과적으로 제3자가 볼 수 없도록 하는 방식을 강구해 볼 필요가 있다. 현재의 문서제출명령 보다는 그 제출범위가 확대되어야 하나 미국식의 광범위한 디스커버리 제도보다는 다소 제약을 가하여 제출범위를 조금 제한할 필요가 있다.

셋째 손해배상의 공평한 분담을 위하여 차등적인 적용이 필요하다. 전통적인 손해배상 체계에 따르면 고의와 과실의 양대 체계에 따라 손해배상청구의 요건인 귀책사유가 정해졌다. 그러나 증권관련 집단소송에서는 집단인증을 통하여 소송에 직접 참여하지 않는 자의 경우에도 제외신청만 하지 않으면 기판력을 받기 때문에 필연적으로 손해배상 청구액은 거액이 될 수밖에 없다.

거의 대부분의 회사나 모든 감사인은 증권관련 집단소송에 따른 손해배상을 감당할 자력이 없는 실정이다. 그렇다면 피고측이 업계에서 매우 강한 수준의 불법을 저지른 경우에만 증권관련 집단소송의 대상이 되도록 하는 방안도 강구해 보아야 한다. 예를 들면 회사의 고의에 의한 분식회계와 감사인이 이를 고의로 묵인한 부실감사의 경우에는 불법의 질이 높기 때문에 충분히 증권관련 집단소송이 대상이 된다. 반면 일반 과실의 경우에도 고의와 구별 없이 집단소송이 되어야 하는지에 대하여는 진지하게 고민할 필요가 있다. 물론 전통적인 배상법 체계에서는 불법의 질은 같은 소송절차에서 법관의 심증에 따라 판단된다. 그러나 지금과 같은 상황에서는 피고측에게 증권관련 집단소송을 수인하여야 할 이유가 없게 된다.[493)]

이는 최근 입법된 비례책임(외감법 제31조)에서도 발견할 수 있는데 고의로 인한 불법행위를 제외하고는 연대책임의 예외로서 비례책임을 부담하게 되었다. 증권관련 집단소송이 실체법상의 구분에 영향을 받을 이유는 없겠으나 제도의 선택과 집중의 측면을 고려할 때에는 충분히 고려해 볼만하다. 실무상으로 분식회계와 부실감사에 대한 제재 기준인 「외부감사 등에 관한 규정 시행세칙」 별표2의 감리결과조치양정기준에 의하면 중과실이 기본과실로 운영되고 이 결과가 소송에 원용되는 경우가 많아 피고측에서는 항상 중과실 적용 부담을 안게 된다는 문제가 있다. 따라서 고의에 따른 위법행위에는 증권관련 집단소송법이, (중)과실에 따른 위법행위에는 일반 민사소송법이 적용되는 것도 고려해 볼 수 있다.

넷째 분쟁의 일회적 해결을 위한 절차에 대한 보다 진지한 고민이 필요하다. 현재의 증권관련 집단소송법 및 민사소송법은 각 피고들 사이의 이해관계가 다를 수 있는 점을 전혀 고려하지 않고 있다. 이는 원고의 청구에 대한 재판이 완결된 뒤에 반드시 공동피고 사이에 다시 구상권 청구 문제가 문제될 소지를 남기고 있는 것이다. 이 점에 대하여 미국 연방민사소송규칙에서는 제3자 소송인입(impleader) 제도를 도입하고 있고 대표당사자소송 사안에서도 제3자 소송인입(impleader) 뿐만 아니라 다양한 다수당사자 형태의 제도(interpleader, cross-claim, MDL 등)를 활용하고 있다.

493) 피고측에게 한 번의 응소를 통하여 소송을 종결시킬 수 있는 것이 최고의 혜택이라고 하겠지만 청구권경합 문제라든가 후소에서 전소의 합의를 이용하는 문제가 정비되지 않았기 때문에 실질적으로는 피고는 집단소송 활성화의 논의가 나올수록 일방적으로 불이익을 감수하라는 의미로 받아들일 수밖에 없게 되어 있다. 그런 와중에 소제기 조차도 원고가 마음대로 하고 사후판단을 판결로 받으면 되지 않느냐고 한다면 소를 제기당한 피고측의 평판위험(reputation risk)은 전혀 고려하지 않는 결과를 초래한다. 유명 기업이나 유명 회계법인은 특히 글로벌 기업인 경우 집단소송을 포함한 대규모 소송이 발생되었을 때 미디어 플랜부터 가동한다는 점을 본다면 이제는 피고측의 평판위험을 고려할 때가 되지 않았나 한다.

사실 증권관련 집단소송도 우리 법에 매우 이질적인 제도이기 때문에 해석상 어려운 점이 있는데 또 다른 미국식 제도를 추가하여 도입하는 것은 제도의 과잉이라는 비판이 충분히 있을 수 있다. 그러나 비록 증권관련 집단소송 제도가 외부에서 이식된 제도라고 하더라도 우리나라의 토양에서 잘 성장할 수 있도록 대안을 강구하는 것은 필요하다고 생각한다. 매우 미국적인 제도를 도입한 이상 그와 연계되는 제도를 적어도 제한된 분야에서 시용해 보는 것은 상당한 의미를 가질 수 있다.[494] 우리나라의 다수당사자소송의 형태가 지나치게 경직되어 있다는 비판은 예전부터 학계의 유력한 견해였다.[495] 민사소송 일반에 미국식 제도를 전면적으로 당장 도입하기는 어려우니 그래도 가장 미국식제도와 친한 집단소송제도에 먼저 도입해 보고 매우 경직된 다수당사자소송형태를 보다 유연하게 개선해보고자 하는 노력은 충분히 할 수 있다고 생각된다.

집단소송제도는 소액다수의 원고측에게만 유리한 제도로 이해되지만 집단소송은 피고측에게 유리할 여지도 충분히 있다. 왜냐하면 각 피해자가 어차피 소송을 당할 정도로 큰 피해를 당한 경우에는 수많은 개별 소송이 벌어질 수 있을 것인데 만약 그렇게 된다면 피고측은 수많은 같은 소송을 개별적으로 방어할 경우 각 소송마다 결과가 다르게 되는 위험과 변호사 보수 등 소송비용을 지불하여야 할 것이기 때문이다. 따라서 피고는 잠재적인 원고들의 다수를 유인할 수 있는 집단소송이 있기만 하다면 그리고 다수의 원고들이 소를 제기할 개연성이 높다면 차라리 소송초기에 집단소송의 형태로써 대부분의 분쟁을 합의하는 편이 나을 수도 있다. 실리콘 유방과 관련한 다우코닝사의 경우에도 처음에는 개별소송으로 대응하다가 나중에 집단소송이 큰 규모로 제기되었는데, 차라리 사건 초기에 집단인증을 일거에 받고 화해에 임했거나 소송을 진행하는 것이 어쨌는가 한다. 특히 실리콘 유방의 유해성이 과학적으로 완전히 증명되지 못하였다는 점에 비추어 보면 처음부터 피고측이 소극적인 합의 전략은 오히려 해가 될 수도 있어 보인다.[496]

---

494) 물론 소송법이 실체법에 따라 제한적으로 적용되는 것이 문제라는 비판도 있고 상당히 설득력이 있으나 도입에 있어서 매우 신중해야 하는 제도는 적어도 제한된 특수 분야에서 먼저 도입해 보고 장단점을 명확히 판단한 뒤 전면적으로 시행하는 방향도 법정책적으로는 나쁘지 않은 선택이라고 생각한다.

495) 정동윤·유병현·김경욱, 전게서, 993면.

496) 대한상공회의소, 『미국의 집단소송제 운영실태와 정책시사점』, 경제연구총서 제380호, 2006. 63면. 저서가 기업측의 입장을 대변해 주고 있기는 하지만 사건의 진행경과를 보았을 때 다우코닝사가 소송대응을 일관된 전략을 가지고 대응하지 않은 측면이 보인다. 사건 초기 개별합의에 몰두하였을 뿐이지 분쟁을 일거에 종료하려는 모습은 보이지 않았기 때문이다.

제4절 증권관련 집단소송의 내용 및 개정안 검토

Ⅰ. 서설

이 절에서는 증권관련 집단소송법이 시행되고 나서 보완을 위하여 입법발의 되었던 법안에 대하여 살펴보기로 한다. 2005년 1월 1일 현행법이 시행되고 난 이후 입법의 동향을 살펴보는 것은 법안의 실질적인 수요를 파악하는데 도움이 될 것으로 보인다. 증권관련 집단소송법은 제17대 국회에서 의결되었기 때문에 그 회기에서는 별 다른 개정안이 제출되지 아니하였고 제18대 국회에서 2009년 홍재형 의원이 대표 발의한 개정안을 필두로 활성화의 논의가 입법차원에서 논의되었다. 이후 19대 국회에서는 증권관련 집단소송 활성화를 위한 법안이 다수 제출되어 있다.

Ⅱ. 현행 증권관련 집단소송법 개관

1. 서설

지금부터는 현행법의 내용을 몇 개의 내용으로 나누어 설명하면서 그 부분에 있어 개선방안을 제시하고자 한다. 현행법은 총 6개의 장으로 구성되어 있는데 제1장 총칙, 제2장 소의 제기 및 허가절차, 제3장 소송절차, 제4장 분배절차, 제5장 시행규칙, 제6장 벌칙으로 되어 있다.

제5장 시행규칙은 “이 법 시행에 필요한 사항은 대법원 규칙으로 정한다.”라는 단 하나의 조문으로 구성되어 있다. 이에 대하여는 두 가지 측면에서 문제가 제기될 수 있다. 첫째 이미 헌법 제108조에서 이미 ‘대법원은 법률에 저촉되지 아니하는 범위 안에서 소송에 관한 절차, 법원의 내부규율과 사무처리에 관한 규칙을 제정할 수 있다.’라는 조항이 있기 때문에 사실 제5장을 둔 실익이 별로 없다. 둘째 포괄위임입법금지의 원칙을 감안하지 아니하였다. 제도의 본질적 요소와 국민의 권리·의무에 직접 관계되는 부분은 법률에 근거를 두는 것이 원칙이고 이는 민주주의 원리상 국민의 대표기관인 국회에서 정하는 것이 타당하기 때문이다. 따라서 개별 조항에서 입법 사항을 정하고 법률로 정하기 어려운 사항들에 관하여 위임입법의 근거를 마련하는 것이 타당하다. 그런데 제5장은 어느 것이 법에 정하여야 할 사항인지, 규칙에 정하여야 할 사항인지 구별하지 않고 있다.[497] 일반적인 법안은 법률, 시행령,

시행규칙 순으로 이어지는데 본 법은 시행령이 없는 관계로 시행규칙의 체계가 오히려 지나치게 포괄적으로 규정될 위험성이 존재한다.[498]

제5장은 삭제하고 각 개별조항에서 위임입법이 필요한 사항을 골라내는 작업도 필요할 수 있다. 요약해서 말하자면 헌법 제108조의 정신에 따라 순수하게 대법원의 규칙제정권이 인정된다는 점을 고려해야 하는 것이고, 위임입법의 법리에 따라 본 법에서 하위 규정에 입법하여야 할 사항도 명시적으로 정해 놓아야 하는 것이다.

제6장은 벌칙으로 증권관련 집단소송법의 실효성을 보장하기 위한 제도이다.[499] 민사소송 영역에서는 당사자에 대한 제재가 한정적인데다가 우리나라의 법체계에서는 그나마 형사처벌이 가장 실효성이 있는 제재수단이기 때문이다. 그러나 이 부분 형사법의 범주에 포함되는 것으로 보이기 때문에 더 이상 논의하지 아니한다. 아래에서는 현행법에 대한 개략적인 내용을 법조문 위주로 설명한다.

2. 소의 제기

(1) 적용대상행위

증권관련 집단소송이 적용되는 청구권은 법 제3조 제1항에 열거되어 있다. 자본시장법 제125조의 증권신고서와 투자설명서 허위기재, 자본시장법 제162조상의 사업보고서, 반기보고서 및 분기보고서의 허위기재, 자본시장법 제175조, 제177조, 제178조에 따른 미공개정보 이용·시세조종·부정거래 행위, 자본시장법 제170조에 따른 부실감사가 그 대상이 된다.

위법행위가 본 법 제3조 제1항에서 규정하고 있는 집단소송 대상행위에 해당하더라도 피해를 입은 투자자들이 모든 기업 및 관련행위자를 대상으로 소를 제기할 수 있는 것은 아니다. 즉 자본시장법 제9조 제15항 제3호의 규정에 의한 주권상장법인이 발행한 증권의 매매 또는 그 밖의 거래로 인한 것이어야 한다.

(2) 소의 제기

증권관련 집단소송을 진행하기 위해서는 법원의 허가를 받아야 한다(법 제15조). 증권관련 집단소송은 대표당사자가 구성원들로부터 명시적 위임을 받지 아니한 채 구성원들을 대표하여 집단소송을 수행하고 그 판결의 효력은 소송에 참가하지 아니한 구성원에게도 미치는 것이어서 법원이 대표당사자 아닌 구성원들의 이익이 부당

497) 오정후, “증권관련 집단소송법에 대한 민사소송법적 고찰”, 증권법연구 제5권 제1호, 2004. 259면.
498) 상게논문, 259면.
499) 함영주, 전게논문(주 56), 164면 ; 황동욱, 전게서, 439면.

하게 침해되지 않도록 소송절차를 감독할 필요성이 크므로 법원의 허가를 받은 경우에만 증권관련 집단소송을 진행할 수 있도록 한 것이다.[500]

증권관련 집단소송에 있어서 법원의 심리대상은 허가 전에는 허가의 당부이고 허가 후에는 본안의 당부로 그 심리대상이 구별되며 허가 여부 결정에 대하여는 독립하여 불복할 수 있으므로(법 제15조 제4항, 제17조 제1항) 소송과 소송허가신청은 당연히 독립한 사건이다.[501] 따라서 대표당사자가 되기 위하여 증권관련 집단소송의 소를 제기하는 자는 소장 외에 소송허가신청서를 법원에 제출하여야 하고(법 제7조 제1항) 소장과 소송허가신청서는 별개의 서면으로 작성·제출하여야 한다(규칙 제3조).

(3) 소송허가 요건

증권관련 집단소송이 소송허가를 받기 위해서는 피해 집단의 구성원이 50인 이상이어야 하고, 청구의 원인이 된 행위 당시를 기준으로 구성원의 보유증권의 합계가 피고 회사의 발행증권총수의 1만분의 1 이상이어야 한다(법 제12조 제1항 제1호). 또한 소송의 청구가 집단소송의 대상이 되는 손해배상청구로서 법률상 또는 사실상의 중요한 쟁점이 모든 구성원에게 공통되어야 한다(법 제12조 제1항 제1호). 증권관련 집단소송이 총원의 권리실현이나 이익보호에 적합하고 효율적인 수단이어야 한다(법 제12조 제1항 제3호).

(4) 대표당사자 및 소송대리인의 요건

법원은 소를 제기하는 자와 신청서를 제출한 구성원 중 총원의 이익을 대표하기에 가장 적합한 사람을 대표당사자로 선임한다(제10조 제4항). 대표당사자는 구성원 중 그 증권관련 집단소송으로 인하여 얻을 수 있는 경제적 이익이 가장 큰 자 등 총원의 이익을 공정하고 적절히 대표할 수 있는 구성원이어야 한다. 최근 3년간 3건 이상의 증권관련 집단소송의 대표당사자로 관여하였던 자는 증권관련 집단소송의 대표당사자가 될 수 없도록 하되 예외적으로 제반사정에 비추어 총원의 이익을 공정하고 적절히 대표하는데 지장이 없으면 그러하지 아니하다(법 제11조).

3. 소송허가

(1) 소송허가 절차의 진행

대표당사자는 소송허가를 신청할 경우 그 이유를 소명하여야 하고(법 제13조 제1

500) 법원행정처, 전게서, 41면.

501) 상게서, 42면.

항), 법원은 소송허가를 결정하기 전에 소를 제기하는 자와 피고를 심문한 후 허가 여부에 관한 결정을 한다(법 제13조 제2항).

동일한 분쟁에 관하여 수개의 증권관련 집단소송의 소송허가신청서가 동일한 법원에 제출되는 경우 법원은 이를 병합심리하여야 하고 동일한 분쟁에 관하여 수개의 증권관련 집단소송의 허가신청서가 각각 다른 법원에 제출되는 경우 관계법원에 공통되는 직근 상급 법원은 관계법원이나 신청서를 제출한 구성원, 대표당사자 또는 피고의 신청에 의하여 결정으로 이를 심리할 법원을 정한다(법 제14조 제1항, 제2항).

법원은 청구된 집단소송이 청구적격, 대표당사자 및 소송대리인의 요건 및 소송허가요건에 적합한 경우에 결정으로 증권관련 집단소송을 허가한다(법 제15조 제1항). 대표당사자는 법원이 집단소송의 불허가결정에 대하여 즉시항고할 수 있으며(법 제17조 제1항) 피고 역시 허가결정에 대하여 즉시항고할 수 있다(법 제15조 제4항). 법원은 상당하다고 인정하는 때에는 결정으로 총원의 범위를 조정하여 허가를 결정할 수 있다(법 제15조 제3항).

(2) 불허가결정의 효력

증권관련 집단소송에 대하여 불허가결정이 내려지면 증권관련 집단소송의 소는 제기되지 아니한 것으로 본다(법 제17조 제2항). 증권관련 집단소송법과 동 규칙은 소송허가결정이 확정된 경우에는 구성원 각자에게 그 사실을 고지하는 규정을 두고 있는 반면, 소송불허가 결정이 확정된 경우에는 그 확정사실을 고지하도록 규정을 두고 있지 않으며 다만 증권관련 집단소송에 관한 법원의 업무처리지침인 증권관련 집단소송에 관한 예규 제8조 제2항에서 대법원 인터넷 홈페이지 법원공고란에 공고하도록 규정하고 있다.

(3) 소송허가결정의 고지

법원은 증권관련 집단소송의 신청에 대하여 소송허가결정을 한 때에는 지체없이 법정된 사항을 구성원에게 고지하여야 한다(법 제18조 제1항). 대표당사사와 법정대리인, 원고측 소송대리인의 인적사항 등 관련 정보, 총원의 범위, 청구취지 및 원인의 요지, 제외신고 기간과 방법, 제외신고시 개별적으로 소제기를 할 수 있는 사실, 제외신고를 하지 아니한 구성원에 대하여 증권관련 집단소송에 관한 판결 등의 효력이 미친다는 사실, 제외신고를 하지 아니한 구성원은 증권관련 집단소송의 계속 중에 법원의 허가를 받아 대표당사자가 될 수 있다는 사실, 변호사 보수 약정 등이 그 내용이 된다.

소송허가결정이 있는 경우 증권관련 집단소송법 제18조 제3항에서는 소송허가결정에 대한 고지방법에 관하여 규정하고 있는데 전국을 보급지역으로 하는 일간신문에 게재하도록 하고 있고, 법 제18조 제2항에서는 고지는 구성원 모두에 주지시킬 수 있는 적당한 방법으로 대법원 규칙으로 정하도록 하고 있다.

4. 소송절차

(1) 직권증거조사

법원은 필요하다고 인정하는 때에는 직권으로 증거조사를 할 수 있으며(법 제30조), 법원은 필요하다고 인정하는 때에는 구성원과 대표당사자를 신문할 수 있다(법 제31조). 또한 법원은 필요하다고 인정하는 때에는 소송과 관련이 있는 문서를 소지하고 있는 자에 대하여 그 문서의 제출을 명하거나 송부를 촉탁할 수 있다(법 제32조 제1항). 다만 「공공기관의 정보공개에 관한 법률」에 따른 사유가 있거나 민사소송법에 따른 사유가 있는 문서는 제출을 거부할 수 있다(법 제31조 제2항).

(2) 증거보전

법원은 미리 증거조사를 하지 아니하면 그 증거를 사용하기 곤란한 사정이 있지 아니한 경우에도 필요하다고 인정하는 때에는 당사자의 신청에 따라 증거조사를 할 수 있다(법 제33조).

(3) 소의 취하·화해 또는 청구포기의 제한

증권관련 집단소송에서 소의 취하, 소송상의 화해 또는 청구의 포기는 법원의 허가를 받지 아니하면 그 효력이 없다(법 제35조 제1항). 따라서 법원이 소의 취하, 소송상의 화해 또는 청구의 포기의 허가에 관한 결정을 할 때에는 미리 구성원들에게 이를 고지하여 의견을 진술할 기회를 주어야 한다. 이는 대표당사자와 피고 간의 결탁으로 구성원들의 이익을 해칠 가능성을 차단하기 위하여 민사소송법상의 처분권주의 원칙을 수정한 것이다.[502] 또한 증권관련 집단소송에 대해서는 민사소송법 제268조의 쌍방 당사자가 불출석시 소의 취하로 간주된다는 규정이 적용되지 않는다. 또한 증권관련 집단소송법은 법원으로 하여금 판결의 주문과 이유의 요지를 소송허가결정의 고지 방법에 준하여 각 구성원에 대한 개별 통지와 전국 단위의 일간신문에 게재하는 방법으로 고지하도록 규정하였다(법 제36조 제3항, 제4항).

502) 법원행정처, 전게서, 96면.

5. 분배절차

(1) 개요

증권관련 집단소송에서 손해액의 산정은 집단구성원 개개인에 대하여 각각 산정하는 것이 아니라 집단구성원 전체의 총 손해액을 합산하는 방식으로 한다. 따라서 전체 합산액을 구성원에게 분배하는 절차가 당연히 필요하게 되며 도산법의 원리를 참조할 만하다. 특히 집단구성원에게 분배될 금원 중에서 소송비용이나 변호사비용 등을 공제하고 남은 금액이 분배가 된다. 분배에 관한 법원의 처분감독 및 협력 등은 제1심 수소법원의 전속관할로 한다(법 제39조).

(2) 분배관리인의 선임과 변경

법원은 직권 또는 대표당사자사의 신청에 의하여 분배업무를 공정하고 공평하게 효율적으로 관리할 수 있는 자를 분배관리인으로 선임하여야 하며, 분배관리인은 법원의 감독하에 권리실행으로 취득한 금전 등의 분배업무를 수행한다(법 제41조 제1항, 제2항).[503] 법원은 분배관리인이 분배업무를 적절히 수행하지 못하거나 그 밖의 중대한 사유가 있는 때에는 직권 또는 신청에 의하여 분배관리인을 변경할 수 있다(법 제41조).

(3) 분배계획안의 작성

분배관리인은 법원이 정한 기간 이내에 분배계획안을 작성하여 법원에 제출하여야 한다(법 제42조 제1항). 분배계획안에는 총원의 범위와 채권의 총액, 집행권원의 표시금액·권리실행금액 및 분배할 금액, 분배공제항목과 그 금액, 분배의 기준과 방법, 권리신고의 기간·장소 및 방법, 권리확인방법, 분배금의 수령기간·수령장소 및 수령방법 등이다(법 제42조 제2항). 분배의 기준은 판결이유 중의 판단이나 화해조서 또는 인낙조서의 기재내용에 의한다(법 제43조 제1항). 권리신고기간 내에 신고하여 확인된 권리의 총액이 분배할 금액을 초과하는 경우에는 안분비례의 방법에 의한다(법 제43조 제2항).

---

503) 장덕조·김기호, "증권관련 집단소송법안의 검토", (민주법학 제24호, 2003), 396면. 피고가 분배관리인이 될 권한이 있는가에 대하여는 캐나다의 Class Proceedings Act(1966)가 일정한 경우에 집단소송의 피고도 분배관리인이 될 수 있도록 하는 예도 있고 법의 규정이 피고를 배제하는 것이 아니므로 법원이 직권으로 피고를 분배관리인으로 선임할 수 있는 해석도 가능하다. 그러나 분배는 원고의 승소를 전제로 집행으로서 이루어지는 절차이기 때문에 소송의 당사자인 피고가 패소를 한 경우 신속하고 공평한 절차를 기대하는 것은 무리라고 본다.

(4) 분배에서 제외하는 비용

분배관리인은 권리실행으로 취득한 금액에서 소송비용 및 변호사 보수, 권리실행 비용, 분배비용을 공제할 수 있다(법 제44조 제1항). 분배관리인은 분배계획의 인가를 받기 전에 분배에서 제외하고자 하는 비용을 지급하는 때에는 법원의 허가를 받아야 한다(법 제44조 제1항). 법원은 신청인과 대표당사자의 소송대리인을 심문한 후 소송의 진행과정이나 결과 등 제반사정을 참작하여 변호사 보수를 감액할 수 있다.

(5) 분배계획안의 인가와 변경

법원은 분배계획안이 공정하며 형평에 맞는다고 인정하는 때에는 결정으로 이를 인가하여야 한다(법 제46조 제1항). 법원은 상당하다고 인정하는 때 직권으로 분배계획안을 수정하여 인가할 수 있다(법 제46조 제2항). 분배계획을 인가한 경우 전자통신매체를 이용하여 집행권원의 요지, 분배관리인의 성명과 주소, 분배계획의 요지를 구성원에게 고지하여야 한다(법 제47조).

또한 법원은 상당한 이유가 있을 때 직권 또는 분배관리인의 신청에 의하여 결정으로 분배계획을 변경하고 있으며 이러한 결정에 대하여 불복할 수 없다(법 제48조 제1항, 제2항). 법원은 분배계획을 변경하는 경우 필요하다고 인정하는 때 상당한 방법으로 변경의 내용을 구성원에게 고지하여야 한다(법 제48조 제3항).

(6) 권리의 신고와 확인

구성원은 분배관리인에 대하여 분배계획이 정하는 바에 따라 권리신고기간 내에 권리를 신고하여야 한다(법 제49조 제1항). 구성원은 책임 없는 사유로 권리신고기간 내에 신고를 하지 못한 경우에는 그 사유가 종료된 후 1월 이내에 한하여 신고할 수 있다(법 제49조 제2항). 분배관리인은 신고된 권리를 확인하고 권리신고를 한 자 및 피고에 대하여 권리확인의 결과를 통지하여야 한다(법 제49조 제3항, 제4항).

권리신고를 한 자 또는 피고는 분배관리인의 권리확인에 이의가 있는 때에는 분배관리인으로부터 확인결과의 통지를 받은 날로부터 2주일 이내에 법원에 그 권리의 확인을 구하는 신청을 할 수 있다(법 제50조 제1항). 법원은 권리확인서가 접수된 날로부터 3월 이내에 결정하여야 하며 그 결정에 대하여 불복할 수 없다(법 제50조 제2항).

(7) 분배의 종료

분배관리인은 분배금의 수령기간 경과 후 분배보고서를 법원에 제출하여야 한다(법 제52조 제1항). 분배관리인은 분배금의 수령기간 경과후 잔여금이 있는 때에는 지체없이 공탁하여야 한다(법 제51조). 분배관리인은 공탁금의 출급청구기간이 만료된 때에는 지체없이 법원에 분배종료보고서를 제출하여야 한다(법 제54조 제1항).

6. 변호사 보수와 소송비용

(1) 변호사 보수

증권관련 집단소송법상 변호사 보수가 허가신청서에 기재될 것을 요구하고 있고(법 제9조 제1항 제7호), 소송허가결정 고지시 이를 함께 고지하며(법 제18조) 법원은 분배관리인, 대표당사자 또는 구성원의 신청이 있는 경우에 소송의 진행과정, 결과 등 여러 사정을 참작하여 이러한 변호사 보수를 감액할 수 있도록 규정하고 있다(법 제44조 제3항).

이 법에서 변호사보수의 감액을 결정하는데 고려할 사항은 보수약정, 소송의 소요기간과 난이도, 승소금액, 권리실행금액, 구성원에게 분배되는 금액, 변론내용, 변론준비 및 변론시간 등이 있다(법 시행규칙 제36조). 이는 미국에서 사용되는 지표(lodestar) 방식과 비율(percentage) 방식을 혼합한 것으로 평가 받는다.[504] 미국에서 대부분의 증권집단소송이 화해로 종결되는 중요한 요인 중 하나가 변호사 보수의 측면에서 화해가 유리하기 때문이라고 한다.[505] 따라서 법원은 신속한 화해가 필요한 사건에서 지나치게 낮은 변호사 보수로 인하여 화해의 성사에 장애가 되지 않도록 고려할 필요가 있다. 이 법에서도 단순히 두 방식을 고려하여 산정할 것이 아니라 두 방식으로 모두 보수액을 산정한 후 두 보수액 차이가 크지 않다면 특별히 감액을 인정하지 않는 방향으로 실무를 운용하는 것이 바람직하다.

(2) 소송비용

우리나라 집단소송은 소송비용[506]이 너무 많이 들고 변상의 수단이 부족하다는 점에서 문제가 있다. 특히 피고에 대한 청구원인을 증명하기 위하여 전문가의 감정

---

504) 최정식, "증권집단소송제도에 관한 법적연구", (연세대학교 대학원 박사학위논문, 2005), 223면 이하. 지표(lodestar) 방식은 제3항소법원이 1973년에 고안한 방법으로 변호사 보수를 산정함에 있어서 변호사가 당해사건에 합리적으로 투자한 시간에 합리적으로 측정된 당해 업무의 시간당 비용을 곱하고 소송에서 패소할 위험요소인 승수를 고려하여 액수를 결정한다. 비율(percentage) 방식은 피고로부터 받은 손해배상금액에 변호사와 원고사이에 미리 약정한 일정한 보수의 비율을 곱하여 보수액을 산정한다.

505) 박철희, 『증권집단소송과 화해』, (경인문화사, 2008), 59면.

506) 민사소송비용법상의 소송비용은 인지액, 서기료, 증인과 감정인의 여비와 일당, 법관의 여비와 일당, 통신료, 공고료, 강제집행, 신청사건의 비용 등을 의미하며 변호사 보수는 포함되지 않는다.

을 거쳐야 하는데 그 감정비용의 부담이 매우 크다. 구성원에 대한 통지비용은 집단 구성원의 수에 비례하여 증가하며 일간신문에 공고하는 비용도 크다. 인지대의 경우 1심에서 최대 5천만원이며, 항소심에서는 최대 7,500만원, 상고심에서는 최대 1억원이다.[507)]

증권관련 집단소송법에서는 단지 소송허가 결정을 하는 때에는 고지·공고·감정 등에 필요한 비용의 예납을 명하도록 규정하고 있을 뿐(동법 제16조), 소송비용 부담에 관한 규정을 두고 있지 않다. 다만 민사소송법상 소송비용은 패소한 당사자가 부담하고, 변호사 보수는 일정 범위만 소송비용으로 인정받는다(민사소송법 제98조, 제109조 제1항).

Ⅲ. 집단소송법의 입법형식에 관한 최근논의

1. 국가 또는 공공기관 주도형 집단소송 형식

미국에서는 소위 시민의 보호자(parens patriae)로서 주(州)의 검찰총장이 소비자를 보호하기 위하여 독점금지소송을 하여 손해배상을 구하는 제도가 있다. 원래 이 제도는 국가가 유아, 성년피후견인에 대하여 보호자의 역할을 했던 데서 유래하는 것이다. 이와 유사한 형태로 1977년 미국연방대표당사자소송절차의 개정안에 미국정부(연방법무장관)가 전면에 나서는 공공소송(public action)이 있었으나 도입이 되지는 않았다.[508)] 이들 제도는 대개 정보제공자가 국가 또는 주를 대표하는 자에게 소송을 의뢰하는 형식으로 되어 있다는 점이 특징이다. 소송자체를 국가 또는 그와 유사한 지위의 기관이 대신한다는 점에서 개인이 소송을 주도하는 대표당사자소송 제도와 구별된다. 우리나라에서도 국가(법무부장관이나 검찰총장 등)가 시민을 대신하여 소송을 수행하는 방식이 우리 문화에 쉽게 어울리거나 효율적이기 때문에 도입할만하다는 견해도 있었다.[509)]

이러한 부권소송(parens patriae)과 같은 유형의 집단분쟁해결방안은 민간보다는

---

507) 참고로 미국은 소송물의 가액과 관계없이 재판비용으로 인지세 US350$만 내면 재판을 할 수 있다. 28 USC §1914(a)

508) 이 법안은 국회에 상정되었으나 대표당사자소송의 통제권을 미연방법무부에 넘김으로서 집단구성원의 절차적 권리가 심하게 손상되고 증거나 손해배상과 관련하여 피해자들의 실체적 권리실현에 도움이 되지 않으며 이 절차를 이끌어가는 연방법원은 소송의 운영을 위하여 고비용의 관료를 임용하여야 하므로 법원의 부담을 가중시킨다는 미국법조협회(ABBA)의 반대로 통과되지 못하였다. 함영주, 전게논문(주 67), 29면.

509) 이규호, “공익집단소송의 비교법적 연구”, 법제연구 28호, 2005. 161면 이하.

관을 더 중시해 온 우리나라의 문화에 더 자연스러울 수 있다. 그러나 기존의 행정지도나 실질적인 정치력의 행사로도 해결을 하지 못하게 된 집단분쟁사안을 정부나 국가기관이 소 제기한다고 하여 종국적인 분쟁해결이 될지 의문이다. 국가의 후견적 소송은 행정을 만능으로 여기고 업무의 중심으로 여기는 우리 문화에 비추어 소송의 주도권마저 행정부문에 부여하여 과도한 권한 집중이라는 비판이 충분히 있을 수 있다.[510] 또한 국가의 후견적 소송이 활성화되면 국가 분쟁의 당사자가 되는 경우 균형을 잡기 어렵다는 문제도 생길 수 있다.

이 점에서 국가기관이 주도하여 공익을 보호하는 소송방식은 도입여부도 불투명할뿐더러 도입되더라도 매우 제한적인 범위에서 도입이 검토될 수 있을 뿐이다. 기본적으로 집단적 분쟁해결을 위한 소송제도는 민간영역에서 갈등구조를 해결하기 위한 것을 전제한다.

2. 개별법에 집단소송을 각자 규정하는 형식

현재 논의 중인 증권 및 공정거래 집단소송법이 그러한 예가 될 수 있다. 기존의 증권관련 집단소송에 공정거래의 행위 중 부당한 공동행위(담합), 재판매가격유지행위를 추가하려는 것으로 이미 시행 중인 제도에서 적용범위를 넓히는 것에 불과하므로 제도의 전체적인 틀을 바꾸는 것은 아니다. 다만 증권관련 집단소송법이 원활하게 이용되지 않고 있는 현실을 감안하면 적용범위를 공정거래행위 중 일부분으로 제한하고 소송허가요건을 엄격하게 적용하는 것이 실효성이 있는지 의문이다.

집단소송법은 기본적으로 절차법인데 증권분야, 공정거래분야 등으로 적용범위를 넓혀가는 것이 절차법의 기본원리에 맞지 않다.[511] 왜냐하면 소송에 관한 절차규정을 실체법 분야에 따라 나누어 적용하는 것은 절차를 시범적으로 운영하는 단계는 별론으로 하고 제도를 정착시켜야 하는 과정에서는 오히려 소송법 고유의 특성을 제대로 반영하지 못한 채 실체법의 구별기준에 따르는 것이기 때문이다.

이러한 논의의 전제에는 집단소송은 개별적인 분야에서 그때의 수요에 맞게 대응하는 사고가 내재되어 있다. 이런 사고는 근본적인 논리의 일관성을 세우기에는 한계가 있어 보인다. 절차법이 여러 개라고 하여 국민의 권익보호가 더 증진된다고 보기는 어려운데 절차법은 실효성 내지 활용가능성이 중요한 것이지 절차의 다과에 따라 권익보호가 변동하는 것은 아니기 때문이다. 집단소송을 어떤 형식의 법안으

510) 함영주, "환경집단소송법 도입의 논의에 대한 검토", (民事訴訟 : 韓國民事訴訟法學會誌, Vol.11 No.2, 2007), 210면.

511) 함영주, 전게논문(주 67), 44면.

로 할 것인지에 대하여 그 숨은 이면을 살펴보면 집단소송의 활성화에 대한 입장차이가 있는 것으로 보인다. 개별법으로 입법화되면 법률의 주무부처가 생기게 되고 제도의 설계부터 이해관계자들의 의견이 과도하게 반영될 여지가 크다. 증권관련 집단소송이나 개별법상의 단체소송 및 그 개정안을 볼 때 각 개별법마다 청구원인이 특정되는 것도 그러한 타협의 산물로 보인다.

3. 전 범위를 포괄하는 일반 집단소송법안 형식

집단소송법의 도입을 위한 준비 단계부터 계속되어 논의되어 온 것이 집단소송법을 단순히 민사소송법의 특수절차에 해당하는 특별절차법으로 하자는 주장이었다. 집단소송법은 절차법으로서 민사소송법의 특수절차일 뿐이지 실체법의 분야에 종속될 필요는 없다는 논리에서 출발하였다. 그러나 증권, 환경, 식품, 공정거래 분야 등의 개별집단소송법 제정 논의가 있을 때마다 정치권의 입장 번복이 자주 있었고 집단소송제 도입자체를 반대하는 측의 반대에 부딪혀 자주 국회의 회기만료로 폐기되었다.

집단소송에 있어서 소송 본래의 기능을 효율적이고 안정적으로 수행하려면 소송당사자나 법관에게 일관되고 쉽게 이해될 수 있는 분쟁처리 지침이 마련되어야 한다. 그렇게 하기 위해서는 절차의 통일적 규율에 관한 독립된 법전의 제정이 더욱 효율적이라고 보인다. 이 입장은 크게 민사소송법 내부에 근거를 마련하자는 방식[512]과 민사소송법 외부에 일반절차법을 특례법으로 마련하자는 방식[513]으로 나누어 볼 수 있다. 그러나 둘의 견해는 집단적 분쟁해결에 있어서 절차법의 단일한 이론구성을 하자는 취지이기 때문에 큰 간극이 있는 것은 아니다. 집단적 분쟁해결을 위한 절차법에는 일반민사소송법과 구별되는 특성이 다양하므로 단일법에 준하는 내용의 조문이 들어갈 것으로 예상된다, 법기술적으로 특별법에 '이 법에 특별한 규정이 없으면 민사소송법을 준용한다'는 방식으로 하는 것이 어떤가 한다.

Ⅳ. 증권관련 집단소송법 등 입법안 검토

1. 제18대 국회의 입법추진 방향

제18대 국회에서는 제19대와 마찬가지로 증권관련 집단소송의 저조한 이용이 문

512) 함영주, 전게논문(주 329), 282면.
513) 정선주, 전게논문, 250면 이하.

제되어 홍재형 의원의 대표발의로 개정안이 발의되었다. 소액투자자를 보호하기 위해 2005. 1. 1.부터 증권관련 집단소송법이 시행되었으나 1건의 집단소송도 제기되지 않고 있으므로 입법취지를 살리기 위해서 증권관련 집단소송의 적용범위를 확대하고, 소송에 따른 제반 비용을 줄여주며, 소송허가요건을 다소 완화하려는 것이 입법이유였다. 다만 법제사법위원회에서 법안소위에 보내어 심도 있게 논의하도록 하였지만 결국 임기만료로 폐기되었다.514)

그 주요내용은 다음과 같다. 증권관련 집단소송의 적용범위가 되는 청구원인을 "증권의 발행 및 유통과 관련한 손해배상청구"로 규정하여 열거주의에서 포괄주의로 변경하였다(안 제3조). 대표당사자의 제소에 따른 위험 및 소송비용을 줄여주기 위해 인지대 상한을 인하(안 제7조)하였고, 최근 3년간 증권관련 집단소송에 소송대리인으로 관여하였던 자에 대한 소송대리인 자격 제한 요건을 폐지(안 제11조제3항)하였다. 구성원의 보유 증권의 합계가 피고 회사의 발행 증권 총수의 1만분의 1 이상으로 되어 있는 현행 증권관련 집단소송의 허가요건 중 증권 지분율 규정을 삭제(안 제12조제1항 제1호)하였고, 소송비용의 예납을 유예할 수 있는 조항 신설(안 제16조제2항부터 제4항까지 신설)하였다. 아울러 소송허가결정을 구성원에게 고지시 고지와 공고를 병행하여 실시하도록 한 것을 고지만 하도록 완화(제18조 제3항 삭제)하였다.515)

지금에도 많이 논의되고 있는 부분에 대한 개정안으로 제20대 국회에서 다시 논의하여도 무방할 만큼 좋은 내용들이 많이 있는 것으로 보인다. 청구원인에 대한 논쟁은 법안 제정시부터 논의가 많이 되었던 부분이고 소송대리인 자격제한에 대한 문제 역시 입법단계부터 논의가 많이 되었던 부분이다. 구성원 보유증권의 합계 요건으로 인하여 소송허가를 받지 못하게 되는 조항도 증권관련 집단소송을 과도하게 제한한다는 지적을 받았다. 이 법안을 보면 현재에도 쟁점이 되는 사항들이 분명히 드러나 있어 차기 국회에서 입법 및 관련 논의에서도 참고가 될 수 있다고 보인다.

2. 제19대 국회의 입법추진 방향

제19대 국회에서는 증권관련 집단소송에 관하여는 크게 세 가지 방향으로 논의되고 있는 것으로 보인다. 첫째는 증권관련 집단소송법 자체의 개정안을 제출하는 방안(박민식·김기준 의원안), 둘째는 민사소송법의 특별법으로서 별도의 집단소송

514) http://likms.assembly.go.kr/bill/billDetail.do?billId=030097
515) http://likms.assembly.go.kr/bill/billDetail.do?billId=030097

법안을 제출하는 방안(우윤근 의원안), 셋째는 각 개별법에서 집단소송을 규정하는 방안, 이때 논의되는 실체법 분야는 주로 공정거래 분야(노회찬·이만우·정호준·이종훈 의원안)와 소비자 보호 분야(서영교 의원안)로 나뉜다. 이하에서는 19대 국회(2012년 6월~2016년 5월)에서 발의된 증권관련 집단소송 관계 법안을 분석해 보고 개략적인 내용과 시사점을 살펴보기로 한다.[516] 입법안을 구체적으로 살펴봄으로써 적어도 이론상 실무상 문제점에 대한 해결책으로 나온 방안을 검토해보고 더 나은 대안을 모색해 볼 수 있기 때문이다.

증권관련 집단소송법 자체를 개선하려는 입법으로는 증권관련 집단소송법이 민사소송법의 특별법 형식으로 있음을 전제로 하면서 증권관련 집단소송법에서 다른 분야의 대표당사자소송을 규율하거나 증권관련 집단소송에서 적용범위를 넓히려는 법안들이 있다. 대표적으로 박민식 의원안과 김기준 의원안을 들 수 있다.

박민식 의원안은 우선 법 명칭을 증권관련 집단소송법에서 "증권 및 공정거래 관련 집단소송법"으로 변경한 점이 가장 눈에 띈다. 사실 박민식 의원안은 2014년 한창 문제되었던 "갑의 횡포"에 대한 대안으로 집단소송을 들고 나오면서 제출된 법안으로 보인다. 즉 "을"이 "갑"에게 저항하기 위하여 사용할 수 있는 가장 강력한 방안이 바로 집단소송이라는 것이다. 공정거래 분야에서 집단소송을 도입한 것 이외에 소송허가 요건의 완화, 법원의 자료제출 요구 중 사업자가 자진신고를 한 경우 사업자 보호방안 등을 내용으로 한다.[517]

법안의 취지를 좀 더 구체적으로 보자면, 집단 분쟁의 경우에 통상 공동소송이나 선정당사자 제도만으로는 소를 제기한 당사자들만이 피해 보상을 받을 수 있게 되는데, 피해구제가 불충분하기 때문에 소송에 직접 참여하지 않은 피해자라도 본인이 명시적으로 배제 요청을 하지 않는 이상 동일한 피해 보상을 받을 수 있도록 대안이 필요하다고 한다. 이때 가장 현실적인 대안이 집단소송제도인데 우리나라에는 증권분야에만 인정되고 있어서 한계가 있고, 사업자의 부당한 공동행위, 재판매가격유지행위로 인하여 발생한 피해는 집단적이면서 실질적인 구제가 어려우므로 공정거래 관련 법률위반행위에 대하여도 집단소송을 확대하여야 한다는 취지이다.[518]

김기준 의원안은 증권관련성을 좀 더 넓게 보는 것이 특징이다. 증권관련 집단소송법은 증권의 거래과정에서 발생한 집단적인 피해를 효율적으로 구제하고 이를 통하여 기업의 경영투명성을 높이기 위하여 마련되었지만 2005년부터 이 법이 시행되

516) http://likms.assembly.go.kr/bill/jsp/main.jsp
517) http://likms.assembly.go.kr/bill/billDetail.do?billId=PRC_L1M3R0H9Q1K0W1P7O0C5Y1A7W5V4M4
518) http://likms.assembly.go.kr/bill/billDetail.do?billId=PRC_L1M3R0H9Q1K0W1P7O0C5Y1A7W5V4M4

어 왔음에도 불구하고 이 법 시행 후 제기된 증권관련 집단소송은 그 당시까지 단 6건에 불과하여 제정 당시 남소가능성에 대한 우려와는 달리 증권관련 집단소송제도가 사실상 제도적 기능을 다하지 못한다고 본다. 증권관련 집단소송을 보다 활성화시키기 위해서는 법 적용 범위를 확대(자본시장법 제142조에 의한 공개매수신고서 등의 거짓·부실 기재 및 제161조의 주요사항보고서 중요사항에 관한 거짓 기재)하는 것을 제안한다. 현행법처럼 법적용의 대상이 주권상장법인으로 한정되어 있을 경우, 소위 '동양사태'와 같이 형식적으로 비상장법인을 내세워 기업 어음 또는 채권을 발행하는 방법으로 대규모 피해를 발생시킨 경우에는 법 적용을 회피할 수 있는 수단으로 악용될 소지가 크며, 법의 사각지대가 발생하는 문제점이 발생한다고 한다. 이에 이 법의 적용범위를 확대하고 소송허가 요건을 완화하는 등 증권관련 집단소송제도를 활성화하여 집단적 피해의 효율적 구제 및 기업의 경영투명성 제고라는 이 법의 목적을 실질적으로 달성할 수 있도록 하려는 것이다.[519)]

다른 입법 태도는 바로 집단소송을 일반화시킨 법률을 마련하자는 시도이다. 현행법은 증권분야에만 특수하게 대표당사자 소송형태를 인정하고 있는데 그 정도로는 현대형 분쟁을 제대로 해결할 수 없다고 한다. 집단소송제도는 증권 분야뿐만 아니라 최근 빈번하게 발생하고 있는 소위 갑·을 관계로 인한 손해배상을 위한 소송, 소비자분쟁, 환경·공해분쟁 등 모든 분야에서 일반적으로 도입이 필요한 제도라고 한다. 이에 다수인의 집단적인 분쟁에서 피해자들이 보다 용이하게 피해구제를 받을 수 있고 소송경제를 도모하기 위하여 구성원이 다수이고 구성원의 각 청구가 법률상 또는 사실상 주요한 쟁점을 공통으로 하는 사건에 대하여는 대표당사자에 의한 집단소송을 허용하려는 취지이다.[520)] 우윤근 의원안은 증권관련 집단소송법은 그대로 두고 집단소송의 일반법을 제안한 것으로 평가할 수 있다. 특히 집단소송에 관하여 개정안 제1조에서 "공통의 이익을 가진 다수인에게 피해가 발생하는 경우에 그 다수인을 위하여 그 중의 1인 또는 수인이 그 다수인의 명시적인 의사에 의하지 아니하고 대표당사자가 되어 피해의 구제를 구하는 소송을 말한다."고 정의한 점이 눈에 띈다.[521)]

그 외에 공정거래 집단소송의 도입과 관련하여 여러 법안이 제출되어 있다. (노회찬·이만우·정호준·이종훈 의원안 등) 이러한 법안들은 사실 민사소송과 관련된 논의라기보다는 최근에도 여전히 문제가 되고 있는 사업자 또는 사업자 단체의 시장

---

519) http://likms.assembly.go.kr/bill/billDetail.do?billId=PRC_L1L5I0H1U0C8P1K0F2S0Q1R3E4E6C2
520) http://likms.assembly.go.kr/bill/jsp/main.jsp
521) http://likms.assembly.go.kr/bill/billDetail.do?billId=PRC_P1F3M0A8S0P1A1I5V2E2C0T9W5T7R7

지배적 지위의 남용, 부당공동행위, 불공정거래행위 등을 규제하기 위한 방편으로 감독당국의 제재 외에 민간 영역에서 집단소송의 도입을 주된 목적으로 하고 있다. 다만 이 법안들 중 징벌적 손해배상제 도입을 주장하고 있는 법안(이종훈 의원안)도 있는 점을 볼 때 집단소송은 결국 소송절차에 그치는 것이 아니라 손해의 실질적 배상과도 밀접한 관련이 있음을 알 수 있다.

참고로 최근 가습기 살균제와 관련하여 다시 주목 받고 있는 소비자집단소송법(서영교 의원안)을 살펴보기로 한다. 이 법안은 원래 카드사의 대량 개인정보 유출 및 가습기 살균제를 비롯한 제조물 피해, 과당광고 피해, 담합 피해, 부당약관으로 인한 피해 등 개인들의 피해를 소비자 피해자 개념으로 보아 집단적 구제절차를 마련한 법안이다. 이 경우 소비자 개개인이 직접 기업을 상대로 소송을 하게 되면 증명곤란 및 비용 부담으로 인하여 포기하게 될 가능성이 큰데 소비자들이 단체로 소송을 할 수 있는 절차를 마련해 주면 소비자들의 권리구제에도 도움이 되고 기업들의 불법행위도 억제하는 효과를 줄 수 있다는 취지에서 발의되었다.[522]

이 법안은 현행 증권관련 집단소송과 구조가 매우 유사하다. 청구원인을 열거식으로 규정하여 법정된 사유가 있을 때만 소비자집단소송을 진행할 수 있도록 하였다(안 제3조). 대표당사자로서 법원으로부터 소송허가를 받고 구성원이 50명 이상인 점은 증권관련 집단소송과 같다.

특이한 점은 인지액의 상한선을 항소심은 750만원, 상고심은 1천만원으로 두었다(안 제7조 제2항). 대표당사자소송의 형식을 그대로 유지하여 대표당사자를 선임하도록 하였고 증권관련 집단소송에서 문제되었던 수임건수 제한, 주식보유 요건은 모두 규정되어 있지 않다. 또한 소송비용의 예납을 유예하고 국고로 우선 충당할 수 있도록 한(안 제16조) 매우 선진화된 법안이다.

소송절차에 있어서도 소비자들을 고려하여 사업자의 답변의무를 부과한 주장답변의 특칙(안 제30조), 사업자들이 답변을 하지 않을 경우 대표당사자의 주장을 진실한 것으로 인정할 수 있는 석명의 특칙(안제 31조)을 규정하여 법무부 집단소송법 시안의 취지도 살렸다. 또한 실무상 문서제출명령시 예외사유가 지나치게 넓은 점을 감안하여 예외사유를 법에 규정하지 아니하였으며(안 제34조), 대표당사자 및 그 소송대리인이 피고와 공모하여 소송의 목적인 구성원들의 권리를 사해하는 소송을 한 경우에는 소비자집단소송의 방법으로 재심의 소를 제기할 수 있도록 하였다(안 제42조).

---

522) http://likms.assembly.go.kr/bill/billDetail.do?billId=PRC_F1C4J0L2Q0H5R1M5R5T5G2F2A1S2C2

3. 소결론

현재 전체 민사소송 건수가 점진적으로 늘고 있으며 예전에 비하면 훨씬 법률가들의 분쟁해결에 개입하는 정도가 늘고 있다. 그러나 현행 법체계에 따른 손해배상이 과연 피해자 구제에 충실한지는 대단히 의문스럽다. 여전히 소송을 통한 해결은 배보다 배꼽이 큰 방식으로 실효성이 떨어지는 것으로 인식되고 있다. 원고는 얻는 것도 없이 시간과 비용만 낭비하면서 결국 소송대리인들만 이익이 된다는 선입견이 아직도 존재하고 있는 것이다. 입법자들도 이런 점을 충분히 고려하고 있는 것으로 보인다. 그러나 2014년 이후 국내를 휩쓸고 있는 갑의 횡포에 대한 저항방안으로 입법화된 것이 집단소송이라는 점을 볼 때 법률가뿐만 아니라 입법자들까지도 소송을 통한 법적 해결에 아직까지 상당한 기대를 가지고 있는 반증이 아닌가 한다. 법률가의 입장에서는 이러한 입법안의 체계상 문제점에 대하여 논의하여야 보다 바람직한 입법적 대안을 제시할 수 있다.

먼저 증권관련 집단소송법 자체의 개정안을 제시한 입법안(박민식, 김기준 의원안)을 살펴보자. 유감스럽게도 박민식 의원안은 증권소송과 공정거래소송을 같은 법안으로 묶어 놓았다. 위 두 분야가 집단소송이 매우 중요한 역할을 해야 한다고 보는 것인데 과연 증권분야와 공정거래분야가 어떤 밀접한 관련성이 있어서 같은 법안으로 두는 것인지 의문이다. 즉 증권관련 집단소송법은 결국 민사소송법의 특별법으로서 증권분야에만 특수하게 우선적으로 도입된 것으로 보면 된다. 그렇다면 공정거래 분야 역시 특수하게 도입하자는 것인데 여론상의 필요성, 약자의 호소 외에는 다른 논리가 있어 보이진 않는다.

공정거래법에 집단소송을 도입한 것도 체계적합성이 있는지 의문이다. 공정거래법은 사업자들의 부당한 경쟁제한 행위 등을 막아 시장경제 질서를 유지 확립하려는데 기본취지가 있는 것이지 소송을 통한 피해자 구제하는 사항까지 규율하는 법체계는 아니다. 이러한 법안 역시 대부분 갑의 횡포에 맞서는 수단으로 집단소송을 사용하려는 것인데 이러한 입법이 계속될 경우 필요한 분야마다 집단소송이 계속 들어와야 한다는 논리로 귀결된다. 문제는 이러한 입법은 다루는 정부부처, 국회 소관위원회가 제각각이기 때문에 법적 이론의 통일성을 기하기 어렵게 된다. 예를 들어 공정거래법에 들어가게 되면 국무총리실 산하의 공정거래위원회와 국회 정무위원회가 주무부처가 된다. 반면 증권관련 집단소송법에 들어가게 되면 법무부와 국회 법제사법위원회가 주무부처가 된다. 물론 각 부처나 소관 상임위원회의 특수성을 반영하는 입법이 나올 수 있다는 장점은 있다. 그러나 이는 분쟁해결의 구체적 타당성과 체계 정합성을 혼동한 견해라는 비판이 있을 수 있다. 법률은 분쟁해결의 합리적인 틀을 제시하는 것이고 구체적인 사정의 해결은 법원과 같은 판단기관에서 수행하는 것이 타당하다.

서영교 의원안은 대표당사자소송을 모티브로 하여 소비자 분야에 대하여 집단소송을 도입하는 법안으로서 현재의 증권관련 집단소송에서 논란의 소지가 있는 부분을 많이 제거하여 진일보한 입법이라고 할 수 있다. 다만 법안에서 개인정보 보호법과 방문판매 등에 관한 법률에까지 소비자라는 개념을 적용하여 기존의 소비자의 개념에 혼동을 일으킬 우려가 있는 점, 청구원인이 열거되어 있음에도 법체계적으로 논리성을 가지기는 어려운 점이 아쉬워 보인다.

그런 점에서 우윤근 의원의 집단소송법안은 집단소송의 지위를 일반법으로 격상시킨데서 큰 의미가 있다. 적어도 집단 분쟁해결에 있어 집단소송의 의미를 분명히 하고 구체적인 해결을 하나의 법으로 규율하고 있다는 점에서 수범자에게 예측가능성을 더욱 분명히 주고 있다.

V. 현행 증권관련 집단소송법의 바람직한 입법형식

집단소송 제도의 도입에 있어서는 단순히 다른 나라의 절차를 모방하는 형식은 자제되어야 한다. 제도는 사회의 법의식이나 문화 및 경제상황을 반영한 것이기 때문이다. 따라서 집단적 분쟁의 효율적 해결을 최우선의 목적으로 삼되 기존의 제도와 조화롭게 운영될 수 있다는 점을 염두에 두어야 한다. 그러기 위해서는 핵심적으로 당사자의 절차권을 어떻게 실질적으로 보장할 것인가, 사회적 약자, 소액다수의 피해자가 어떻게 사법서비스에 실효적인 접근을 할 수 있게 할 것인가에 대한 고민이 선행되어야 한다.

증권관련 집단소송제도는 남소로 인한 폐해를 줄이겠다는 목적이 강조된 나머지 다수의 남소 방지장치를 갖추고 있어 증권관련집단 소송의 제기건수가 생각보다 많지 않은 것은 사실이다. 그나마 제기된 소송에서도 법원에서 집단으로 인정받기 위하여 소송허가를 기다리고 있어 상당한 시간이 소요될 것으로 예상된다. 이로 인하여 과도한 남소방지장치 및 재판지연으로 인하여 증권분야의 집단소송이 제대로 기능하지 못한다는 비판을 받게 된다. 정작 소액다수의 피해자들이 많이 발생하는 환경, 제조물 분야에서는 입법적 미비로 인하여 집단피해에 대한 법적 구제수단이 마련되어 있지 못하다는 비판도 상당히 많다.[523]

2000년대 들어 약 10여년 동안에 민사법적 구제 부문에 집단소송 또는 대표소송 제도를 도입한 나라들의 수는 비약적으로 증가하였다.[524] 이에 대하여는 미국의 집단소송제도의 영향을 많이 받은 것으로 생각된다는 견해가 유력하다.[525]

우리나라에서도 2004년 증권관련 집단소송법의 도입 이후 다수의 분야(식품, 환경 등)에 집단소송을 도입하여야 한다는 주장이 제기되고 있다.[526] 이미 공정거래법과 관련하여는 제19대 국회에서 활발한 입법활동이 있었다. 한편 이러한 집단소송의 도입 요구는 대체로 각 분야별로 집단소송을 도입하지는 요구이기 때문에 집단소송이 제각각 규율되어 일관성과 통일성을 갖지 못할 우려가 상존한다. 집단소송법은 결국 절차법인데 절차법이 개별 실체법에 따라 모습을 달리하는 것이 타당한지, 절차법이 실체법에 따라 적용이 구획되는 것이 절차법의 독자성에 비추어 바람직한지 상당히 의문이다.

이러한 문제점을 해결하기 위하여 개개인의 소송수행권을 보장하면서도 개별소송수행의 부담을 최소화하여 개개인의 권리추구가 보다 효율적으로 진행될 수 있는 방안으로 대표당사자소송제도를 민사소송법 내에 일반적인 제도로 규정하자는 견해도 있다.[527][528] 기본적인 접근 방법에는 상당히 동의하나 앞으로 살펴보는 것과 같이 대표당사자소송이든 단체소송이든 현행 민사소송법 체계와 이질적인 부분이 상당히 존재하므로 여러 조문이 추가되어야 하기 때문에 민사소송법 단일 법전으로 규정할 경우 민사소송법 전체 체계뿐만 아니라 균형성도 문제될 수 있다. 단일법인 특별법 형태이자 집단분쟁 해결에 있어서는 일반법으로 기능할 수 있는 입법형식이 보다 타당하다고 생각한다.[529]

---

523) 이지수, "일반 소송절차법으로서의 집단소송제도- 도입필요성, 해외입법사례, 그리고 검토대안", (경제개혁연구소, No.11, 2013), 14면 ; 이명민, "독일 소비자단체소송의 민사소송법으로의 편입가능성", (동아법학 제59호, 2013), 316면.

524) Hensler, Deborah (EDT), Hodges, Christopher (EDT), Tulibacka, Magdalena (EDT), op. cit., p.13.

525) 함영주, 전게논문(주 12), 334면.

526) 김영진, "집단소송제 도입을 통한 환경권의 보호", (세계헌법연구 제7호), 280면 ; 함영주, 전게논문(주 469), 211면.

527) 정선주, 전게논문, 250면 이하.

528) 단체소송에 관하여도 결국은 일반 민사소송법으로 편입해야 한다는 견해로는 이명민, 전게논문, 317면.

529) 사실 민사소송법 내에 직접적 근거 규정을 두자는 견해(정선주, 전게논문, 250면)도 이와 비슷하다고 할 수 있다. 적어도 민사소송법의 체계에 포섭시켜 일관된 적용을 하는 것이 타당하다는 것이며 개별법에 산재시켜 적용을 하게 되면 부처 간의 혼선, 법리 적용의 난맥상 등이 이어질 것으로 예상된다는 점에서는 비슷한 견해인 것으로 보인다.

제6장 현행 증권관련 집단소송법의 문제점 및 개선방안

제1절 서 설

본장에서는 앞서 살펴보았던 증권관련 집단소송에 관한 일반론 및 사례, 외국의 입법례, 증권관련 집단소송의 인접분야에 대한 검토를 바탕으로 개선방안을 제시하기로 한다.[530)]

우선 현행 증권관련 집단소송법(이하 본 장에서는 '법' 또는 '현행법'이라고 한다) 자체의 개선방안을 논의한다. 총칙, 소의 제기 및 소송허가, 소송절차, 분배절차와 함께 손해배상산정에 관하여도 개선방안을 제시한다.

이후 일반 민사소송법의 특별법으로서 대표당사자소송의 바라직한 모습을 검토하기로 한다. 최근에 논의되고 있는 2단계 권리구제절차가 우리 법체계와 어떻게 조화될 수 있는지 여부를 살펴보기로 한다.

530) 현행법 개정에 대한 논의는 단일 법전에 대한 검토이기 때문에 미시적 접근이라고 칭하고 단일한 민사소송 특별법은 대표당사자소송이 사회 전반에 영향력을 미칠 수 있기 때문에 거시적 접근이라고 칭한다.

제2절 미시적 접근 - 현행 증권관련 집단소송법의 개정론

Ⅰ. 총칙 부분

1. 목적

현행법은 증권의 거래과정에서 발생한 집단적인 피해를 효율적으로 구제하고 이를 통하여 기업의 경영투명성을 높이기 위하여 증권관련 집단소송에 관하여 민사소송에 대한 특례를 정하는 것을 목적으로 한다(법 제1조).

현행법은 증권의 거래와 관련한 집단적 피해자들이 보다 효율적으로 피해구제를 받을 수 있도록 함으로써, 간접적으로는 증권을 발행하는 기업들로 하여금 소송의 대상이 되지 않기 위하여 투명한 경영을 하도록 강제하는 목적도 가지고 있다.

그러나 이 법에서 기업의 경영 투명성을 언급하고 있는 부분은 다소 무리한 규정이 아닌가 한다. 이 법은 분명히 민사소송법에 대한 특례임을 분명히 하고 있다. 민사소송법이란 국민의 재판받을 권리를 보장하기 위한 절차법일 뿐이지 기업의 경영 투명성이나 투자자 보호와는 직접적으로 관련성을 가질 이유는 없다. 이미 조문에 언급된 것처럼 증권의 거래과정에서 발생한 집단적인 피해에 대하여 소송으로 배상을 받을 때 종전의 민사소송법으로는 절차진행이 용이하지 않으니 특수한 법률을 제정하여 원고와 피고의 절차진행에 도움을 주겠다는 취지가 주된 이유임은 분명하다.

우리 법체계 내에서도 사회법이라고 하여 특정 집단에 대한 우대(affirmative action)를 기초로 하는 분야가 있기는 하다. 예를 들어 “근로기준법”이나 “남녀고용평등 및 일가정 양립에 관한 법률” 같이 사회적 약자를 배려해 주는 법률로서 전통적인 민사법의 영역에만 맡기기 어려운 분야가 있다. 그러나 이러한 사회법 영역은 전부 실체법에 속한다. 아직까지 절차법 영역에서 특정 집단을 우대하는 취지의 입법이 가능한지에 대하여는 충분히 검증된 바가 없어 보인다.

그렇다고 금융회사에 대하여 투자자가 대등한 위치에 있다고 말하기는 어렵다. 이러한 부분에 대한 규제는 자본시장법, 금융소비자 피해구제법 등 실체법에서 다루어야 할 문제로 보인다.[531] 애초에 증권관련 집단소송법은 단순히 절차적 특례를 마련하기 위하여 출발하였어야 함에도 원고의 규모가 특정이 되지 않을 정도가 되어 천문학적인 손해배상의 규모로 이어질 수 있다는 투자자측의 기대감과 기업측의

531) 김홍기, 전게논문(주 5), 246-247면.

공포감이 교차하여 제도의 본질을 논의하기 어렵게 한 측면이 있어 보인다.

기업의 경영투명성을 높인다는 측면은 다른 실체법에 맡기고 본 법은 절차법 본연의 역할을 충실히 하는 방향으로 설계됨이 타당하므로 기업의 경영투명성은 본법의 반사적 효과로 보아 기업의 투명성 부분은 삭제할 필요가 있다.

2. 증권관련 집단소송의 청구원인

(1) 서설

법 제3조는 적용범위라고 규정하고 있으나 내용을 살펴보면 증권관련 집단소송의 청구원인이라고 보인다. 보통 적용범위라고 하면 시간적, 장소적, 인적, 물적 제한을 의미한다.[532] 다시 말해 시간적 적용범위는 신법 우선인지 여부, 장소적 적용범위는 법정지법의 원칙 등 국가권력이 미치는 범위 판단, 인적 및 물적 적용범위는 우리의 민사재판권이 미치는 범위 등으로 논의되고 있는 것이다.

반면 법 제3조를 보면 제1항은 소 제기 원인이 되는 손해배상청구권 근거 조항이고 제2항은 각 손해배상청구권의 대상을 제한해 놓은 것에 불과하다. 법 제3조는 청구를 특정함에 필요한 사실관계 뿐만 아니라 소송에서 다투어지는 권리관계의 발생원인에 해당하는 사실에 불과한 것이 되어 사실상 청구원인과 같게 된다.

법 제3조 제1항에 보면 제기할 수 있는 손해배상청구권은 모두 자본시장법[533]에 근거하고 있다. 자본시장법 제125조의 발행시장에서 공시의 하자에 기한 손해배상청구, 자본시장법 제162조의 유통시장에서 공시의 하자에 기한 손해배상청구(제161조의 주요사항보고서 제외), 자본시장법 제175조, 제177조, 제179조 내부자거래, 시세조종, 부정거래 행위와 같은 불공정거래행위에 기한 손해배상청구, 자본시장법 제170조의 부실감사에 기한 손해배상청구로 열거되어 있다.[534]

532) 정동윤·유병현·김경욱, 전게서, 50면.

533) 우리나라는 자본시장의 공정성과 신뢰성, 효율성을 높여 국민경제의 발전에 이바지함을 목적으로 2007년 8월 3일 제정되고 2009년 2월 4일부터 시행한 자본시장법을 통해 구 증권거래법, 선물거래법, 간접투자자산운용업법, 신탁업법, 종합금융회사에 관한 법률, 증권선물거래소법의 6개 법을 통폐합하고 있다.

534) 증권관련 집단소송이 제기되어 구성원이 된 후 그 구성원이 법 제3조 제1항에 규정되지 않은 다른 자본시장법 위반 제47조 위반(금융투자업자의 일반투자자에 대한 투자권유시 설명의무)으로 인한 자본시장법 제48조의 손해배상청구 소를 제기하였다면 이는 별소가 될 것인데 대표당사자소송의 분쟁의 일회적 해결의 취지와 부합하는지 의문이다. 결국 청구원인의 제한이 있기 때문에 발생할 수밖에 없는 현상이다. 이에 대하여도 증권관련 집단소송과 병합을 인정하자는 점에 대하여는 견해가 나뉘는 것으로 보인다. 자세한 사항은 함영주, 전게논문(주 67), 199-200면.

(2) 적용 대상 청구권의 확대

현행법의 적용대상의 확대에 관하여 견해가 나뉘어 있는 것으로 보인다. 물론 집단소송제도 자체를 확대하자는 입장에서는 그 논리적 귀결로 인하여 적용대상의 확대를 주장하게 될 것이다. 제도구성의 근본적인 변화에 대한 요구 이외에 증권관련 집단소송의 적용대상을 아예 포괄주의로 확대하여 자본시장법 전반으로 확대하자는 견해[535)]가 있는가 하면 현행법이 타당하다고 보는 견해[536)]도 존재한다.

입법과정에서 제출된 법무부 입법의견서에 의하면 공개매수신고서·공개매수설명서의 허위기재 및 부실기재(구 증권거래법 제25조의3, 현재 자본시장법 제142조 해당)의 경우는 피해자를 용이하게 확정할 수 있어 선정당사자 제도를 이용할 수 있다는 점과 수시공시사항의 허위기재 및 부실기재(구 증권거래법 제186조 제4항, 현행 자본시장법 제161조 해당) 등의 경우는 손해와의 사이에 인과관계의 추정이 어렵다는 이유로 이 법의 적용범위에서 제외되었다고 한다.

그러나 집단소송이 기존 제도로 해결할 수 없는 것을 해결하기 위한 제도일 뿐만 아니라, 추가적인 다수 당사자 분쟁해결 수단을 제공하기 위한 목적으로 입법이 되어야 한다는 점을 고려하면, 공개매수신고서·공개매수설명서의 허위기재 및 부실기재나 수시공시사항도 그 허위 공시로 인한 피해자가 다수일 경우가 많아 보호의 필요성이 크기 때문에 적용범위에 포함시키는 것이 타당하다.[537)] 대법원의 1997. 9. 12. 선고 96다41991 판결에 따르면 유통시장에서 일반투자자가 외부감사인이 작성

---

535) 권혁재, "한국에서의 집단소송제도의 도입과정 및 운영현황", (법학논총 제28집 경북대 법학연구소, 2008), 428면.

536) 김일중, 김진호, 전게논문, 136면. 그러나 이 논문은 적용 청구권의 적절성에 관하여 법경제학적 접근을 하고 있어 관심을 끈다. 저자들은 증권거래법상의 각 청구권으로 소제기된 사건들의 판결문을 분석하여 소액 다수의 피해가 나오는 사건의 분포를 구성하여 어느 조항이 집단소송의 입법취지에 부합하는지 일정한 기준을 세워 표본판결을 수집한 뒤 통계적으로 조사하였다. 그 결과 현행법 제3조 제1항의 적용 청구권은 소액 다수의 피해자를 구제하는데 수행되고 있다고 한다. 다만 그 외에 공개매수 신고서 관련된 구 증권거래법 제25조의 3과 수시공시와 관련된 같은 법 제186조 제4항이 통계상 소액다수의 피해 구제에 사용되는 것으로 나타났다. 상게논문, 128면. 이 논문은 적용대상의 확대를 위해서는 통계적 방법이 사용될 필요가 있다는 점을 보여주었다는 데서 상당히 의미 있는 논문이라고 할 수 있다. 다만 표본을 선정할 때 청구권 경합으로 인하여 민법상 손해배상청구권이 다수 포함되어 있거나 민법만으로 소제기 된 사례가 많아 정확한 통계라고 보기는 어려운 측면이 있다. 향후 법원에서 통계를 산출할 때 적용법조 등 다양한 방식으로 재판을 개관할 수 있도록 지원이 되었으면 한다.

537) 최완진, "증권집단소송제도에 관한 법적 고찰", (경영법률, Vol.16 No.1, 2005), 71면 이하. 한편 정기공시사항에 수시공시사항의 신고내용이 포함되어 있으므로 수시공시 대상이 증권관련 집단소송의 대상에서 제외되었다고 보기 어렵다는 주장이 있다. 김애경, "증권집단소송제도에 관한 고찰 - 미국과의 비교를 중심으로 -", (국제회계연구 제28집, 2009), 17면. 결국 해석의 논란을 해결하기 위해서는 입법적인 보완이 필요하다고 생각한다.

한 투자 기업에 대한 감사보고서를 신뢰하고 이를 판단 자료로 삼아 주식거래를 한 것으로 볼 수 있다고 판시하여 투자자의 신뢰에 따른 인과관계를 추정하고 있다. 따라서 인과관계의 추정이 곤란하다는 입법의견은 현실과 다소 맞지 않을 수 있다. 참고로 미국이나 호주의 경우에는 적용청구권에 특별한 제한을 두고 있지는 않다. 왜냐하면 기본적으로 대표당사자소송이 특정분야를 제한하여 소송을 인정하는 형태가 아닌 일반 민사소송 체계에 규정되어 있기 때문이다.

공개매수신고서[538], 공개매수설명서, 수시공시사항의 허위기재 및 부실기재에 의해 피해를 입은 경우의 손해배상청구 뿐만 아니라 사업설명서[539], 증권신고서, 사업보고서 등에 대한 허위기재나 부실기재도 소송대상의 적용범위에 포함시킬 필요가 있지만 이때 허위기재 또는 기재누락 등에는 '중요사항에 관하여 거짓으로 기재되었거나 또는 중요한 사항이 기재 또는 표시되지 않은 경우'로 규정하여 단순한 오류기재의 경우에는 소송경제를 위하여 집단소송을 면하게 할 필요가 있다.

(3) 증권관련 집단소송에 있어서 소송물과 청구권 경합

가. 문제의 제기

증권관련 집단소송에 있어서 소송물을 깊이 연구한 결과물은 아직 보이지 않는다. 대표당사자소송의 영향으로 미국에서 계수된 제도이기 때문에 미국에서 특별히 소송물에 관한 논의를 많이 하지 않은 영향을 받았는지는 모르겠으나 한국에서도 특별히 논의된 바는 없는 듯하다.

증권관련 집단소송의 경우 제외신고(opt-out) 방식으로 인하여 소의 제기부터 종결까지 구성원이 스스로 탈퇴의사를 밝히지 않는다면 자신도 모르는 사이에 소송이 진행되고 판결의 효력을 받는 결과가 발생한다. 그렇다면 적어도 대표당사자소송의 일종인 증권관련 집단소송은 적어도 일반 민사소송체계의 소송물 논의와는 다른 양상을 가질 여지가 존재한다.

그 사례로 청구권 경합을 들 수 있다. 예를 들어 증권관련 집단소송의 소를 제기한 후 그 구성원 중 일부가 별도로 일반 불법행위를 이유로 별도의 손해배상을 할

538) 예를 들어, 주식발행인이 주식배정인에게 주식공개 이후 추가로 일정한 주식을 매수할 것을 강요하는 IPO래더링(laddering)과 같은 행위에 대하여도 손해배상청구를 할 수 있다는 점을 염두에 둘 수 있다. 이로 인하여 주식의 가치는 실제 가치에 비하여 고평가되었고 그렇게 고평가된 주식을 구입한 투자자의 경우도 손해를 입었다고 보기 때문이다.

539) 제18조 (유가증권신고서 등에 관한 경과조치) 이 법 시행 당시 종전의 「증권거래법」에 따라 금융위원회에 제출한 유가증권신고서, 일괄신고서, 정정신고서, 사업설명서(예비사업설명서 및 간이사업설명서를 포함한다) 및 유가증권발행실적보고서에 관하여는 제118조부터 제132조까지의 규정에 불구하고 종전의 「증권거래법」에 따른다.

수 있는지 문제될 수 있다. 판례는 증권거래법상의 손해배상책임은 민법상의 불법행위로 인한 손해배상책임과는 별도로 인정되는 법정책임이라고 판시한 바 있고 아직도 그 태도는 유지되고 있는 것으로 보인다(대법원 1999. 10. 22. 선고 97다26555 판결).[540] 증권관련 집단소송의 청구원인은 법 제3조 제1항에 따라 항상 자본시장법(구 증권거래법)이 준용되기 때문에 위 판결에서 판시하였던 청구권경합이 그대로 재연될 가능성이 존재한다. 현행법 제28조 제2항에 따르면 제외신고 기간이 끝나기 전에 증권관련 집단소송의 목적으로 된 권리와 동일한 권리에 대하여 개별적으로 소를 제기하는 자는 제외신고를 한 것으로 본다는 조항이 있다. 따라서 제외신고 전에 민법상 손해배상청구권을 행사한다면 제외신고로 간주되어 청구권경합이 발생할 여지가 거의 없으나 제외신고 기간 후에 민법을 근거로 소제기를 한 경우에 어떻게 될 것인가의 문제이다.

나. 청구권 경합의 문제

대법원 1999. 10. 22. 선고 97다26555 판결의 청구권경합설을 비판하면서 자본시장법(구 증권거래법)과 민법은 법조경합 관계에 있다는 견해(법조경합설)가 있다.[541] 이 견해를 따르면 애초에 청구권경합이 발생하지 않으므로 증권관련 집단소송의 소만 인정된다. 또한 대법원 1999. 10. 22. 선고 97다26555 판결의 청구권경합설[542]을 유지하면서 증권관련 집단소송의 소에서는 민법과 청구권경합을 인정하지 않는 견해도 있다.[543]

법조경합설[544]은 자본시장법을 특별법, 민법을 일반법으로 보아 특별법이 적용되는 한도에서는 일반법이 배척된다는 견해이다. 이 견해에 따르면 특별법상의 단기소멸시효가 도과한 후 민법상 손해배상청구의 소가 제기되더라도 민법상 손해배상

---

540) 이 판례의 취지를 따르면 자본시장법상 손해배상청구권으로 소제기를 하였다고 하더라도 원고의 선택에 따라 민법상 손해배상청구권을 추가할 수도 있다는 것이다. 이를 청구권 경합이라고 한다. 결국 이 판결의 취지를 그대로 적용하다보면 증권거래법은 민법에 있어서 특수한 법정책임이라는 논리를 증권관련 집단소송에서도 그대로 끌고 갈 가능성이 있게 되는데 이는 소송법상 선택적 병합이 된다. 판례 본문은 "감사인의 부실감사로 인하여 손해를 입게 된 선의의 일반 주식투자자들은 감사인에 대하여 증권거래법상의 손해배상책임과 민법상의 불법행위책임을 다함께 물을 수 있다고 할 것이다."라고 기재되어 있다. 이 견해를 청구권경합설이라고 한다.

541) 이준섭, 『감사책임법』, (법문사, 2005), 191면.

542) 물론 영세투자자에 대하여 자본시장법보다 소멸시효가 장기간인 민법상 손해배상청구권을 인정해야 할 정책적 판단이 근저에 있을 수는 있다.

543) 법원행정처, 전게서, 30면. 증권관련 집단소송은 증권거래법에 의한 손해배상청구에만 가능하고 민법상 불법행위를 원인으로 한 손해배상청구 또는 사용자책임을 원인으로 한 청구에는 적용될 수 없다고 한다.

544) 이준섭, 전게서, 202면.

청구권은 배척된다고 한다.[545] 반면 법조경합설을 따르더라도 자본시장법의 소멸시효가 경과했다면 자본시장법 규정은 소멸된 것으로 보아 민법상의 손해배상청구는 특별히 법조경합의 문제를 발생시키지 않는 것으로 볼 수 있다.[546] 법조경합은 경합의 대상이 있을 때 발생하는 것이지 경합의 대상이 소멸하면 일반법이 적용될 여지가 있다.

각주 543)의 견해에서는 청구권경합설[547]에 대하여 자세한 설명은 없으나 대법원의 청구권경합의 태도를 그대로 유지하되 증권관련 집단소송의 특성상 민법의 손해배상청구권과의 청구권경합은 인정되지 않는다는 취지로 보인다. 이 견해는 대법원의 구실체법설을 그대로 따르고 있는 것으로 보이는데 그 이론에 따르면 제외신고기간 이후에 구성원이 민법상 손해배상청구를 별도로 제기하였을 때 중복소송이 된다는 점을 충분히 설명하지 못할 것으로 보인다. 즉 일반민사소송에서는 민법과 자본시장법의 관계를 특수한 법정책임으로 보아 청구권경합을 인정하였는데 왜 증권관련 집단소송에서는 같은 자본시장법을 준용하면서 청구권경합을 인정하지 않는지 아직 충분한 근거를 마련하지 못하고 있을 수 있다.

청구권경합의 문제를 간명하게 설명하기 위해서는 대법원 1999.10.22. 선고 97다26555판결과 같이 같은 청구원인이 되는 민법과 자본시장법을 청구권경합으로 볼 것이 아니라 법조경합으로 보는 것이 타당하다. 법조경합설로 보게 되면 일반민사소송법의 논의를 일관되게 증권관련 집단소송법에 적용할 수 있게 된다. 이때 자본시장법상의 단기소멸시효[548]를 도과하고 민법상 손해배상청구권을 행사하면 이를 인정할 것인가의 문제는 논란이 지속될 수 있다.

대법원의 청구권경합설은 구실체법설의 난점 때문인 것으로 보인다. 청구권규범이 다르면 별도의 소송물로 보게 되니 민법과 자본시장법의 관계를 고민할 수밖에 없고, 사안의 구체적 타당성을 위하여 어쩔 수 없이 민법의 소멸시효를 적용해야 하

545) 상게서, 203면. 이 견해는 독일의 정보공시와 관련한 손해배상청구소송에서 일반민법상의 불법행위책임을 법원이 한 번도 인용하지 않았다는 점을 근거로 한다. 독일에서도 같은 논의가 있는 것으로 보인다. 전게서 203면에서 재인용. E. Schwark, Kommentar zum Börsengesetz, 1976, §§45,46 Rdnr. 21.

546) 아직 학설에서 이 부분까지는 논란은 없지만 특별법은 증명책임이 원고하게 유리하게 되어있는 반면 단기간의 소멸시효를 두는데 비하여 민법은 증명책임이 원고에게 불리하게 되어 있는 반면 장기간의 소멸시효를 두고 있으므로 특별법의 소멸시효를 도과한 자들에게는 민법을 통한 구제를 도모하여야 형평의 원칙에 부할 수 있다는 주장도 합리성이 있다고 보인다.

547) 법원행정처, 전게서, 30면.

548) 자본시장법 제125조에 대하여는 “청구권자가 해당 사실을 안 날부터 1년 이내 또는 해당 증권에 관하여 증권신고서의 효력이 발생한 날부터 3년”으로 규정되어 있고 나머지 조항들도 단기 1년, 장기 3년으로 규정되어 있다.

는 문제가 발생하여 자본시장법이 민법의 특수한 법정책임으로 청구권 경합의 대상이 된다는 논리를 고안한 것이 아닌가 한다. 소송물에 관하여 소송법설을 따르게 되면 해당 사안에서 민법과 자본시장법은 청구원인이 같은 하나의 소송물이고 각 조항을 공격방어방법으로 주장 할 수 있게 된다.[549] 소송법설 중 이지설에 따를 경우 소송물은 신청(청구취지)과 사실관계(청구원인)라는 두 가지 요소에 의하여 구성된다. 증권관련 집단소송법은 구 증권거래법(현 자본시장법)에 의한 손해배상청구권을 기초로 하고 있으며 민법에 의한 손해배상청구권과는 청구취지도 같고 청구원인도 사실상 같다. [550] 예를 들어 증권신고서에 허위 기재의 신용평가보고서가 첨부되어 투자자들의 판단을 오인케 하였고 그로 인해 투자한 결과 종국적으로 주식가치가 하락한 경우 투자자는 자본시장법 제125조와 민법 제750조에 의한 손해배상청구를 할 때 결국 같은 소송물이고 공격방어 방법만 달리하게 된다는 결론에 이르게 된다. 이렇듯 이지설을 취하면 구실체법설에 비하여 청구권경합을 보다 유연하게 설명할 수 있을 뿐만 아니라 분쟁의 일회적 해결을 위하여 도입한 증권관련 집단소송의 취지를 보다 더 잘 설명할 수 있게 된다.

다. 중복소송의 문제

제외신고 기간이 끝난 이후에 증권관련 집단소송 이외에 일반 민법상 손해배상청구의 소를 제기하면 중복소송이 되지 않는지 문제된다. 소송법설에 따르면 청구권경합의 문제는 발생할 여지도 없고 해당 사안의 신청과 취지를 살펴 같은 소송물인 경우라면 이 경우에도 중복소송이 될 수 있다.

중복소송의 금지원칙은 법원에 이미 소송계속이 생긴 사건에 대하여 당사자는 다시 소를 제기하지 못한다는 원칙(민사소송법 제259조)으로 분쟁해결수단의 중복유용을 금지하고 모순되는 판결을 방지하기 위한 장치이다.[551] 증권관련 집단소송은 특별한 구제절차의 기능을 하는 것인데 이는 집단적 분쟁해결에서 판결의 모순저촉 없이 통일적이고 신속한 재판을 위하여 인정된 것이다. 그럼에도 제외신고 기간 후의 일반 민사소송절차를 인정하게 되면 사실상 특별구제절차를 둔 이유가 상실되고 판결의 모순저촉 등과 관련한 소송경제에도 반할 위험이 크다. 따라서 청구권경합설을 취한다고 하더라도 중복소송 금지의 원칙이 적용되어야 한다고 생각한다.

549) 최광선, "감사인의 손해배상 책임에 대한 비판적 검토 : 청구권경합설을 중심으로", (저스티스 통권 제149호, 2015), 80-81면.

550) 정동윤·유병현·김경욱, 전게서, 264-265면. 이지설에서는 '사실관계'를 일반적으로 사회적·역사적으로 볼 때 하나라고 할 수 있는 일련의 사실관계를 의미한다.

551) 상게서, 276-277면.

그 외에도 집단 구성원에 포함될 수 있는 일부 피해자가 민법상 손해배상청구의 소를 먼저 제기하고 난 이후 증권관련 집단소송이 제기된 경우는 어떻게 될 것인가 문제될 수 있다. 현행법 제28조 제2항 본문을 보면 제외신고 기간이 끝나기 전에 동일한 권리에 대하여 개별적으로 소제기를 한 경우에 제외신고를 한 것으로 본다는 규정이 있다. 이에 대하여 이미 민법을 근거로 한 소제기는 이 조항과 별개의 사안으로서 중복소송이 될 여지가 없다는 견해도 있을 수 있다. 그러나 일반 민사소송절차 이외에 특별 민사소송절차를 둔 취지를 고려하면 두 절차를 모두 이용한다는 것은 절차상의 혼란, 배상액의 중복 수령 등의 문제를 일으킬 수 있는데다가 이미 손해배상청구권을 행사했다는 점에서 동일한 권리에 대한 소송으로 볼 수 있어 중복소송의 문제가 발생한다고 봄이 타당하다. 현행법 제28조 제2항 단서를 보면 제외신고 기간 내에 소를 취하한 경우에는 그러하지 아니하다(제외신고를 한 것으로 보지 않는다는 취지)는 규정에 비추어 볼 때 구성원이 집단소송 제기 전에 개별적으로 소를 제기한 경우 이후에 제기된 집단소송에 속하기 원하면 적어도 제외신고 기간 내에 개별적인 소를 취하해야 한다고 생각한다. 개별적인 소를 취하하지 않을 경우 증권관련 집단소송은 중복소송이 될 것으로 보인다.

라. 하급심 판결

증권관련 집단소송의 일부 원고들이 소송불허가 결정의 항고심 패소에 대비하여 개별적으로 민법 제750조에 근거한 손해배상청구의 소를 제기한 사안이 있다. 서울중앙지방법원 2013. 10. 10. 선고 2012가합57175 판결에서 증권관련집단소송에서 자본시장법상의 손해배상청구권은 민법상 손해배상청구권과 청구권경합이 있다고 한다. 또한 현행법 제17조 제2항은 소송불허가결정이 확정된 때에 집단소송이 제기되지 아니한 것으로 본다고 규정하므로 증권관련집단소송은 소송허가결정이 되기 전까지는 소제기 효력이 발생하지 않고 허가결정이 확정되면 소급하여 유효한 소송행위가 되는 것으로 보아 중복소송이 되지 않는다고 판시하였다. 1심에서 원고가 승소하였으나 2019. 1. 31. 현재 아직 사건이 진행중이다.

(4) 소결론

단순히 증권관련 집단소송법만을 개정한다고 하면 현행법 제3조 제1항 자체를 삭제하더라도 결국 증권의 거래과정에서 생긴 피해를 배상하기 위한 법이라는 점에는 변함이 없다. 따라서 자본시장법 전반의 손해배상청구권이 증권의 거래과정에서 불법행위에 적용될 수 있으므로 증권관련 집단소송법의 적용 대상이 확대된다.[552]

같은 맥락에서 제3조 제1항을 "증권관련 집단소송의 소는 자본시장법에 규정된 손해배상청구에 한정하여 제기할 수 있다."정도로 개정하자는 의견도 가능하다. 그러나 증권관련 집단소송법은 절차법인데도 그 실체법적 적용을 절차법에서 정하는 것은 실체법과 절차법의 경계를 모호하게 하여 결국 법체계의 정합성을 무너뜨린다는 점[553]을 생각해 본다면 적용대상을 굳이 정하지 않는 것이 더 바람직해 보인다.[554]

단순히 제3조 제1항의 열거된 청구권만 늘리자는 견해에 의하면 몇 개 추가해야 할 범주가 정해진다. 일단 자본시장법 제161조에 의한 주요사항 보고서의 허위기재로 인한 투자자의 손해는 집단소송에 적합하므로 적용대상에 포함시킬 필요가 있다.[555] 발행한 어음 또는 수표가 부도나거나 은행과의 당좌거래가 정지 또는 금지된 때, 영업활동이 전부 또는 중요한 일부가 정지되는 때, 회생절차개시의 신청이 있는 때 등 법인의 경영·재산 등에 관하여 중요한 영향을 미치는 것은 주요사항보고서의 기재사항에 포함된다. 이는 다수의 피해자들을 발생시키기에 충분한 상황이다.

공개매수신고서의 거짓기재로 인한 투자자의 손해도 집단소송의 대상이 되어야 한다(자본시장법 제142조). 공개매수시 응모주주들은 신고서의 내용을 믿고 응모하였기 때문에 신고서에 허위내용이 기재되면 투자자는 당연히 피해를 입게 된다.[556] 수시공시의 경우에도 이미 정기공시사항에 포함되어 있기 때문에 이를 제외해야 할 이유가 없다. 인과관계가 문제된다는 것은 개개 사안마다 다를 수 있으니 법원의 판단에 맡기는 것이 타당하다고 본다.

또 다른 예로 자본시장법 제71조의 불건전 영업행위 일반에 대한 손해배상도 추가할지 검토해 볼 필요가 있다.[557] 특히 법 제71조 제7호의 위임을 받은 시행령 제68조는 투자자 보호 또는 건전한 거래질서를 해할 우려가 있는 행위로서 영세한 투자자들을 보호하기 위한 조항이다. 영세한 투자자를 보호하자는데는 이견이 없지만 과연 증권관련 집단소송법에 규정하는 것이 더 나은지 아니면 단체소송의 영역으로 넘기되 단체소송에 손해배상까지 포함시키는 것이 나은지는 정책적 판단에 속한다고 하겠다. 사견으로는 증권시장에서 평균적인 투자자는 증권시장의 특성을 잘 알고 있는데 비하여, 이러한 영세한 투자자는 정보비대칭의 정도가 심하고 투자권유

552) 함영주, 전게논문(주 67), 188면.

553) 同旨, 정선주, 전게논문, 247-248면 ; 함영주, 전게논문(주 67), 44면.

554) 자본시장법 전반에 대하여 규율하자는 견해로 김홍기, 전게논문(주 5), 273면.

555) 신종석, "증권관련 집단소송에 관한 연구", (법학연구, Vol.34, 2009), 311면.

556) 최정식, "증권집단소송제도의 활성화를 위한 제언", (법학연구 제53집, 숭실대학교 법학연구소, 2014), 321면.

557) 함영주, 전게논문(주 67), 231면.

단계부터 자주적이지 않다. 따라서 영세한 금융소비자 피해는 일반 투자자와는 구별하여 본법이 아니라 소비자피해 구제를 위한 별도의 제도를 마련하여 보호[558]하는 것이 피해자보호에 더 바람직하다고 생각한다.

개인적으로는 굳이 소송법에 실체법 규정을 한정적으로 둘 이유가 있는지 의문이다. 적용대상을 자본시장법상의 손해배상청구에 한한다고 규정하더라도 결국 민법상 손해배상청구권과의 병합 문제를 궁극적으로 해결할 수가 없기 때문이다. 분쟁의 1회적 해결이라는 명제를 해결하기 위해서는 일단 청구권의 적용대상을 제한하지 말고 집단인증 절차, 우리 법에서는 소송허가 절차에서 인정받으면 족하다고 생각한다.

적용 대상 청구권 확대의 문제는 사실 증권관련 집단소송법을 넘어 우리사회에서 집단소송을 어떻게 볼 것이냐에 따라 결론이 달라진다고 보인다. 일단 제도를 활성화시키자는 견해는 대체로 범위의 확대에 찬성한다. 개인적으로는 금융소비자 피해의 구제는 별도로 단체소송을 추가할 필요가 있다고 생각한다. 장을 바꾸어 논의하겠지만 우리나라의 단체소송을 일본의 집합소송과 같이 2단계 체계로 나누어 1단계에서는 법이 정한 단체로 하여금 가해자인 사업자들에게 손해배상의무존재확인 판결을 먼저 받을 수 있도록 하고 2단계에서 개별 피해자들이 가입신고방식(이른바 opt-in) 방식[559]으로 배상을 받도록 하는 방식은 이론상 장점이 있지만 아직은 시기상조일 수 있다. 현재의 단체소송을 보완하여 약관의 통제 등에서 금지·유지 청구가 실질적으로 사용될 수 있도록 할 필요가 있다. 대표당사자소송은 그대로 유지하여 일반 투자자들이 직접 법원으로부터 소송허가를 받아 대표당사자 소송을 진행하도록 하면 될 것이다. 궁극적으로는 대표당사자소송과 단체소송은 절차법의 기본법에서 규정되어 서로 보완하는 방향으로 병존하여 규정됨이 타당하다.

3. 소송의 상대방 범위

증권관련집단 소송제도의 도입의 가장 근본적인 취지가 다수의 소액투자자들에게 보다 용이한 사후적인 권리구제방법을 보장해 주고자 하는 것이라는 점을 고려

558) 김주영, 전게논문(주 416), 58면.

559) 제외신고 방식과 가입신고 방식에 대하여는 별도의 장에서 논의하기로 한다. 제외신고 방식은 헌법상 재판받을 권리의 침해 논란을 불러일으킨다. 이미 앞장에서 제외신고 방식 그 자체가 재판받을 권리의 침해가 아님은 이미 살펴보았다. 결국 입법정책적으로 어느 방식을 취할 것이냐의 문제인데 결국 현재 민사소송법의 체계와 더욱 부합하는 방식이 무엇인가에 대한 고민으로부터 결론이 도출되어야 한다고 생각한다.

한다면 모든 기업이 발행한 증권에 대하여 적용하는 것이 타당하다.[560] 그 이유는 다음과 같다.

첫째 대기업들에 의한 주가조작, 허위공시, 분식회계 등과 같은 기업정보 왜곡은 이미 시장에서 퇴출된 몇몇 기업 이외에는 발생할 가능성이 크지 않다. 이미 내부통제제도 및 시장외부에서의 감시작용이 어느 정도 이루어지고 있기 때문이다. 오히려 정보통신 등 첨단산업, 소규모 유사금융 산업에서 발생할 여지가 크다.[561] 둘째, 증권관련 손해배상청구의 상대방은 회사뿐만 아니라 시세조종, 내부자의 미공개 정보이용행위, 감사보고서의 부실기재 등에 가담한 개인, 증권회사, 회계법인 또는 법무법인을 상대로도 가능한 것이기 때문에 그 집단소송의 상대방 범위를 일정한 법인으로 제한하는 것은 형평성에 문제가 있다.[562] 특히 내부자거래, 시세조작 행위 등은 악의적이고 피해가 큰 불법행위이며 그 피해는 규모가 작은 기업도 예외가 아니라는 점을 감안한다면 기업의 규모에 상관없이 증권을 발행하는 모든 기업이 집단소송의 대상이 될 수 있도록 상대방의 범위를 확대함으로써 소액투자자의 권리구제와 기업의 투명성 강화라는 동법의 입법취지를 충분히 살릴 수 있다.[563]

4. 전속관할의 문제

관할이 갖는 소송법상의 효과에 따라 관할은 전속관할과 임의관할로 나누어진다. 전속관할은 법정관할 가운데서 어느 사건에 관하여 특정 법원만이 관할권을 가지는 경우를 말한다. 재판의 적정, 신속 등 고도의 공익적 요구에 따라 전속관할을 인정하고 있다. 전속관할의 경우에는 다른 관할을 일체 배제하므로 다른 일반규정에 의한 관할과 경합이 생길 여지가 없고 소송의 이송도 할 수 없다.[564]

법 제4조는 "증권관련 집단소송은 피고의 보통재판적 소재지를 관할하는 지방법원 본원합의부의 전속관할로 한다."라고 규정되어 있다. 피고가 1인일 경우에는 이러한 전속관할 규정이 특별히 문제가 되지는 않지만 피고가 수인이고 이들 각각의 보통재판적 소재지를 관할하는 지방법원이 수개일 경우에는 관할로 인한 쟁점이 발

---

560) 최완진, 전게논문, 72면. 이 견해는 증권관련 집단소송은 청구대상기업의 규모에 따라 소액투자자의 피해구제를 차별해야 할 이유가 없다고 하면서 이미 부칙 제3조에서 유예기간을 두어 직전 사업연도 말 자산총액 2조원 미만의 기업의 경우에는 유예기간을 둔 취지를 고려해야 한다고 한다.

561) 한국경제연구원, "미국의 증권집단소송제 운영현황과 정책적 시사점", (보고서 2001-2002, 2001).

562) 금융감독원 조사연구국, "미국의 증권집단소송 운영현황 및 정책적 시사점", 2002.

563) 김치원, "증권관련 집단소송법안 검토보고", (법제사법위원회, 2002).

564) 정동윤·유병현·김경욱, 전게서, 129면.

생한다. 참고로 사업보고서 등에 관한 거짓의 기재 등으로 인한 손해배상책임은 당해 상장법인뿐만 아니라 당해 법인의 이사, 업무집행지시자 등 상법 제401조의2 제1항 각호의 하나에 해당하는 자, 공인회계사 등이 함께 부담할 수 있는데(자본시장법 제162조 제1항), 이들을 모두 피고로 하여 증권관련 집단소송의 소를 제기하는 경우 피고는 수인이 된다.

입법과정을 살펴본다면 증권관련 집단소송 시안(2001년)에서도 법무부 안은 사물관할에 대하여만 규정하였을 뿐이었고 토지관할에 대하여는 규정이 없으며 2003년 6월 5일 임태희 의원 등 34인에 의하여 발의된 법안 역시 법무부 안과 같았다. 2003년 12월 22일 법제사법위원회 위원장의 대안으로 제시된 입법안에서 현행과 같이 제4조의 관할이 전속관할로 규정된 것이다. 어느 검토보고서와 심사보고서 등 국회의안기록을 보더라도 관할 규정에 대한 자세한 설명은 나와 있지 아니하다. 결국 법 제4조는 피고가 1인일 것을 전제로 하지만 현실은 다수의 피고가 발생할 수밖에 없는데 이때 법 제4조를 어떻게 볼 것인가의 문제이다.

피고가 수인인 위와 같은 경우 원고는 전속관할이 인정되는 수개의 법원에 관할을 달리하는 각 피고별로 별개의 소를 제기할 수밖에 없는 상황이 발생한다.[565] 왜냐하면 민사소송법에서는 전속관할이 정하여진 소에는 관련재판적을 인정하고 있지 않고(법 제31조, 제25조) 증권관련 집단소송법에서도 관련재판적을 인정하는 규정을 별도로 두고 있지 않기 때문이다.[566]

증권관련 집단소송법은 동일한 분쟁에 관하여 여러 개의 증권관련 집단소송의 소송허가신청서가 각각 다른 법원에 제출된 경우 원고, 대표당사자 또는 피고의 신청에 의하여 관계 법원에 공통되는 바로 위의 상급법원으로 하여금 결정으로 증권관련 집단소송을 심리할 법원을 정하도록 할 수 있다(법 제14조 제2항).[567] 그러나 한

565) 예를 들어 경기도 성남시 분당구에 있는 증권회사에서 시세조종 및 분식회계를 했고, 서울 영등포구의 회계법인에서 부실감사를 한 경우를 들 수 있다. 증권회사와 회계법인은 각각 공동불법행위를 한 것이고 각각의 행위는 특정이 가능하지만 전속관할 규정에 따라 별소를 제기해야 할 것이다. 실제로 한화스마트 주가연계증권(ELS) 제10호 사건(서울중앙지방법원 2010. 12. 31. 선고 2010가합1604)의 경우 피고를 로얄뱅크오브캐나다만을 피고로 하여 소를 제기하였으나 추후 주가연계증권의 발행회사인 한화증권을 예비적 피고로 추가하였는데 이 피고의 추가가 법 제4조 위반이라고 한 사례가 실제로 있다. 결국 피고를 별도로 하여 집단소송을 진행하고 직근상급법원의 관할지정을 통하여 병합하여야 한다는 취지이다. 전속관할의 관련재판적이 인정되지 않기 때문에 법문언에 따라 별소 제기후 추후 병합한 것이다.

566) 함승완, "증권관련 집단소송의 진행과 관련한 몇 가지 쟁점들", (BFL Vol.43, 2010), 70면.

567) 위와 같은 경우에 원고로서는 직근 상급법원에 의한 병합절차를 거쳐 소송을 하나로 병합하여 진행할 수는 있다. 법 제14조 제2항은 동일한 분쟁에 관하여 서로 다른 원고가 서로 다른 피고에 대하여 여러 개의 법원에 증권관련 집단소송의 소를 제기하는 경우에는 해결방안이 된다.

명의 원고가 관할법원을 달리하는 수인의 피고에 대하여 소를 제기하는 경우에 관하여는 바로 위의 상급법원에서 결정을 받은 후 다시 관계법원에서 재판을 받아야 하므로 법 제14조 제2항을 적용하게 되면 소송경제적인 측면에서 낭비라고 할 수 있다. 이 경우 전속관할 상호간의 관련재판적을 인정하여 피고들 중 1인의 보통재판적 소재지 관할법원에 피고들 전부에 대한 소를 제기할 수 있도록 할 필요가 있다. 입법과정을 살펴 본 것처럼 피고들의 공동불법행위를 고려해 두지 않은 관계로 전속관할의 관련재판적을 입법하지 않은 것으로 보인다.[568)]

5. 변호사 강제주의

법 제5조는 표제가 소송대리인의 선임으로 규정되어 있고 제1항에서 "증권관련 집단소송의 원고와 피고는 변호사를 소송대리인으로 선임하여야 한다."고 규정하고 있다. 증권집단소송의 공익성·전문성 등을 고려하여 쌍방 당사자 모두에게 변호사를 소송대리인으로 선임하도록 한 것이다.[569)]

제2항에서는 "증권관련 집단소송의 대상이 된 증권을 소유하거나 그 증권과 관련된 직접적인 금전적 이해관계가 있는 등의 사유로 이 법에 따른 소송절차에서 소송대리인의 업무를 수행하기에 부적절하다고 판단될 정도로 총원과 이해관계가 충돌되는 자는 증권관련 집단소송의 원고측 소송대리인이 될 수 없다."고 규정되어 있다. 이 조항은 원고 소송대리인의 독립성 문제로 이해할 수 있으며 굳이 타당성을 부정하기는 어려워 보인다. 그러나 조금만 달리 생각하면 원고대리인의 요건을 왜 이 정도로 법정해야 하는지 의문이다. 법 제11조 제2항에서 원고측 소송대리인은 총원의 이익을 공정하고 적절하게 대리할 수 있는 자로 법정되어 있는데 굳이 중복되는 입법을 할 필요는 없어 보인다.

굳이 실익을 찾자면 애초에 "소송대리인이 될 수 없다"고 규정되어 있기 때문에 변호사강제주의를 취하는 본 법에서는 소송허가 단계부터 상대방측에서 대리인 요건의 흠결을 주장할 근거로 사용될 여지는 있겠다. 그렇다면 다시 드는 의문이 있는데 그럼 왜 굳이 원고측 소송대리인에 대하여만 규정하여 놓았냐는 점이다. 피고측 소송대리인에는 아무런 제한이 없는 점에 비하면 원고측 소송대리인에 대한 과도한 견제라는 지적이 충분히 나올 수 있다.

---

568) 함승완, 전게논문(주 566), 71면.
569) 법원행정처, 전게서, 33면.

Ⅱ. 증권관련 집단소송법의 소의 제기 및 허가절차

1. 소의 제기 부분

(1) 상소심 인지액과 상한액 (제7조 제3항)

증권관련 집단소송의 성질상 청구금액이 고액인 경우가 많을 수밖에 없고 소송에 소요되는 비용은 우선적으로 대표당사자나 소송대리인이 부담할 것으로 예상된다. 이때 증권관련 집단소송에 있어 민사소송등인지법의 일반원칙에 따라 산출된 인지액 첨부를 요구하게 되면 인지액의 부담 때문에 사실상 집단소송을 진행할 수 없게 되어 증권관련 집단소송을 도입한 취지가 퇴색할 수 있다.

증권관련 집단소송법은 이러한 점을 고려하여 증권관련 집단소송의 인지액을 원칙적으로 민사소송등인지법에 의하여 산출된 금액의 2분의1로 하고 상한액은 5천만 원으로 하고 있다. 그러나 상소를 한 경우의 인지액에 대하여는 민사소송등인지법 제3조에 따라 항소심은 1심 소장에 붙이는 인지액의 1.5배, 상고심은 2배로 증가되는 규정은 그대로 준용한다(법 제7조 제3항). 이 문구를 그대로 해석하자면 법 제7조 제2항의 인지액 상한은 1심에만 적용되는 것이므로 항소심, 상고심의 인지액 상한은 각각 7,500만원 및 1억원이 된다.

그러나 이런 해석 및 실무 운용이 증권관련 집단소송에서 인지액을 조정하려는 취지를 제대로 반영했는지는 의문이다. 애초에 인지액의 상한을 5천만원으로 했던 것은 증권관련 집단소송의 활성화를 위한 조치였다. 소송의 특성상 소가를 기준으로 할 경우 인지액이 지나치게 높아 소송의 수행에 어려움이 따르기 때문이었다. 실무상 인지대는 사실상 소송대리인이 부담하여야 할 가능성이 크다. 원고가 특정되어 있는 경우에는 원고가 마땅히 부담해야 할 금액이라고 설득이 가능하지만 불특정 다수를 이루고 있는 집단에서 아무리 대표당사자가 있다고 하더라도 5천만원에 이르는 거액을 인지대로 부담하라고 하는 것이 현실상 녹록치 않기 때문이다. 이러한 현실과 증권관련 집단소송의 활성화를 위하여 인지액에 다소 탄력성을 줄 수 있다는 정책적 의미를 감안한다면 항소심과 상고심에서도 굳이 "민사소송 등 인지법"을 그대로 적용할 필요는 없어 보인다. 1심, 항소심, 상고심 모두 인지액을 통일적으로 운용하여 각각 상한을 5천만원으로 해석함이 바람직하다. 참고로 앞에서 검토했던 서영교 의원이 대표 발의한 소비자단체소송법은 항소심 상한을 750만원, 상고심 상한을 1천만원으로 제안하였다는 점을 이미 살펴보았다.

(2) 대표당사자 및 소송대리인의 요건(제11조)

증권관련 집단소송의 대표당사자는 소송으로 얻을 수 있는 경제적 이익이 가장 큰 자 등을 정하고 있는데 과연 '경제적 이익이 가장 큰 자'등이 총원의 이익을 공정하고 적절하게 대표할 수 있는지 검토해 볼 여지가 있다. 왜냐하면 투자규모가 큰 기관투자자의 경우 계속적인 주식거래를 염두에 두고 동법의 벌칙 조항의 적용을 받지 않는 범위내에서 구성원들의 이익과 배치되는 행위를 할 수도 있기 때문이다. 경제적 이익이 큰 자 중에서 총원의 이익을 공정하고 적절하게 대표할 가능성이 있는 자가 많지 않기 때문에 대표당사자의 요건이 지나치게 좁다는 문제점이 있다.[570] 우리나라의 현실상 기관투자자가 가장 경제적 이익이 큰 자가 될 수 있는데 기관투자자에 대하여 정부가 영향력을 행사할 여지가 발생하여 소송제도의 운영이 감독당국이나 대규모 자본의 의도에 의하여 좌우될 여지가 있게 되는 등 소송외적인 요인이 개입될 여지가 크게 된다. 대표당사자의 중요한 요건은 총원의 이익을 '공정하고 적절하게 대표'한다는 점이 핵심징표인데 '경제적 이익이 가장 큰 자'라는 예시요건을 두어 충돌을 일으킬 여지를 만들 이유가 없어 보인다.[571]

아울러 법 제11조 제항에 있어서 원고 소송대리인의 요건 중 기간과 수임횟수에 대하여 3년간 3건이라는 규정은 소송남용의 억제를 위한 제도적 장치로 이해되지만 현재 소송이 8건 밖에 되지 않아 사문화가 되어 있다. 또한 3년간 3건을 수임하더라도 법원이 인정하는 경우에는 예외적으로 수임을 할 수 있어 특별히 실익이 있는 것도 아니므로 삭제함이 바람직하다.[572]

2. 소송허가절차 부분

(1) 서설

증권관련 집단소송법은 미국의 대표당사자소송 제도와 마찬가지로 증권관련 집단소송의 허가요건을 별도로 규정함으로써 허가절차와 본안소송절차를 분리하고 있다.[573] 본안소송인 증권관련 집단소송은 소송허가결정이 확정되어야 비로소 진행

570) 이에 대하여는 미국의 경우처럼 경제적 이익의 합산이 가능할 수 있으므로 조속히 입법론이나 해석론으로 뒷받침해야 한다는 견해가 있다. 김성호, 전게논문(주 130), 456-457면.

571) 미국의 경우에는 사적증권소송개혁법에 따라 소송에 의하여 제기된 청구 중 가장 큰 경제적 이익을 가지는 자가 가장 적절한 대표원고로 추정되고 있다. 반면 우리 법은 "증권관련 집단소송으로 인하여 얻을 수 있는 경제적 이익이 가장 큰 자 등"이라고 하여 단순한 예시에 그치고 있어 그 의미가 반감되고 있다.

572) 김학기, "증권관련 집단소송법의 문제점", (법과 정책연구 제5집 제2호), 1202면.

573) 법원행정처, 전게서, 55면.

될 수 있는 것이므로 소송허가절차는 증권관련 집단소송에 특유하면서도 가장 중요한 절차라고 할 수 있다.

소를 제기하는 자나 그의 소송대리인은 소송불허가 결정이 확정되면 소를 제기하기 위하여 투자한 경제적, 시간적 비용의 손해가 매우 크므로 모든 수단을 동원하여 소송허가결정을 받으려고 한다, 반면 피고측에서도 소송허가결정이 있을 경우 화해절차에서 불리한 조건으로 협상을 할 수 있어 가능한 한 소송허가를 피하려고 한다. 이런 점을 볼 때 소송의 허가는 일반 민사소송의 경우와 달리 단순히 형식적인 요건의 심사에 그치는 것이 아니라 본안의 당부에 관한 판단도 상당부분 포함하는 기능을 하게 된다.[574] 따라서 본안에서 승소가능성이 없는 소송은 소송허가를 받을 수 없을 것이다. 이 경우 소송의 허가는 일반 민사소송의 경우와 달리 형식적인 요건 심사에 그친다기 보다는 본안의 당부에 관한 판단도 상당부분 행하는 기능을 한다.[575][576]

(2) 허가요건[577]

가. 인원 및 지주요건 검토 (제12조 제1항 제1호)

증권관련 집단소송법 제12조 제1항 제1호에 의하면 증권집단소송사건은 '구성원

574) 함영주, "증권관련 집단소송제도의 도입에 따른 대응방안", (民事訴訟 : 韓國民事訴訟法學會誌, Vol.8 No.2, 2004), 186면. 제3장에서 언급하였던 미국의 월마트 사건에서도 집단인증과정에서 본안에 관한 내용을 심사한 바 있다.

575) 대표당사자는 소송허가신청의 이유를 소명하여야 하고 소송의 허가여부에 관한 재판은 소를 제기하는 자와 피고를 심문하여 결정으로 한다. 법원은 허가결정 재판을 함에 있어서 손해배상청구의 원인이 되는 행위를 감독하는 기관으로부터 손해배상청구의 원인행위에 대한 기초조사자료를 제출받는 등 직권으로 필요한 조사를 할 수 있다(법 제13조). 증권관련 집단소송의 허가여부를 결정하기 위하여 구성원의 이익과의 관련성을 구체적으로 살피기 위하여 원고(대표당사자)와 피고를 심문하도록 하였다.

576) 함영주, 전게논문(주 574), 188면. 여기서는 피고 변호사의 입장에서 무조건 허가절차의 통과를 저지시키는 것이 최선인지에 대한 의문을 제기하고 있다. 소송허가가 되지 않을 경우 다수의 분산된 소송이 다른 법원에서 제기될 것으로 예상되는데다가 오히려 소송허가를 받은 후 청구기각 판결을 받게 되면 기판력을 받는다는 점을 고려한 것으로 보인다. 타당한 지적이나 현행의 증권관련 집단소송법에 따른 손해배상은 제외신고(opt-out)를 하지 않은 구성원 전체를 전제로 산정한다는 점, 소송허가 단계에서 이미 일부 본안의 쟁점이 심리되었다는 점 등을 감안하면 소송허가단계에서 피고변호사는 불허가결정에 일단 주력할 가능성이 높아보인다.

577) 함승완, 전게논문(주 566), 72면. 진성티이씨 사건에서 피고측은 위 소송허가요건은 집단소송허가의 필요조건이지 충분조건이 아니라고 하면서 법원으로서는 허가 여부를 결정하는데 위 각 요건들 외에 기타 사정들을 고려할 수 있다고 주장하였다. 즉 위 소송허가요건을 모두 갖춘 경우에도 다른 사정들을 참작하여 소송불허가 결정을 할 수 있다는 것이다. 구체적으로는 허위공시에 대하여 피고 회사의 고의가 없고 허위 공시의 기간이 약 4개월 남짓하여 다소 짧았다는 점, 허위공시로 인해 피고 회사가 이득을 취한 바도 없다는 점 등을 소송허가결정을 하여서는 안되는 이유로 주장하였으나 법원은 이를 인정하지 아니하였다.

이 50인 이상이고 청구의 원인이 된 행위 당시를 기준으로 이 구성원의 보유 유가증권의 합계가 피고 회사의 발행유가증권 총수의 1만분의 1 이상일 것'이라고 규정하고 있다. 전단은 구성원의 숫자를 규정하였고 후단은 유가증권 보유요건을 규정하고 있다.

전단은 미국연방민사소송규칙 제23조(a)의 다수성 요건을 우리 법의 기준에 맞춘 것으로 보이는데 숫자를 일률적으로 규정하는 것은 오히려 입법취지에 맞지 않다는 비판이 있을 수 있다.[578] 특히 자본시장법 제9조상 모집할 때 인원수가 50명인 것을 근거로 현행법에도 50명을 규정한 것[579]으로 보이나 이 50명이 반드시 집단소송의 다수인으로 되어야 하는지는 의문이다. 법상의 다수인이라는 용어는 불확정개념 표지로서 법관의 재량에 의하여 케이스 마다 달리 평가되어야 구체적 타당성을 기할 수 있기 때문이다. 미국 집단소송에서도 판례가 직접 다수성에 대하여는 사건마다 판단을 내리고 있다.[580] 미국에서는 대체로 20명 이상이 되어야 한다고 하나 300명인 케이스에서도 부정한 바가 있어 각 사안에 맞게 판시하고 있음을 알 수 있다.

후단은 소액 피해자들이 집단소송을 진행하는데 상당한 장애물로 작용하고 있다고 평가받는다. 소송실무상 원고측에서는 증권관련 집단소송의 소송원인이 발생한 기간에 해당하는 구성원 주에서 다시 적합한 보유자를 찾고 다시 그 구성원의 보유 유가증권 합계가 피고회사의 발행 유가증권 총수의 1만분의 1을 넘어야 하므로 현실적으로 이 요건을 갖추기 매우 어렵다.[581]

구성원 보유 유가증권의 총수를 1만분의 1이상으로 규정한 것은 남소방지에 있어 강력한 효력을 발휘하나 다른 방법(소송허가신청서와 소장의 기재사항 엄격화 등)으로 해결하는 것이 타당하다는 견해가 있는 반면,[582] 우리나라의 대다수 중견기업들의 경우 위 보유비율은 몇 십만 원 상당의 주식만 보유하고 있어도 제12조 제1항 제1호 후단 요건을 충족하게 되어 남소를 방지하기에 불충분하다는 견해도 있다.[583] 위 1만분의 1 요건은 자본시장법상 소수주주권의 행사로 인한 주주대표소송과 비견해 볼 수 있다.[584] 주주대표소송은 배상이익이 회사에 귀속되지만 증권관련

578) 유병현, 전게논문, 129면.

579) 법무부, 『증권관련 집단소송법시안해설』, (2001), 25면.

580) 송상현, "미국 class action의 재고", (서울대학교 법학 제21권 제1호), 107면.

581) 최완진, 전게논문, 75면.

582) 상게논문, 75면.

583) 김학기, 전게논문, 1205면.

584) 상게논문, 1206면. 대표소송의 주식보유요건을 보면 다음과 같다. 상법 제403조에 따라 비상장회사에 대한 대표소송의 당사자가 될 수 있는 원고는 발행주식총수의 100분의1 이상에 해당하는 주식을 가진 주주이다. 상법 제542조의6에 따라 상장회사에 대한 대표소송의 당사자가 될 수 있

집단소송의 배상이익은 주주에게 귀속된다는 점에서 남소의 가능성은 증권관련 집단소송이 훨씬 크다고 할 수 있다. 이런 점들을 고려했을 때 주주대표소송 수준인 1만분의 1 수준으로 정하자고 제안한다. 이 조항을 둔 이유는 크게 남소 방지와 주주대표소송과의 형평성[585] 때문인데 전자는 이용건수의 부족으로 이미 필요성이 없어졌고 후자는 제도의 본질이 다르다는 점을 간과하였다. 주주대표소송은 주주가 회사를 대신하여 이사에게 소를 제기하는 것으로 소송의 결과가 사내에 유보되지만 증권관련 집단소송은 기본적으로 투자자들이 소를 제기하는 것이어서 소송의 결과가 사외로 유출되기 때문이다.

나. 효율성 요건의 구체화 (제12조 제1항 제3호)

증권집단소송의 소송허가요건으로 총원의 권리실현이나 이익보호에 적합하고 효율적인 수단이어야 한다(법 제12조 제1항 제3호). 그러나 위 규정은 매우 추상적이고 포괄적인 규정이어서 경우에 따라 법관의 자의적 판단 가능성이 있고 그로 인하여 당해 소송으로 말미암아 기업의 계속가능성이 문제될 수 있는 등 결과적으로 국민 경제에 까지 중대한 타격이 될 수 있으므로 법의 내용을 좀 더 구체화할 필요가 있다.

제3장에서 살펴보았듯이 미국 FRCP 제23조(b)에서 집단소송의 허가요건을 구체적으로 정하고 있는데 이에 따르면 ① 개별소송에 의할 경우 모순되는 판결이 나오거나 다른 당사자의 권리를 해하게 되는 경우 - 이해상충을 방지하기 위하여 필요한 경우 ② 유지청구나 확인청구를 하는 경우 ③ 원고들의 입장에서 볼 때 총원 모두에게 법리상으로나 사실관계상 집단소송의 소를 제기하는 것이 다른 개별적 이해관계에 비하여 현저하게 중요한 경우 중 최소한 어느 하나의 요건을 구비할 것을 요구하고 있다. 이를 참조하여 우리나라도 단순히 효율성 요건을 벗어나서 유형화를 입법할 필요성이 있다.[586] 거시적인 관점에서 손해배상청구 이외에 단체소송에서 규정하고 있는 금지청구권 등 다른 청구권들도 인정할 필요가 있다는 취지이다.

제12조에는 대표당사자소송의 기본적 성질이라고 할 수 있는 우월성 요건[587]이 누락되어 있으므로 증권관련 집단소송에 의한 해결방법이 다른 분쟁방법보다 우수

는 원고는 6개월전부터 발행주식 총수의 1만분의 1이상에 해당하는 주식을 가진 주주이다.

585) 상게논문, 1206면.

586) 전삼현, 전게논문, 163면.

587) 제12조 제1항 제3호의 적합하고 효율적인 수단에 포함되는지 생각해 볼 수도 있으나 증권관련 집단소송이 일반민사소송에 비하여 우월해야 한다는 요건은 효율성 이상의 요건이라고 생각한다. 우월성 요건은 현행법체계상 보충성 요건으로 볼 수도 있다고 생각한다.

하다고 인정될 것이라는 문구가 추가될 필요가 있다.[588] 미국에서는 제23조(b)(3) 유형의 소송에서만 인정되는 요건이나 증권관련 집단소송이 결국 손해배상청구권으로 귀속되므로 충분히 입법화가 가능하며 입법화가 되지 않으면 적어도 법원이 소송허가 결정과정에서 고려요소로 삼을 수 있다.

(3) 피고의 즉시항고 규정(제15조 제4항)

이 규정에 대하여는 소송허가 결정단계에서 이미 원고와 피고는 법원에 출석하여 심문절차로 소송의 적법여부를 판단하도록 규정(법 제13조 제2항)되어 있고 소송허가가 불합리하다는 점은 소송에서 본안전 항변으로 주장하면 족하므로 피고의 즉시항고는 시간의 지연을 초래하는 것에 불과하다는 견해가 있다.[589]

그러나 집단소송의 공공성과 복잡성 및 소송허가 결정이 공시와 연관될 수 있는 점을 감안하면 무리하게 삭제할 필요가 없다는 반론도 충분히 가능하다. 본안전 항변도 재판에서 다투어야 하므로 무익한 소송허가인지 여부는 반드시 재론해 보아야 한다고 할 수도 있다. 그렇다면 피고의 즉시항고는 필요하다고 보인다. 참고로 미국은 1988년 연방민사소송규칙 제23조(f)를 신설하여 집단소송의 허가에 관한 법원의 결정에 대하여 독립하여 불복할 수 있는 절차를 명문으로 규정하였다는 점은 이미 살펴보았다.

(4) 총원에 대한 쟁점

총원에 관한 쟁점에 있어서는 진성티이씨 사건에서 문제된 바 있기 때문에 간단히 살펴보기로 한다. 소송진행 중 크게 총원과 관련하여서는 ① 총원 범위가 어떻게 특정이 되는지 ② 처분주주를 별도의 하위 총원으로 인정할 수 있는지 ③ 구성원 특정은 어떻게 하는 것인지로 나뉜다고 한다.

가. 총원 범위의 특정 문제

진성티이씨 사건에서 총원 범위를 특정해 나갈 때 두 단계의 판단과정을 거친 것으로 보인다.[590] 우선 총원기간으로 불리는 이른바 class period에 관한 것인데 총원기간의 기산점은 불법행위일이고 만료점은 그 불법행위 공표되기 전까지의 기간이다. 총원기간 기산점 이전의 주식처분은 쟁점이 되지 않음은 당연하다. 총원기간과 관련하여 다음의 두 가지가 문제된다.[591]

---

588) 이두아, 전게논문, 37면 이하.

589) 김낭규, "집단소송법 도입의 주요 쟁점과 법설계 방향", 공정한 시장경제 확립을 위한 집단소송제·징벌적 손해배상제 도입 어떻게 해야 하나?, 대한변호사협회 외2, 2013.

590) 함승완, 전게논문(주 566), 71-72면.

총원기간 기산점 이후 주식을 취득하여 만료점까지 주식을 전부 처분한 자가 과연 총원에 포함되느냐의 여부가 문제될 여지가 있다. 이론상으로는 이 경우에도 총원에 포함될 여지는 있어 보인다. 회사측의 불법행위로 인하여 주가에 영향을 미쳐 정상적이지 않은 주가로 처분하였기 때문에 손해는 발생하였다고 판단할 수 있다. 인과관계에 있어서도 시장사기이론을 적용하는 입장에서 보면 충분히 인정될 여지가 있다. 그러나 진성티이씨 사건의 실제 처리 방향은 법이론 보다는 실무적으로 접근하여 총원의 범위에서 제외시켰던 것으로 보인다.[592]

다음으로 총원기간 전과 총원기간 내에 각각 주식을 취득하여 보유하고 있다가 총원기간 내에 주식의 일부를 처분한 자는 총원기간 전의 것을 처분한 것인가 아니면 총원기간 중의 주식을 처분한 것인가이다. 주식을 매입할 경우 시점에 따라 가격이 다를 경우가 대부분이다. 매수 주문을 할 때는 기록에 남을지 몰라도 증권계좌에는 혼합되어 보관되고 그마저도 매일 매시각 가격이 변하기 때문에 언제 몇 주 매입한 것이 지금 어떤 가치를 가지는지 실제로 구별이 되지 않는다. 따라서 주식을 총원기간 내에 처분하여 무엇인가 피해를 본 것 같긴 한데 자신이 보유한 주식이 총원기간 전의 것인지 총원기간 내의 것인지 알 수 없기 때문에 발생하는 문제이다.

이 점에 있어서 일반기업회계기준 금융자산금융부채 6.A7의5에서 유가증권의 양도에 따른 실현손익을 인식하기 위해서는 양도한 유가증권의 원가를 결정할 때 각각 개별적으로 평가하는 개별법, 전체를 평균 내는 총평균법, 평균을 낼 때 구입량에 가중을 두어 평균을 내는 가중평균법 등이 규정되어 있으며 회사에 합리적인 방법을 사용하되 동일한 방법을 매년 회계연도에 적용하도록 되어 있다.[593]

실무상으로는 한국예탁결제원이나 한국거래소에서도 실질주주와 보유주식수를 정확하게 산정하기 어렵기 때문에 총원기간 범위 내의 주식인지 판단이 어려웠다고 한다.[594] 이 부분도 실무적인 접근은 나중에 취득한 것부터 처분한 것으로 보는 계

---

591) 이 쟁점은 총원의 대상이 되는지 여부이고 손해액이 얼마나 있는지 혹은 손해액이 존재하는지는 총원단계 이후에 논하는 것으로 보인다. 요약해서 말하면 불법행위의 공표시점 이전에 모두 처분한 자는 손해액 증명이 사실상 곤란하여 총원에서 제외시킨 것이고 일부를 처분한 자는 총원의 범위에 포함시켰는데 피해주식은 어느 범위인지를 따지는 문제로 보면 될 것이다.

592) 함승완, 전게논문(주 566), 71면. 진성티이씨 사건에서 원고측은 소송허가 신청 당시에는 진실공개 전 전매자를 총원의 범위에 포함하였는데 이후 구성원 수를 확인하는 과정에서 진실공개 전 전매자를 총원의 범위에 포함할 경우 구성원의 수가 큰 폭으로 증가할 뿐만 아니라 실제로는 손해를 배상받을 수 없는 자가 총원에 다수 포함되어 소송진행과정 및 분배과정에서 논란이 발생할 가능성이 높다고 판단하여 진실공개 전 전매자를 총원의 범위에서 제외하는 내용으로 총원범위 변경신청을 하였고 법원도 소송허가결정을 통해 이를 인정하였다.

593) 일반기업회계기준은 한국회계기준원의 홈페이지 자료를 참조하였다. http://www.kasb.or.kr/fe/accstd/NR_list.do?sortCd=G-COMPANY

산의 편의를 위하여 후입선출법으로 처리[595]하여 나중에 취득한 주식부터 처분한 것으로 보아 총원범위에 포함되는 것으로 보았다. 결국 이 부분 역시 대법원 규칙을 통하여 구체화 되어야 한다고 생각한다.

나. 처분주주와 보유주주를 별개의 하위총원으로 보아야 하는지

처분주주[596]이건 보유주주이건 일단 회사측의 불법행위로 인하여 손해를 본 것은 분명하지만 전자의 경우는 회사에 대하여 지속적인 이해관계를 가지지 않는 반면 후자의 경우는 회사에 대하여 지속적인 이해관계를 가진다. 회사가 나중에 다시 정상궤도에 오르면 충분히 보상을 받을 수 있는지 등 이해관계가 다르기 때문에 미국법에서 인정하고 있는 하위총원 구성여부도 문제가 되었다.

명문의 규정이 없는 한 하위총원을 인정하기는 어렵다.[597] 하위총원을 인정할 경우 대표원고가 다시 구성되어야 하는지 여부나 이해상반의 경우 어떻게 해결해야 하는지 여부 등이 전혀 정해지지 않았기 때문이다. 이 경우에는 어떤 대표당사자가 총원의 이익을 공정하고 적절하게 대표할 수 있는 구성원인지가 중요한 쟁점이 된다고 보인다.[598] 결국 대표당사자 중 누가 총원의 이익을 공정하고 적절하게 대표할 수 있는지 여부는 법원에서 구체적 타당성을 고려해서 정해야 할 문제로 보인다.[599] 다만 향후 대법원 규칙에 하위총원[600] 문제라든가 그로 인한 이해상반을 해결해야 하는 구체적인 기준이 적시되어야 할 것이다.

---

594) 함승완, 전게논문(주 566), 72면.

595) 정확한 산정을 위해서는 처분시점의 주식이 언제 구입한 것인지 등이 정확히 특정이 되어야 하는데 실무상 어렵기 때문에 실무편의상 후입선출의 방법을 차용한 것이다.

596) 불법행위 공표이후 주식을 모두 처분한 주주를 말한다.

597) 함영주, 전게논문(주 329), 161면.

598) 김성태, "증권관련 집단소송법에 있어서 대표당사자에 대한 연구 - 2009가합 8829사건을 중심으로 -", (숭실대학교 法學論叢, Vol.24, 2010), 14-15면. 이 견해는 소제기 당시에는 주식을 보유하고 있는 자가 주가변동 등에 의하여 직접 이해관계를 가지게 되므로 보다 총원의 이해관계를 공정하고 적절하게 대표할 수 있는 자라고 한다.

599) 진성티이씨 사건에서 피고측은 미국연방민사소송규칙에서 인정하고 있는 하위총원(subclass) 개념을 도입하여 현재 주식 보유 여부에 따라 이해관계가 상반될 수 있으므로 진성티이씨의 주식을 이미 처분한 주주와 아직 보유하고 있는 주주는 별개의 하위총원으로 나뉘어져야 하고 그에 따라 하위총원별로 별도의 대표당사자 및 소송대리인이 선임되어야 한다고 주장하였으나 법원에서는 받아들이지 않았다. 함승완, 전게논문(주 566), 72면 ; 함영주, 전게논문(주 329), 161면.

600) David Herr, op. cit., p.272. 하위총원(subclass)은 집단구성원의 지위가 달라서 분리된 대표와 소송대리인이 필요할 때 발생한다. 예를 들어 불법행위에서 같은 독성에 노출되었지만 입은 상해의 유형과 정도가 다르고 구제수단이 다를 경우를 가정해 볼 수 있다. 이 경우 하위총원 역시 연방민사소송규칙 제23조(a)와(b)의 요건을 모두 갖추어야 한다.

다. 구성원의 특정 문제

구성원이라 함은 총원을 구성하는 각각의 피해자를 말한다(법 제2조 제3호). 실무상 구성원을 파악하기 위하여 법원에 사실조회신청을 하여 한국거래소로부터 해당 회사의 주식에 관한 총원기간 동안의 거래내역 일체를 제출 받는다. 그 후 법원에 거래내역에 기재된 증권계좌번호를 가진 주주의 성명과 주소를 거래 증권회사에 대한 문서제출명령신청을 하여 정보를 취득할 수 있다.

한국거래소에서 제공받는 거래내역 정보에는 각 개인이나 법인 등 하나의 법적 주체별로 거래내역이 기재되어 있지 않고 각 계좌번호별로 거래내역이 기재되어 있기 때문에 증권회사에 대한 문서제출명령을 통하여 계좌번호별 성명과 주소를 확인한 후 동일한 성명과 주소를 가진 계좌를 하나의 구성원으로 특정할 수 있다고 한다.[601]

그러나 해당 계좌의 수가 많으면 많을수록 각 계좌의 성명과 주소를 일일이 비교하여 그 동일성 여부를 가리기가 쉽지 않고 성명은 같으나 주소가 다른 경우 동 구성원이 동일한지 여부를 확인하기 어려운 경우도 상당히 많기 때문에 각 구성원이 아닌 각 계좌별로 손해액을 파악하는 방법이 상대적으로 소송진행과 분배과정에서 효율성을 기할 수 있다.[602] 다만 구성원 1인이 수개의 계좌를 가지고 있는 경우 각 계좌별 거래내역을 합산하여 손해액을 계산할지 아니면 각 계좌별로 별도로 손해액을 계산할지 여부가 문제될 수 있다.[603] 손해액을 각 계좌별로 정하고 어떤 구성원이 다수의 계좌를 보유하고 있을 경우 분배과정에서 합산 내역을 주장하여 분배받는 것이 보다 효율적인 절차진행에 도움이 될 것으로 보인다. 계좌정보도 개인정보보호법상 개인정보에 포함되는데 개인정보 이용 부분에 있어 법률이 이 부분을 염두에 두고 있지 않으므로 손해액 산정부터 구성원의 여러 개좌를 파악하는 것이 쉽지 않을 것으로 보이기 때문이다.

3. 소송허가와 관련된 쟁점사항

증권관련 집단소송법의 대표당사자는 실체법상의 권리자라고 주장하지 아니하는 자에게 예외적으로 당사자적격을 인정하는 이른바 제3자의 소송담당에 속한다.[604]

---

601) 함영주, 전게논문(주 329), 161-162면.

602) 함승완, 전게논문(주 566), 73면.

603) 상게논문, 73면.

604) 이시윤, 전게서, 161면. 여기서는 임의적 소송담당의 일종으로서 법원의 허가에 의한 소송담당으로 보아 재정(裁定)소송담당이라고 한다. 종래 임의적 소송담당은 당사자의 수권을 전제로 한 것임에 비하여 법원의 허가를 수권과 유사하게 본다는 점이 특징이다.

본 법은 당사자적격에 대하여 심사를 받도록 한 것인데 과연 소송허가라는 형태를 두면서 제도를 유지하는 것이 타당한가에 대하여 이론적 문제점을 지적하는 견해가 있다.[605)]

아울러 소송요건의 하나인 당사자적격의 확대가 쟁점이 되는 대표당사자소송에서 소송허가 제도의 판단형식이 결정인 것도 논란이 제기될 수 있다. 민사소송법에서는 당사자적격이 없는 경우에는 판결로 각하되며, 소송요건의 흠결에 대하여 기판력이 생긴다. 쉽게 말해서 소송요건 불비로 인한 판결에 따라 불비를 보정하지 않고 다시 소를 제기하면 기판력의 적용을 받아 기각 판결을 받게 된다는 의미이나 증권관련 집단소송법은 결정으로 판단을 내려버리기 때문에 기판력 문제가 발생하지 아니한다.[606)]

증권관련 집단소송법 제7조 제1항은 "증권관련 집단소송의 대표당사자가 되기 위하여 소를 제기하는 사람"이라는 표현을 사용하고 법 제2조 제4호에서 대표당사자를 "법원의 허가를 받아 총원을 위하여 증권관련 집단소송을 수행하는 1인 또는 수인의 구성원"이라고 정의한다. 이는 소를 제기하는 사람은 아직 당사자가 아니고 당사자가 되기 위하여 소를 제기한다는 취지로 보일 수도 있다.[607)]

물론 이에 대하여 다음과 같은 반박이 있을 수 있다. 증권관련 집단소송법은 민사소송의 특별법이기는 그러나 특별한 규정이 없으면 민사소송법이 적용되기 때문에 법에 공백이 생기는 것처럼 보이더라도 민사소송법이 그대로 유지되는 것이다. 증권관련 집단소송에 있어 당사자가 없어 보이는 소송이라고 하더라도 아직 소송허

605) 오정후, 전게논문, 261면. 이 견해는 허가의 대상이 되는 것은 당사자가 수행하는 행위인 것인데 소송은 일련의 절차의 모음이기 때문에 당사자가 수행하는 소송행위가 아니어서 소송 그 자체로 행위가 될 수는 없고, 허가의 대상도 될 수 없다는 것을 전제로 한다. 이 점은 소송법 이론상 타당한 지적으로 보인다. 미국의 경우에도 집단 인증절차를 거치는 것이지 소송을 허가하는 방식은 아니다. 향후 입법시에는 집단인증 절차 및 대표당사자 선임으로 입법하는 것을 검토할 필요가 있다.

606) 상게논문, 262면. 이 견해도 실무상으로 보면 소송허가 결정이 불허되고 즉시항고 결정이 나온 이후에도 다시 소송허가 결정을 신청한 사례는 없고 법원에서도 같은 사건에 대하여 특별한 사정 변경이 없이 종전과 다른 판단을 내릴 가능성은 극히 희박하다는 점을 인식하고 있다. 그러나 적어도 법에서 소송허가와 관련하여 분쟁의 끊임없는 반복을 막을 수 있는 방법을 명시적으로 배제한 것을 문제로 지적하고 있다.

607) 법원이 증권관련 집단소송의 대표당사자를 정하는 것은 미국의 제도에서 차용한 것이다. 미국의 1934년 증권법 제27조(a)(3)(A)에는 대표당사자(representative party)로서 집단을 위하여 소송을 수행하고자 하는 원고라는 표현이 있고 제27조(a)(3)(B)에는 법원이 일정 기간 내에 주도적 원고가 되고자 신청한 사람들 중에서 집단을 가장 적절히 대표할 수 있는 사람을 대표원고(lead plaintiff)로 정하는 절차가 규정되어 있다. 결국 미국제도에 따르면 소를 제기하는 자는 일단 증권관련 집단소송의 대표당사자이고 이들과 일정기간 내에 신청한 사람들 중에서 대표원고를 정하게 된다.

가를 통하여 집단소송으로 진입한 것이 아니기 때문에 적어도 일반 민사소송법상의 당사자는 그대로 존속하는 것으로 볼 여지도 있으므로 아직 당사자가 존재하지 않는다는 주장은 형식논리가 아닌가 한다. 법 제17조 제2항에는 '불허가 결정이 확정된 때에는 "증권관련 집단소송의 소"가 제기되지 아니한 것으로 본다.'고 규정하고 있을 뿐이며, 이미 법 제7조에 따라 이미 원고와 피고가 기재된 소장은 제출되어 있고, 법 제6조에 '이 법에 특별한 규정이 없는 때는 민사소송법을 적용한다.'고 되어 있기 때문에 적어도 일반 민사소송이 제기된 것도 아니라고 말하기는 어렵다. 따라서 실무상 몇 가지 절차를 거치면 일반민사소송으로 전환이 가능한 상태로 보이는데 그렇다면 이미 당사자는 전제가 된 것이 아닌가 한다.[608] 물론 특별법이라고 하더라도 법의 완결성 측면에서 보았을 때 소송절차의 주요내용인 당사자 부분에 있어서 주요한 공백이 발생하고 이를 해결하기 위하여 다시 민사소송법을 적용하여야 한다는 점을 보면 증권관련 집단소송법 자체의 미비점을 향후 보완할 필요는 있다.[609]

소송허가결정에 관한 기판력 부분을 보더라도 소송허가결정에 기판력이 없어 이론상 다시 소송허가신청을 할 수는 있고 법 제17조 제2항에서의 소송불허가결정을 받았음에도 요건이 구비되지 않은 채 다시 소송허가 신청하는 것을 막을 수 있는 방법이 없어 보일 수 있다. 그러나 이 역시 해석론에 의하여 해결 가능하다. 소송허가 요건을 구비하지 않고 단순 반복적인 후소 청구는 충분히 우리 민사소송법상의 기본원리인 신의칙을 적용하여 후소를 배척할 수 있다고 보아야 한다.[610] 현실적으로도 소송불허가 결정이 나면 증권관련 집단소송은 더 이상 이루어지기 어렵고 기판력이 없음을 빙자하여 반복적인 소제기를 하더라도 이는 민사소송법과 증권관련 집단소송법의 기본원리인 소송의 신속성과 효율성에도 배치되기 때문이다.

608) 민법상 무효인 법률행위의 전환이론도 이와 유사하다고 생각한다. 이영준, 『민법총칙』, (박영사 1996), 665면. 법률행위가 원래의 규정대로 효력을 발생할 수 없으나 다른 법률행위의 요건을 갖추고 있는 경우에 다른 법률행위로서 효력을 발생시키는 행위를 말한다. 이때 당사자가 그 무효를 알았더라면 그 다른 법률행의를 할 것을 의욕하였으리라고 인정되는 것을 요건으로 한다.

609) 同旨 김동엽, "증권집단소송제도의 활성화 방안에 관한 연구", (전북대학교 박사학위논문, 2015), p.112. 소송불허가결정에 대하여 집단소송의 소를 제기하지 않은 것으로 간주하므로 법원은 이미 납부된 인지액을 환급하여야 한다. 현행 '민사소송 등 인지법' 제14조 제1항에서는 소장 등에 대한 각하명령이 확정된 때 등 열거된 사유에 해당하면 인지액의 2분의1에 해당하는 금액의 환급을 청구하도록 하고 있다. 반면 증권관련 집단소송의 불허가의 경우 소를 제기하지 않은 것으로 간주하므로 전액 환급이 인정되는 것으로 봄이 타당하다.

610) 정영환, 전게서, 109면. 소권의 남용으로 볼 여지가 매우 크다.

Ⅲ. 소송절차의 진행 내용

1. 문서제출명령제도를 통한 증거자료 수집문제

(1) 개요

재판에서 법원이 금융감독원이나 금융위원회에 사실조회나 금융거래정보제출명령을 신청하더라도 해당기관이 "금융실명거래 및 비밀보장에 관한 법률"(이하 '금융실명법'이라고 한다) 제4조 제4항을 근거로 금융자료제출을 거부하기 때문에 소송에 필요한 증거를 입수할 수 없어 원고들이 증명에 곤란을 겪고 있다.[611] 이 조항에 의하면 금융실명법에 의하여 금융회사 등으로부터 제공받은 금융거래정보를 타인에게 제공하지 못하며 제공목적 이외의 목적으로 사용하지 못하게 하고 있다. 이때 금융실명법 제4조 제4항에도 불구하고 문서제출명령에 응하도록 강제하는 규정을 입법화 하여야 할 필요성도 있다. 그러나 관계기관의 해석에 따라 금융실명법 제4조 제4항의 "타인"의 개념에 법원이나 국세청 등 국가업무를 수행하는 경우는 당연히 제외되는 것으로 볼 수 있다.

사실 이러한 논란은 금융감독당국의 지나치게 협소한 해석의 결과일 뿐 법이 잘못된 것은 아니다. 금융실명법 제4조 제1항 단서에는 분명히 법원의 제출명령, 조세목적의 자료제출, 국정감사에 필요한 자료제출, 금융위원회 등의 감독 검사를 위한 자료제출 등의 사유가 있는 경우에는 제출이 허용된다고 규정하고 있기 때문이다.

(2) 개선 방안

증권집단소송이 공익적 성격을 가지고 있다는 점을 감안하여 적어도 법원의 허가가 있은 후에는 미국의 증거개시제도를 도입할 필요가 있는지 검토해 볼 필요가 있다. 미국은 연방민사소송규칙에서 증거개시 제도를 운영하고 있는데 이는 당사자가 법원을 통하여 소장과 답변서를 교환하는 절차를 마친 뒤 심리절차 이전에 당사자 사이에 증거를 획득하고 쟁점을 정리하기 위하여 진행되는 절차이다.(미국 연방민사소송규칙 제26조 내지 제37조) 일반적으로 소송당사자 혹은 당사자가 될 자가 소송에 관계되는 정보를 획득하고 보전하기 위하여 양 당사자간에 서로 정보와 문서 등을 교환하는 절차를 말한다.[612]

증거개시제도는 ① 변론기일에 조사할 수 없게 될지 모를 증거를 보전하고 ② 당

611) 함영주, 전게논문(주 67), 147면.

612) Friedenthal, Jack H., Mary Kay Kane & Miller, Arthur R., op. cit., p.385.

사자 사이의 쟁점을 명확히 하며 ③ 당사자의 주장사실을 뒷받침할 수 있는 증거를 확보하여 실체적 진실을 밝힌다는 목적을 가지고 있다. 미국법상 증거개시제도는 소송 당사자에게 소송절차의 일부인 증거조사에 협력할 의무를 부과하는 절차로서 종래에 증거의 구조적 편재를 시정하기 위한 목적으로도 사용되고 있다.[613)]

한미 FTA 협정문 제18장 제10조 제10항에 의하면 "각 당사국은 지적재산권 집행에 관한 민사사법 절차에서 사법당국이 증거수집의 목적상 침해된 상품 또는 서비스의 생산과 유통 또는 그 유통경로에 연루된 제3자의 신원을 포함하여 침해의 어떠한 측면으로든 연루된 사람과 그러한 상품과 서비스의 생산수단 또는 유통경로에 관하여 침해자가 소유하거나 통제하는 모든 정보를 제공하고 그 정보를 권리자 또는 사법당국에게 제공하도록 침해자에게 명령할 수 있는 권한을 가지도록 규정한다."라고 되어 있다.[614)] 경우에 따라서는 지적재산권 분야에 증거개시 제도가 전면적으로 도입이 가능해질 여지도 있다.

그러나 미국법상 증거개시 제도를 전면적으로 도입하기에는 어려운 점이 많다. ① 미국의 증거개시 제도는 자기 사건에 대하여 관련 자료를 모두 공개하고 송달까지 책임지는 등 철저한 당사자 주의에 기반한 제도인데 한국법은 직권주의적 요소가 강하므로 체계상 맞지 않는다는 점 ② 미국의 증거개시제도는 배심원들이 기습적인 주장이나 증거에 대해 편견을 가지지 않도록 하는 제도임에 비하여 한국법은 배심제가 있지 않아 체계상 맞지 않는다는 점 ③ 쟁점을 둘러싼 증거를 증거개시하게 되면 상당한 시간이 소요되고 투망식 증거낚시의 수단으로 이용될 여지가 있다는 점 (실제로 미국에서도 증거개시제도의 남용을 우려한 목소리가 높다) 등을 근거로 삼을 수 있다.

미국에서 증거개시절차가 강력하게 이용되는 것은 법원의 엄격한 사후 통제가 있기 때문에 가능하다. 민사소송절차가 철저히 당사자가 중심이 되어 운영이 되고 있지만 법원이 그 가운데서 엄격하게 관리하고 있으며 어떤 거짓이 있거나 숨김이 있으면 법정모욕, 소각하와 같은 강력한 제재를 할 수 있음에 비하여 우리나라의 법원

---

613) 증거개시 제도가 미국에서도 남용으로 문제가 되고 있는 형편인데 미국에서는 제도의 남용을 줄이기 위하여 특별한 경우 증거제시를 제한하고 있다. 허용이 제한되는 내용으로는 비닉특권자료, 심리준비자료, 전문가의 감정결과가 있는데 이는 당사자의 변론권을 보장해 주는 자료에 관한 것이다.

614) Each Party shall provide that in civil judicial proceedings concerning the enforcement of intellectual property rights, its judicial authorities shall have the authority to order the infringer to provide for the purpose of collecting evidence, any information that the infringer possess or controls regarding any person involved in any aspect of the infringement and regarding the means of production or distribution channel of such goods or services, --생략

은 문서제출명령 불응시의 자유심증 인정에 있어서도 재량권을 잘 행사하지 않는다. 따라서 우선 증거개서절차 불응자에 대한 강력한 법원의 제재가 우선적으로 뒷받침되어야 한다. 그 다음으로 증거개시절차는 전문법관 제도가 있는 경우 상대적으로 활용의 폭이 좁아 보인다. 미국은 배심제도로 인하여 기습적인 증거재판의 경우 상당히 배심원 평결에 영향을 미칠 수 있음[615]에 비하여 우리나라의 재판은 여러 기일을 거쳐 이루어지기 때문에 기습적인 증거가 나와도 법원이 기일을 조정하여 충분히 심사를 할 수 있게 된다. 결국 미국식 증거개시절차 제도는 피고측에게 자료제출을 강제하는 것인데 이는 보다 강력한 법적 근거가 요청된다고 하겠다.

장기적으로는 증거개시절차를 도입하는 것이 맞지만 법원의 역할 이외에도 각종 면책특권에 관한 연구[616], work-product doctrine에 관한 연구[617], 증언조서를 비롯한 구체적인 증거수집에 관한 연구[618] 등등 우리나라 현실에 부합하도록 연구해야 할 부분이 아직 많다.

결국 증거개시제도를 도입하더라도 현재로서는 이미 도입되어 있는 문서제출명령 제도를 수정·확대하는 방식이 타당하다.[619] 현행 독점규제 및 공정거래에 관한 법률 제56조의2[620]는 증거개시를 일정부분 수용한 것으로 평가받고 있다.[621] 이는 미국의 증거개시제도를 전면적으로 도입했다고 보기는 어렵지만 현행 문서제출명령보다 그 범위가 넓다.[622] 이 제도의 실효성 확보를 위하여 위반시 과태료를 부과하도록 하여

615) 증거개시절차가 없으면 변론절차에서 소송대리인이 기습적으로 증거를 제출하여 배심원들의 심리적 동요를 불러일으킬 가능성이 있다. 오세훈, 『미국 민사재판의 허와실 - 과연 무엇을 배울 것인가』, (박영사, 2000).

616) Friedenthal, Jack H., Mary Kay Kane & Miller, Arthur R., op. cit., p.393. 증거개시절차에 의하여 얻을 수 있는 정보가 보호되는 특권을 말한다. 변호사, 의사 성직자 등으로부터 얻은 정보에 대하여는 증거개시절차에서 공개를 요구할 수 없다.

617) Ibid, p.394. 상대방 당사자가 소송을 위하여 준비한 자료는 원칙적으로 증거개시절차를 통하여 얻을 수 없다는 원칙이다. 다만 사실관계의 증명이 매우 곤란하고 소송의 준비에 반드시 필요하다는 점을 소명하면 예외가 인정된다(미국 연방민사소송규칙 제26조(b)(3)).

618) Ibid, p.407. 현재 일반적으로 인정되고 있는 방법으로는 증언조서(deposition), 자백의 요구(request for admission), 서류 등의 제출요구(production of property), 신체감정(physical and mental examination) 등이 있다.

619) 최정식, 전게논문(주 556), 327면.

620) 제56조의2 (기록의 송부등) 제56조(損害賠償責任)의 규정에 의한 손해배상청구의 소가 제기된 때에는 법원은 필요한 경우 공정거래위원회에 대하여 당해 사건의 기록(사건관계인, 참고인 또는 감정인에 대한 심문조서 및 속기록 기타 재판상 증거가 되는 일체의 것을 포함한다)의 송부를 요구할 수 있다.

621) 김주영, 전게논문(주 100), 64면.

622) 문서제출명령을 조금 손질하여 기록제출명령으로 전환시키는 것은 현실적인 대안이 될 수 있다. 사실 문서제출명령 관련 조항만 조금 탄력적으로 해석해도 법원의 재판을 위한 기록제출은 아무

야 하거나 요건사실의 추정을 인정하는 조항을 두는 방안을 고려해 볼 수 있다.

2. 소송인입 제도의 도입문제

(1) 제도의 소개

민사소송법상의 다수당사자에 관한 소송절차를 정비하여 증권관련 집단소송을 활성화시킬 수 있는지 검토해 볼 필요가 있다. 현행 증권관련 집단소송법에서 기판력의 범위에 관하여는 제37조만이 규정되어 있어 제외신고를 하지 아니한 구성원에 대하여만 기판력이 확장된다. 제외신고 방식을 취한 입법례에서는 당연한 규정이기는 그러나 손해배상 책임을 부담하는 피고 중 소송에 참가하지 않은 당사자가 있거나 원고 중 다른 집단의 당사자들이 있을 경우 어떻게 기판력을 확정할 수 있을지 문제된다. 현행법상 제3자 소송참가 혹은 소송고지 등을 통하여 분쟁의 1회적 해결을 꾀하는 제도들이 있으나 아직 우리나라에는 참가적 효력을 가지는 방법 외에 다른 당사자들을 끌어 들이는 제도가 인정되지 않고 있다. 이 부분의 논의는 공동피고들 사이에 분쟁을 통일시키기 위한 문제이기 때문에 증권관련 집단소송의 원고(구성원)에 대한 기판력과는 구별되어야 한다.

집단소송에 있어서 다수의 원고 외에 복합적인 원인을 제공하는 피고들이 있음에도 참가적 효력이 인정되는 제도만으로는 분쟁의 1회적 해결에 있어 한계가 있을 수밖에 없다. 미국연방민사소송규칙은 대표당사자소송을 규정하고 있으면서 동 규칙상의 다수당사자소송을 모두 수용하고 있는 바, 제3자의 소송인입(impleader)에 대하여 살펴본다.

제3자 소송인입은 원고가 피고를 상대로 소를 제기한 경우에 원고의 청구에 대하여 피고에게 책임을 부담하는 소외 제3자를 피고가 본래의 소송으로 끌어 들일 수 있는 제도이다.[623] 제3자가 피고에게 부담하는 책임은 원고의 청구 전체이거나 혹은 그 일부분일 경우라도 무방하며 제3자가 단순히 피고에게 책임을 부담할 가능성만 존재하는 경우에도 제3자 소송인입 청구를 제기할 수 있다.[624] 이때 피고가 제3

런 문제가 없다. 그러나 금융위, 금감원 등 관계당국들의 소극적인 해석으로 인하여 제출이 지연되고 있고, 법원도 그에 동조해 주고 있을 뿐인 것이다. 증권관련 집단소송의 적용대상 청구권은 대부분 금융감독당국의 감리·검사 자료, 수사기관의 수사기록을 확보하면 어느 정도 필요한 자료를 수집할 수 있다. 금융당국 또는 수사기관은 자료를 제출받을 때 관련 법령에 근거하여 자료를 제출받기 때문에 소송이나 분쟁과 무관한 증거를 무차별적으로 수집하지 않아서 피고측에 대하여 불측의 피해를 최소화 시킬 수 있다는 장점이 있다.

623) Friedenthal, Jack H., Mary Kay Kane & Miller, Arthur R., op. cit., p.368.

624) Kevin Clermont, 『Principles of Civil Procedure』, Thomson West, (2009), pp.386-387. 이 책에서

자에게 인입청구를 하게 되면 제3자는 제3당사자피고라고 한다.[625)]

이 제도는 소송의 반복을 피하고 동일한 사실관계에 의한 여러 소송을 하나의 절차 내에서 심리하여 결과적으로는 사건을 공정하고 신속하며 경제적으로 해결하는 것을 목적으로 한다.[626)] 이 제도를 이용할 것인지는 전적으로 피고가 결정할 수 있으며 피고는 제3자를 상대로 별소를 제기할 수도 있다.[627)]

미국 연방민사소송규칙 제14조는 원고의 청구에 대해 전체적으로 또는 부분적으로 자신에게 책임이 있거나 있을 것으로 보이는 자에 대하여 피고가 그 자를 제3당사자 피고로 소송에 끌어들일 수 있다고 규정하고 있다.[628)][629)]

(2) 도입시 얻는 장점

일반적으로 소송의 반복 회피, 판결의 상호 모순 저촉 방지 등을 통한 소송경제의 실현에 기여하는 제도로 평가받지만 집단소송과 관련하여서 또 다른 장점이 있다. 집단소송의 피고뿐만 아니라 다른 공동불법행위자로서 피고가 될 수 있는 자가 있음에도 집단소송에서 피고가 되지 않는 경우 원고측은 별소를 통하여 병합을 시키는 방법도 고려해 볼 수 있다. 그러나 원고가 그러한 별도의 소제기를 하기 쉽지 않고 원고가 의도적으로 별도의 소제기를 하지 않는 경우가 발생할 수 있다. 이런 경우 피고가 소송인입을 통하여 제3자를 별도의 피고로 끌어넣음으로써 분쟁을 일거에 해결할 수 있다.[630)]

공동불법행위에 있어서 다수의 피해자와 가해자가 있을 때 구상권 행사 문제는 소송경제와 결부되어 항상 문제가 될 수 있다. 소송고지나 소송참가를 통하여 소송경

는 대표사례를 다음과 같이 들고 있다. P가 D(T를 고용한 자)에게 T의 과실로 인한 소송을 제기하였다. P에게 배상하기 위하여 T가 D에게 책임이 있다고 가정한다면 D는 제3당사자원고로서 T를 제3당사자피고로 인입할 수 있게 된다.

625) 김정환, "미국의 복합소송제도와 그 도입가능성", (고려대학교 박사학위논문, 2011), 75면.

626) Friedenthal, Jack H., Mary Kay Kane & Miller, Arthur R., op. cit., pp.368-369.

627) Ibid, pp.369-370.

628) Ibid, p.369. 연방민사소송규칙에 소송인입이 규정되어 있고 다른 주에서도 유사한 규정들이 있다고 한다.

629) 미국 FRCP14에 규정된 요건을 분설하면 다음과 같다.
① 제3당사자피고가 부담하는 책임이 원고의 피고에 대한 청구에 의할 것
② 제3당사자피고에 대한 청구가 동일한 거래관계나 사건에서 기인할 것
③ 제3당사자피고에 대한 청구가 실체법상 근거를 가질 것
④ 제3당사자피고가 피고에게 책임을 부담하거나 부담할 가능성이 있을 것
⑤ 제3당사지피고가 원고에게 직접 책임을 부담하지 않을 것
⑥ 제3당사자피고가 이미 소송에 관여하고 있지 않을 것
⑦ 소송지연의 목적으로 제3자 소송인입 청구를 제기하지 않을 것

630) Kevin Clermont, op. cit., p.388.

제를 실현할 수 있다고 하지만 참가적 효력과 기판력이 엄연히 다르기 때문에 분쟁의 종국적 해결에 있어서 차이점이 발생한다. 따라서 귀책사유 있는 피고를 강제로 소송에 인입시키면 한 번의 소송으로 구상관계까지 마무리 시킬 수 있게 되며 공동피고들 사이의 기판력의 확장 문제도 무리 없이 설명될 수 있으리라고 생각한다.

(3) 도입시 우려되는 문제점

이 제도의 도입을 반대하는 입장에서는 원고가 원하지 않는 경우에도 제3자 참가를 강제하여 처분권주의의 문제가 발생한다는 점, 제3당사자 피고에 대한 청구가 추가됨으로써 절차지연이 발생한다는 점, 제3당사자는 본소청구의 결과에 따라 책임여부가 정해지므로 지위가 불안정해 진다는 점, 피고의 제3당사자에 대한 청구는 구상권의 사전행사라는 점이 문제로 지적될 수 있다.[631]

(4) 소결론

그러나 ① 원고가 자기 의사에 기하여 소를 제기했다고 하더라도 제3당사자피고가 원고의 의사와 무관하게 소송에 참여하게 되어 소송의 형태가 변경된다고 하더라도 처분권주의에 어긋나는 것은 아니며[632], 피고와 소외 제3자도 이미 제기된 소송을 활용하여 분쟁을 해결할 필요가 있다는 점(민사소송법 제141조의 변론의 병합도 원고의 의사에 반하여 이루어질 수 있다는 점을 참조), ② 제3당사자는 언제든 소송에 휘말릴 수 있기 때문에 제3당사자 피고가 소송을 진행하는 것이 반드시 지위의 불안정을 초래하지 않는다는 점 ③ 현행법은 이미 민법 제442조에 사전구상권을 인정하고 있다는 점 등을 고려할 때 이 제도의 도입은 충분히 가능하다고 생각한다. 제3자 소송인입 제도는 그 도입으로 인하여 얻는 장점이 우려되는 문제점을 충분히 상쇄할 수 있다.[633]

사실 미국법상의 복합소송제도는 대표당사자소송과는 직접적인 관련성이 없다고 보일 수도 있다. 그러나 미국의 다수당사자소송제도는 서로 결합하면서 사용되고 있는 것으로 보인다. 예를 들어 원고가 다수의 피고들 사이에 class action이 제기되었다고 하더라도 피고가 다른 피고에게 구상권을 청구하는 사례를 들 수 있다.[634]

---

631) 김정환, 전게논문, 198-200면. 여기서는 도입시 예상되는 문제점을 설명하고 있다.

632) 원고가 소송을 수행함에 있어 제3자의 참여를 배제하는 권리가 포함되어 있다고 보기는 어렵다는 취지이다.

633) 김정환, 전게논문, 200면 이하. 다른 제도와의 활용 가능성에 관하여 ① 소송고지 ② 변론의 병합 ③ 독립당사자참가가 논의될 수 있으나 모두 한계가 있다.

634) 최광선, "증권관련 집단소송법에 있어서 다수당사자소송형태의 개선방향 - 미국 FRCP에 규정된 impleader의 도입을 중심으로 -", 안암법학 통권 제45호, 2014.9. 404면 이하. Ceaser

이처럼 미국의 대표당사자소송은 미국 연방민사소송규칙 등에 규정되어 있는 다른 소송절차와 결합하여 탄력적인 운영을 하고 있다는 점에서 시사점이 있다고 하겠다. 우리나라의 다수당사자소송형태는 지나치게 경직되어 있어 분쟁의 일회적 해결이나 소송경제 추구에 큰 이바지를 하지 못한다는 평가를 받으므로 이에 대한 개선방안으로서 1차적으로 가장 미국제도에 가까운 증권관련 집단소송에서 시험적으로 도입해보는 것도 의미가 있다고 생각된다.

3. 화해허가결정의 개별적 고지 필요성

진성티이씨 사건과 같은 소송상의 화해의 경우에는 법원이 그에 대한 허가결정을 하기 전에만 위와 같은 방법에 의하여 미리 구성원에게 이를 고지하여 의견을 진술할 기회를 부여할 뿐 판결의 확정에 준하는 효력을 가지는 화해허가결정의 확정 사실에 관하여 증권관련 집단소송법과 동 규칙에서는 고지 여부에 관하여 별다른 규정을 두지 않고 있으며, 다만 예규에서 화해에 대한 허가 여부 결정 사항을 대법원 인터넷 홈페이지 법원공고란에 공고하도록 규정하고 있을 뿐이다(예규 제8조 제2항 제8호). 이미 화해의 구체적인 내용이 한 번 개별 구성원에게 고지되었으므로 그와 같은 내용의 화해를 허가한 결정을 다시 한 번 개별 구성원에게 고지할 필요가 없다는 취지라고 판단된다.[635]

그러나 화해허가결정은 소송종료사유로서 확정판결에 준하는 효력을 가지는 증권관련 집단소송의 최종결과물이라는 점과 판결의 주문과 이유를 소송허가결정의 고지 방법에 준하여 각 구성원에 대한 개별 통지와 전국 단위의 일간신문에 게재하는 방법으로 고지하는 것과의 균형을 고려할 때 화해허가결정의 확정 사실 역시 판결의 경우와 같은 방법으로 고지하도록 규정할 필요성이 있다.

4. 소송절차의 진행과 조정제도

현행법상 금융분쟁의 자율적 해결을 지원하는 단체(기관)는 금융감독원, 한국소비자원, 한국거래소, 한국금융투자협회의 조정제도를 들 수 있다.[636] 조정제도는 일

Hankcock and Emma Benavides, indivisually and on behalf of all others similarly v. Chicago Title Insurance company 사건에서 원고와 피고 사이의 집단소송 진행 중 법원이 재량으로 피고 Chicago Title Insurance agent company를 제3당사자원고로 하고 independent insurance agent를 제3당사자피고로 받아 주었다.

635) 함승완, 전게논문(주 566), 76면.

636) 금융감독원은 「금융위원회의 설치 등에 관한 법률」 제51조 이하, 한국소비자원은 「소비자기본

반적으로 제3자가 분쟁당사자를 중개하고 양쪽의 주장을 양해하여 합의에 이르도록 알선, 협력하는 절차를 의미한다. 통상 당사자 모두 진입절차에 있어 상호 동의해야 하며 분쟁의 종국해결에 있어서도 상호 동의해야 조정에 의한 분쟁의 해결이 이루어진다고 본다. 진입과 종국해결에 있어 어느 한 당사자도 동의하지 않으면 판결 등 다른 절차로 이행된다.

증권관련 집단소송과 관련하여 본다면 소송전 조정전치주의를 의무화 시킬 것이냐가 문제될 수 있다. 증권소송의 특성상 쟁점이 복잡하고 심리에 시간이 많이 걸리기 때문에 일정기간의 냉각기를 가지면서 합의의 가능성을 높이기 위한 취지로 보인다. 일반적인 증권분쟁에서 드는 시간과 비용을 생각하면 정책적으로 충분히 고려할 만하다는 견해도 있을 수 있지만 아직 우리나라의 증권관련 집단소송 제기 건수가 많지 않으므로 증권관련 집단소송의 개선방안으로는 부적합할 것으로 보인다.[637]

증권관련 집단소송에 조정전치주의를 도입할 경우에도 제외신고 방식의 입법을 취하고 있기 때문에 구성원에게 조정 단계에서 통지를 하는 것이 이론상 타당하다. 증권관련 집단소송법에서는 소송상 화해의 경우에 구성원에게 고지하도록 하고 있지만 조정의 경우에는 그러한 근거가 없으므로 보완이 필요하다.

소송절차 진행 중에 조정을 인정할 것인지 문제될 수 있다. 사실 집단적 분쟁의 경우 당사자들의 의사의 합치가 되지 않는 경우가 거의 대부분이고 당사자의 의사가 합치되었는지를 확인하기도 쉽지 않기 때문에 어떤 형태의 조정이든 성사되기 어려워 보인다. 그러나 예외적으로 당사자들 사이에 합의가능성이 있고 조정 절차 진행이 절차지연 등 소권의 남용[638]이 되지 않는다면 현행 민사조정법 제5조를 참조하여 당사자들이 주도적으로 분쟁을 해결할 수 있도록 판결 이외의 분쟁해결의 근거를 마련해 줄 필요성은 있다. 수소법원이 보기에 합의의 가능성이 있다고 판단한 경우에 현행 민사조정법 제6조를 참조하여 조정제도를 이용할 수 있는 명확한 근거를 마련해 줄 필요도 있다. 결국 재판상 화해 이외에도 민사조정에 관한 집단소송의 특례를 두어 양 당사자의 신청이 있는 경우에 조정절차를 진행할 수 있는 근거를 둘 수 있어 보인다. 이 경우 집단소송의 특질과 화해와의 균형성을 고려할 때 조정의 개시와 결과에 대하여 법원의 감독이 있어야 할 것이다.

法」 제60조 이하, 한국거래소는 자본시장법 제377조·제402조, 한국금융투자협회는 자본시장법 제286조 이하에 각각 근거규정을 두고 있다.

637) 함영주, 전게논문(주 67), 135면.

638) 이에 대하여는 조정의 의사는 없으면서 시간만 지체시키다가 결국 조정을 결렬시키고 재판절차로 진행시키는 제도의 남용사례가 발생하지 않도록 주의할 필요가 있다.

Ⅳ. 증권관련 집단소송과 손해배상

1. 개요

일반투자자들이 공시의 진실성, 미공개정보의 이용여부, 시세조종 여부를 파악하기는 어렵기 때문에 통상 이에 관한 손해배상청구소송은 금융감독당국 또는 사법당국의 감리결과, 조치 또는 사법처리 내용이 발표된 이후에 진행된다. 따라서 원고들은 이러한 자료들을 가지고 피고의 법 위반행위 자체는 증명하는 것이 보통이다. 그 외에는 소송심리의 대부분이 구체적인 손해액 산정문제에 할애되는 경우가 많다. 증권관련 집단소송제도는 증권거래관련 소액 다수의 피해자들이 불법행위자들을 상대로 하여 손해배상을 청구하는 것이 본질적이 내용이기 때문에 손해배상의 산정은 본 법의 핵심적인 내용이다.

증권 거래에 따른 불법행위에서의 손해배상과 관련하여서는 정치, 경제, 사회적 다양한 영향을 미치기 때문에 불법행위가 초래한 손해의 범위를 산정하는 것은 대단히 어렵다. 이러한 손해액의 범위에 관하여 증권관련 집단소송법은 제34조의 포괄적인 조항만을 두고 있을 뿐이어서 향후 대법원 규칙이나 해석론에 의한 보충이 요망된다.

2. 1주당 손해액의 측정

증권관련 집단소송법 제34조에 의하면 자본시장법이나 그 밖의 다른 법률에 규정이 있는 경우에는 그에 따라 손해배상액을 산정하며 이 방법을 따르거나 증거조사를 통하여서도 정확한 손해배상액을 산정하기 어려운 경우에는 표본적·평균적·통계적 방법 또는 그 밖의 합리적인 방법으로 손해액을 정할 수 있다.

현행 자본시장법(제126조, 제162조, 제170조)에 의하면 허위공시나 부실감사[639]로 인한 소송에서 피고가 배상할 금액은 증권의 취득가격과 변론종결시의 시장가격의 차액으로 되어 있다(변론종결전에 처분하였다면 증권의 취득가격과의 차액). 그런데 이 방법은 소를 제기하는 과정에서 총 손해액을 추정하기 위한 방법으로는 적합하지 않다. 왜냐하면 집단소송의 구성원이 되는 투자자들이 수없이 많을 것인데

639) 부실감사에 있어서는 비교적 독특한 법리가 마련되어 있다. 부실감사가 밝혀지기 전의 주가와 부실감사가 밝혀진 후 부실감사로 인하여 거래정지가 해제되고 거래가 재개된 후 계속된 하종가를 벗어난 시점에 정상적으로 형성된 주가의 차액(또는 그 이상의 가격으로 매도한 경우 그 매도가액과의 차액)으로 보고 있다. 대법원 1997.9.12.선고 96다41991 판결. 자세한 내용은 최광선, 전게논문(주 549), 86면.

아직 소가 제기되지 않은 상태이므로 변론종결시의 처분가격이 존재할 수 없기 때문이다.[640] 또한 허위공시나 부실감사 사실이 밝혀진 후 상당시간이 경과한 후에 집단소송이 제기된다면 변론종결시의 시장가격에는 허위공시나 부실감사 이외의 다른 요인에 따른 가격 변동분도 포함되어 있게 된다. 따라서 허위공시 등으로 인한 가치 하락분이 얼마나 되는지 파악하기 어렵다.

미공개정보의 이용[641], 시세조종[642], 부정거래행위로 인한 손해의 산정방법에 관하여 현재 자본시장법은 아무런 규정이 없다. 결국 판례의 해석에 맡겨져 있는 형국인데 증권관련 집단소송법에서도 규정하고 있지 않아 향후 보완입법이 필요한 상황이다.[643]

3. 피해주식수 산정

우리나라의 증권관련 집단소송법은 미국의 대표당사자소송과 증권소송을 그 모태로 하고 있고 이른바 제외신고(opt-out) 방식에 따라 피해투자자들이 특별히 제외신청을 하지 않는 이상 그들이 입은 피해 역시 집단소송의 심리대상이 되고 집단소송의 판결은 이들 제외신고를 하지 않는 구성원에게도 효력이 미치도록 되어 있다(법 제28조 제37조). 우리나라의 증권관련 집단소송에 있어서 주당 손해액의 계산은 기존의 증권소송과 크게 차이나지 않을 것으로 보인다. 이때 제외신고(opt-out) 방식의 도입에 따라 증권관련 집단소송법상 피해주식수를 산정할 때 어떻게 특정을 해야 하는지 문제가 남는다. 통상의 공동소송에서는 개별적으로 청구원인, 피해주식을 특정하면 족하였지만 증권관련 집단소송은 총원 및 구성원 개념이 들어왔기 때문에 통상공동소송과 청구취지가 똑같은 방식으로 특정되기는 어렵기 때문이다.

640) 최진이, "증권관련 집단소송법의 문제점과 개선방안에 관한 연구", (企業法硏究, Vol.23 No.1, 2009). p.324면에서는 주가란 정치, 경제, 사회적 요소가 다기하게 개입하는데 변론종결시를 기준으로 할 경우 적시에 증명이 곤란하다고 하며 중간판결제도를 이용하여 중간판결을 위한 변론종결시의 시가를 기준으로 산정할 것을 제안하고 있다.

641) 임재연, 『자본시장법과 불공정거래』, (박영사, 2014), 523면. 서울지방법원 남부지원 1994. 5. 6. 선고 92가합11689 판결에서는 내부자거래로 인한 손해의 산정방법에 관하여 구 증권거래법 제15조 제1항(현행 자본시장법 제126조 제1항)을 준용하여 실지로 지급한 액수에서 변론종결 당시의 시장가격(그 전에 처분한 때에는 그 처분가격)을 기준으로 산정하였다. 이 경우 변론종결시를 기준으로 하면 현실에 맞지 않는다는 점에서 각주 534와 같은 문제점을 가지게 된다. 아직도 내부자거래에 관하여는 판례가 일관된 기준을 정하지 못하고 있다고 한다.

642) 시세조종에 있어서도 내부자 거래와 마찬가지로 법조항도 없고 판례는 통일되어 있지 않다. 판례는 자본시장법 제126조를 유추하는 것과 차액산정방식 등으로 나뉘어 있다. 자세한 내용은 상게서, 531면 이하.

643) 최진이, 전게논문, 325면 이하.

증권관련 집단소송법의 태도는 기본적으로 판결확정시까지 피해자와 피해주식을 특정할 필요가 없고 그 특정은 판결 이후의 분배절차에서 행하도록 한 인상을 준다.[644] 먼저 증권관련 집단소송의 판결에는 소송대리인, 총원의 범위, 제외신고를 한 구성원만을 기재하면 족하고(법 제36조) 총원의 구성원 및 구성원 개개인들이 입은 피해의 구체적 내역은 기재할 필요가 없는 점, 개별 채권액이 아닌 총원의 범위와 채권의 총액을 분배계획안에 기재하도록 되어 있는 점(법 제42조 제2항 제1호 제6호), 구성원들이 분배계획에 따라 권리신고기간에 권리를 신고하여야 하는 점(법 제49조 제1항) 등을 보면 구체적인 개별청구권의 특정이 원칙적으로 분배절차에서 이루어질 것을 전제로 하고 있다고 보인다.[645]

우리 법은 피해투자자들이 특별히 제외신청을 하지 않는 이상 그들이 입은 피해 역시 집단소송의 심리대상이 되고 집단소송의 판결은 이들 제외신고를 하지 않은 구성원에게도 효력이 미치도록 되어 있다. 문제는 이러한 제외신고 방식의 도입에 따라 증권관련 집단소송상 피해주식수를 산정할 때 앞서 제3장에서 살펴 본 미국의 2거래 모델 등을 활용하는 것이 우리 법제에 부합하는지 여부이다. 이 문제는 개별적으로 청구원인, 피해주식을 특정하여야 했던 기존의 증권관련 손해배상소송에서는 발생하지 않았던 새로운 쟁점으로 향후 대법원 규칙에 별도로 규정기준을 마련할 필요도 있어 보인다.

나아가 현행법상의 제외신고(opt-out) 방식 외에 참가신고(opt-in) 방식을 도입할 것도 장기적으로 검토해 볼 필요가 있다. 권리를 신고한 자에게만 판결의 효력을 미치도록 하는 방식에 의할 경우 법원의 부담이 크게 줄고 판결의 기판력 확장으로 인한 위헌 또는 위법 논란을 회피할 수 있을 뿐만 아니라 고지나 공고에 들이는 노력을 경감하여 소송절차의 촉진을 도모할 수 있다.[646]

4. 현행법상 표본적·통계적 방법에 의한 피해주식수 산정의 문제

(1) 손해배상법제상 '손해배상책임의 성립요건'과 '손해액 산정'의 구별

판례와 통설인 차액설[647]의 입장을 취한다면 불법행위를 전후한 재산상태의 차

644) 노혁준, "증권집단소송과 피해주식의 범위", (증권집단소송 ISSUE 시리즈, 2005), 31면.

645) 상게논문, 31면.

646) 김주영, 전게논문(주 100), 355면 ; 최진이, 전게논문, 327면.

647) 김상용, 전게서, 430면 ; 대법원 1992.6.23.91다33070 판결. 대법원은 차액설을 인정하고는 있지만 구체적인 케이스에 따라 차액산정이 불가능한 경우에는 평가설을 취하고 있다. 대법원 1990.11.23. 선고 90다카21022 판결에서는 "사고 전후에 있어서의 현실적인 소득의 차액이 변

이 즉 차액의 존부를 파악하는 과정에서 손해배상액 산정도 함께 이루어진다는 점에서 손해배상의 성립요건인 "손해의 발생"과 손해가 발생되었음을 전제로 산정된 "손해액"이라는 두 요소가 뚜렷하게 구별되지 않는 것처럼 보인다. 좀 더 구체적으로 말하자면 차액설은 손해의 발생을 증명하는 순간 손해액도 자연스럽게 증명된다. 어찌 보면 차액설이라는 개념 자체가 불법행위의 전과 후 각각 가치를 평가해서 차이를 밝혀내는 개념이기 때문에 손해의 발생은 자연스럽게 손해액의 산정으로 이어진다. 물론 이는 손해3분설에 따른 적극적 손해에만 해당되지만 증권관련 집단소송에서는 사실상 적극적 손해가 가장 중요할 수밖에 없어 손해배상책임의 성립요건과 손해액 산정의 구별이 매우 혼란스럽게 된다.[648]

그러나 손해배생책임의 성립요건인 '손해의 발생'과 '손해액의 산정'은 엄격히 구별된다는 것이 통설과 판례의 태도이다. 즉 위 구분에 따라 법원의 역할과 당사자의 증명책임이 달라진다. 손해의 발생은 그 배상을 구하는 사람이 어떠한 손해를 문제삼고 있는지 명확히 해야 한다는 측면에서도 피해자가 이를 주장·증명하여야 하는 반면에, 손해액의 금전적 평가에 대하여는 그 판단이 비송적 성질을 가진다고 하여 법관의 창조적 역할이 강조된다고 한다.[649] 또한 대법원은 오래전부터 "불법행위로 인한 손해배상사실이 인정되는 때에는 법원은 특단의 사정이 없는 한 손해액을 심리하여 산정하여야 한다."는 취지로 판시하여 오고 있다(대법원 1965.1.26.선고 64다1399 판결 등). 배상금액 및 그 산정자료는 피해자가 주장, 증명함이 원칙이지만 설사 손해액에 관한 증명이 없더라도 법원은 그 청구를 배척하지 말고 석명권을 행사하여 손해액을 심리판단하여야 하며 그와 같이 심리하지 않으면 심리미진의 위법이 있게 된다(대법원 1997. 12. 26. 선고 97다42892 판결 등).

이렇게 볼 때 피해주식수의 확정문제는 손해배상책임의 성립요건에 관한 것으로서 이에 대하여는 그 사실관계에 대한 피해자들의 개별적인 주장·증명이 필요하다고 할 것이다.[650] 민법상 손해배상책임을 물을 때 손해배상청구권자는 자신이 취득한 증권 중 어느 것이 손해를 입은 증권인지를 반드시 특정하여야 하는 바, 이러한 법리는 증권관련 집단소송에서도 동일하게 적용되어야 할 것이다. 즉 정상가격의 산정시 다양한 경제적 기법의 활용이 인정되는 주당 손해액의 계산 문제와 피해주

론과정에서 밝혀지지 않고 있는 경우에는 앞에서 본 차액설의 방법에 의하여 일실이익을 산정하는 것은 불가능하고 평가설의 방법에 의하여 산정하는 것이 합리적이고 정의와 형평에도 합당하다."라고 판시하였다.

648) 노혁준, 전게논문(주 644), 32면.

649) 황현호, "손해배상소송에 있어서 증명의 정도 및 범위", (법조 제557호, 2003), 9면.

650) 노혁준, 전게논문(주 644), 33면.

식수의 문제는 그 존재의 평면을 달리하는 것이다.

따라서 피해주식의 특정이 없이 표본적 통계적 방법에 의해 피해주식 수를 산정하는 것은 우리나라의 손해배상법제와 맞지는 않는다고 보인다. 다시 말해 증권관련 집단소송시 원고측은 집단구성원들의 개별적인 손해를 증명하여야 하며 다만 개별손해를 증명함에 있어서 표본적, 통계적 기타 합리적인 방법을 동원할 수 있도록 하여 법원의 자유심증을 확대한 정도에 불과한 것이다.[651] 법 제34조는 손해배상액 산정단계에 적용되는 규정으로 봄이 타당하다. 즉 이 조항은 이미 손해배상책임이 성립된 것을 전제로 하여 그 손해배상액의 평가방법을 규정한 것으로 보아야 한다.

(2) 표본적, 통계적 방법에 의한 피해주식수 산정의 한계

거래소에서 파악되는 일일 거래량 중에는 증권사 등이 단순히 결제를 위하여 반대거래를 하는 경우도 상당부분을 차지하는 등 객관적으로 나타난 거래량이 실제 거래규모보다 과도한 사례가 많고 대표당사자는 이익충돌상황에서 때로는 자신에게 유리한 방향으로 증거를 제시할 가능성이 있으며 통상 피해를 입은 주주들이 적극적으로 자료를 제출하므로 이를 기초로 피해주식수를 산정할 경우 추정손해가 부풀려지는 경향이 있다.[652]

법무부도 피해주식수를 산정하는 것이 실제로 쉽지 않다는 점을 인지하고 있다. 증권집단소송법 시안 해설에는 "특히 손해기간 중 거래주식수 산정과 관련하여 정확한 산정은 사실상 불가능하다. 주식은 끊임없이 거래되며 손해기간 중 한주의 주식이 수백 번 주인이 바뀔 수 있는 점을 감안하면 거래주식수 산정이 어렵다는 점을 알 수 있다. 위 계산을 위해서는 매우 복잡한 회계, 재무 이론을 이용하여 거래주식수를 추정하게 되는데 그 부정확성으로 말미암아 분배절차 이후 승소금액이 남는 경우가 종종 발생하고 있으며, 어떤 산정방식을 선택하는가에 따라 전체 승소금액의 30% 이상이 달라지는 경우가 발생한다"라고 하고 있다.[653] 이처럼 표본적, 통계적 방식에 따른 피해주식수 산정의 부정확성과 우리 법제상 손해배상책임의 발생요건 증명의 중요성을 고려할 때 피해주식은 개별적으로 특정되도록 운영함이 타당하다.[654]

개별 피해주식을 특정하지 않고 일괄적으로 손해액을 산정할 경우 자본시장법에 의하여 인정되는 피고의 항변을 구체적, 개별적으로 판단하는 것이 불가능해진다.

---

651) 김주영, "증권집단소송에 있어서 손해배상액의 산정 및 분배방법에 관한 고찰", 심당 송상현 선생 화갑기념논문집, 2002. 335면 이하

652) 노혁준, 전게논문(주 644), 33-34면.

653) 증권관련 집단소송의 제정방향, 전게자료, 19면.

654) 노혁준, 전게논문(주 644), 34면.

자본시장법 제125조 제1항 단서는 "증권의 취득자가 취득의 청약시에 그 사실을 안 때에는 그러하지 아니하다."라고 하여 거래인과관계의 추정이 깨지는 경우를 규정하고 있다. 만약 증권관련 집단소송의 판결시까지 개별 청구권자가 확정되지 않는다면 피고는 위 항변을 할 수 없게 된다. 또한 만약 개별 구성원들의 청구원인이 특정되지 않은 상태에서 판결이 선고된다면 피해의 구체적인 내역은 분배단계에서 피고의 이의(법 제50조)를 통해 다투어질 가능성이 높은데 결국 증권집단소송절차 전체의 비효율성을 가져올 가능성이 있다.[655)]

V. 증권관련 집단소송의 분배절차

1. 가집행선고 판결과 분배절차

법 제40조 제1항은 "대표당사자는 집행권원을 취득하였을 때에는 지체없이 그 권리를 실행하여야 한다."고 규정하고 있다. 이 규정에 의하면 가집행 선고를 붙인 판결이 선고된 경우에도 대표당사자는 그 권리를 실행하여야 하는 것으로 볼 수 있으며 경우에 따라 대표당사자가 임의로 권리를 실행하는 상황을 가정해 볼 수 있다. 그런데 법에서는 가집행 선고 판결의 경우 분배절차를 중단하도록 하는 규정을 두고 있지 않기 때문에 분배절차가 계속 진행되어 구성원들이 분배금을 지급받아 버릴 수도 있다. 그러나 구성원들이 분배금을 지급받게 되는 경우에는 상급심에서 원심 판결이 변경되는 경우에 수많은 개별 구성원들로부터 분배금을 반환받는 것이 결코 용이하지 않을 뿐만 아니라 그 반환책임과 가집행으로 인한 손해배상책임을 원고 대표당사자 한 사람에게만 부담시키는 것도 이론상, 실무상 쉽지 않다.

물론 실무에서 법원이 직권으로 담보를 제공하도록 하고 가집행선고를 하거나 채권전액을 담보로 제공하고 가집행을 면제받을 수 있다는 것을 선고하여 문제를 해결할 수는 있다. 그러나 증권관련 집단소송의 배상액이 대부분 고액인 점을 감안하면 원고측은 고액의 담보를 제공할 여력이 없어 신속한 권리구제를 받을 수 없게 된다. 반대로 피고측은 가집행을 면제받기 위하여 거액의 채권 전액을 일시에 담보로 제공하여야 하는 문제가 발생할 수 있다.

증권관련 집단소송은 기본적으로 일반 민사소송의 성격을 유지하지만 증권관련 집단소송이 고액의 배상을 전제로 한다는 특성과 담보 제공의 문제점을 고려할 필요가 있다. 집행권원 취득의 경우 지체없이 권리실행을 하여야 하는 것으로 규정한

---

655) 상게논문, 34면.

법 제40조 제1항의 개선점을 고민하여야 한다. 따라서 가집행 선고에 대표당사자의 판단에 따라 권리실행 여부를 결정할 수 있도록 개정하고 가집행 선고 판결에 의한 분배절차의 진행은 법원의 판단에 따라 일시 중지할 수 있도록 하는 규정을 두는 것도 고려해 볼 수 있다.[656] 분배절차가 복합한데다가 이해관계자가 얽혀 분배과정에서의 분쟁이 촉발되면 오히려 신속한 재판과 권리구제를 저해하기 때문에 법원의 감독이 매우 중요하다고 하겠다.

2. 잔여분배금의 처리문제

집단소송에서 화해나 판결에 의하여 피고로부터 받은 총 배상금을 구성원에게 분배를 할 때 권리신고를 하지 않아서 분배에서 제외되는 구성원이 있을 수 있기 때문에 분배잔여금이 발생할 수 있다. 이 법은 분배잔여금을 피고에게 반환하는 방법을 채택하고 있으나 화해나 판결에 의하여 확정된 배상금 중의 일부인 분배잔여금을 불법행위자인 피고에게 반드시 반환해야 하는지는 의문이다. 분배잔여금이 많을수록 피고의 책임이 경감되는 효과가 발생하기 때문이다. 따라서 분배잔여금을 법원에 공탁하도록 하고 분배받지 못한 구성원들에게 공탁된 분배잔여금에 대한 출급청구권을 약 5년 이내에 행사하도록 하며 그 기간을 경과한 후에도 존속하는 잔여금은 국고에 귀속시키거나 기금으로 조성하여 고지, 감정비용을 체당하는데 사용하는 것을 검토할 필요가 있다고 생각한다. 다만 추정으로 인하여 피고에게 과도한 손해배상이 산정될 경우도 대비하여야 하기 때문에 정책적 합의가 필요한 부분이 있을 수 있다.

Ⅵ. 기타 쟁점

1. 비용문제

(1) 감정비용

감정이란 법관의 지식과 경험을 보충시켜 주기 위하여 특별한 학식이나 경험을 가진 제3자로부터 학문적 지식에 기하여 법규, 관습, 경험법칙의 존부 및 그것들을 적용하여 얻은 판단의 결과를 보고하게 하는 증거방법이다.[657] 감정의 정의만 본다

---

656) 함승완, "증권관련 집단소송의 분배절차와 관련한 몇 가지 쟁점들", (BFL Vol54, 2012), 28면.
657) 정동윤·유병현·김경욱, 전게서, 600면.

면 법관의 판단에 참고하기 위한 자료임에도 현실에서는 감정의 결과가 사실상 재판을 좌우하는 경우가 많다.[658] 특히 증권소송 감정인은 국내에 5-6명 수준이기 때문에 성형이 분명히 드러난다고 한다.[659] 증권사건에서 감정의 문제점은 그 비용이 과도하여 수천만 원에서 1억 원 수준까지 이르는데다가 감정인이 아니면 사실상 증명할 방법이 없어 원고측 소송진행에 결정적인 애로사항이 되곤 한다.[660] 결국 감정비용을 국가가 통제하거나 지원하는 방향으로 법률과 대법원 규칙 개정이 이루어져야 할 것이다.[661] 감정인 pool이 좁으면 법관의 심증 형성에 상당히 제약이 가해지는 결과를 초래하기 때문에 pool 확충에 노력을 기울여야 하고 경우에 따라서는 외국 전문가도 포함시킬 필요성도 있어 보인다. 나아가 감정뿐만 아니라 증거조사에 있어서 법원을 보조하여 줄 수 있는 특별사법보좌관(special master)을 도입해 보는 것도 검토해 볼 수 있다.[662] 현재 운영되고 있는 전문위원제를 확대하는 특별사법 보좌관으로서 방안이 고려될 수 있다.

(2) 소송비용

증권집단소송이 변호사에게 인센티브로 작용하기 위해서는 원고 혹은 피고가 실질적으로 지출한 소송비용을 전부 상대방에게 귀속시킬 수 있는 수단이 강구되어야 한다. 그 비용 중 핵심은 변호사 보수이므로 변호사 보수 전액을 소송비용으로 인정하도록 하는 규정을 증권관련 집단소송법상 특칙 규정으로 신설하거나, 대법원규칙에 위임하여 신설할 것을 검토할 필요가 있다.[663]

---

658) 윤재윤, "전문소송의 감정절차에 대하여 : 건설감정의 표준절차를 중심으로", (법조 Vol.51. No.11, 2002), 235면.

659) 최승재·변환봉·나지수·최광선, 『증권관련집단소송법 개정론』, (법률신문사, 2014), 146면.

660) Daubert v. Merrell Dow Pharmaceuticals, Inc. 509 U.S. 579 (1993) 사건에서는 과학적 사실이 증거로 채택되기 위한 요건을 설시하고 있다. ① 적절히 시험되고 유효한 것으로 판명이 나야 하고 ② 전문가의 심사를 받고 유명 학술지 등에 발표되고 ③ 오류 확률이 낮아 신뢰할 수 있어야 하며 ④ 전문가 집단에서 일반적으로 인정받아야 한다.

661) 대법원 2004. 5. 28. 선고 2003다69607 판결에서는 감정인의 감정에 대하여 시세조종의 시점을 잘못 기산하였다고 파기환송하였고, 대법원 2007. 11. 30. 선고 2006다57578 판결에서는 추정기간을 잘못 산정했다고 하여 파기환송한 사례가 있기는 하다. 실무상으로 대부분 감정인의 감정을 믿어 주는 경향이 있지만 시가, 종가, 기산점, 총원기간 등 손해배상에 있어서 본질적인 부분에 대하여는 면밀히 검토할 필요가 있다.

662) 남도현, "증권관련 집단소송법의 적용상 쟁점과 그 개선방안에 관한 연구", (한양대학교 박사학위논문, 2015), 171면.

663) 대표당사자가 소액투자자인 경우에는 비용을 부담하기 힘들고 소송대리인이 비용을 부담한다고 하더라도 그 액수가 수천만 원대에 이르므로 경제력이 있는 변호사만이 원고 소송대리가 가능한 처지가 된다. 만에 하나 패소하게 되면 소송비용 패소자부담원칙에 따라 상대방의 소송비용까지 부담해야 한다. 이때 소송비용을 부담하여야 하는 자는 대부분 소송대리인이기 때문에 소

이러한 상황을 반영하여 미국의 연방법원은 승소로 인하여 회사가 얻은 이익에서 일정 금액을 변호사 보수로 직접 지급하는 공동자금이론을 채택하였다. 즉 해당 소송의 승소로 인하여 공동의 이익을 가지는 어떤 자금이 창설되거나 보존된 경우에 승소당사자는 자신이 지출한 변호사보수를 공동자금에서 상환받을 수 있다는 의미이다. 이러한 공동자금이론에 의한 변호사보수의 상환은 그 지급에 정당성 및 형평성이 요구되는 상황에서 인정된다. 이 이론을 우리나라에 직접적으로 도입하기는 어렵겠지만 증권관련 집단소송제도의 도입취지가 실질적으로 작동할 수 있도록 장기적으로는 도입을 검토해야 한다.

호주의 소송비용을 제공하는 소송기금회사(third-party litigation funding)의 사례도 눈여겨 둘 필요가 있다.[664][665] 소송기금회사는 투자자들이 자금을 모아 만든 기금(fund)으로 변호사들과 약정을 체결하면, 우선 기금에서 보수와 각종 비용을 지급하고 승소를 하면 원고와 기금회사가 변호사보수를 제외한 나머지 배상액을 약정에 따라서 분배하게 된다.[666] 이 제도는 현재 호주에서 시작하여 유럽권으로 급속히 번지고 있다. 역시 우리나라에 즉각적으로 도입하기는 어렵겠지만 장기적으로 법률구조공단과 같은 법인에서 국가의 위탁을 받아 사업을 추진해 보는 것도 검토해 볼 수 있다.

박원석 의원이 2013. 6. 19. 발의한 독점규제 및 공정거래에 관한 법률 일부 개정안을 보면 사업자의 부당한 공동행위 등으로 인한 소비자의 손해배상청구 소송을 활성화하기 위하여 사업자 등으로부터 부과, 징수한 과징금을 재원으로 하는 부당공동행위 근절 및 소비자보호기금을 조성하여 피해자의 손해배상청구 소송을 지원하는 내용이 규정되어 있다. 이는 고지, 감정 비용 등을 국고에서 체당하는 방안의 근거가 될 수 있어 증권관련 집단소송활성화에도 상당히 도움이 될 수 있다. 과징금으로 징수한 금전을 증권집단소송에 사용하는 방안을 전향적으로 검토할 때가 되었다.

아울러 당사자의 과다한 소송비용의 부담을 덜어주기 위하여 비용예납의 유예 및

송대리인은 이 제도의 이용을 꺼릴 가능성이 높다. 더 큰 문제는 승소를 하더라도 피고회사가 파산하면 집행을 할 수 없어 그대로 부실채권이 되어 손실은 대표당사자나 소송대리인에게 돌아오는 것이다. 거기다 피고측이 재산을 빼돌리면 그에 대한 법적 위험도 모두 부담해야 한다.

664) 최정식, 전게논문(주 556), 325면. 소송비용 패소자 부담원칙에 대하여 찬반양론이 있다고 하면서 적어도 경제적 약자로 하여금 소송제기나 응소를 저해하지 못하도록 법률구조의 필요성에는 대체로 공감한다고 한다.

665) Deborah R. Hensler, "Third party Financing of Class Action Litigation in the United States : Will the Sky Fall?", DepauL Law Review vol.63, (2014), p.1102.

666) Hensler, Deborah (EDT), Hodges, Christopher (EDT), Tulibacka, Magdalena (EDT), op. cit., p.343.

소송비용의 일부 또는 전부 면제를 허용할 필요성도 있다. 특히 소송비용을 선부담한 자에 대한 고려가 전혀 되어 있지 않아 보완이 필요하다.

2. 담보제공명령

미국의 경우 사적증권소송개혁법 제정 이전에는 담보제공규정이 없어 소송전문가들에 의하여 시험적 소송이 남발된바 있다. 이와 관련하여 담보제공이 지나치게 원고에게 불리하거나 재판청구권 침해라는 주장이 있으나 담보금액을 소송가액, 원고의 지불능력 등을 감안하여 원고가 감당할 수 있는 수준에서 법원이 결정하도록 하고 담보제공도 경제적 능력이 있는 대표당사자가 부담하도록 하면 될 것이다. 원고가 승소하거나 화해로 사건이 종결되면 담보를 반환받게 되는 것은 물론이다.[667)]

사실 입법단계에서부터 담보제공명령은 검토가 되었던 것으로 보인다.[668)] 이때 굳이 담보제공명령이 필요없다고 했던 이유는 소송허가절차에서 남소의 여지는 충분히 걸러질 수 있으며, 담보제공명령 자체가 대표원고 및 소송대리인에게 지나친 부담이기 때문이었다. 이 지적은 지금까지 드러난 현실과도 대부분 부합한다. 그렇지만 아직까지 악의적인 남소가 적다고 해서 담보명령제도를 완전히 도입하지 않을 것이냐는 점은 또 다른 문제인 것이다. 다시 말하면 악의적인 남소를 유형화해서 적어도 법원이 소송허가를 할 때 담보제공명령을 재량으로 부과할 수 있는 방식으로 도입하는 것은 어떤가 한다.[669)]

3. 구성원의 소송참가 문제

구성원이 법 제21조의 규정에 따라 법원의 허가를 받아 대표당사자가 되는 이외에 재판의 효력이 미치는 자로서 민사소송법 제78조의 공동소송적 보조참가를 할 수 있는지에 관하여 견해의 대립이 있다.[670)]

부정설은 공동소송적 보조참가를 인정하게 되면 공익 목적을 위하여 선임된 대표당사자와 대등한 지위에서 소송에 관여할 여지가 있기 때문에 총원이 이익을 공정

---

667) 현행 회사법에도 회사해산명령청구 이해관계인 (상법 제176조 제3항) 주주총회결의의 취소소송제기 주주(상법 제377조), 주주대표소송제기 주주(상법 제403조 제7항), 외국소재원고(민사소송법 제117조 제1항), 가집행면제(민사소송법 제213조 제2항) 등의 경우 원고에게 담보제공명령을 할 수 있도록 하고 있다.

668) 정동윤, 전게논문(주 57), 114면.

669) 현재 원고측의 소송비용, 특히 감정비용에 관하여 장래에 호주식의 기금회사 제도가 도입되면 남소를 방지하기 위하여 담보제공명령이 적극 검토될 수는 있을 것이다.

670) 법원행정처, 전게서, 74면 이하.

하고 적절하게 도모하는 대표당사자와 이해충돌의 여지를 발생시키는 문제점을 들어 반대를 한다. 반면 긍정설[671]은 공동소송적 보조참가를 부정하는 조항이 없으면 현행법 제6조에 따라 민사소송법이 준용되는 점을 들어 찬성을 한다.

사실 이 견해의 대립은 큰 실익이 없다. 부정설에서 조차 단순 보조참가가 가능하다고 했기 때문이다. 어느 경우가 되었건 구성원 역시 처분권주의에 따라 소송의 개시, 변론의 진행, 소송의 종결에 대하여 권한 있기 때문에 당연히 참가에 대하여도 권한이 있다고 보아야 한다. 특히 다른 구성원들보다 이해관계가 크다면 보조참가라도 할 유인이 충분하리라고 생각한다. 다만 제외신고를 하지 않는 한 참가를 한 구성원은 판결의 기판력과 참가적 효력이 동시에 미치게 되는 것으로 보인다.

4. 국제적 증거조사협약 절차

증거조사협약과 관련한 문제도 발생할 수 있다. 최근 문제되는 증권집단 소송은 다국적 기업과 관련된 경우가 많아 증거의 소재가 국내로 국한되지 않는 경우가 많다. 2차 상장뿐만 아니라 자금 조달 및 해외 자회사 설립이 일반화 되는 경우가 많아 대규모 증권소송의 경우 국제사법의 문제가 필연적으로 발생하게 된다.

민사·상사 재판에서 해외에서 조사된 증거의 효력을 인정해 주는 일명 '헤이그 증거조사협약'이 2010년 12월 16일 발효되었다. 헤이그 증거조사협약은 1972년 10월 발효된 협약으로, 현재 우리나라를 포함해 미국, 프랑스, 영국, 독일 등 세계 50개국이 가입해 있다. 우리 법원이 조사를 의뢰하면 외국 법원은 자국법 절차에 따라 증인신문 등을 진행하게 되며, 그 결과는 국내 재판에서 증거로 인정된다. 조사 의뢰는 재판을 맡은 법원이 해당국가 당국에 촉탁서를 직접 보내거나, 외교관 또는 영사관원 등을 통해 요청하는 방식으로 이뤄진다.[672] 이때 해외 법원이 우리에게 증거조사를 요청하는 경우뿐만 아니라 우리 법원이 해외 법원에게 증거조사를 요청하는 경우 역시 검토의 대상이 될 수 있다.

미국에서 제기된 대표당사자소송과 관련하여 볼 때 헤이그 증거조사협약이 문제되는 점은 미국법원의 변론전 증거개시절차(pre-trial discovery)이다. 미국 연방민사소송규칙 제34조(a)에 따라 한국의 당사자라고 하더라도 "소지, 보관하고 있거나 또는 그 지배"아래에 있는 문서를 제출할 의무를 지는지 의문이 있을 수 있다. 아직까지 미국 법원이 증거개시절차을 외국의 회사까지 직접 적용한 예는 없는 것으로 보

---

671) 김학기, 전게논문, 1214면.

672) 서영제·김용진, "국제민사사법공조와 미국과의 사법마찰 - 헤이그송달협약 및 헤이그증거조사협약을 중심으로-", (재산법연구 제27권 제3호, 2011), 367-368면.

이나 미국 내에 있는 자회사에 대하여는 외국의 모기업이 소지하고 있는 문서에 대하여 지배력을 가진다고 인정한 사례가 있다.[673]

Ⅶ. 근본적인 의문

대표당사자소송이 증권분야에 반드시 필요한 것인가? 증권소송에서 소액다수의 피해자를 구제하려는 목적을 반드시 대표당사자소송을 통해서만 구현할 수 있는 것인가? 증권시장이야말로 사익추구의 극단인데 현대형 소송의 폐해를 극복하기 위하여 나온 수단 중 하나인 집단적 분쟁해결의 방법을 반드시 증권분야에만 한정하는 것이 타당한 것인지는 의문이라는 점은 이미 제2장의 공익소송과의 관계 부분에서 설명하였다.

현행 증권관련 집단소송법은 특정한 조항에 대하여만 대표당사자소송을 인정하여 자본시장 전반에 대한 구제와 동떨어진 법이 되었다. 현행법 제3조 제1항에서 준용되지 않는 청구권의 경우에는 하나의 사건에서 발생하였다고 하더라도 별소를 제기하여 한다. 뿐만 아니라 증권관련 집단소송의 소를 제기한 경우라도 제외신고 기간 이후에는 어떻게 처리할 것인지 명확한 정리도 되어 있지 않다. 관할규정도 정비가 되어 있지 않아 피고가 여럿인 경우에는 별소를 제기한 뒤 직근상급법원의 판단을 받고 소송절차를 진행하여야 한다. 여러 제도적인 불편이 있음에도 현행법의 개선사항을 논의할 때 그 중심이 적용대상 청구권의 확대여부에 집중된다면 제도의 활성화와는 다소 거리가 있는 접근이라고 할 것이다.

오히려 증권소송은 손해배상산정방식만 정확히 갖추어지면 통상공동소송이나 선정당사자소송으로도 충분한 구제가 될 수도 있다. 주식이 폭락했을 때 투자자들의 손해는 소액다수가 아니라 투자원금에 영향을 미치는 경우가 많아 피해가 분명이 드러나고 그 액수가 큰 경우가 많기 때문에 소송 제기의 유인이 크다. 따라서 피해자들은 적극적으로 소송대리인을 선임하여 피해를 회복하려는 의사를 가지고 있는 경우가 많고 무관심하게 지나치는 경우가 오히려 예외적일 수 있다.[674]

피고측의 입장에서도 만족스럽지 못하기는 마찬가지이다. 청구권 경합 등으로 인

673) Afrons S.P.A. v. Krauss-Maffei Corp., 113 F.R.D. 127, 132 (D.Del. 1986).

674) 증권 분야에서 굳이 공익적 목적을 찾자면 영세한 투자자들이 금융상품을 구매한 경우 정도로 보이는데 오히려 이 부분은 손해배상청구권을 갖춘 개선된 단체소송 등으로 진행하는 것이 제도의 목적에 더 부합하는 것으로 보인다. 단체소송을 이용하지 않더라도 이러한 영세한 투자자의 경우에는 법률구조제도를 통하여 보호할 수도 있어 보인다.

하여 한 번의 소송으로 분쟁을 해결하는 것도 장담하기 어렵게 되어 있고 제외신고 방식으로 인하여 손해배상액수가 더 커질 수 있는 위험도 존재한다. 증권관련 집단소송이 발생하였다는 사실만으로도 평판저하에 시달리는 위험도 받게 된다.

증권관련 집단소송이 제도의 이용자들이 이용하기 편한 제도인가? 현재의 제도로는 원고나 원고측 소송대리인에게 별다른 인센티브를 주고 있는 것 같지 않다. 원고들이 더 많이 배상을 받거나 더 쉽게 승소를 하는 구조도 아니고 소송대리인들이 착수금을 통하여 감정비용이나 소송비용을 조달할 수 있는 구조도 아니다. 손해를 조속히 전보 받고 싶은 원고들은 통상공동소송이 오히려 더 빠른 결과를 가져다주고 영세한 원고측 대리인은 착수금을 통하여 보수와 각종 비용 문제를 해결하여야 하기 때문이다. 그렇다고 원고측의 증거수집에 어떠한 도움을 주는 제도도 아니고 소송비용이나 감정비용 부담의 난점을 해결해 주는 제도도 아니다. 결국 증권관련 집단소송법 자체가 제도의 이용자들의 인센티브를 적절히 고려하는데 성공하였다고 평가하기 어렵다.[675]

대표당사자소송은 불량 식품이나 불량 화장품과 같이 불특정 다수에게 판매되면서 실제 피해를 잘 알지 못하는 경우에 더 적합할 것으로 보인다. 집단소송은 피해를 입었지만 피해를 모르는 피해자들이나 또는 피해를 입었지만 소송을 통해서 얻는 이익이 지나치게 소액이어서 소송을 통한 구제를 포기하는 피해자들을 구제하기 적합하게 설계된 제도이기 때문이다. 이런 사건들은 주로 소비자 피해와 연결되기 때문에 소비자단체소송과 유기적으로 연결될 소지가 많고 환경피해 사건의 경우에도 사용될 수 있고 인권침해 사건에도 사용될 수 있다. 국회에도 관련 분야에 대한 입법안이 다수 발의된 바 있다.[676][677]

결국 증권관련 집단소송법은 이용하기도 어렵고 이용을 한다고 하더라도 본래의 목적인 신속한 구제의 목적도 달성하기 어려우므로[678] 이를 폐지하고 일반 절차법으로 새롭게 규율하여 집단인증 및 대표원고 선임허가 위주로 절차를 재구성하는 것이 일관성이 있어 보인다. 그리고 증권집단소송에 특유한 증권소송적 요소, 예를

675) 김주영, 전게논문(주 100), 64면.

676) 자세한 내용은 함영주, 전게논문(주 67), 33면 이하.

677) 로이슈 2016. 5. 31. 기사, 한국법조인협회, 징벌적 손해배상 변호사·교수 모임 서명운동 지원. 최근에 문제되고 있는 가습기 사건도 민사소송법상 중요 쟁점이 존재한다. 이 사건에서 주요한 쟁점은 가습기 유해성을 옥시 집행부가 알면서 제품 판매 중단을 지시하지 않았는지 여부이기 때문에 증거의 확보가 무엇보다 중요한데 민사소송법상으로는 증명책임 문제와 증거의 구조적 편재에 대한 시정문제가 주된 쟁점이 될 수 있다. 나아가 소송진행상 집단소송의 활성화도 논의되고 있는 것으로 보인다.

678) 김광록, 전게논문, 329면.

들어 증명책임이나 손해배상산정 방법과 같은 실체법에서 정비해야할 사항은 자본시장법에 맡기는 것이 체계정합성에 부합할 수 있다.

물론 증권관련 집단소송법이 우리 사회에 기여한 바도 크다고 생각한다. 증권 분야의 회계투명성에 대한 경각심을 불러 오게 되어 관련된 공시업무를 투명화 시키려는 노력은 있었다고 할 수 있기 때문이다. 더 이상 대표당사자소송을 폐지하자는 논의를 찾기 어려운 것을 보니 이제 우리나라에 집단소송의 맹아는 싹이 튼 것이라고 봐야 한다. 증권관련 집단소송법을 폐지하고 집단소송에 관한 일반법으로 흡수시켜 집단적 분쟁해결방식을 더 발전적으로 규율할 시점인 것이다.

그렇다면 민사소송법의 특별절차법을 고안할 때에는 법무부 집단소송법 시안의 기본정신을 돌아볼 필요가 있다. 법무부 집단소송법 시안은 활성화와 남소 방지에 적절한 균형을 도모하였다는 평가를 받는다.[679] 집단소송을 사회 일반에 적용될 수 있도록 하고 단체소송과 대표당사자소송이 본연의 역할을 하여 상호보완의 관계를 할 수 있도록 제도를 고안할 필요가 있어 보인다. 증권 분야의 피해에 관하여는 영세투자자들의 소비자 피해로 구성하며 관련 소비자단체들이 적절히 기능하지 않을 때 보완적으로 대표당사자소송이 민사소송법의 법리에 따라 기능할 수 있도록 함이 타당하다고 하겠다.

679) 장송청, 전게논문, 219면.

제3절 거시적 접근 - 2단계 권리구제방식의 도입 가능성

Ⅰ. 2단계 권리구제방식의 제안

1. 개요

2단계 권리구제방식은 최근 일본이 집합소송 도입을 논의하면서 우리나라에도 소개되었다. 개략적으로 말하면 1단계 구제절차에서는 피고측의 손해배상의무 확인(공통부분) 판결을 내리고 2단계 구제절차에서 개별 피해자들이 가입신고를 하여 권리구제를 받는 방식이다.

이미 제2장에서 집단소송의 도입을 논의할 때 찬반론에 대하여 살핀바 있다. 아직도 단체소송과 대표당사자소송을 포함한 집단소송의 도입에 있어서는 찬반론이 잠복해 있다고 할 수 있다. 현재 증권관련 집단소송법과 소비자기본법, 개인정보보호에 관한 법률에 집단소송이 도입되었으니 전면 반대론은 찾아보기 어려우나 이 견해는 가능하면 제도의 운영이 잘 되지 않는 방향으로 제도를 설계하도록 변질될 우려가 있다.

2. 2단계 권리구제방식을 논의하는 이유

본서에서 2단계 권리구제절차를 논의하는 이유는 크게 네 가지 때문이다. 첫째는 우리나라의 손해배상 법제의 미비로 인하여 분배절차에 난점이 초래될 수 있다. 제3장에서는 미국의 분배방식에 대하여 살펴보았고 제5장에서는 우리나라의 손해배상 방식에 관하여 살펴보았다. 증권관련 집단소송법만이 있다면 현행체계에 큰 무리는 없지만 일반법이 되었을 경우에는 현행의 분배절차는 탄력적 운영이 대단히 어렵게 된다. 왜냐하면 우리나라에서 인정될 수 있는 방식은 금전배상에 사실상 국한되는데 비하여 제외신고 방식만을 유지할 경우 과연 금전배상액이 제대로 산정될 수 있겠냐는 점이다. 정확하지 않은 액수의 추정이 있게 되면 분배과정 중에 이의신청이 발생할 수 있다. 법 제50조에 의하면 분배관리인의 권리확인에 이의가 있을 경우 결정으로 재판하도록 되어 있어 또 다른 재판이 예정되어 있다.

미국의 경우에는 분배결정에 대하여 법원의 재량권이 대단히 크게 되어 있고 근접배상이론을 통하여 굳이 금전이 아니라도 관련 시설의 설립, 관련 단체에 기금 배부, 가격인하 등 다양한 방법을 사용하여 제외신고 방식으로 운영하여도 구성원들에게 충분히 혜택을 줄 수 있는 방안이 마련되어 있다. 반면 우리나라는 사실상 금전배상에 국한되기 때문에 피해자에게 지급하지 않으면 적정한 분배인지 항상 분쟁에 휩싸일 여지가 있기 때문에 가입신고 방식의 개별청구가 오히려 더 간이한 방식이 될 수 있다.

결국 제외신고를 전제로 한 분배절차란 전체 추정치를 가지고 효율적인 자원 배분과 불법행위 억제를 위한 법정책의 산물로 볼 수 있는 바, 미국의 경우 고유의 방식을 잘 정착시켰다고 볼 수 있는 것이다. 반면 아직 우리나라는 미국의 근접배상방식을 받아들일 수 있는 민법 일반원리 및 강제집행 분야의 준비가 아직 되어 있지 않다. 물론 민법 등 실체법 개정문제는 별론으로 한다.

둘째는 재판청구권에 관한 논란을 최소화 시키면서 현행 분배절차와의 정합성과 신속한 권리구제를 도모하기 위함이다. 제외신고(opt-out) 방식이 재판청구권 침해가 될 여지가 있다는 부분은 이미 논의한 바 있다.[680] 재판을 하고 싶지 않은 자들을 왜 재판에 끌어들이느냐 혹은 재판을 하고 싶은 자들이 왜 재판을 주도하지 못하느냐의 문제가 발생하는 것인데 이때는 재판청구권의 침해가 아님은 이미 살펴본 바 있다. 민사법의 경우 비교적 폭넓은 입법재량이 인정되기 때문에 처분권주의가 어느 정도 변용될 여지가 크기 때문이다. 이점에서 무죄추정의 원칙이나 죄형법정주의 원칙과 같은 엄격한 원리를 가지고 있는 형사법과는 구별된다. 그럼에도 자신의 권리를 주체적으로 행사하는 것을 전제로 한 인간상을 전제로 한다면 권리위에 잠자는 자에 대하여 보호해 주기 어렵다는 부분은 일응 수긍할 여지가 있다.

셋째는 제도의 이용자들에게 인센티브를 주기 위함이다. 미국에서 대표당사자소송이 활성화 된 이유를 한 가지로 특정할 수는 없지만 제도의 이용자 입장에서 유리하기 때문이었다. 구성원들의 입장에서는 특별히 소를 제기하지 않아도 혜택을 받을 수 있었으며 원고측 변호사의 입장에서는 승소할 경우 거액의 성공보수를 받을 수 있었다. 그런데 아직 제도의 이용자들에게 현행 증권관련 집단소송이 과연 유리한지를 더 살펴보아야 한다. 우리나라의 영세한 원고측 소송대리인의 자금사정을 감안한다면 굳이 증권관련 집단소송을 이용해야 할 유인이 없기 때문이다.

넷째는 단체소송 제도와의 연계점을 찾기 위함이다. 현재 단체소송에는 손해배상청구권이 인정되어 있지 않아 제도적 실효성이 반감되어 있음은 지적하였다. 향후 집단소송에서 대표당사자소송과 단체소송이 모두 인정되고, 단체소송이 발전하여 금지청구·유지청구가 공익에 부합하도록 설계할 필요가 있다. 단체 역시 손해배상

680) 최진이, 전게논문, 327-328면.

청구권의 주체가 될지 논란이 될 수 있으나 이 부분은 향후 단체소송 연구에서 더 깊이 연구할 문제이다. 현재까지는 단체가 직접 손해배상청구를 할 수 있는 당사자 적격을 가지기는 어렵다고 보인다.

Ⅱ. 2단계 구제절차의 제반 조건

1. 전제조건의 검토

(1) 당사자 적격과 관할의 문제

시안의 기본개념대로 단체소송과 대표당사자소송을 모두 채용한다. 이 경우 중복시 병합을 하는 등 절차의 통일성을 가져야 하는 실무적인 쟁점은 있다. 결국 권리구제의 통일성을 구하려면 공익과 사익이 조화를 이루는 것이 타당한데 단체소송과 대표당사자소송은 보완하여 사용될 때 그 효과가 극대화 될 수 있기 때문이다.

집단소송이 제기되었을 경우 유사한 소송들이 정지되고 병합시킬 수 있도록 하되 당사자가 원하면 독자적으로 소송 진행하는 사건은 그대로 둔다. 독일의 표본소송절차를 참조하여 집단소송과 유사한 사항이면 소송을 중단하거나 아니면 미국의 복수관할 소송을 참조하여 집단소송에 병합시킬 수 있도록 전속관할 규정에 예외적으로 관련재판적을 두어 한 곳에서 심리할 수 있는 근거를 마련해야 한다. 관할의 집중이 더욱 필요한 부분은 2단계 권리구제절차에서 두드러진다. 현행법상 분배절차의 경우에도 제1심 수소법원의 전속관할로 되어 있는 점을 볼 때 2단계 권리구제절차도 한 곳으로 집중되도록 함이 바람직하다.

(2) 현행 분배절차의 검토

현재의 분배절차는 분배관리인이 선임되어 법원의 감독을 받아 진행하는 구조이다. 분배관리인이 선임되고 분배계획안이 법원으로부터 인가되면 법원은 분배계획을 구성원에게 고지하게 되어 있다. 그런데 법 제49조를 보면 결국 구성원이 분배계획에서 정하는 바에 따라 권리신고 기간 내에 분배관리인에게 권리를 신고하게 되어 있다. 그리고 구성원의 책임이 없는 사유로 권리신고 기간 내에 신고를 하지 못한 경우 그 사유가 종료된 날로부터 1개월이 지나기 전에 신고할 수 있게 되어 있다(법 제49조 제1항, 제2항), 권리가 확인된 구성원이 분배금의 수령기간 내에 분배금을 수령하지 않은 경우 또는 신고기간이 지난 후에 권리를 신고하여 권리를 받은 자는 수령기간이 지난 후 6개월까지만 공탁금의 출급을 청구할 수 있게 되어 있다

(법 제53조). 결국 분배절차에서 구성원이 분배를 받기 위해서는 자신이 스스로 신청을 해야 한다. 적어도 우리 법제에서는 신고하지 않은 구성원에게 분배관리인이 친절히 직접 분배금을 배분해 줄 것을 예정하지는 않고 있는 것이다. 그렇다면 이 프로세스는 가입신고(opt-in) 방식과 거의 유사한 것이 아닌가 한다. 분배절차이니 재판이 아니라고 할 수도 있겠으나 권리확인에 대한 이의 신청을 할 수 있고 법원이 재판으로 결정(법제50조 제2항)하니 민사소송의 테두리 내에 있다.

분배계획에 있어서 권리신고 안내를 어떻게 할 것인가? 현재는 권리신고 안내 규정은 없다. 제외신고 제도로 인하여 이미 안내를 했으니 권리신고도 알아서 할 것이라는 기대가 있는지 몰라도 정작 중요한 권리신고 부분에 대한 규정이 미비하다.[681]

권리신고 기간이 도과하고 수령기간 도과 후 6개월 후에 신고하였다면 분배를 못 받는 것인가? 실무상 구성원의 숫자가 많지 않으면 가능할 수 있으나 현재는 규정이 없어 분배받기는 쉽지 않아 보인다. 그렇다면 현행법은 형식은 제외신고 방식이고 기판력이 확장되지만 실제로 분배절차에서 실질적인 집행단계에서의 구성원의 권리보호가 오히려 취약한 구조이다. 차라리 미국식으로 각종 혜택으로 보상을 받는다면 문제는 간단히 해결될 수 있을지 모르나 현행 손해배상법제의 경직성을 감안하면 쉽지 않은 일이다.

(3) 제외신고와 가입신고의 문제

어느 방식을 택할 것인지는 전적으로 법정책적인 문제이다.[682][683] 어느 것을 택한다고 하더라도 재판청구권의 본질적인 침해는 일어나지 않는다. 현행 분배절차에서도 소송에 특별히 관심이 없거나 연락이 두절되어 분배절차에서 조차 권리신고를 하지 않은 경우에 특별히 분배를 받게 할 수 있는 방법이 없다.

---

681) 함승완, 전게논문(주 656), 26면 이하. 진성티이씨 사건에서는 분배계획 개별 고지규정이 미비하다는 점을 인식하고 분배계획안에 개별적인 통지절차를 진행하도록 정하여 시행하였다. 이에 분배관리인이 계산의 전제를 자세히 설명하고 해당 구성원의 손해액을 기재한 안내서를 분배계획 통지시 함께 동봉하여 발송하였다. 수취인 불명 등으로 반송된 경우에도 권리신고를 위하여 문서제출명령 방식을 사용하여 증권사에서 받은 정보를 토대로 이메일 전화 등으로 안내서를 송부하였다.

682) 서희석, 전게논문, 30면. 다만 Linda S. Mullenix, op. cit., p.441.에서는 참여방식의 민주성과 소송의 자율성의 원리를 집단소송에서 공고하게 하기 위하여 개정될 대표당사자소송에서는 가입신고(opt-in) 방식에 기초해야 한다고 주장한다. 사실 아무런 권리주장을 하지 않는 자들의 배상도 해주는 것이 타당한지 의문이 있을 수 있다.

683) 정선주, 전게논문, 267면. 여기서는 개인의 소송주체가 되도록 하는데 바람직한 형태는 opt-in 방식이라고 한다. 개별적으로 재판들 진행할 당사자들의 권리를 보호하고 스스로 수행권을 행사하는 것이 권리주체자로서 타당하기 때문이라고 한다.

제외신고와 가입신고의 실익은 이런 경우에 고지 송달의 위험부담을 누구에게 부담시킬 것이냐로 귀결된다.[684] 변호사의 조력을 받기 어려운 시대라면 몰라도 지금처럼 매스미디어가 발달하고 전문지식을 접하기 쉬운 사회에서는 적어도 소송절차나 분배절차에 가입하겠다는 의사표시는 본인이 부담하는 것이 더 타당하다고 본다. 따라서 가입신고 방식은 충분히 도입이 될 만한 방식이고 이를 위해서는 1단계의 판결이 어떻게 2단계 구제절차에 실효성 있게 영향을 미칠 것인지에 대한 논의로 귀결된다. 이 경우 가입신고 방식에 있어서의 고지도 제외신고와 마친가지로 최대한 많은 구성원들이 지득하는 방식을 사용하여야 함은 물론이다.

2. 2단계 구제절차의 구체적인 분석

(1) 1단계 판결의 내용

1단계 구제절차에서 손해배상의무 확인판결의 기판력을 어떻게 설명할 것인지를 생각해 보더라도 1단계 구제절차는 현행법 체계처럼 전체적으로 기판력 혹은 구속력을 미치도록 함이 바람직하다.[685] 1단계 구제절차에서는 구성원들의 공통적인 쟁점에 관하여 손해배상의무가 있는지 여부가 다투어지므로 제외신고 방식을 사용하더라도 적절한 판결이 내려질 수 있다고 생각한다. 1단계 구제절차 이외에 구성원 개인의 특수성이 더 강조되어 더 많은 배상을 받고 싶을 수 있기 때문에 당연히 제외신청이 가능해야 한다. 만약 1단계 구제절차 마저 가입신고(opt-in) 방식이 되어 대세적 효력이 발생하지 않으면 통상공동소송과의 차이점은 사실상 없어지게 된다.

그러면 1단계 소송의 대표원고와 소송대리인에게는 어떤 인센티브가 있어야 하는가? 2단계 절차를 취하는 이상 1단계의 대표원고와 소송대리인의 경우에도 동일하게 2단계 개별 권리구제절차를 진행하여야 할 것이다. 이 경우에는 독일의 표본소송절차에서 살펴본 시사점처럼 처음 표본소송을 진행하는 원고와 그 소송대리인에게 아무런 인센티브가 없고 절차 수행이 어렵기만 하여서 표본소송절차를 회피하고 있다는 점을 유념해야 할 필요가 있다. 1단계 판결에서 승소했을 때 투입했던 감정비용과 변호사비용에 대하여는 특칙을 마련하여 회수할 수 있는 방안 및 1단계 판결에 있어서는 인지대를 최소화 하는 방안을 강구할 필요가 있다. 장기적으로는

---

684) 그렇다면 그 부분에 대한 논의를 성숙시키는 것이 중요하지 어떻게 하면 2단계 구제절차에서 절차지연을 시킬까 고민해서는 제도의 정착에 도움이 안될 것이다.

685) 김희동, “집단적 권리구제소송제도에 관한 고찰 - 2단계형 제도설계의 가능성”, (경상대학교 법학연구 제22권 제1호, 2014), 251면 이하.

대한법률구조공단 같은 공적인 단체에 집단소송기금을 운영하는 방식으로 1단계 판결의 비용을 지원해 주도록 할 필요가 있다. 또한 1단계 판결을 진행할 수 있는 주체를 일반 개인뿐만 아니라 단체소송의 적격을 가진 단체에게도 확대할 필요가 있다. 그렇게 된다면 법원이 판단하기에 악의적인 남소의 경우에는 담보제공명령제도를 통해 대응할 수 있다.

1심판결의 형식과 효력은 어떻게 할 것인가? 기판력의 객관적 범위는 판결문의 주문에 미친다. 그런데 이 원칙을 반드시 2단계형 권리구제 방식에도 통용시켜야 하는지는 의문이다. 2단계형으로 구분한 이유는 사실상 1심 판결을 실제로 피해를 입은 자 대신 단체 혹은 대표원고로 하여금 소를 제기할 수 있는 적격을 주었기 때문인 것이다. 다시 말해 1단계 판결은 반드시 2단계 판결을 전제로 하여 성립된 것이나 현행의 증권관련 집단소송법상 소송절차와 집행절차의 혼합으로 인한 혼란을 피하고 국민의 재판청구권이 논란되는 것을 막기 위한 것이다. 따라서 이 경우에는 1심 판결의 이유에도 반드시 2심 판결에 구속력이 미쳐야 할 것이다. 그렇지 않으면 2단계 구제절차에서 피고측이 특수한 항변을 할 때마다 법원이 모두 다시 심리하여야 하기 때문에 제도의 비효율이 발생한다. 적어도 1단계 확인판결의 이유 중 인과관계, 손해의 발생, 피고측의 주의의무 위반, 위법성 등 불법행위의 일반적인 요건사실은 2단계 개별소송에 구속력을 가져야 한다.[686]

현행 증권관련 집단소송법 제43조 제1항에서 이미 "분배의 기준은 판결의 이유 중의 판단이나 화해조서 또는 인낙조서의 기재내용에 따른다"고 되어 있다. 이미 현행법이 판결 이유에 대하여 어느 정도 법적 효력을 예정하고 있는 것으로 보인다. 1단계 판결에서 불법행위의 요건사실에 대하여 모두 판단을 하고 심지어 피고들이 배상해야 할 전체 손해배상액을 먼저 판결해 버릴 수도 있다. 인과관계, 주의의무, 손해의 발생, 손해액수의 계산방식, 심지어 배상의 총액까지도 모두 포함하고 이유에 구속력을 미치게 한다. 그렇다면 1단계 판결은 당사자 사이의 화해를 촉진하거나 2단계 구제절차를 위한 중간판결의 기능을 할 수 있어 보인다.[687]

---

686) 정동윤·유병현·김경욱, 전게서, 795면 이하. 쟁점효 이론에 관하여 자세한 설명을 하고 있다. 일본의 학설은 일본 민사소송법 제114조 제1항(確定判決は, 主文に包含するものに限り,既判力を有する)의 명문의 규정에도 불구하고 판결 이유에 대하여도 구속력을 미치게 하려고 있다. 일반적으로 '전소에서 당사자가 중요한 쟁점으로 다투고 법원도 그것을 심리하여 내린 쟁점에 관하여는 그 판단에 효력을 미치게 하려는 견해이다. 같은 쟁점을 주요한 선결문제로 하는 다른 후소 청구의 심리에서 그 판단에 반하는 주장·증명을 허용하지 말고 전소와 모순된 판단을 금지하는 효력으로 정리할 수 있다.

687) 김희동, 전게논문, 244면.

프랑스 소비자법 L. 623-4, L. 623-5를 참조해 보면 1단계 판결에서 이미 구성원의 그룹을 세분화시켜서 손해배상의 계산식까지 마련해 놓고 있는데 우리나라에서도 실현가능 할 수 있어 보인다. 어차피 집단소송이란 것이 공통성을 요건으로 하게 되어 적어도 법원이 예견할 수 있는 공통성이 있는 집단은 특정되어야 하는 것이므로 예상가능한 범위내에서 손해배상 산정방식을 염두에 둘 수 있다.

(2) 2단계 구제절차의 내용

2단계 판결에서는 가입신고를 원칙으로 한다. 분배절차의 권리신고를 비송절차로 변경한 것이다. 이때 적어도 구성원이 관련성 정도는 소명하는 것이 형평에 부합한다. 미국의 근접배상방식(cy pres) 이론에 따르면 손해를 입은 그 사람만 배상받아야 하는 것은 아니고 기업측의 불법행위를 억제하여 적어도 대강의 정의(rough justice)는 실현하였다고 볼 수 있다. 그러나 우리나라의 손해배상 방식은 매우 제한적이고 보수적이기 때문에 미국의 분배방식이 그대로 적용되기에는 어려움이 많이 따른다.

2단계 절차를 반드시 소송으로 하여야 하는지는 논란의 여지가 있다. 브라질의 경우에는 2단계를 원칙적으로 통상공동소송으로 하고 있으나 프랑스의 경우에는 간이한 소송, 일본의 경우에는 간이한 소송 또는 비송절차로 하고 있다.[688] 앞서 불법행위의 요건 사실인 손해가 발생한 사실과 손해의 액수는 다르다는 점을 살펴보았듯이 이미 1단계 판결에서 손해가 발생한 사실이 밝혀져 판결문 이유에 등장하게 되고 대표당사자소송의 공통성으로 인하여 손해발생의 유형이 특정될 수 있기 때문에 굳이 개개인의 손해의 액수 산정은 판결로 할 필요가 없다. 따라서 신속한 해결의 취지에 맞게 2단계 구제절차는 비송[689]으로 진행함이 타당하다.[690] 신속한 진행

688) 三木浩一, 前揭論文(주 343), 53정.

689) 비송사건이란 사법상의 법률관계 중 민사소송으로 처리되지 아니하는 사건을 일컫는다(정동윤·유병현·김경욱, 전게서, 13-14면 ; 정영환 전게서, 18면). 비송사건절차법에서 주로 규율하는 부분은 민사비송사건, 상사비송사건, 과태료사건이고 상업등기법에서 상업등기사건을, 가사소송법에서 가사비송 사건을 다루게 되어 있다. 비송사건은 민사소송과 달리 구술변론이 필요하지 아니하고(비송사건절차법 제13조) 결론도 판결이 아니라 결정으로 내리며(비송사건절차법 제17조) 불복의 경우도 항고로 하고 있으며(비송사건절차법 제20조) 사실의 확정도 자유로운 증명으로 족하고 법원이 증거조사를 직권탐지로 하고 있다(비송사건절차법 제11조). 이런 점을 살펴본다면 2단계 구제절차는 비송사건으로 진행함이 타당해 보인다.

690) 대법원 1990. 12. 7. 선고 90마 674, 90마카11 결정. 이 결정에서 비송사건절차법이 적용되는 비송사건에 대하여는 선정당사자 제도를 적용하지 않고 있다. 이에 대하여 반대하는 견해로는 이동률, 전게서, 232면. 명문의 준용규정이 없다고 하여 비송사건에 선정당사자를 배척할 이유는 없다고 하면서 비송사건절차법 제6조에 소송능력자이면 대리인이 될 수 있는 점에 주목하여 대리인의 자격범위가 민사소송법 보다 훨씬 넓다는 점을 감안해야 한다고 한다. 그렇다면 비송사건절차법 제6조의 대리인에 선정당사자도 포함시킬 수 있어 비송사건에도 선정당사자

을 위하여 1단계 구제절차의 재판과정에서 채택되었던 증거에 대하여도 특별한 사정이 없으면 바로 증거능력을 인정하도록 함이 바람직하다.

그렇다면 2단계 구제절차는 3심 절차를 다 거쳐야 하는가? 사실 증권관련 집단소송은 구성원을 직접 특정하기 어려울 정도의 다수당사자가 효율적으로 소송을 진행하기 위한 제도인데 민사소송법의 원칙대로 3심제를 모두 따르게 한다면 그 취지를 몰각할 가능성이 많다. 현행 민사소송법 제449조에 특별항고라는 제도는 반드시 3심제를 전제로 하지 않으며 민사소송법 제422조는 비약상고를 인정하여 당사자가 항소하지 아니하기로 합의한 경우에는 1심판결을 바로 대법원에 상고할 수 있는 제도도 마련하고 있다. 따라서 3심제는 반드시 지켜야 할 헌법원리라기 보다는 사법정책상 입법재량의 범위에 포함된다고 할 수 있다.

현행 금전배상의 방식에서는 분배절차 중 권리신고절차(법 제50조 제1항)를 2단계 구제절차로 대체하는 것이다. 2단계 절차는 비송으로 진행하되 곧바로 권리신고가 된 것이므로 분배절차에 관한 몇몇의 특칙만 둔다면 종전의 강제집행절차를 그대로 이용하여 집행하면 된다. 이 경우 2단계 절차는 법관의 강력한 재량권 부여가 필요하고 절차권 남용시 제재 규정도 필요하다. 2단계 구제절차로 진행하더라도 현재 분배관리인이 하던 일을 법원이 주관이 되어서 하는 것이므로 분배관리인 역할을 할 수 있는 특별사법보좌관(special master)의 필요성[691], 전문성 강화를 위해 전담재판부의 필요성이 좀 더 커질 수 있다.

현행법도 분배절차에서 권리신고를 하여야 하는데 차라리 2단계에서 채권신고를 하듯이 가입신고 방식으로 운영하면 권리신고의 문제도 해결되고 재판청구권 논란 여부도 잠재울 수 있다. 2단계 구제절차를 진행한다고 하더라도 현행법의 분배절차가 분해되어 1단계 구제절차와 2단계 구제절차에 일부로 흡수되고 강제집행의 방법을 몇몇 특칙을 보완한 민사집행법에 맡기는 것이 된다. 따라서 제도의 급격한 변화가 있는 것은 아니며 구성원들의 분배절차에서의 권리신고를 2단계 구제절차에서 비송절차로 대체시킨 것에 불과하다고 할 것이다. 이 경우 구성원 중 본인의 책임이 없는 사유로 고지를 받지 못한 경우에는 권리신고 기간이 지난 후라도 배상금액이 남아 있는 것을 전제로 민사소송법 제173조와 유사하게 추후보완이 가능할 수 있도록 설계할 필요도 있어 보인다.

제도가 적용될 수 있다.

691) Jack. B. Weinstein·함영주 역, 전게서, 263-264면. 소송초기부터 분배계획안 수립과 분배 업무를 수행하는 역할 등을 부담한다. 고엽제 사건에서 집단원조계획을 사법특별보좌관이 관리하여 정기보고서를 법원에 제출하였다고 한다.

(3) 참가의 방법과 판결의 효력

1단계 소송절차에서 원고의 청구를 기각하는 판결이 확정된 경우 어떻게 할 것인가의 문제가 있다. 우리나라의 소비자기본법 제75조는 이 경우 다른 단체는 단체소송을 제기할 수 없도록 하고 있다. 소송경제의 이유로 기판력 확장을 인정한 것이다.[692] 단체소송에 관한 단일 개별법 차원에서 접근한다면 소비자기본법의 태도가 타당한 측면은 있지만 집단적 분쟁해결에 관한 일반법 전반을 규정한다고 했을 때 기판력의 전면적 확장이 반드시 타당하다고 보기는 어렵다. 왜냐하면 소비자기본법은 단순히 금지청구에 한정되지만 집단적 분쟁해결에 관한 일반법이 설계된다면 다양한 분쟁의 형태를 염두에 두어야 하기 때문이다. 또한 기업측이 승소했을 경우에는 후소에 기판력이 미치지 않는다고 하더라도 향후의 대응은 비교적 용이한데다가 소송허가제도를 유지하는 한 남소가 방지될 가능성이 매우 높다. 따라서 일본의 입법례처럼 원고가 승소한 경우에만 기판력의 확장을 인정하는 편면적 확장도 충분히 고려해 볼만하다고 생각한다.

(4) 손해배상액의 산정

2단계 권리구제에서는 개별 피해자들이 입은 손해액수가 소액일 수도 있고 그 증명이 매우 어렵기 때문에 1단계에서 승소판결이 나더라도 2단계에서 패소판결이 나올 가능성을 배제할 수 없다. 그러나 손해액수를 증명하지 못하였다고 하여 패소판결을 받는 것은 사회통념이나 형평의 원칙에 비추어 보아도 바람직해 보이지 않는다.[693]

이 경우 2016. 3. 29. 공포된 개정 민사소송법 제202조의2가 도움이 될 수 있을 것으로 보인다. 조문의 “손해가 발생한 사실은 인정되나 구체적인 손해의 액수를 증명하는 것이 사안의 성질상 매우 어려운 경우에 법원은 변론 전체의 취지와 증거조사의 결과에 의하여 인정되는 모든 사정을 종합하여 상당하다고 인정되는 금액을 손해배상 액수로 정할 수 있다.”로 되어 있다. 사실 이 조항의 내용은 대법원 판례(대법원 2010.10.14. 선고 2010다40505 판결 등)로도 인정이 되었던 사항이나 명시적으로 입법이 됨으로써 보다 적극적으로 사용될 여지가 커졌다.

---

692) 김원기·박수영, “소비자기본법상 집단적 분쟁해결제도”, (상사판례연구 제20집 제2권, 2007), 144면.

693) 이미 저작권법 제126조, 특허법 제128조, 독점규제 및 공정거래에 관한 법률 제57조, 표시광고의 공정화에 관한 법률 제11조에 이미 유사한 취지가 입법되어 있었다. 그러나 이 조항들은 특수한 영역에 국한된 내용이었지만 개정된 위 민사소송법 제202조의2는 소송법 전반에 적용되기 때문에 의미가 있다.

3. 이해관계자들의 입장

소송대리를 하는 변호사의 입장에서는 가입신고(opt-in) 방식이 더 편리할 수 있다. 제외신고(opt-out) 방식을 취하는 현행 증권관련 집단소송법에 따르면 소송대리를 하는 변호사는 충분한 착수금을 받기가 어렵다. 통상공동소송에 의하더라도 의뢰인들의 개별선임을 통하여 착수금을 받고 감정비용에 대한 분납을 요구하는 등 변호사의 입장에서는 금전적인 측면에서 부담이 가벼운 데 비하여 증권관련 집단소송이 진행되면 그러한 비용을 모두 사후에 회수해야 하는 문제가 발생한다. 그것도 승소를 전제로 비용을 회수하는 것이지 패소라도 하게 되면 순전히 변호사의 위험부담이 되는 형국이다. 따라서 일부 법무법인을 제외하고는 앞에서 살펴본 중국고섬사건처럼 통상공동소송의 형태로 사건을 진행하게 된다.

변호사들이 일단 별도의 자금으로 재판에 소요되는 비용을 충당한 뒤 승소를 한 이후 분배절차에서 수임료를 보전받을 수 있다고 생각할지 모르겠으나 법원에 의하여 보수를 통제받게 되는 상황이 발생할 수 있어 선뜻 그 위험을 감수하기는 어렵다. 이 점이 증권관련 집단소송과 관련하여 전문적인 원고대리 변호사들의 출현이 더딘 이유이기도 하다. 소송의 활성화를 위한 중요한 축을 담당하는 변호사에게 인센티브를 준다고 하더라도 가입신고(opt-in) 방식이 더 유리해 보인다.

의뢰인들 입장에서도 가입신고(opt-in) 방식을 한다고 하더라도 과도한 수임료 문제가 발생할 가능성은 적다. 엄청나게 배출된 변호사 숫자를 별론으로 하더라도 가입신고(opt-in) 방식이 인정되면 변호사들이 의뢰인을 유치하여야 하기 때문에 수임료 경쟁이 발생할 수밖에 없는 구조이다. 변호사의 입장에서는 다수의 인원이 모일수록 1인당 단가를 낮춰도 되고 의뢰인 입장에서는 변호사들의 조건을 보고 선택해도 좋은 상황이 되는 것이다.

4. 2단계 구제방식의 장단점에 대한 검토

본서에서 2단계 구제방식을 논의함에 있어서 현행 증권관련 집단소송법을 전제로 하는 논의는 아님을 주의할 필요가 있다. 주식의 손실에 대하여는 이미 금전배상으로 충분한 경우가 많고, 앞서 살펴보았던 미시적 접근을 통하여 개선방안을 마련할 수 있기 때문이다. 다만 분배절차에서 구성원들의 이의가 있을 경우 그 혼란을 막을 수 있는 기준을 대법원 규칙에서 정할 필요는 있다.

그러나 2단계 구제방식은 집단소송법이 일반법인 민사소송법의 특별법으로 도입되었을 때를 가정하여 보면 나름 대안이 될 수 있어 보이므로 장단점을 살펴보도록 한다. 일반법으로서 집단소송이 도입되었을 경우 권리구제 방식의 특수성을 고안할 필요가 있다. 금전배상이 주류인 증권소송에서는 대부분 피해사실을 알 수 있고 피해자가 제외신고의 선택여부를 결정하는데 큰 어려움은 없어 보인다. 그러나 특별절차법으로 도입된 집단소송에서는 예상하기 조차 힘든 복잡다기한 분쟁에서 집단구성원들이 재판청구권이나 자기결정권 차원에서 스스로 절차에 참여할지 여부에 대한 명확한 기준이 필요하다. 특히 우리나라는 미국과 같이 근접배상방식의 도입이 매우 어려운 상황에서 미국식 제도처럼 제외신고방식을 통하여 모든 구성원에게 분배하는 것에 대하여는 충분한 검토가 필요한 상황이다.

2단계 구제절차의 장점으로는 다음의 내용을 들 수 있다. 첫째 재판청구권 침해에 대한 논란을 불식시킬 수 있다. 이미 제외신고 방식과 가입신고 방식은 법정책의 문제임은 살펴본바 있다. 제외신고 방식이라고 하더라도 처분권주의의 변용일 뿐이라는 점, 민사소송에 있어서 재판청구권에 대한 입법재량권은 비교적 넓게 형성되어 있는 점 등을 볼 때 제외신고 방식이 위헌이라고 볼 수는 없다. 그러나 여전히 권리를 행사하지 않은 자에 대한 배상이 가능한 것인가에 대한 의문이 남고 있다. 둘째 분배절차의 난점을 해소하는데 기여할 수 있다. 구성원들의 권리신고에 따라 분배를 하여야 하는 현행 구조에서는 구성원들이 이의를 하게 될 경우 이를 해결할 수 있는 방법이 다소 막연하다. 반면 가입신고 방식인 경우 법원이 구성원의 참가내역을 보고 이미 마련된 계산식을 통하여 배상액을 인정하면 족하므로 보다 신속한 진행이 이루어질 수 있다. 셋째 단체소송과의 병용에 있어서 유리한 점이 있다. 이미 논의한 바와 같이 향후 집단소송은 대표당사자소송과 단체소송이 모두 기능할 수 있는 형식의 일반법이 타당하다. 그렇다면 단체소송에서도 손해배상청구권이 인정되고 대표당사자소송에서도 금지청구권 등이 인정되어야 하는데 단체소송의 경우에는 단체가 직접 손해배상을 청구하는 방식보다는 단체가 보호하고 있는 구성원들이 직접 손해배상청구를 하는 것이 보다 제도의 취지에 타당할 수 있다.

2단계 구제절차의 단점으로는 다음과 같은 점을 들 수 있다. 첫째 각 단계 별로 피고측이 재판의 지연전략을 사용하여 소송경제에 반할 우려가 있다. 피고측은 본안에서 승소하는 방법 이외에도 최대한 재판을 지연시켜 보다 유리한 조건에 화해를 하는 방식을 사용할 수 있는데 각종 절차가 추가될수록 방어방법도 다양해져서 집단소송의 취지와 맞지 않게 소송지연이 빈발할 여지가 있다. 둘째 1단계 구제절차의 판결에 과중한 부담을 줄 수 있다. 단순히 본안 판단을 넘어서 손해배상의 산정방식이나 손해배상의 기준을 마련해야 하는 점 등 기존의 본안판결과는 더 세분화된 판단이 필요할 수 있기 때문이다. 1단계구제절차에 과도한 부담이 발생하면 소송의 지연으로 연결되어 신속한 권리구제에 장애가 될 수 있다.

사견으로는 2단계 구제절차에 부수하는 단점들은 어느 정도 보완이 가능하다고 생각한다. 신속한 재판을 촉진할 수 있도록 1단계 구제절차의 판결에 구속력을 인정하여 판결주문 뿐만 아니라 판결이유에도 법적 효력을 부여하면 충분히 2단계 구제절차에서 신속한 재판으로 이용할 수 있다. 특히 법원에서 비송사건의 특징을 살려 1단계 구제절차의 판결의 취지를 고려하여 신속하게 운영한다면 제도가 실질적으로 기능할 수 있다.

제도의 이용자들이 1단계 구제절차를 이용할 인센티브를 어떻게 제공할 것인지 문제될 수 있다. 1단계 구제절차가 확인판결의 성격을 가지게 되고 단체소송 및 대표당사자소송 모두 공통적으로 적용된다면 호주식의 소송기금회사의 도입의 명분도 그만큼 커진다고 할 수 있다. 다시 말하면 1단계 구제절차는 그만큼 우리사회에 공익적인 측면에 기여하는 제도가 되고 2단계 구제절차에서는 개인들의 배상에 기여하는 제도가 되기 때문에 1단계는 그만큼 공적인 지원이 가능한 제도로 설계가 가능하다고 생각한다.

1단계 구제절차의 간소화를 위해서는 장기적으로 소송허가절차를 1단계 판결에서 흡수하여 소송허가절차를 별도로 불복하는 것이 아니라 각 심급마다 본안과 같이 판단하는 방식을 생각해 볼 수 있다. 결국 1단계 구제절차에 있어서 심리의 충실화가 더욱 요청되는 바 전담재판부 및 미국식 특별사법보좌관의 도입의 필요성이 커지게 된다. 나아가 1단계 판결이 2단계 판결에 실질적인 영향을 미치도록 소권남용 방지 등 각종 제도적 보완이 필요할 것이다.

이러한 제도적 장점에도 불구하고 당장 제도화를 해야 하는지에 대하여 다소 의문이 있다. 우선 현행 제도에 대한 보완과 활용이 전제되어야 한다는 점, 프랑스와 일본의 사례를 추가 검토하여 부작용을 점검할 필요가 있다는 점을 보면 아직 2단계 구제절차의 도입은 시기상조가 아닌가 한다. 중간판결의 확대 적용, 선정당사자 제도의 보완이 먼저 이루어지면 어느 정도 2단계 구제절차와 유사한 결과를 얻지 않을까 한다. 자세한 내용은 장을 바꾸어 설명한다.

제7장 소비자 집단소송의 발전방향에 관한 제언[694]

제1절 서 설

현재 대한민국에 도입된 특수한 집단소송의 형태는 크게 미국식 대표당사자소송과 독일식 단체소송이다. 전자는 증권관련 집단소송법에 도입되어 있고 후자는 소비자기본법과 개인정보보호법에 도입되어 있다. 전자의 경우 최근 대법원에서 소송허가 결정도 내리는 등 활성화의 단초가 제공되었는데 비하여 후자의 경우 그 실적이 1건에 불과할 정도 훨씬 저조하다.[695] 단체소송은 개인 대신 단체가 당사자가 되어 제기하는 소송형태로서 개인적인 권리구제가 어려운 영역에서 공익을 위하여 사용되는 경우가 많다. 상당한 단체소송의 수요가 있을 것임에도 불구하고 단체소송의 제기가 원활하지 못한 이유가 무엇인지에 대한 분석이 필요한 시점이다.

국내에서는 이미 단체소송에 대하여 다수의 연구결과가 존재한다. 하지만 상당수는 단체소송의 도입될 당시 단체소송의 남용방지에 관한 내용을 포함하고 있다. 현재 단체소송은 그 활용이 매우 미미할 뿐만 아니라 증권관련 집단소송처럼 소송허가의 범위를 넓히는 중요한 판례[696]도 나오지 않아 활성화의 전기가 필요한 시점이다. 최근에는 단체소송에서도 활성화의 논의가 진행되고 있다. 본 연구에서는 단체소송의 활성화뿐만 아니라 소비자 집단소송이 나아가야 할 방향에 대하여 고민해

694) 이 장은 다음의 논문을 기초로 작성하였다. 최광선, "소비자 집단소송의 발전방향에 관한 제언", (충남대학교 법학연구 제29권 제1호, 2018.)

695) 오대성, "소비자기본법상의 단체소송의 문제점과 그 개선방향", 조선대학교 법학논총 제23권 제1호, 2016. 4., 209면. 법원의 판단을 받아본 사건은 단 1건이라고 한다. 2008년 경제정의실천시민연합 등 4개의 소비자단체가 하나로 텔레콤을 상대로 소비자단체소송을 제기하여 법원의 소송허가 결정이 내려졌다. 그러나 피고가 소송 계속 중 자발적으로 침해행위를 중단하여 원고는 2009년 1월 23일 소를 취하였다. ; 하나로 텔레콤 사건에 관하여 자세한 사항은 김상찬, "소비자단체소송제도의 문제점과 개선방안", 민사소송 제17권 제2호, 2013.11., 321면 이하.

696) 대법원 2016. 11. 4. 자 2015마4027 결정.

보기로 한다.

본서에서는 소비자 분야에서 기존에 도입되어 있는 소비자 단체소송에 관하여 분석을 한 후 그 문제점과 개선방안에 대하여 고찰하고자 한다. 이와 더불어 소비자 분야의 소송제도 개선에 관한 다수의 의원입법안이 발의되어 있어 이에 대한 검토도 하고자 한다.[697]

697) 송오식, 「단체법」, 전남대학교출판부, 2015., 458면에서는 단체소송의 실효성 제고방안으로 대체적 분쟁해결 수단의 활성화를 들고 있다. 제대로 운영된다면 매우 효율적인 제도일 것으로 판단된다. 그러나 현행 집단분쟁조정제도에는 소비자인 피해자가 분쟁신청권을 가지지 못한다는 문제점이 있다. 함영주, "소비자집단분쟁조정제도에 관한 고찰 - 절차법 체계정합성의 관점에서 본 집단분쟁조정제도 - ", 민사소송 제14권 제1호, 2010. 123면 이하. 집단분쟁해결로서의 대체적 분쟁해결 역시 상당히 중요한 문제이지만 본서에서는 소송제도를 위주로 검토한다.

제2절 외국제도에 대한 분석

제4절에서는 증권관련 집단소송과 관련된 외국의 법제도를 검토해 보았다. 따라서 대표당사자소송의 성격을 가지는 제도는 이미 검토를 마친 셈이다. 여기서는 단체소송의 종주국이라고 할 수 있는 독일의 고유한 단체소송의 개략적인 내용을 파악해 본다.

Ⅰ. 독일의 단체소송 제도의 개요

1. 서설

독일은 일찍이 대표당사자소송이 아닌 단체소송제도를 도입하여 시행하고 있다. 소비자의 이익을 제한적이고 개별적으로만 보호받을 수 있는 공공의 이익으로 보아 민사소송절차에서 보호하기 위한 모델로 단체소송을 선택한 것이다.[698] 단체소송에서는 개인의 주관적 권리를 실현하는 것보다는 객관적 권리, 즉 공공의 이익을 실현하는데 주안점을 두고 있다. 단체소송에 관하여 독립된 법률은 존재하지 않고 부정경쟁방지법이나 금지청구권법 등에서 개별적으로 규정하고 있기 때문에 각 법률마다 약간의 차이가 있다.[699]

단체소송은 1909년에 부정경쟁방지법(Gesetz zur unlauteren Wettbewerb)에서 영업상의 이익을 추구하는 단체에게 소제기권을 부여함으로써 처음으로 독일에서 성립하였다. 독일에서 단체소송을 도입하게 된 배경은 독일법적 전통에 숨어 있는 단체사상과 관련이 깊다.[700] 이 단체법적 전통에 기인하는 단체활동은 여전히 독일의 사회적, 경제적, 정치적 영역에서 지배적인 역할을 하고 있는데 개별 구성원의 협력과 관계없이 단체활동에 의하여 공동의 이익을 유지하고 관리하는 것이다. 현재는

698) 오대성·강태원·함영주, "집단소송제(대표당사자소송단체소송)의 도입방안에 관한 연구", 사법개혁추진위원회 연구용역보고서, 2005. 12., 32면 ; 권혁재, "독일의 단체소송제도", 民事法理論과 實務, Vol.14 No.1, 2010., 122면.

699) 함영주, 앞의 논문(주 15), 133-134면. 독일은 유럽 국가들 중에서도 집단분쟁의 해결에 매우 소극적인 태도를 보여 왔으며 최근 유럽연합의 지침을 따르지 않을 수 없어 변화를 꾀하고 있다는 점을 주목해야 한다고 한다. 결국 단체소송이 활성화되지 못하여 그룹소송, 표본소송 등 다른 제도들이 도입되어 시범중에 있으므로 우리나라에서 곧바로 도입하기에는 어려운 점이 많다고 한다.

700) 오대성·강태원·함영주, 앞의 보고서, 33면.

부정경쟁방지법 제8조 제1항, 금지청구법 제1조, 경쟁제한금지법 제33조 제2항, 상표법 제55조 제2항 등에서 단체소송을 규정하고 있다.[701)]

2. 소송의 내용

(1) 소 제기를 할 수 있는 단체

부정경쟁방지법 제8조, 금지청구법 제3조 등에 따르면 다음과 같은 단체만 금지청구권을 가진다고 분명하게 규정하였다.[702)] 즉 ① 연방행정청에서 관리하는 목록에 기재된 인증기관 또는 98/27/EG의 소비자보호지침 제4조에 의한 유럽공동체 위원회 명부에 기재된 인증기관 ② 영업상의 이익 또는 독자적인 직업상의 이익을 추구하는 권리능력있는 단체 ③ 상공회의소이다. 영업상의 이익 또는 독자적인 직업상의 이익을 추구하는 권리능력있는 단체는 동일한 시장에서 같거나 비슷한 종류의 물품이나 급부를 제공하는 영업자들이 상당수 포함되어 있는 경우 또는 단체의 인적, 물적, 재정적 장비에 비추어 영업상 또는 독자적인 직업상의 이익을 추구하는 법적인 임무를 실제로 수행할 수 있는 경우에만 청구권을 가진다.

(2) 청구의 내용

가. 금지청구

독일의 금지청구법에 의하여 각종 소비자보호를 위한 법률의 위반행위로부터 소비자를 보호하려고 한다. 독일의 국내법과 관련해서는 금지청구법 제2조 제2항에서 적용범위를 정하고 있다. 여기서 말하는 소비자보호법률로는 ① 민법전의 규정 중에서 방문판매, 원격지계약, 일시거주계약, 여행계약 등에 관한 규정들 ② 전자상거래의 법률관계와 관련된 2000년 6월 8일자 유럽의회의 2000/31/EG 지침의 제5조, 제10조, 제11조의 실현을 위한 규정들 ③ 원격강의 보호법률 ④ 텔레비전 방송 활동에 관련된 1989년 10월 3일자 89/552/EWG 지침 제10조부터 제21조의 실현을 위한 연방법과 주법의 규정들 ⑤ 약품법 및 치료제광고에 관한 법률 제1조, 제3조부터 제13조까지의 규정들 ⑥ 투자법 제126조 등이 있다. 이는 본질적인 목적이 소비자의 보호에 기여하는 모든 법률을 말하는 것으로서 소비자보호법률의 예를 적시하고 있을 뿐이고 제한적으로 열거한 것은 아니다.[703)]

---

701) 자세한 내용은 이명민, “소비자단체소송에 관한 연구”, 고려대학교 박사학위논문, 2014., 99면 이하. 이 논문에서는 독일의 각 주에서 도입하고 있는 단체소송도 소개하고 있다.

702) 이명민, 앞의 박사학위논문, 104면.

금지청구권이 인정되기 위해서는 소비자의 집단적인 이익을 침해하였어야 하고 보통거래약관의 추천자나 사용자에 대한 금지청구권에 있어서와 마찬가지로 반복될 위험이 있을 것을 묵시적 요건으로 하고 있다. 금지청구법 제2조 제3항에서는 청구권 주장이 남용되어서는 안된다고 규정하고 있다. 금지청구법에 특별한 규정이 없는 한 단체소송의 절차에서도 민사소송법 규정들이 적용되며 처분권주의 및 변론주의와 같은 민사소송의 원칙들이 그대로 단체소송에도 적용된다.

나. 이익환수청구와 손해배상청구

부정경쟁방지법 제10조에 따르면 고의로 부당경쟁금지의 원칙을 위반하여 다른 수많은 사람의 부담 하에 이득을 얻은 자에 대하여 금지청구의 소를 제기할 수 있는 자는 그 이득금을 연방금고에 반환하도록 청구하는 소송을 제기할 수 있다.[704] 이때 소제기권자에 단체도 포함되어 있음은 물론이다.[705] 그러나 같은 법 제9조에서는 손해배상에 관하여 규정하면서 고의 또는 과실로 부당경쟁금지를 위반한 자는 경쟁자에게 이로 인하여 발생한 손해를 배상할 의무가 있다고 할 뿐 단체에게 손해배상청구권이 있다는 규정은 없다. 독일에서는 단체소송에서 손해배상을 청구할 수 없다는 점이 일반화되어 있다.[706]

3. 시사점

독일의 경우 소비자 단체소송은 충분히 효과적으로 활용되고 있는 것으로 보이지는 않는다. 소비자가 손해배상을 받기 위해서는 별도의 소를 제기해야 하기 때문이다. 2005년에 표본소송법(Musterverfahrengesetz)를 도입하여 동일한 유형의 피해를 입은 자본투자자들의 청구권을 하나의 표본절차에서 합쳐서 행사하게 하고 원소송절차로부터의 공통된 법률문제를 부각시켜 관할 고등법원을 통해 통일적인 분쟁해결을 시도하였다.[707] 이를 보면 독일에서도 단체소송과 별도로 손해배상청구의 필요성을 공감하고 있다고 추론할 수 있다. 원래 2005년부터 5년 기한의 한시법이었지만 추가입법을 통하여 2020년까지 연장되었다. 단체소송의 종주국이었던 독일의

703) Walker/Stopms, Die bisherigen Anderungen des UklaG insbesondere durch die UWG-Reform, ZGS 2004. p.338.

704) 이명민, “독일 이익환수청구를 통한 의료소비자단체소송의 공적구제에 관한 고찰”, 동아법학 제70호, 2016., 450-451면.

705) 오대성·강태원·함영주, 앞의 보고서, 38면.

706) 오대성·강태원·함영주, 앞의 보고서, 38면.

707) 김경욱, 앞의 논문, 282면.

경우 단체에 직접 손해배상청구권을 주지는 않고 특별법에서만 예외적으로 허용하였다는 점을 눈여겨 볼 필요가 있다.

Ⅱ. 이스라엘 집단소송 제도의 개요

1. 서설

이스라엘의 법시스템은 기본적으로 영미법계와 대륙법계의 혼합형으로 분류할 수 있다. 이스라엘이 common law를 도입한 것은 1971년부터 시작된 영국의 팔레스타인 위임통치의 영향이었다. 대륙법적 요소는 1948년 영국에서 독립한 이후 비로소 유입되기 시작하였다. 이스라엘은 건국후 사법(private law)영역의 다수 법률을 새로이 입법하면서 대륙법의 요소를 광범위하게 참조하였다.708)

한편 이스라엘은 전통적으로 집단소송에 대하여 소극적인 입장이었으며 당사자들의 이익은 개별적인 소송을 통하여 당사자들 스스로 찾아야 한다는 입장을 취하다가 비교적 최근 미국의 대표당사자소송제도를 도입하였다. 이스라엘의 대표당사자소송 법제를 보면 이스라엘 독자적인 성격의 제도도 있긴 그러나 기본적으로 미국식 제도를 바탕으로 하되 공익의 대표자 개념, 단체에 대한 소제기의 허용 등에 있어 유럽의 제도를 일부 도입한 것으로 평가된다.709)

2. 소송의 내용

(1) 미국적 요소

미국의 대표당사자소송제도의 가장 큰 특징은 기존의 공동소송제도와 달리 피해를 입은 다수의 집단이 적극적으로 자신의 권리를 행사하지 않아도 대표당사자의 소송결과에 따라 손해배상을 받을 수 있는 제외신고 방식(opt-out)에 있는데, 이스라엘도 원칙적으로 이 방식을 채택하고 있다. 그리고 대표당사자소송으로 다루기 위한 전제요건도 미국의 대표당사자소송제도의 기본규정인 연방민사소송규칙(Federal Rules of Civil Procedure) 제23조(a)항과 내용에 있어서 대체로 유사한 취지의 규정을 두고 있다. 다만 FRCP 제23조(b)항은 위 요건을 충족한 경우에 다시

708) 함영주·이연주, “이스라엘 대표당사자소송법제의 발전과정 및 시사점”, (저스티스 통권 제132호, 2012. 10), 104면.

709) Amichai Magen·Peretz Segal, “The Globalization of Class Actions : Israel”, The Annals of the American Academy of Political and Social Science vol. 622, SAGE, 2009. p.244.

class action으로 소를 제기할 수 있는 사건의 유형을 세 가지로 특정하여 이를 인증(certification)의 요건으로 하고 있는 점에서 차이가 있다.

그밖에 소송의 시작단계부터 인증의 권한을 법원에 부여하고 이후 소송의 진행과 종결에 이르기까지 전 과정에서 법원의 역할을 매우 중요하고 적극적인 것으로 반영하는 점에서도 기본적으로는 미국의 대표당사자소송제도를 따르고 있다. 이러한 특징은 기본적으로 대표당사자소송이 제외신고(opt-out)방식을 취함으로써 당사자로 참여하지 않은 구성원의 이익을 보호하고 대표당사자의 매수를 방지할 필요성에 기인한다고 하겠다.

예를 들어 일반적인 민사소송에는 법원이 화해 협상에 개입할 여지가 거의 없었으나 대표당사자소송에서는 소송의 공익적 성격을 반영하여 법원이 다양한 심리방식을 활용하여 적극적으로 화해협상의 과정에 개입하기도 하고 화해협상이 이루어진 후에는 법원이 허가를 하게 된다. 변호사 보수의 산정에서도 법원이 성공보수금의 상한을 정하는 등 후견적인 개입을 한다.

한편 손해액의 산정과 분배에 있어서 집단을 구성하는 개개인의 손해배상액이 아니라 전체의 손해액을 포괄적으로 산정하는 것을 원칙으로 하고 특별사법보좌관이 손해액의 분배에 관여하도록 한 미국의 방식을 수용하였다. 이때 법원이 전체 집단을 위한 금전배상액의 총액과 각 구성원에 대한 배상액배분방법을 정하는 방식을 선택할 수 있도록 하면서도 손해의 산정과 분배에 있어서 법원이 직접 집단구성원 각자에게 금전배상을 명하는 방식 또는 대체적인 제3의 구제를 명하는 방식도 선택할 수 있도록 하였다.

(2) 유럽적 요소

이스라엘의 경우 개인 이외에 단체와 공익의 대표자에게도 대표당사자가 될 수 있도록 하여 유럽식 제도를 도입한 것으로 평가된다. 독일 등은 집단적 분쟁해결제도에 있어서 원칙적으로 단체에게 소제기권을 부여하고 있다. 독일은 집단분쟁해결제도로서 단체소송(Verbandsklage)에 있어서 부정경쟁방지법 등에서는 일정한 단체만이 금지청구권을 가진다고 규정하고 있으며 경쟁제한금지법 제33조 제2항도 영업상의 이익 또는 독자적인 작업상의 이익을 추구하는 권리능력 있는 단체에게 소제기권을 인정하고 있다. 개인이 아닌 단체에게 소제기권을 인정하는 취지는 개인들이 소송절차에 대한 부담으로 소를 제기하려는 의욕이 떨어질 수도 있고 집단적 분쟁해결에 있어서 공익을 수호하는 역할을 단체가 감당하는 것이 더 적절하다는 판단을 내리기 때문이다. 이스라엘에서는 프랑스와 유사하게 공익과 사익의 중간적 영역으로 집단적 이익이라는 개념을 설정하여 이를 옹호하는 방법으로 단체소송(Litigation Collectifs)을 판례와 입법의 형태로 허용하여 단체에게도 개인과 동등하게 제소권을 부여하고 있다.[710)]

3. 시사점

이스라엘은 기본적으로는 미국식의 대표당사자소송제도를 따르되 대륙법계의 방식인 단체에 대한 소제기권을 부여하면서 검찰관 등의 공익의 대표자가 소송에 관여하는 것을 인정함으로써 종국적으로 사익을 두텁게 하고자 하는 입법을 한 것으로 볼 수 있다. 최근 이스라엘에서 자국의 class action에 대하여 비용-편익 분석(cost-benefit analysis)을 한 연구결과가 나왔다.[711)] 이 연구는 다섯 가지의 분야를 나누어서 진행[712)]하였는데, 그에 따르면 소비자 소송이나 정부에 대한 배상소송(restitution lawsuit against government authorities)에서는 어느 정도 성과를 거두었다고 본다. 집단인증 신청의 비율도 높은 편인데다가 개개인만의 배상금액은 얼마 되지 않지만 그룹이 받는 배상금은 높은 편이었다. 반면 기업소송, 인권·노동소송, 환경 소송에서는 의미 있는 성과를 거두지는 못했다고 한다. 집단소송이 좀 더 효과적으로 작용하여 사회에 기여하기 위해서는 법원이 남소를 걸러내면서도 불법행위의 역제, 충분한 배상, 재판청구권 보장과 같은 중요한 가치를 구현해 내야 한다고 한다. 법원 실무상 집단인증, 화해 승인, 변호사 및 원고에 대한 보상이라는 수단을 사용하지만 이런 장치들이 집단 소송의 기본 원리를 구현하는데 항상 효율적인 것은 아니라고 한다. 결국 제도 자체도 중요하지만 이를 어떻게 실무상 운용하느냐의 문제가 매우 제도의 성패를 좌우한다고 하겠다.

---

710) 함영주·이연주, 전게논문, 123-124면.

711) Alon Klement·Keren Weinshall-Margel, "Cost-benefit Analysis of Class Actions : An Israeli Perspective", Journal of Institutional and Theoretical Economics, (2016), pp.101-102. 이 연구의 목적은 크게 세 가지로 구분된다. ① 법에 강제력이 있어 미래의 위법행위를 억제하는지 ② 특별히 불이익을 받은 그룹과 개인이 재판받을 권리가 행사할 수 있는지 ③ 피해자들에 대한 배상이 제공되고 있는지이다. 이에 대하여 2,056개의 집단인증을 받으려했던 사례를 기초로 연구하였다. Ibid, p.76.

712) Alon Klement·Keren Weinshall-Margel, op. cit., p.84. 다섯 가지 분류는 소비자 소송, 기업 소송(증권, 공정거래 포함), 정부에 대한 배상소송, 노동·인권 소송, 환경소송이다.

제3절 우리나라 소비자 집단소송에 관한 개정 법률안의 내용

Ⅰ. 문제점의 해결을 위한 입법과정의 전개

소비자 단체소송은 2006. 9. 27. 구 소비자보호법에서 전문 개정된 소비자기본법에 소비자피해의 집단적 구제방안의 일환으로 도입되었다. 그러나 소비자 피해를 구제하기 위한 수단으로 미흡하다는 지적이 이어져 왔고 급기야 이용실적 마저 저조한 상황이어서 끊임없이 개정의 요구가 있었다.[713] 집단소송에 관한 개선요구는 제18대 국회(2008-2012)에서는 4건, 제19대 국회(2012-2016)에서는 17건 정도 되었고 특히 제19대 국회에서는 소비자 거래에 관하여 7건의 의원발의 법안이 있었다.[714] 유감스럽게도 모두 임기만료로 폐기되었고 제20대 국회(2016-2020)에서는 2018. 1. 20. 현재 집단소송에 관하여 9건의 법률안이 발의되어 있다.[715] 향후에도 법률안 발의는 지속적으로 진행될 것으로 보이지만 이미 충분한 법률안이 발의되어 있는 상황에서 그 내용을 분석해 보는 것은 의미 있는 작업이라고 생각한다.[716]

Ⅱ. 제20대 국회에 발의된 소비자 집단소송 관련 법안에 대한 분석

1. 분석의 방법 개관

제20대 국회에 발의된 법안을 분석하기 위하여 소비자기본법에 규정된 소비자 단체소송에서 중요한 쟁점을 추려서 분석의 구성을 다음과 같이 마련해 보았다. 크게는 다섯 가지 요소에 있어서 특징이 드러난다고 보인다. 첫째 입법형식과 적용범위에 관한 점이다. 입법형식은 소비자 단체소송과 같이 소비자 분야와 같은 특정된 분야에 국한되어 적용되는지 아니면 집단적 분쟁에 관련된 민사사건 전반에 적용되는지 나누어 볼 수 있다. 또한 법안의 적용범위를 특정 법률의 특정 조항만을 대상

713) 서희석, “이통3사 상대 소비자단체소송을 제기하며”, 법률신문 2015. 12. 28.

714) 자세한 내용은 서희석, “의원발의 집단소송법안 비교 : 제19대 국회 제출법안의 특징과 과제”, 입법과 정책 제8권 제1호, 2016. 6.

715) 법률안의 내용에 관하여는 국회 의안정보시스템 검색(2018.1.30.최종방문). http://likms.assembly.go.k/

716) 송민수, “집단적 소비자피해구제제도의 현황과 입법적 고찰”, 법학논총 제36권 제3호 2016. 9., 171면 이하에서는 집단적 소비자피해구제를 위한 주요 입법안에 대하여 소개하고 있다.

으로 하는지 아니면 사법의 사안 전반을 대상으로 하는지, 적용범위를 구성하는 청구권이 단순히 손해배상청구권만을 포함하는지 아니면 금지·중지청구권도 포함되는지 여부도 검토사항이 된다. 둘째 소제기의 주체와 소송허가에 관한 점이다. 단체소송인 경우에는 법이 정한 단체만 소를 제기할 수 있는 반면, 대표당사자소송인 경우에는 구성원[717] 중 1인 이상이 대표당사자가 소를 제기할 수 있도록 되어 있다. 종전의 단체소송과 대표당사자소송에서 우리나라의 법률은 남소의 방지를 위하여 소송허가 제도를 채택하였다고 설명되고 있다. 셋째 제외신고 제도에 관한 점이다. 제외신고는 흔히 opt-out으로 표현되는데 이는 소송허가결정이 된 이후에 구성원으로 하여금 소송에서 탈퇴할 수 있는 기회를 주는 제도이다. 이 제도는 집단이 인증되면 본인의 의사와 관계없이 구성원으로 간주될 수 있기 때문에 처분권주의 원칙의 발현의 한 형태로서 소송관계에서 탈퇴할 수 있는 자유를 보장해 줄 필요가 있어 마련된 제도이다. 제외신고 제도가 있는 경우 제외신고를 하지 않은 구성원에게는 기판력의 주관적 범위가 확대된다. 넷째 확정판결의 효력 문제이다. 이는 제외신고를 하지 않은 경우 기판력이 확장되는 문제와는 다르다. 단체가 소를 제기한 경우 청구기각의 판결이 확정되면 다른 단체에게 효력이 미치는 문제이다. 다섯째 분배절차의 존재여부이다. 분배절차의 경우에는 청구에 따른 총원의 범위와 채권의 총액이 확정되고 나서 법원이 선임한 분배관리인을 통하여 구성원에게 분배를 한다. 그에 비하여 종래의 소비자 단체소송의 경우에는 소비자권익침해행위의 금지·중지를 구하기 때문에 분배절차와 같은 청산절차가 필요 없었다. 최근에는 2단계 절차를 사용하여 원고가 공통의무확인절차에서 승소했으면 2단계 절차로서 채권확정절차를 취하게 된다. 분배절차는 총액을 정해 놓고 구성원들이 분배하는 절차인 반면 채권확정절차는 피해자들의 수권에 따라 채권의 액수가 확정된다.

2. 제20대에 발의되어 심사 중인 법률안 (2018. 1. 27. 현재)

제20대 국회에서 2018. 1. 27. 현재 발의된 법안은 다음과 같다. 서영교 의원이 2016. 6. 1. 대표발의한 「소비자집단소송법안」(이하 '서영교 의원안'), 박영선 의원이 2016. 7. 26. 대표발의한 「집단소송법안」(이하 '박영선 의원안'), 채이배 의원이 2016.

---

717) 총원과 구성원은 구별되는 개념이다. 총원은 일반적으로 다수인에게 피해가 발생한 경우 그 손해의 보전에 관하여 공통의 이해관계를 가지는 전원을 의미하는 반면, 구성원이란 총원을 구성하는 각각의 피해자를 의미한다(현행 증권관련 집단소송법 제2조). 그런데 총원과 구성원의 개념에 불분명한 부분이 있으므로 개선이 필요하다는 견해로는 오정후, "증권관련집단소송법에 대한 민사소송법적 고찰", 증권법 연구 제5권 제1호, 2004., 271-272면.

8. 26. 대표발의한 「증권관련 집단소송법 일부개정법률안」(이하 '채이배 의원안'), 박주민 의원이 2017. 2. 2. 대표발의한 「소비자의 권익 보호를 위한 집단소송법안」(이하 '박주민 의원안'), 김경협 의원이 2017. 6. 27. 대표발의한 「독점규제 및 공정거래에 관한 법률 위반행위 손해배상사건 집단소송법안」(이하 '김경협 의원안'), 함진규 의원이 2017. 7. 21. 대표발의한 「증권관련 집단소송법 일부개정법률안」(이하 '함진규 의원안'), 전해철 의원이 2017. 8. 1. 대표발의한 「공정거래법 집단소송법안」(이하 '전해철 의원안'), 백혜련 의원이 2017. 11. 30. 대표발의한 「집단소송법안」(이하 '백혜련 의원안'), 이학영 의원이 2018. 1. 19. 대표발의한 「소비자집단소송법안」(이하 '이학영 의원안')이 그에 해당한다. 이 중에서 채이배 의원안과 함진규 의원안은 현재 시행 중인 「증권관련 집단소송법」의 일부만을 수정하는 법안이므로 논의에서는 제외한다.[718] 또한 김경협 의원안과 전해철 의원안은 모두 공정거래 분야에 있어서 손해배상청구를 대표당사자 소송의 형식으로 도입하려는 법률이므로 소비자 집단소송과는 직접적인 관련성은 없다. 2018. 1. 30.까지의 제20대 국회에 제출된 소비자소송에 관한 개정 법률안은 소비자 단체소송이 아니라 2단계 구제체계 또는 소비자 대표당사자소송의 성격을 가지고 있다.

3. 제20대 국회의 의원안에 대한 분석

(1) 입법형식과 적용범위에 관하여

서영교 의원안, 박주민 의원안, 이학영 의원안은 이미 법안 명칭에서도 드러나듯이 소비자 분야에 적용되는 법안인 반면 박영선 의원안과 백혜련 의원안은 민사분쟁 일반에 적용되는 법안이다. 여기서 중요하게 보아야 할 점은 입법의 형식에 따른 적용범위 조항이다. 특정한 분야를 정한 입법의 경우에 적용범위를 반드시 열거식으로 규정할 것인지는 별개의 문제이다. 서영교 의원안, 박주민 의원안의 경우에는 모두 적용범위에 관한 의원안 제3조에서 특정한 규정에 따른 손해배상청구를 상정하고 있지만 이학영 의원안은 제2조의 정의 규정에서 소비자계약과 관련하여 또는 사업자가 제공하는 재화 등으로 다수의 소비자에게 피해가 발생하거나 다수의 소비자가 사업자로부터 채무의 이행을 청구받은 경우로 정하고 있다.

718) 채이배 의원안은 동법 제3조의 적용범위를 늘리고 소송허가결정에 대한 즉시항고의 집행정지효를 부정하는 등 구제의 범위를 넓히고 구제의 신속성을 도모했다는 점에서 제도의 활성화를 추구하고 있음을 알 수 있다. 함진규 의원안도 구제의 대상에 파생상품을 추가하여 구제의 범위를 넓히고 있다.

소비자단체소송에 관한 적용범위를 열거식으로 규정하면 범위 확정에 있어서 절충의 여지가 발생하는 등 입법의 간편함은 있을지 모르나 예상하지 못한 피해가 있을 경우 규정되어 있는 조항만으로는 충분한 구제가 되지 못할 수도 있다. 예를 들어 민법상의 위자료의 경우 집단소송과는 별개로 항상 별소를 제기해야 하는 문제가 발생할 수 있어 소송경제에 부합하는지 의문이다. 나아가 소비자 단체소송은 당사자 적격의 확대 등에 관한 절차법적인 문제인데 절차법의 적용을 실체법으로 준별하는 것이 체계정합성에 맞는 것인지 의문이다.[719] 절차법은 절차권을 보장하는 절차이기 때문에 절차권 보장의 기준은 절차법의 법리에 따라야 하는 것이지 실체법의 조문에 구애되는 것은 아니라고 생각한다. 백번 양보해서 실체법의 조문을 참고할 수 있다고 하더라도 현행 법률 및 의원 개정안처럼 특정 법률의 특정 조문만을 소비자 단체소송의 적용범위에 포함시키는데 있어서 정책적 타협 이외에 어떤 일관된 기준이 있는지 의문이 든다. 특히 소액 다수의 피해를 보호하기 위한 소비자소송에서는 오히려 예상하지 못한 부분에서 분쟁이 발생할 수도 있기 때문에 소비자 단체소송의 취지를 고려한다면 '소비자계약과 관련하여 발생한 피해'로 정해 놓은 이학영 의원안이 타당해 보인다.

현행 소비자기본법 제70조 제1항에서는 소비자권익침해 행위의 금지 및 중지만을 할 수 있는 것으로 규정하고 있지만 서영교, 박주민, 이학영 의원안에는 모두 소비자 분야에 관한 특정한 손해배상만 청구할 수 있는 것처럼 되어있다. 이 역시 타당한지 검토해 볼 필요가 있다. 이 의원안들은 모두 현행 소비자기본법을 존치시키는 것을 전제로 하고 있다. 소비자기본법에서는 단체소송의 성격을 가지는 단체소송을, 의원안에서는 대표당사자소송의 성격을 가지는 집단소송을 구상하고 있는 듯하다.[720] 다시 말해 소비자 분야에 한해서만 단체소송과 대표당사자소송을 모두 도입하자는 취지로서 소비자 보호에 있어서 획기적인 발전이 기대되지만 반면 왜 소비자 분야에만 두 제도를 모두 도입하여야 하는가 하는 질문에 정책적 판단 이외에 다른 이유를 찾기 쉽지 않다.

그 다음으로 생각해야 할 점은 어떤 입법형식을 취할 것인가에 대한 문제이다. 박영선, 백혜련 의원안처럼 적용범위를 제한하지 말고 집단소송법으로서의 일반법을 채택하는 방안이다. 사실 각 개별법에서 별도로 소비자 단체소송을 개정하는 것

719) 同旨 이명민, "독일 소비자단체소송의 민사소송법으로의 편입가능성", (동아법학 제59호, 2013), 317면.

720) 전해철 의원안과 김경협 의원안은 공정거래법 분야에서 별도의 대표당사자소송을 구성하자는 취지로서 증권관련 집단소송 외에 별도의 분야에서 대표당사자소송을 도입하자는 취지로 보인다.

은 향후 사정변경 등을 통하여 법적 규율이 달라질 가능성을 내포한다. 국회에서 해당법률의 소관 상임위원회가 다르기 때문에 상황변화에 따른 입법이 가능하기 때문이다. 법제사법위원회가 체계자구를 심사하기는 하지만 특별히 법률에 하자가 없다면 체계자구를 위하여 법률안을 대폭수정하거나 거부시키기는 실무상 쉽지 않다. 그렇다면 각 개별분야마다 집단소송 제도가 달라지는데 법질서의 통일성과 예측가능성을 고려할 때 신중을 기해야 한다고 생각한다. 법리적으로 보더라도 집단소송은 대표당사자소송이든 단체소송이든 절차법의 법리에 따라야 하므로 통일적인 규율 역시 매우 중요하다고 할 수 있다. 따라서 각 분야에서 어떤 손해배상청구권을 만들 것인가는 그 분야의 전문성이 고려되어야 하는 반면 어떻게 절차를 진행해야 할 것인가는 소송법의 전문성이 발휘되어야 한다고 생각한다.

이에 개인의 소송수행권을 보장하면서도 개별소송수행의 부담을 최소화하여 개개인의 권리추구가 보다 효율적으로 진행될 수 있는 방안으로 대표소송제도를 민사소송법 내에 일반적인 제도로 규정하자는 견해가 있다.[721] 기본적인 접근 방법에는 동의하나 앞으로 살펴보는 것과 같이 대표당사자소송이든 단체소송이든 소송법임에는 분명하나 현행 민사소송법 체계와 이질적인 부분이 상당히 존재하여 여러 조문이 추가되어야 하므로 민사소송법 단일 법전으로 규정할 경우 민사소송법 전체체계가 문제될 수 있다. 특히 당사자적격의 확대, 기판력의 확대, 전속관할의 문제, 강제집행 방법의 이질성을 고려하면 더욱 그러하다. 따라서 단일법인 특별법 형태이자 집단분쟁 해결에 있어서는 일반법으로 기능할 수 있는 입법형식인 박영선, 백혜련 의원안이 보다 타당하다고 생각한다.[722]

(2) 소의 제기와 소송허가에 관하여

서영교, 박영선, 박주민, 백혜련 의원안은 모두 대표당사자 소송의 성격을 가지고 있다. 다시 말해 이 의원안들에서는 구성원 중 1인 이상이 총원을 대표하여 대표당사자가 된 후 법원의 소송허가를 받게 된다는 점에서 현행 증권관련 집단소송법의 구조와 동일하다. 이는 위 네 법안들이 모두 소비자 분야에서 대표당사자소송 제도를 도입을 전제로 하기 때문에 당연한 귀결로 보인다.[723] 소송허가[724]의 요건은 대

721) 정선주, "집단분쟁의 효율적인 해결과 대량소송의 방지를 위한 대표소송제도의 신설", 민사소송 제15권 2호, 2012., 250면 이하.

722) 사실 민사소송법 내에 직접적 근거 규정을 두자는 견해(정선주, 앞의 논문, 250면)도 이와 비슷하다고 할 수 있다. 적어도 민사소송법의 체계에 포섭시켜 일관된 적용을 하는 것이 타당하다는 것이지 개별법에 산재시켜 적용을 하게 되면 부처 간의 혼선, 법리 적용의 난맥상 등이 이어질 것으로 예상된다.

동소이하다. 다음의 네 가지는 위 네 법안에 공통된다. 구성원이 50인 이상일 것, 법률상 또는 사실상의 중요한 쟁점이 구성원에게 공통될 것, 대표당사자가 집단의 이익을 정당하고 적절하게 실현할 것[725], 총원의 권리실현이나 이익보호에 적합하고 효율적인 수단일 것이 공통된 요건이다. 다만 박주민 의원안에는 구성원에게 발생한 피해가 대표당사자의 피해와 동종의 것으로 본안소송에서 개별구성원의 손해액 산정이 가능한 것이라는 요건을 추가하고 있다. 소송허가 요건 중 이 요건이 굳이 필요한지는 의문이다. 박주민 의원안 제35조(현행 증권관련 집단소송법 제34조와 동일)에도 손해배상의 산정이 곤란한 경우 표본적·평균적·통계적 방법, 그 밖의 합리적 방법으로 이를 정할 수 있다고 하고 있기 때문이다.

그런데 이학영 의원안은 완전히 다른 구조를 가지고 있다. 이른바 2단계 구제방식의 집단소송제도가 우리나라에도 처음 발의된 것이다. 소비자 단체소송에 있어서 최근 프랑스와 일본에서 도입한 2단계 구제방식을 입법한 것으로 볼 수 있기 때문이다. 이 의원안에서는 공통의무확인소송(안 제2장)과 채권확정절차(안 제3장)을 마련해 놓고 있다. 공통의무확인소소송은 소비자계약과 관련하여 또는 사업자가 제공하는 재화나 용역 또는 시설로부터 다수의 소비자에게 피해가 발생하거나 다수의 소비자가 사업자로부터 채무이행을 청구받은 경우, 사업자가 다수의 소비자에게 공통적인 금전채무를 부담하거나 다수의 소비자가 사업자에게 공통적인 금전채무를 부담하지 않는다는 확인을 구하는 소송을 의미한다. 이때 공통의무확인소송의 원고적격을 소비자기본법에 따라 공정거래위원회에 등록한 소비자단체 등으로 정해 놓은 것이다. 이학영 의원안에는 소송허가에 관한 규정이 없다. 집단인증은 대표당사자소송에서 법원으로부터 집단인지 여부를 판단받기 위한 것일 뿐 단체소송에 있어서는 원래 국가에 등록된 단체를 대상으로 하기 때문에 애초에 소송허가가 문제될 여지가 없었다. 이 점에서 이학영 의원안은 진일보된 입법으로 평가할 수 있다. 참고로 이학영 의원안에서도 공통의무확인소송에서 피해자의 수, 쟁점의 공통성, 피해자의 권리실현이나 이익보호에 적합하고 효율적 수단인지 여부는 소송에 관한 본

---

723) 여기서 소송허가 제도가 정말 필요한 것인가, 소송허가의 원조가 되는 미국 대표당사자소송에서의 집단인증에 비하여 과도한 것이 아닌가 하는 의문은 별론으로 한다.

724) 오정후, 전게논문, 260면 이하. 소송은 소 제기부터 판결에 이르기까지 일련의 절차이므로 소송 자체가 허가대상이 될 수 없다고 봄이 민사소송법의 일반적인 법리이다. 따라서 소송허가라는 명칭은 옳지 않고 소제기허가 또는 소송수행허가가 타당하다고 한다. 여기서는 소제기허가 또는 소송수행허가라는 제도 역시 우리나라의 법체계에는 맞지 않다고 한다. 나아가 의원안들에서는 소송의 제기라는 명칭을 쓴 경우도 보이는데 소송은 소제기부터 판결에 이르기까지 일련의 절차이므로 소송 자체는 제기할 수 있는 성질이 아님을 주의해야 한다.

725) 백혜련 의원안에는 이 요건이 소송허가요건이 아니라 대표당사자의 선임에 관한 규정에 존재한다.

안 판단의 참조요소가 된다(안 제6조).

(3) 제외신고와 판결의 주관적 범위에 관하여

서영교, 박영선, 박주민, 백혜련 의원안은 모두 제외신고 제도를 기반으로 하여 소송허가결정 이후 제외신고를 하지 않은 구성원에게는 일괄적으로 기판력의 주관적 범위를 확대시키고 있다. 이른바 미국식 opt-out 방식(이하 '제외신고 방식')을 차용하고 있는 것이다.[726] 이 제외신고 방식은 처분권주의가 제대로 발현되어 재판받을 권리를 침해한 것은 아닌지 의문을 가지는 견해가 있어 법리상 검토가 필요하다. 현행 증권관련 집단소송법에서는 제외신고 방식을 본격적으로 채택하고 있으나 증권관련 집단소송법에서는 소비자 소송과는 달리 비교적 총원과 구성원의 특정이 용이하기 때문에 제외신고 방식으로 운영하여도 통지에 큰 문제가 없는 반면 소비자 소송에 있어서는 총원과 구성원의 특정이 매우 어렵다고 한다.[727]

이학영 의원안은 제외신고의 방식을 취할 여지가 없다. 2단계 구제방식 중 1단계인 공통의무확인소송은 원고의 적격을 법정된 단체로 제한하고 있기 때문에 유럽식 단체소송의 성격을 가지고 있다고 할 수 있다. 1단계에서 원고 단체가 승소판결을 받은 경우 피해를 입은 소비자는 채권확정절차에 참여할 수 있다. 피해 소비자는 채권신고의 공고에 대하여 채권의 수권절차를 해야 하므로 이 부분에 있어서 opt-in 방식(이하 참가신고 방식)을 채택하였다고 할 수 있다. 비록 참가신고의 방식을 취하고는 있지만 채권확정절차에서 채권신고의 수권을 한 피해자에게는 기판력을 확대하고 있다. 이학영 의원안에서는 피해자가 채권신고를 한 것을 정지조건으로 하여 기판력이 확장되지만 다른 네 의원안에서는 피해자인 구성원이 제외신고를 한 것을 해제조건으로 하여 기판력이 미치지 않게 된다. 전자는 채권신고를 하여야 기판력이 미치지만 후자는 제외신고를 하여야 기판력이 미치지 않는다는 점에서 비교된다.

(4) 패소(원고 청구기각)에 따른 판결의 효력에 관하여

서영교, 박영선, 박주민, 백혜련 의원안은 승패소와 관계없이 판결의 효력이 미치기 때문에 일반 민사소송법의 법리와 같다. 반면 이학영 의원안은 공통의무확인의 청구를 기각하는 판결이 확정된 경우에는 기판력이 미쳐 다른 단체가 동일한 사안

---

726) 고형석, "집단적 소비자피해의 효율적 구제를 위한 소송제도의 개선방안에 관한 연구", 재산법연구 제32권 제4호, 2016., 143면. 여기서는 제외신고 방식과 참가신고 방식의 채택은 정책적 판단의 문제로 평가한다. 다만 제외신고 방식에는 대표당사자의 정당성 문제, 소송비용의 가중 문제 등이 있어 참가신고 방식이 더 우수하다고 한다. 참가신고 방식의 경우 손해배상의 적정성 문제는 징벌적 손해배상을 통하여 해결할 수 있다고 한다.

727) 포괄적 집단소송법 제정을 위한 공청회 자료집, 국회의원 금태섭·대한변호사협회, 2017. 3., 93면.

에서 별개의 공통의무확인의 소를 제기할 수 없음이 원칙이다(안 제9조). 이 경우 새로운 연구결과나 증거가 나타나거나 원고 단체의 고의로 기각판결을 이끌어 낸 경우에는 그렇지 아니하다. 이학영 의원안의 1단계 공통의무확인의 소는 사실상 단체소송의 성질을 가지기 때문에 현행 소비자기본법 제75조의 내용을 참고한 것이라고 생각한다.

(5) 분배절차에 관하여

서영교, 박영선, 박주민, 백혜련 의원안은 증권관련 집단소송법의 분배절차를 참고하여 그 내용으로 삼고 있다. 흔히 프랑스 또는 일본의 단체소송을 2단계 구제방식으로 평가하고 있으나 현행 증권관련 집단소송법 역시 다른 측면에서 2단계 구제방식을 취하고 있다. 다시 말해 소송허가절차와 그에 이은 소송절차는 손해배상청구에 대한 이행판결을 구하는 절차라는 점에서 1단계 절차이다. 1단계 절차에서 판결이 확정되면 민사집행법의 강제집행절차 대신 분배절차를 진행하게 되는데 이것이 2단계 절차이다.

1단계 절차에서 위의 네 의원안은 소송허가결정과 이행판결을 구하는 반면 이학영 의원안은 확인판결을 받는 점에서 차이가 있다. 2단계 절차에서 위의 네 의원안은 총액이 특정된 상태에서 소송비용, 변호사보수, 분배비용을 공제하고 구성원들에게 분배하는 방식이다. 이학영 의원안은 피해자 집단이 명확한 경우에는 총액을 선고할 수 있는 규정을 두고 있으나 이는 어디까지나 예외적인 조항으로서, 원칙적으로는 채권자 신고가 완료되어야 피해 총액이 특정된다. 채권확정절차에 있어서 변호사 보수 등에 관한 명백한 규정은 없고 공통의무확인소송이 변호사대리 강제주의를 채택하고 있음에 반하여 채권확정절차에 있어 원고 단체를 채권확정절차단체로 보아 이 단체가 절차 진행을 수행하도록 규정하고 있다.

Ⅲ. 제19대 국회에 발의된 "소비자 단체소송" 관련 법안에 대한 분석

제19대 국회(2012-2016)에서는 집단소송에 관하여 많은 법률안이 있었지만 거의 대부분 임기만료로 폐기되었다. 그 중 현행 소비자기본법상의 소비자단체소송을 개정하고자 했던 입법안이 있어 소개하고자 한다. 제20대 국회에서의 개정안은 모두 소비자 대표당사자소송의 성격을 가지는데 비하여 제19대 국회에서의 개정안은 소비자 단체소송에 대한 문제제기도 있었기 때문에 국회 차원에서 단체소송 자체의 문제점이 무엇인지를 살펴보는데 도움이 된다고 생각한다. 아울러 제20대 국회에서도 충분히 다시 발의될 수 있다고 생각한다.

2012. 12. 6. 이상민 의원이 대표발의한 소비자기본법 일부개정법률안(이하 이상민 의원안), 2013. 3. 13. 강석훈 의원이 대표발의한 소비자기본법 일부개정법률안(강석훈 의원안), 2015. 6. 18. 민병두 의원이 대표발의한 소비자기본법 일부개정법률안(이하 민병두 의원안)이 그 대상이다. 민병두 의원안은 단체소송을 제기할 수 있는 원고 단체에 한국소비자원이 없는 점을 지적하였는데 집단소송에 관한 입법 중 드물게 입법화에 성공한 결과, 현행 소비자기본법에 한국소비자원이 원고단체로 규정되어 있다.

먼저 이상민 의원안을 살펴본다. 이 안은 기존의 소비자단체소송에 소비자대표당사자소송을 추가하려 하였다. 제20대의 서영교, 박주민 의원안과 유사한 모습을 가지지만 소비자기본법 내에 대표당사자소송(소송허가, 제외신고 방식 채택)을 두려 고했다는 점에서 차이를 보인다. 적용범위에 대하여는 1) 소비자의 생명·신체 또는 재산에 위해를 끼치는 제조·설계 또는 표시 등의 중대한 결함 2) 계약 불이행 3) 소비자관련 법령의 위반으로 하여 열거식 규정을 취했지만 그 내용을 보면 소비자관련 법령 위반을 포함시킴으로써 실질적으로 포괄적으로 적용되는 것을 염두에 두었음을 알 수 있다.

다음으로 강석훈 의원안을 살펴본다. 현행 소비자기본법은 사업자가 이 법을 위반하여 소비자권익을 침해하고 그 침해가 계속되는 경우로 한정함에 따라 소송의 경과에 따라 침해행위를 갑자기 종료시키면 소제기 대상에서 제외되므로 법적용의 공백이 생긴다. 이에 사업자의 법 제20조가 정한 사항을 위반한 행위로서 소비자의 피해가 명백히 예상되는 경우도 포함시켜 적용의 범위를 확대하고자 하였다. 이를 뒷받침하기 위하여 단체소송을 제기하는 소비자단체에게 소송비용 지원의 근거를 마련하고 단체소송의 판결결과를 일간신문에 공고하도록 함으로써 단체소송의 실효성을 확보하고자 하였다.

제19대 국회에서도 소비자단체소송의 개정 움직임이 있었음을 알 수 있다. 소비자 단체소송 외에 손해배상청구를 할 수 있도록 소비자대표소송이라는 명칭의 대표당사자소송을 도입하려고 하였고, 소비자 단체소송 자체의 요건을 확대하려고 하였다. 아쉽게도 이러한 시도는 모두 임기만료로 폐기되고 말았지만 제20대 국회에서 다른 의원안에 영향을 주고 있다. 부디 제20대 국회에는 보다 실질적인 논의가 이루어져 가시적인 성과가 있기를 소망한다.

제4절 소비자 집단소송의 개선방안

Ⅰ. 소송허가에 관하여

소비자기본법상 소송허가제도는 우리나라 소비자단체의 특징으로 평가되고 있다. 문제는 소송허가 제도가 남소의 방지를 위하여 도입되었는데 오히려 소 제기 자체를 저해하는 요소로 기능하고 있다는 점이다. 제도의 도입 초창기에는 남소의 피해를 대비하는 견해에는 큰 무리가 없었을지 모르나 제도의 시행이 10년이 바라보는 상황에서 이용률이 매우 저조하다는 점을 볼 때 남용의 방지라는 주장은 현실과 동떨어졌다는 비판이 가능하다.

원래 소송허가 제도는 대표당사자소송에 있어서 집단이 인증될 수 있는지를 법원에 판단받기 위한 제도라고 볼 수 있다. 다시 말해 대표당사자소송이란 법원의 판단을 통하여 집단이 정하여 지는 것이기 때문에 우리나라에서는 소송허가의 형식으로 도입된 것이다. 문제는 단체소송은 대표당사자소송과는 달리 단체의 요건이 법정되어 있기 때문에 별도로 집단인증이라는 절차가 필요 없다는 점이다. 단체소송에 소송허가를 추가한 것은 이미 공정거래법 등에서 단체로 등록한 부분 이외에 다시 대표당사자로서의 인증을 추가한 것이므로 중복된 규제에 해당한다고 할 것이다. 선진화된 외국사례를 살펴보더라도 단체소송에서 단체의 등록 외에 별도의 법원의 허가를 받도록 한 사례는 없다.[728)]

나아가 금지·중지청구에 관한 법 제74조에서의 소송허가 요건은 다수 소비자의 권익보호 및 피해예방을 위한 공익적 필요를 들고 있다. 백번을 양보해서 소송허가 요건이 필요하다고 하더라도 법 제74조에서 들고 있는 공익적 필요는 본안판단의 문제이지 소송허가 절차에서 판단해야 할 사항은 아니다.[729)] 소송허가 절차는 본 소송이 대표당사자소송으로의 모습을 갖춘 것인지를 판단하는 과정이지 본안의 당부당을 판단하는 문제가 아니기 때문이다. 공익성을 중요하게 본다고 하더라도 본안에서 소송요건의 문제로 삼을지 또는 본안판단의 문제로 삼을지는 별개의 문제이다.[730)]

728) 김희동, "소비자단체소송에서의 소송허가제도에 관한 고찰", 경제법연구 제7권 제2호, 2008., 103면.

729) 김희동, 앞의 논문, 111면.

730) 김희동, 앞의 논문, 103면. 여기서는 소송허가결정에 즉시항고가 제기된 경우 집행정지의 효력을 인정하는 현행법은 본안심리의 지연이 된다고 한다. 소송허가결정 제도를 폐지할 수 없다면

부차적인 문제이지만 소송허가의 전제로서 관할 조항에 대한 문제점도 지적되고 있다.[731] 사업자의 주된 사무소 또는 영업소가 지방에 있다면 오직 지방에 있는 본원 합의부에만 소를 제기할 수 있어 지나친 관할의 제약이라고 평가할 수 있다. 박주민 의원안 제4조에는 원고·피고의 소재지에 관계없이 지방법원 본원 합의부의 전속관할로 한다고 되어 있어 원고의 관할 선택권을 보장함으로써 관할의 문제점에 대한 해결책을 제시하고 있다.

Ⅱ. 손해배상을 위한 소비자 대표당사자소송의 도입문제

현행 소비자 단체소송의 실효성과 관련 있는 가장 중요한 쟁점은 손해배상청구의 도입여부이다. 실제로 피해자들에게 가장 큰 관심사는 피해를 언제, 얼마나 배상을 받느냐의 문제이기 때문이다. 소비자 집단소송과 관련하여 제20대 국회에 발의된 의원안의 주류는 소비자 단체소송 이외에 소비자 대표당사자소송의 도입을 골자로 한다. 이러한 의원안들에 내재된 근본적인 문제인식은 현행 소비자 단체소송의 중지·금지청구권만으로는 효과적인 구제가 어렵다는데 있다. 실제로 소비자들에게 중요한 것은 실질적인 보상의 문제인데 중지·금지청구권도 결국에는 손해배상청구를 위한 중간적 역할 밖에 하지 못한다는 점은 널리 알려져 있다. 그렇다면 손해배상청구를 기존의 민사소송법에 규정된 제도로 구제를 받는 것은 이미 노출된 난점이 있으니 대표당사자소송의 방식을 도입하는 것은 충분히 설득력이 있다고 생각한다. 소비자 대표당사자소송의 형식을 따른 제20대 국회에 제출된 법안에서는 대표당사자가 먼저 손해배상청구를 하고 분배관리인을 통하여 분배절차를 진행하게 된다.

그렇다면 소비자 단체가 직접 손해배상청구를 할 수 있을까? 여기서는 손해배상의 귀속주체가 누구인지가 문제된다. 손해배상의 귀속주체가 소비자라고 한다면 프랑스법과 일본법과 유사성이 강한 이학영 의원안처럼 소비자단체가 먼저 공통의무확인판결을 받도록 하고 이후에 채권확정절차를 진행한 후 신고소비자들에게 분배하는 방식이 가능할 것이다. 반면 소비자단체가 직접 귀속주체가 될 수 있을까? 이에 대하여는 좀 더 신중한 이론적 검토가 필요하다.[732] 특히 소비자가 아닌 소비자

최소한 즉시항고에 있어서 집행정지결정의 효력은 없도록 개정해야 한다.

731) 김상찬, 앞의 논문, 336면.

732) Mertens, Kollektiverechtlicher Schadernersatzs als Mittel des Verbraucherschutzes, ZHR 139, 1975., S 438., 전병서, “소비자단체소송에 있어서 단체의 제소권 – 그 이론적 근거와 앞으로의 과제 -”, 법조 통권 제639호, 2009. 12., 123면에서 재인용. 여기서는 위법행위에 의하여 소비자

단체가 어떤 손해를 보았는지, 사업자 등이 소비자단체에게 어떤 위법행위를 하였는지 등이 아직 명확히 밝혀지지 않은 것으로 보인다. 단체소송의 이론을 보았을 때 과연 단체에게 손해가 직접 발생하였느냐, 단체가 손해배상을 청구할 자격이 있느냐 등 이론적으로 넘어야 할 부분이 많고 현실적으로 볼 때도 사업자들에게 가혹한 부담을 준다는 반대가 있기 때문이다.[733] 금지청구는 장래의 피해 발생을 방지하는 기능을 가질 뿐이므로 이것만으로는 이미 발생한 손해의 회복을 구할 수 없다. 소비자 개인이 직접 손해배상청구를 하더라도 소비자가 입은 피해가 적기 때문에 현실적으로 행사하는 것을 기대하기 어렵다. 따라서 단체소송이 제대로 기능하도록 소비자에게 귀속되는 손해배상청구권이 인정되어야 한다는 견해가 유력하다.[734]

여기서 소비자 단체에게 손해배상청구권을 인정하는 것과 구별해야 할 개념으로 이익환수청구권이 있다. 이미 살펴본 것처럼 독일에서는 사업자가 얻은 이익을 환수하는 제도가 있다. 그러나 이익환수의 귀속주체는 국가이므로 결국 소비자 단체가 국가의 사무를 대행하는 것에 불과하고 이익환수의 방법으로 이미 과징금 제도가 정비되어 있는 상태에서 굳이 이익환수제도까지 추가하여 도입하여야 하는지는 의문이다. 결국 이익환수 문제는 우리나라의 특수한 제도인 과징금을 통하여 해결하는 것이 타당하다고 생각한다.

손해배상청구를 위한 대표당사자 소송이 도입되었다고 하더라도 적용범위를 특정한 손해배상청구권을 한정할 경우 청구권의 경합이 문제될 수 있다. 우리나라의 판례가 구실체법을 따르고 있는 상황에서 민법상 손해배상청구도 집단소송과 관계없이 가능한 상황이다. 따라서 제외신고 후에 별소로서 민법상 손해배상청구를 한 경우는 중복소송으로 보아 각하하는 것이 타당하다.[735]

Ⅲ. 선정당사자 제도와 2단계 구제수단의 도입문제의 관계

이학영 의원안은 현재 논의되고 있는 2단계 구제수단을 입법화 시켰다고 볼 수

에게 생긴 손해 가운데 소비자단체의 구성원이 받은 손해를 해당 단체 자신의 손해로 취급하여 단체의 손해배상청구권을 인정하는 이론을 전개하고 있다. 그런데 소비자단체의 구성원에 소비자가 거의 없는 점, 손해의 산출이 매우 어렵다는 점을 보면 수긍하기 어려운 견해이다.

733) 정영수, 앞의 논문, 38면.

734) 정영수, 앞의 논문, 39면. 이외에도 전병서, 앞의 논문, 127면 이하에서는 소비자 단체가 대표당사자로서 손해배상을 청구하고 제외신고를 하지 않은 구성원에게 분배하는 방식을 제안하고 있다. 대표당사자의 자격으로 소비자 단체를 지목하고 있을 뿐 소비자 집단소송에서 대표당사자소송을 도입한다는 측면에서 제20대 국회 의원안(서영교, 박주민 등)과 본질적으로 유사하다.

735) 중복소송과 관련하여서는 최광선, 앞의 논문(주 4), 226-227면.

있다. 뿐만 아니라 소비자 학계를 중심으로 2단계 구제수단을 지지하는 견해도 유력하다.[736] 프랑스와 일본에서도 유사한 입법사례가 있기 때문에 비교할 수 있는 모델도 존재한다. 이론적으로 보더라도 증명이 곤란한 사항, 즉 사업자의 손해배상의무를 확정하는 것을 소비자 개인이 아니라 소비자 단체가 나서서 소를 제기한다는 점은 증거의 구조적 편재를 시정하는 대안으로 보이기도 한다.

그런데 2단계 구제수단은 어느 순간 혁명적으로 발견된 제도라고 보기는 어렵다. 제도의 본질을 본다면 선정당사자와 매우 유사하다고 볼 수 있기 때문이다. 공동의 이해관계 있는 여러 사람이 공동소송인이 되어서 소송을 하여야 할 경우에 그 가운데서 모두를 위하여 소송수행 당사자로 선출된 자를 선정당사자라고 하며, 선정당사자를 선출한 자를 선정자라고 한다.[737] 소비자들이 선정자로서 소비자 단체를 선정당사자로 선정하는 모습은 충분히 상정할 수 있다.

그렇다고 2단계 구제수단을 선정당사자 제도로서 완전히 대체한다고 보기는 어렵다. 왜냐하면 선정당사자 제도에는 선정당사자와 선정자 사이에 공동의 이해관계가 있어야 하는데 소비자 단체와 소비자는 공동의 이해관계를 가진다고 볼 수 없는 경우가 많기 때문이다. 가습기 살균제 사건에서도 소비자들은 가습기 살균제로 인하여 신체상의 위해를 직접 당하였던 반면 소비자단체의 경우 소비자와 같은 피해는 발생하지 않았기 때문이다. 또한 기판력의 문제도 같지는 않다. 선정당사자 제도에서는 선정당사자가 받은 판결의 효력이 선정자에게 미친다(법 제218조 제3항). 2단계 구제절차에서는 1단계 공통의무확인소송에 대한 판결의 기판력이 향후 채권신고한 소비자들에게 미치는 것으로 보기 때문에 기판력이 적용되는 국면이 다르다. 선정당사자 제도는 확정되어 있는 선정자들에게만 미치고 선정자가 아닌 제3자는 별개의 소를 통하여 구제를 받아야 한다. 반면 2단계 구제절차에 있어서는 소비자단체가 공통의무확인소송에서 이미 판결을 받아 놓았기 때문에 소비자는 별도의 채권확정절차에 참여하기만 하면 된다. 특히 2단계 구제수단에서 소송허가 제도가 없다는 점은 장점이 될 수 있다. 실제로 소송허가에 3심, 본안에 3심을 포함한다면 하나의 소송에 10년 이상의 기간이 걸리는 것은 어렵지 않으므로 2단계 구제수단에서 두 번째 단계인 신고절차로서의 채권확인절차가 간명하게만 이루어진다면[738] 현행의 대표당사자소송 형식에 비하여 신속한 구제도 가능하다고 생각한다.

---

736) 서희석, “집단적 소비자피해의 구제를 위한 법제정비의 과제 – 가습기살균제사건을 중심으로 –”, 청파법학 통권 제13호, 2016.

737) 홍기문, 「민사소송법」(제7판), 대명출판사, 2016., 705면.

738) 마찬가지로 대표당사자 소송의 분배절차 역시 간명하게 이루어져야 합니다.

기판력 제도가 선정당사자 또는 2단계 구제절차 어느 쪽에 유리하게 적용되는 것은 아니다. 선정자단이 다른 경우 완전히 별개의 소이기 때문에 전소의 선정자단이 패소하였다고 하더라도 후소의 선정자단은 기판력을 받지 않는 반면 2단계 구제절차에서는 특별한 사정이 없는 한 다른 소비자 단체가 후소로서 공통의무확인의 소를 제기할 수 없다. 선행의 소송에서 패소한 경우 소비자의 입장에서는 선정당사자 제도가 불리하지 않다.

이런 점을 본다면 선정당사자 제도에서 선정에 관련한 공동의 이익의 해석을 탄력적으로 하는 방법 또는 단체에 선정당사자의 자격을 인정하는 방법 등 다양한 방법으로 단체에게 선정당사자의 지위를 인정한다면 오히려 간명하게 집단적 분쟁을 해결할 수도 있다.[739] 제도의 도입에는 신중함이 필요하다. 아무리 좋아 보이는 제도라고 하더라도 우리나라에서 자체적으로 발전되어 오지 않았다면 제도의 부작용과 운영 실태를 살펴보아야 할 것인데 아직 프랑스나 일본의 사례가 충분히 축적되기도 전에 곧바로 2단계 구제절차를 수입하는 것은 시기상조가 아닌가 한다. 현행법에서도 선정당사자 제도를 개선하고 민사소송법 제264조의 중간확인의 소를 통하여 2단계 구제절차의 효과를 달성할 수 있다. 아직 제도가 미비하다고 한다면 민사소송법상의 선정당사자 제도에 대한 보완, 중간확인의 소의 활성화를 먼저하는 것이 순리라고 생각한다.

Ⅳ. 이른바 포괄적 집단소송의 도입 문제

제19대와 제20대에 제출된 소비자 집단소송에 관한 의원안을 보면 소비자 단체소송과 소비자 대표당사자소송을 병존시키는 안이 다수로 보인다. 일반 절차법으로서 제안한 박영선, 백혜련 의원안을 보더라도 소비자 단체소송을 그대로 둔 채 집단소송을 도입한 것이기 때문에 여전히 단체소송과 대표당사자소송을 병존시키고 있는 것이다.

우리나라의 입법례가 단체소송과 대표당사자소송을 모두 가지고 있다고 하더라도 적용되는 부분이 특정분야에 국한된 것이어서 실제로 기능을 하는데는 어려움이 있다. 앞서 살펴보았듯이 소송법의 적용을 실체법의 적용에 따라 정해야 하는지에

739) 법률저널, “사법정책연구원, 대륙법의 전통과 한국 민사법의 원리 포럼 개최”, 2018. 1. 27., 호문혁 사법정책연구원장은 최근 논의되고 있는 집단소송제도는 선정당사자 제도로 같은 효과를 낼 수 있다고 하며, 다른 나라에서 성공적으로 운영되고 있더라도 상황과 체계가 다른 한국에서 다른 결과가 도출될 수 있으므로 주의해야 한다는 취지로 강연을 하였다.

대한 의구심이 생긴다. 지금도 행정소송, 가사소송은 별도의 법전이 있어서 일반 민사소송의 법리 이외에 특수한 법리들이 적용되고는 있지만 소비자, 공정거래, 식품 및 약품은 일반 민사소송법에 따라 절차권이 보장된다. 개별 법률에 따라 각각의 소송법이 필요한 것인지는 의문이다. 단체소송과 대표당사자 소송도 소송제도의 일부이기 때문에 소송법의 법리에 따라 구분되어야지 실체법에 관한 정책적 필요에 따라 나누어지는 것이 타당한지에 대한 심각한 고민이 필요하다.

결국 소비자 단체소송이나 소비자 대표당사자소송은 집단소송에 관한 단일법률에 포섭되어야 한다.[740] 다만 2단계 구제절차는 선정당사자 제도의 개선 및 활용 이후에도 부족한 점이 있는 경우 도입해야 한다는 점을 전제로 한다. 단체소송이나 대표당사자소송의 적용 여부는 법원에서 결정되고 의율되는 것이 타당하다. 현행법 뿐 만 아니라 의원안들을 보더라도 단체소송이 금지·중지청구권만을 인정하고 대표당사자소송이 손해배상청구권만을 인정하고 있기 때문에 단체소송과 대표당사자 소송은 적용국면이 달라 병존에 큰 문제가 없다고 생각한다. 다만 단체의 금지·중지청구권이 소비자 분야를 넘어 공정거래, 식품 및 약품, 제조물, 금융투자상품 등 사회 전반에 적용될 수 있고 대표당사자의 손해배상청구권도 사회 전반에 관하여 적용된다는 점에서 차이를 보인다고 생각한다. 이 점은 이미 1996년에 법무부에서 집단소송의 시안을 마련할 때도 검토되어 반영되었다.[741]

그러면 단체소송과 대표당사자소송을 적용 국면의 구별없이 병존하는 것이 가능한가? 외국 입법례를 보면 소송법 일반으로 단체소송과 대표당사자소송을 모두 규율하고 있는 나라는 찾기 어렵다. 독일의 경우 대표당사자 소송은 도입되어 있지 않으며 투자자시범소송의 경우 자본시장에 관하여 특별한 규율로 도입되어 있을 뿐이다. 프랑스와 일본은 미국식 대표당사자소송은 도입하지 않고 있는 반면 미국은 유럽식 단체소송이 도입되어 있지 않다. 외국의 사례를 보면 단체소송과 대표당사자 소송을 모두 전면적으로 인정하는 사례를 찾기 어려운 것은 사실이다. 그런데 독일의 경우에는 소비자단체가 이익환수청구권의 행사를 통하여 사업자의 부당한 이득을 국고에 환수시킬 수 있으며 미국의 경우에는 연방민사소송규칙 제23조를 통하여 유럽식 단체소송으로 구할 수 있는 중지·금지청구를 구할 수 있도록 되어 있다. 프랑스와 일본의 경우는 2단계 구제절차를 통하여 구제받을 수 있는 분야가 특정되어 있으므로 실체법의 영역에 따라 일반 민사소송과의 경합 이 발생할 수 있다. 이를 본다면 선진국에서도 중지·금지청구권과 금전적 배상의 문제는 모두 고려되고 있

740) 전병서, 앞의 논문, 130-131면.

741) 최광선, 앞의 박사학위논문, 31면 이하.

다고 할 수 있다. 다만 미국의 경우에는 실체법과 절차법이 완전히 분리되어 실체법 규정을 통한 집단적 권리구제에 있어서는 법원의 집단인증을 받도록 하는 연방민사소송규칙 제23조에 의하여 절차법이 규율된다는 점이 다르다.

이를 보면 1996년 법무부 시안은 시사하는 바가 크다고 생각한다. 법에 정하여 등록한 단체는 손해를 예방하거나 권리보호를 위하여 금지청구권을 행사할 수 있도록 하고 직접 피해를 입은 자들은 대표당사자 뿐만 아니라 대표단체의 소제기로서 손해배상을 받을 수 있도록 하여 대표당사자소송과 단체소송의 실질화를 도모했던 것이다.[742] 다른 나라에서 찾아보기 힘든 단체소송과 대표당사자소송을 결합시킨 법안으로서 민사와 행정분야까지 포함시킨 매우 진취적인 제도였다.[743] 향후 제도의 개선을 논할 때 반드시 참조하게 되길 바란다.

대표당사자소송과 관련하여 제기되는 또 다른 우려는 제외신고 방식의 타당성 여부이다. 사실 증권관련 집단소송은 피해자가 많다고 하더라도 증권의 특성으로 인하여 피해자가 특정이 가능함에 비하여 소비자 영역에서는 그 피해자 수도 광범위하고 특정할 수 있는 방법도 마땅치 않기 때문에 제외신고 방식은 절차의 지연만 불러일으킬 수 있다는 비판도 있을 수 있다. 하지만 이는 타당하지 않다. 왜냐하면 아무리 제외신고 방식을 취하였다고 하더라도 피해자가 분배절차에 참여하지 않은 채 분배절차가 종료된 경우에는 피해자는 배상을 받지 못하고 현행법도 분배절차에 있어서는 신고를 하여야만 분배를 받을 수 있도록 설계되어있다. 오히려 이러한 경우는 실제 피해가 발생하지 않았거나 발생하더라도 매우 경미하여 피해조차 인식하지 못하는 경우가 아닌가 한다. 따라서 소비자 영역에서는 분배절차가 다른 소송에 비하여 까다롭다고 할 수 있을지는 몰라도 제외신고 방식이라는 제도에 특별한 하자가 있다고 말하기는 어렵다.

제외신고 방식이 처분권주의에 어긋나며 헌법상 재판받을 권리를 침해하는 것이 아닌가라는 의문을 제기할 수도 있다. 처분권주의의 본질이 소송의 개시, 유지, 종결을 당사자에게 맡긴다는 것임을 고려한다면 개시·유지·종결을 모두 세부적으로 엄격하게 나누어 당사자가 선택할 것인지 아니며 개시·유지·종결의 구분을 허물어 기판력을 받을지 아닐지를 선택할 것인지는 입법정책의 문제에 맡겨져 있다고 생각한다. 우리나라에서 재판받을 권리를 해석할 때 처분권주의의 해석을 엄격하게 적용하여 처분권주의의 원래의 모습을 그대로 지키지 못하면 위헌이라고 해석할 수

742) 최광선, 앞의 박사학위논문, 32-33면.

743) 자세한 내용은 함영주, “집단소송에 관한 연구 - 우리나라의 집단소송법 시안에 대한 검토를 겸하여”, (고려대학교 박사학위논문, 1997).

있는 근거를 찾기는 어렵다고 생각한다.

마지막으로 제도의 과잉문제를 검토한다. 입법과잉이란 입법과정에서 걸러지거나 다른 대안 등을 통해서 입법될 필요성이 없는 입법이 입법화된 것을 의미한다.[744] 우리나라의 법률과 입법안이 급증하고 있는바 이러한 입법 증거가 우리나라의 사회에 필요한 규범 수요에 비해 과잉되어 있는 입법과잉이 문제가 된다고 한다.[745] 그 결과 국민의 자유를 제한하고 국민의 자율적 사회문제 해결능력을 제한하며 사회적 비용을 증가시키고 입법의 실효성을 약화시킨다고 한다. 그런데 대부분의 입법과잉 문제는 사실상 규제의 강화, 복지에 관한 프로그램적 규정의 증가로 이어지기 때문에 입법의 신뢰성이 떨어진다는 의미이다. 소송제도의 도입에 있어 입법과잉의 부작용은 입법의 실효성을 약화시킨다는 점에서 문제가 될 수 있으나 이는 지킬 수 있는 법률을 만들면 해결될 수 있는 문제이다. 다시 집단소송으로 돌아와 보면 입법의 실효성을 위하여 단체소송과 대표당사자소송에 있어서 사실상 실효성을 반감시키는 규정들, 예를 들면 단체소송의 소송허가 문제, 대표당사자 소송에서 소송대리인의 제한 문제[746], 소송허가사유를 지나치게 엄격하게 하는 문제 등 소송제도 자체의 이용을 꺼리도록 하는 규정들을 정비하면 되는 일이지 단체소송과 대표당사자소송의 병존은 문제가 된다고 보기 어렵다. 오히려 단체소송과 대표당사자 소송은 서로의 적용국면이 달라 상호 보완할 수 있는 문제로 보인다.

이학영 의원안은 향후 단체소송과 대표당사자소송의 경합의 문제에 관하여 보다 고민할 필요가 있다. 법무부시안의 경우에는 하나의 법률에서 단체소송과 대표당사자소송이 처리될 수 있도록 하여 병합 등으로 경합의 문제를 통일적으로 간이하게 처리할 수 있다. 또한 반면 이학영 의원안의 경우 소비자 피해에 대하여 2단계 구제체계를 취하고 있음에도 경우에 따라 금융투자상품에 대한 소비자 피해로서 증권관련집단소송과의 경합이 발생할 경우 어떻게 풀어갈 것인지에 대한 문제가 발생할 수 있다. 예를 들어 투자자가 금융회사로부터 ELS 상품을 구입한 경우 자본시장법의 문제도 될 수 있지만 금융소비자의 문제도 될 수 있다는 점이다. 증권관련 집단소송에서는 소송허가를 받아야 하고 이학영 의원안에서는 소송허가 제도가 아예 없으니 증권관련 집단소송에서 소송허가절차가 끝나야 병합을 시킬 수 있는가 등의

744) 김진태, “입법의 질적 제고를 위한 입법과정 개선방안 연구 ; 입법과잉과 위헌법률 증가 문제를 중심으로”, 성균관대학교 석사학위논문, 2014., 36-37면.

745) 김진태, 앞의 논문, 37면.

746) 예를 들어, 증권관련 집단소송법 제11조 제3항처럼 최근 3년간 3건 이상의 증권관련 집단소송을 대리하였던 자로 하여금 다시 증권관련 집단소송을 대리할 수 없게 하는 조항을 들 수 있다.

문제가 남을 수 있다. 나아가 증권관련 집단소송의 경우 제외신고 방식으로 인하여 구성원 모두에게 기판력이 미치는 반면 이학영 의원안의 경우는 참가신고를 전제로 하고 있어 기판력을 어떻게 통일적으로 적용시킬 것인지도 문제될 수 있다. 결국은 병합에 관하여 조정을 어떻게 할 것인가 고민해야 한다. 사견으로는 지금부터라도 집단소송으로서의 일반법(단행 법률)의 도입으로 문제를 해결해야 한다고 생각한다.

V. 소송절차와 관련된 중요 문제

1. 문서제출명령

소송에서 승소하기 위하여 가장 중요한 것은 증거의 수집이다. 현행법상 타인이 가지고 있는 문서자료를 받을 수 있는 강제적인 수단은 문서제출명령이 유일하다. 소비자 단체소송에는 별도의 문서제출명령이 없어 민사소송법상의 문서제출명령을 이용할 수밖에 없는데 현행 문서제출명령은 지나치게 제출거부의 사유가 넓고 제출거부시의 패널티가 그다지 크지 않기 때문에 실효성이 있는지 의문이다.[747] 소비자소송의 경우 대표적으로 증거의 구조적 편재가 문제되고 있으므로 제도의 개선이 필요하다. 현행 증권관련 집단소송법 제32조에는 문서제출명령의 특칙이 마련되어 있으나 민사소송법의 내용과 거의 같기 때문에 실효성이 있을지 의문이다. 이학영 의원안 제7조에 보면 정보제출의무를 규정하고 있는 바, 민사소송법처럼 거부사유를 여럿 규정하지 않고 법원이 "정당한 이유"에 대한 판단만으로 제출을 명할 수 있어 실효성을 제고할 수 있을 것으로 생각된다.[748] 향후 문서제출명령에 관한 입법에도 참고할 수 있다고 생각한다.

2. 변호사 강제주의

증권관련 집단소송의 경우에는 원고와 피고 모두 변호사 강제주의의 적용을 받게 된다. 단체소송은 원고에 대하여만 변호사 강제주의의 적용을 받게 하고 있는 바, 특별한 법리적인 이유를 찾아 볼 수 없어 문제이다. 변호사 강제주의의 선택여부는

747) 최광선, "현행 문서제출명령 제도의 문제점과 개선방안", 법과 기업연구 제7권 제2호, 2017. 8., 179면 이하.

748) 피고가 제출하지 않거나 방해, 멸실, 훼손, 은닉 등의 방법으로 사용할 수 없게 한 때에는 법원은 공통의무의 존부에 관한 원고단체의 주장을 진실한 것으로 인정할 수 있다(안 제7조 제4항). 주장을 진실한 것으로 인정할 수 있다는 부분은 현재의 판례처럼 법관의 자유심증에 맡겨지게 될 것으로 보인다.

정책적 판단이라고도 할 수 있으나 단체소송의 성질상 내용이 복잡하고 어려운 경우가 많으므로 전면적으로 변호사 강제주의를 채택할 필요가 있다고 생각한다.

3. 소의 취하, 청구의 포기, 소송상 화해

법 제76조 제1항에 따라 특별한 규정이 없으면 단체소송에 민사소송법이 적용된다. 증권관련 집단소송에서는 소의 취하, 청구의 포기, 소송상 화해가 있는 경우 법원의 허가를 받도록 하여 처분권주의에 제한을 가하고 있음에도 소비자 단체소송에서는 자유롭게 소의 취하, 청구의 포기, 소송상 화해가 이루어지고 있다. 소비자 단체소송에서의 중지금지 청구권은 제3자에게 미치는 파급력이 큰 경우도 있으므로 처분권주의에 제한을 줄 필요성이 충분히 존재한다. 소의 취하, 청구의 포기, 소송상 화해에 있어서 법원의 동의를 받게 할 필요가 있다.

4. 보전처분

법 제76조 제2항에 따르면 단체소송에서는 법원의 소송허가 결정이 내려진 다음에 민사집행법상의 보전처분을 할 수 있도록 되어 있다. 보전처분의 내용은 피고에게 소비자권익침해행위의 잠정적 금지·중지를 구하는 임시의 지위를 정하는 거처분의 형태가 될 수밖에 없다.[749] 소비자권익침해행위에 대한 발생, 계속이나 발생의 위험을 전제로 하는 단체소송에서 보전처분은 신속성과 밀행성이 가장 중요할 터인데 법은 소송허가 결정이 내려진 이후에서야 보전처분이 허용된다는 규정을 하고 있는 것이다. 매우 모순적인 조항으로서 급박한 위험의 발생이 예상된다면 오히려 개인이 소비자권익침해행위에 대하여 잠정적 금지·중지를 구할 수밖에 없는 결과를 초래할 수 있다. 보전처분의 가능 시점을 확대할 필요성이 있으므로 시급히 개정이 필요한 사항이다. 참고로 이학영 의원안에는 공통의무확인소송 또는 채권확정절차와 관련하여 채권의 실현을 보전하기 위하여 민사집행법에 따라 가압류 명령을 신청할 수 있도록 되어 있다.

749) 법원행정처, 소비자단체소송해설, 2007., 43면.

제5절 시사점

2017. 2. 20. 사법정책연구원에서 EU 집단소송법 세미나를 개최하였다. 유럽의 집단적 분쟁해결에 관한 경향과 그에 대한 입법의 동향을 설명하는 자리였다. 2013년 월 11일의 유럽위원회의 2013/396 권고안에 따르면 집합적 분쟁해결은 집합적 금지청구(injunctive collective redress)와 집합적 배상청구(compensory collective redress)로 나누어지는데 소비자, 환경, 개인정보, 금융투자자 보호 등에서 시민들에게 이러한 권리를 인정하도록 권고한다.[750] 세미나에서 Christopher Hodges 교수와 Stefaan Voet 교수는 미국식 대표당사자소송 제도는 금전적 징벌의 효과는 있었을지 모르나 불법의 행위를 교정하는데 도움이 되지 않는다는 견해를 피력하였다. 결국 제도의 목적은 불법의 행위를 시정하여 소비자에게 피해가 돌아가지 않도록 하는 것인데 미국식 대표당사자소송 제도는 변호사에게 막대한 이득을 줄 뿐 배상이 끝나면 기업들은 여전히 경제적 동기에 따라 위법의 유혹에 빠지게 된다고 지적하였다. 그러면서 궁극적으로 위법의 유인을 제거하려면 감독기관의 규제, 소비자 옴부즈만 등의 제도를 통하여 상시적인 감시체계를 구축해야 한다고 주장하였다.

이러한 주장은 기업의 영업활동에 대한 과도한 자유의 제한이라는 반론이 예상되어 우리나라의 현실에 곧바로 적용되기는 쉽지 않아 보인다. 그러나 소송이라는 제도가 불법을 억제하는 한 요소임을 감안하면 민간, 특히 소비자 분야에서 기업을 견제할 수 있는 효과적인 수단이 필요함은 분명해 보인다. 현재의 소비자 단체소송으로는 소 제기자체도 힘들고 기업이 불법과 탈법에 빠질 수 있는 경제적 동기 자체도 제어하지 못한다고 보이기 때문에 소송제도의 개선은 필요하다고 생각한다. 지금의 집단소송법 체계는 오히려 단체소송이나 대표당사자소송을 제기하지 못하게 하는 요소가 많아 그 개선이 필요한 시점이다. 특히 손해배상청구를 행사할 수 있는 범위를 확대하는 문제는 시급해 보인다. 제도의 통일성과 체계정합성을 제고하기 위해서는 실체법과 절차법을 별도로 규율하는 방식을 심각하게 고민할 필요가 있다. 절차법에서는 순수하게 단체소송과 대표당사자소송의 적용에 대하여 규율하고 실체법에서는 손해배상청구권을 비롯한 각종의 권리와 의무를 규정해 놓을 필요가 있다고 생각한다.

---

750) Christopher Hodges·Stefaan Voet, “European Collective Redress”, 유럽 집단소송법 세미나(세미나 자료), 사법정책연구원 2017. 2. 20., 8면.

제8장

결 론

제1절 논의한 내용의 정리

앞서 논의했던 내용을 간단히 정리한 후 입법론에 관한 제언으로 논의를 마무리하고자 한다. 제2장 우리나라의 집단 소송의 연혁과 현황에서는 그동안 집단소송에 관한 입법의 역사와 현행 소송제도의 한계점을 살펴보았다. 특히 법무부 집단소송 시안을 살펴봄으로써 입법자가 원래 의도하였던 바를 살펴보았는데 시안은 균형성을 갖춘 법안이면서도 집단적 분쟁해결의 기반을 마련하였기 때문에 지금도 우리에게 시사해 주는 바가 크다. 집단소송의 본질론이 과연 공익소송인가에 대한 고민도 해보았다. 현재 증권관련 집단소송은 대체로 사익의 집합, 다중 사익을 보호하는 제도로 보인다. 따라서 집단소송이 본래 추구해야 할 공익에 더 봉사하기 위해서는 제도의 큰 틀에서 더 많은 고민을 해보아야 하고 특히 단체소송과의 역할분담은 필수적으로 보인다. 결국 단체소송은 공익에 주로 사용되고 대표당사자소송은 다중의 사익이나 단체들이 돌보지 못하는 영역에 사용될 수 있도록 하여 소액·다수의 피해자가 적어도 권리구제수단이 없어서 권익을 포기하는 일은 없도록 해야 한다.

제3장 미국의 대표당사자소송과 증권소송 부분에서는 미국의 제도에 대한 개관을 하였다. 현재의 증권관련 집단소송법이 사실상 미국의 대표당사자소송을 모델로 하였다는 점을 볼 때 검토의 필요성이 있었다. 특히 미국은 연방민사소송규칙 제23조와 1933년 증권법, 1934년 증권거래법이 별개로 발달을 하였다. 다시 말해 연방민사소송규칙은 절차법으로서 증권법제는 실체법으로서 각각 발달을 하면서 집단적 권리구제에서 자연스럽게 결합하게 된 것이다. 그러나 남소가 문제가 되자 1995년 사적증권소송개혁법 등 다수의 개선입법이 있었다. 우리나라는 아예 처음부터 증권 분야에 한정해서만 집단소송이 들어오게 된 것이므로 미국의 증권법제도 살펴볼 필

요가 있었다.

미국연방민사소송규칙의 유형에 관하여 본다면 3가지 유형으로 구분되어 있다. 미국의 대표당사자소송의 기원을 보더라도 한 가지 유형으로 시작한 것이 아니라 여러 가지 다양한 분쟁해결 방법을 모색하던 중 유형화된 것으로 볼 수 있다. 이 점은 우리에게도 시사하는 바가 크다. 현재의 법체계는 '증권관련 집단소송=손해배상'이라는 등식으로 포장되어 있는데 원래 대표당사자소송의 본질은 손해배상이 아니라 집단적 분쟁의 해결인 것이다. 집단적 분쟁의 해결방식에 있어서 손해배상이 중요한 역할을 할 것임에 분명하나 그 외의 유형인 개선권고, 금지명령, 위법확인 등 다양한 구제형식이 우리나라에도 도입되어야 할 것이다. 그렇다면 필연적으로 우리나라의 집단소송은 특정 영역에서만 머무르면 안 되며 좀 더 공익적인 분야도 아우를 수 있도록 하여야 한다. 또한 미국과는 달리 우리나라에는 단체소송이 있는 만큼 그와 연계하여 권리구제수단을 논해야 한다는 점을 재차 강조한다.

미국의 복수관할소송도 살펴보았다. 이 제도는 집단인증을 받지 못한 집단적 분쟁을 어떻게 처리할 것이냐에 대하여 상당한 시사점을 던져준다. 우리나라의 경우에도 소송허가를 받기 위한 요건이 상당히 까다로운 데 이를 갖추지 못한 경우 그냥 통상공동소송으로 진행하게 된다. 물론 우리나라의 경우에는 차라리 통상공동소송이 유리하다고 보는 실무가들의 견해도 있지만 향후 집단소송을 보완을 보완하는 방법으로 복수관할 소송이 그 대안이 될 수 있다. 적어도 소송허가를 받지 못한 경우에 법원은 변론을 집중하여 분쟁을 효율적으로 처리하고 일관된 처리를 하는 것이 바람직하다고 보인다. 복수관할 소송은 집단소송(대표당사자소송과 단체소송을 포함한 개념)에는 미치지 못하지만 소액다수의 피해자가 발생한 경우 전통적인 민사소송법에 따른 구제절차의 대안이 될 수 있다.

제4장 미국 이외의 다른 나라의 증권관련 집단소송 관련 법제 부분에서는 다양한 나라의 제도를 살펴보았다. 본서에서는 독일의 자본투자자 표본소송절차를 살펴보았고 일본, 프랑스, 브라질의 2단계 구제절차를 살펴보았다. 전통적으로 독일과 프랑스는 단체소송이 발달된 국가였다. 공익이나 다수의 사익에 관하여 단체를 통하여 권리를 구제받는 유형의 소송이 발달된 경우가 많았으나 현재는 단체소송의 한계를 체감하고 다른 방식을 모색 중이다. 독일의 경우는 단체소송에 있어서도 이익환수청구권의 강화나 손해배상청구의 도입을 논의하고 있다. 그러나 주식시장에서는 표본소송(Musterverfahren)을 도입하여 분쟁을 해결하고 있다. 미국식의 대표당사자 소송은 아니지만 시범소송을 통하여 공통된 법률적·사실적 쟁점을 해결하여

다수의 권리구제의 효율성을 도모한 것으로 독일 민사소송법의 고유한 체계를 침범하지 않으면서 당면한 문제를 해결하려는 시도로 평가받는다.

프랑스의 경우에는 소비자 소송에서 결국 대표당사자소송의 요소를 받아 들였다. 그러나 이 역시 미국식 제도를 그대로 가져온 것이 아니라 프랑스식으로 수정한 것이다. 1단계로 종래의 소비자단체가 소를 제기하여 책임에 관한 확인 판결을 받게 된다. 2단계로 판결을 받은 이후 소비자들 개인이 참가하여 경제적 손해에 대하여 개별 배상을 받게 되며 나머지 정신적, 신체적 손해는 별도의 소송을 통해 배상을 받게 된다. 이는 소비자 소송에서 소비자 가입신청 방식으로 2단계 권리구제 수단을 도입한 것으로 미국식 class action에 부정적이던 프랑스조차 종전의 단체소송과는 다른 구제방법을 도입한 것으로 평가받는다.

일본만큼 최근에 집단소송에 대하여 많이 연구한 나라는 드물 정도로 많은 연구결과가 쌓여 있었다. 우선적으로 선정당사자 제도를 개선하려는 시도를 하였고 그 이후 소비자 단체소송을 먼저 도입하고 최근에 소비자 집합소송을 통하여 class action의 형태를 갖추게 되었다. 책임확정과 손해확정이라는 2단계 체계는 우리도 참고할 여지가 매우 크다. 결국 피해자들이 원하는 것은 구제의 신속함과 확실함인데 현행 증권관련 집단소송의 소송체계는 통상 공동소송에 비하여 오히려 시간이 더 걸린다. 아울러 소멸시효의 문제도 1단계 소송이 확정된 때를 손해가 있음을 안 날로 보게 되면 오히려 같은 현재의 단기소멸시효라도 권리구제에 있어 큰 문제가 없으리라고 본다. 다만 일본의 경우에는 워낙 기업측의 영향력이 커서 가능하면 집단소송이 제 기능을 하지 못하도록 하는 시도가 있어 보인다.

브라질은 일응 생소해 보일 수 있는 국가이지만 일본의 2단계 권리구제형 입안에 직접적인 영향을 미친 나라이므로 중요성이 크다. 단순히 손해배상에만 그치지 않고 공익에 충실하게 확산된 이익, 집합적 이익, 동질적 개별적 이익에 이르기까지 구제의 대상으로 삼았다는 점이 인상적이다.

제5장 한국의 증권관련 집단소송의 현재 모습에서는 증권관련 집단소송의 이용현황과 다른 분야의 관계에 대하여 논하였다. 순수하게 절차법이 아니라 실체법이 연결되어 있기 때문에 다른 관련분야를 살펴보는 것은 의미가 있다고 생각된다. 먼저 증권관련 집단소송이 재판청구권에 위반되는지부터 검토하였고, 재판청구권의 범위에 충분히 포함되는 입법재량에 속한다는 점을 검토하였다. 비슷한 제도인 단체소송에 대한 검토를 통하여 구제대상과 방법을 살펴보았다. 결국 증권관련 집단소송 중 투자자들은 사실상 소비자에 해당하므로 소비자 구제 법리에 따라 절차법

을 운영할 필요가 있다는 점을 지적하였다. 따라서 증권피해인 경우 향후에는 단체소송과 대표당사자소송이 경합할 필요가 있으며 각각 제도의 역할을 할 수 있을 것으로 생각한다. 이는 비단 소비자 피해에만 국한되지 않고 사회 전 영역으로 확산되어야 할 것이다.

이후 관련된 자본시장법에 따른 손해배상청구 부분을 살펴보았다. 실상 증권관련 집단소송법을 이루는 실체법적 요소인데 절차법만을 분석해서는 이 법에 대한 완전한 이해가 어렵다고 보았기 때문이다. 특히 회계감리제도는 증권관련 집단소송과 상당히 밀접한 관계를 가지게 된다. 조금 투박하게 표현하면 증권관련 집단소송법 제3조 제1항 각호의 내용은 공시와 회계문제라고 볼 수 있다. 사실 증권관련 집단소송은 회계문제로 인하여 발생한다고 보면 된다. 공시 내용조차도 대부분 회계정보로부터 기인하기 때문이다. 분식회계인지 또는 부실감사인지는 심지어 수사기관 조차도 잘 알기 어려우므로 금융감독원이나 한국공인회계사회의 회계감리 역할이 중요하다. 이 회계감리의 결과가 형사는 물론 민사에서도 사용되기 때문이다. 회계감리제도를 정비함과 동시에 법적으로 분식회계와 부실감사의 개념을 정비하고 향후에는 분식회계와 부실감사를 조치하는 양형기준인 감리결과조치양정기준까지도 개선할 필요가 있다고 본다. 종래에는 기업측의 반대논리만을 들어 보았는데 본서에서는 회계학계의 연구결과도 간단히 소개하였다. 증권관련 집단소송이 제기된 수는 많지 않지만 그만큼 감사보수나 감사절차에 영향을 미쳤다는 점을 연구하였던 것이다. 그 외에 징벌적 손해배상과의 관계도 검토하였다. 사실 현행 민사법 체계에 부합하는 제도인지에 대하여 논란은 있지만 적어도 공정거래법에서 논의되는 3배수 정도의 제도는 필요하다고 보인다. 마지막으로 증권관련 집단소송에 대한 입법평가를 한 후 과연 증권관련 집단소송이 활발하게 이용되지 못하는 이유가 무엇인지도 검토하였다.

제19대 국회를 중심으로 증권관련 집단소송의 개정안에 대하여 살펴보았다. 이를 통하여 현재 증권관련 집단소송에 대하여 어떤 수요가 있는지 살펴보는 계기가 되었다. 지금까지의 입법적 태도를 보면 대부분 증권관련 집단소송이 활성화되지 못하였기 때문에 제도가 제대로 기능하지 못하고 있다고 진단한다. 반면 집단소송에 관한 기대는 상당히 큰 바 공정거래법 등 다른 분야에 까지도 확대하려는 움직임이 있다는 것을 살펴보았다. 집단소송 반대론자들을 포함하더라도 집단소송 자체는 사회에 상당한 파급효과를 가져온다고 생각하고 있는 만큼 집단소송에 대하여 우리 사회가 기대가 큰 것도 사실이다. 기존의 제도는 지나치게 남소를 방지하는데 치중한 나머지 활성화를 위한 제도적 보완에는 미흡했다는 것이 지배적인 견해로 보인다. 아울러 과연 물론 이를 위해서는 큰 틀에서 입법형식을 어떻게 갖출 것인지가 중요하다. 법적 근거를 민사소송법 내부에 두는 방법, 개별 법률에서 특정영역을 규율하도록 하는 방법, 민사소송법의 특별법으로 단일한 절차법을 만드는 방법이 있겠다. 개별 법률에서 특정영역을 규율하도록 하는 방법은 주무부처가 명확하고 입법추진이 쉽다는 장점이 있으나 개별법이 산재하게 되어 통일된 법리를 세우기 어렵고 개별법률 사이의 틈새 부분이 발생할 가능성이 높다는 단점이 있다. 더구나 법을 만드는 주무부처가 이해관계자인 경우가 많아 오로지 정책적 입장만 대변해주는 결과가 될 수 있다. 민사소송법에 근거를 만드는 방법은 통일된 법리를 통하여 일관된 적용을 할 수 있다는 장점이 있으나 단체소송과 대표당사자소송이 현대형소송을 해결하기 위한 특별한 내용들이기 때문에 법의 일관성을 추구하기 어렵고 법안이 상당히 구체적이어야 할 수 있는 만큼 민사소송법의 다른 부분과 균형성이 문제될 수 있다. 법리상은 문제가 없지만 효율적인 규율과 체계정합성에 어려움을 겪을 수 있다는 취지이다. 반면 민사소송법의 특별법으로 제정하게 되면 충분한 법조문을 통하여 자세한 근거를 만들 수 있고 통일된 법리를 통하여 일관된 법적용이 가능하다.

제6장 증권관련 집단소송법의 내용과 활성화 방안 부분에서는 현행 법조문의 개략적인 해석과 활성화를 위한 대안을 모색하였다. 조문의 체계에 맞게 총칙, 소의 제기 및 허가절차, 소송절차, 분배절차로 나누어 설명하였다. 많은 학자들과 실무가들이 개선해야 하는 조문을 몇 가지로 특정되고 있다는 것을 알 수 있었다. 다만 활성화를 위한 방향은 어느 정도 일치하지만 활성화를 위한 변화의 폭이 어느 정도 되는지는 의견이 일치하지 않는 것 같다. 제6장에서는 "증권관련 집단소송법"이라는 성문법에 국한하여 일단 활성화 방안을 정리해 보았다. 주된 내용은 적용 대상이 되는 청구권이 지나치게 협소하다는 점 등 증권관련 집단소송법의 적용범위가 지나치게 제약이 되어 있다는 점이다. 또한 증거수집방법이 너무 경직되어 있어 최근 미국식 증거개시절차 제도가 논의되고 있다. 미국식 제도를 그대로 수입하기에 어려움이 있지만 증거수집의 활성화라는 취지를 달성하기 위해서는 문서제출명령에서 조금 더 나아간 기록제출명령 형태의 제도를 도입할 필요가 있다는 점도 살펴보았다. 그 외에 소를 제기하여 위한 주식보유 요건, 분배절차와 관련된 제도의 정비, 변호사 보수 및 소송비용(감정비용) 문제 등도 검토해 보았다. 이 장의 내용을 핵심적으로 요약하자면 증권관련 집단소송제도를 이용할 수 있는 인센티브를 제도적으로 마련해야 한다는 점이었다. 집단적 분쟁을 효율적으로 이용하고자 만든 제도가 오

히려 기존의 제도보다 시간과 비용이 많이 든다면 제도를 제대로 만들었다고 할 수 없기 때문이다.

그러나 제도를 활성화하기 위하여 미시적으로 단일 법전의 조항만을 바꾸어서 근본적인 원인 해결될지는 미지수이다. 보다 근본적인 해결책을 위해서는 집단적 분쟁을 해결하는 시스템 자체를 검토해 봐야 된다고 생각한다. 우선 증권관련 집단소송을 일반법으로 흡수시키는 방안을 생각해 보아야 한다. 증권분야는 사실 자본주의의 고안물로서 사익의 집합체이다. 일단 증권시장에 발을 들였다면 적어도 자기책임의 원칙에 따라 투자 책임을 부담하는 것이 타당하다. 다만 증권사기의 경우에 감독당국이 앞장서서 시정하고 시장기능이 정상화 되도록 감시·감독을 게을리 해서는 안 된다. 사실 이 분야에서 보호의 가치가 큰 자들은 영세상인이나 일반 개미투자자들로서 정보의 비대칭이 극심한 경우를 들 수 있다. 저축은행 사건이나 ELS 사건처럼 금융상품에 대한 이해가 높지 않은 영세투자자들의 경우에는 별도로 금융소비자 피해구제를 마련하여 도움을 주는 것이 더 효과적이라고 생각한다.

앞에서 미국을 비롯한 다수 외국의 사례를 본 것도 집단적 분쟁해결을 위하여 어떻게 고민했는지 그 흔적을 찾기 위함이었던 것이다. 우리나라에서도 이미 법무부 시안에 대표당사자소송과 단체소송의 병존에 대하여 언급한 바 있고 이미 프랑스, 일본, 브라질 등 각 국가에서 단체소송과 대표당사자소송을 자기 나라의 특성에 맞게 혼용하고 있다는 점을 보았다. 결국 우리나라도 단체소송과 대표당사자소송을 어떻게 조화시켜야 할지 고민할 시점에 이르렀다고 보인다.

미국에서는 대표당사자소송 외에도 복수관할소송(MDL)이라는 절차를 두고 있으며 다른 다수당사자소송과 혼용도 인정하고 있다. 이런 점들을 보면 우리나라도 경직된 다수당사자의 틀을 깨고 제도를 운용할 필요가 있다. 집단인증이 매우 까다롭기 때문에 소액·다수의 피해가 있는 상황에서 대표당사자소송이 되지 않는다면 그 다음 방책으로 복수관할소송을 인정하고 다수의 피고가 얽혀 있으면 impleader, cross-claim 등을 인정할 필요가 있다는 것이다. 물론 미시적으로 증권관련 집단소송법을 개정하는 것도 매우 중요한 일이지만 거시적으로 집단적 분쟁해결 제도 전반을 아우르는 법체계를 정비하는 것이 중요해 보인다.

제2절 새로운 체계의 제안

앞에서 검토한 점들을 종합해 볼 때 증권관련 집단소송을 활성화시키기에는 제도적, 정서적, 문화적 장애물이 너무 많다. 제도적 문제점을 지적해서 고치는 것은 그나마 이론적인 부분이라 연구를 통하여 대안을 제시할 수 있지만 정서적, 문화적 장애물은 이 제도를 반대하는 사람들의 편견과 싸워야 하기 때문에 쉽게 해결될 수 있는 문제가 아니다. 합리적인 대안이라고 하더라도 반대론자들이 지나치게 보수적으로 해석하거나 아예 집단소송이란 제도를 없애야겠다는 마음을 가지고 있다면 대화조차 되지 않기 때문이다. 특히 우리나라의 국회가 대화와 토론의 장이라기보다는 로비와 압력의 장이기 때문에 반대론자들이 법제사법위원회를 비롯하여 소관 상임위원회에서 반대 의견을 주입하면 심지어 소위원회에 회부된 채 토의도 못하고 임기만료로 넘어가는 경우가 비일비재하였다. 따라서 어느 한 쪽이든 일방적인 주장으로는 입법화가 사실상 어려우므로 어느 정도 타협이 될 수 있는 해결점이 나와야 한다는 것이 과제이다.

앞에서 살펴보았듯이 단체소송과 대표당사자소송은 각각의 역할과 기능이 있기 때문에 하나의 법전에서 병존시키는 것이 옳다고 하였다는 점을 전제로 대안을 제시한다. 그 다음 현재의 단체소송은 금지청구만 있기 때문에 제도적 한계가 있다는 점을 지적하였다. 이때 프랑스, 일본이나 브라질 형태의 2단계 권리구제 방식이 중요한 참고자료가 된다. 다시 말해 단체는 1단계의 손해배상의무 확인의 소를 제기하도록 하는 것이다. 법에 정한 단체이기 때문에 감정이나 소송비용의 문제는 일반 개인에 비하여는 비교적 수월하게 해결할 수 있고 보다 객관적으로 공익을 위하여 소송을 수행할 수 있다고 생각한다. 또한 1단계 절차에서도 대표당사자소송과 유사하게 운영하여 일반 개인들의 집단소송을 막을 이유도 없어 보인다.

2단계의 개별 소송에서는 개별 피해자의 권리구제를 인정한다. 2단계 소송을 통해서 소멸시효의 이점도 누릴 수 있다. 1단계 판결이 확정된 점을 기점으로 "손해를 안 날"이라는 불법행위로 인한 손해배상청구의 기산점을 삼게 되면 실제로 불법행위가 있은 날로부터 상당기간 동안 원고들은 소제기 여부를 검토할 수 있게 된다.

1단계 절차는 제외신고(opt-out) 방식으로, 2단계 절차는 가입신고(opt-in) 방식으로 진행하는 것이 보다 합리적이라고 생각한다. 소액다수의 피해자들에게 손해배상의무가 있다는 확인의 소는 특별한 사정이 없으면 공통된 쟁점인데다가 2단계 절차에서 개별피해자들이 소 제기 여부를 선택할 수 있기 때문에 opt-out 방식을 유지해도 문제는 없어 보인다.

다만 2단계에서 개별적인 권리구제에 opt-out 방식을 적용하면 헌법이 정한 재판청구권에 위반되지는 않으나 적어도 민사소송법이 정하고 있는 대원칙 중 처분권주의 문제에 있어서는 충분한 설명이 되지는 않는다. 이를 보완해주기 위하여 나온 것이 통지(고지) 제도인데 어느 경우이든 완벽한 통지가 존재하기 어렵고 대표원고가 아닌 한 적극적으로 소송에 개입할 여지가 적음에도 후소로 다투지 못하게 하는 것은 위헌은 아님에도 opt-in 방식보다는 처분권주의에 부합하지 않아 보인다. 물론 제외신고의 기회를 준다고는 하지만 얼마나 소송이 구체적으로 진행되고 있는지 제대로 설명을 들을 수 있는지 문제인 것이다.

변호사의 입장에서도 제외신고(opt-out) 방식을 굳이 선호하지 않는다. 이 방식을 유지할 경우 일단 수임을 받는 자들이 제한되기 때문에 수임료 문제가 생기고 소송비용의 경우에도 패소한 경우 대표당사자와 소송대리인이 모두 부담해야 되는 문제가 생긴다. 반대로 승소한 경우에도 과도한 보수 논란에 휩싸이게 된다. 따라서 opt-in 방식이 차라리 의뢰인을 관리하기에도 편하고 사건을 진행하기에도 편하다. 피고(주로 기업)의 입장에서도 당연히 가입신고(opt-in) 방식을 선호한다. 사실 집단소송이 두려운 이유는 거액의 손해배상 때문인데 제외신고(opt-out) 방식이면 잠재적인 원고 모두의 손해액을 산정해야 되는 난점이 발생한다.

원고의 입장에서 볼 때도 과연 권리 위에 잠자는 자를 보호해야 하는지 의문일 수 있다. 카드정보 유출 사태에서 보듯 이미 우리나라의 국민수준은 소송에 대하여 이미 많이 유연해 졌다. 인터넷 카페를 통해서 얼마든지 변호사를 선택해서 선임할 수도 있게 되었기 때문에 적어도 변호사 비용 때문에 집단소송에 참여하는 것을 주저하지는 않는다. 그럼에도 불구하고 굳이 opt-out 형식을 유지하여 소를 제기할 의도도 없는 자 혹은 애매하게 별 생각이 없는 자들의 권리까지 보호해 주어야 하는지 의문이다.

현행법을 따르더라도 분배절차에서 권리신고를 한 자만이 보호를 받도록 되어 있다. 다시 말해 전통적인 금전배상의 경직된 손해배상 방법을 유지하는 한 아무리 제외신고 방식을 취한다고 하더라도 결국 분배절차에서 권리신고 방식으로 구제신청을 하여야 한다. 우리나라는 구성원들이 가만히 있어도 미국처럼 관련 기금에 분배가 된다든가 무엇인가 유익한 간접적 수단으로 분배가 되지 않는데 우리나라는 국가나 분배관리인이 알아서 배상을 챙겨주지 않는 구조인 것이다. 그렇다면 차라리

2단계 구제절차에서 가입신고를 하는 자는 당연히 권리신고를 한 것으로 간주해 버리면 현행법과의 차이도 나지 않으면서 재판청구권의 논란도 최소화 시킬 수 있어 보인다.

그럼 충분하지 않은 손해배상액수는 어떻게 할 것인가? 이 점은 공정거래법 등에서 최근 논의되고 있는 3배수 법안을 대안으로 생각해 본다. 사실 소비자 피해나 집단소송 피해가 급증하는 데는 법원의 보수적인 태도도 기여한 바가 있다. 최소한 인과관계의 증명이나 손해발생 및 손해액의 증명은 명확한 법률문제이기 때문에 어느 정도 법원의 재량이 있었다. 또한 위자료 산정을 비롯한 손해액 인정도 법원의 전권이기 때문에 얼마든지 법원이 재량권을 발휘할 수 있었다. 최근에 우리 법원은 그나마 인과관계의 증명이나 손해 부분의 증명은 비교적 완화하는 판결이 보여 고무적이기는 하다. 그러나 아직도 손해액의 인정은 대단히 보수적인 시각에서 벗어나지 못하고 있다. 특히 정신적, 신체적, 경제적 손해의 산정에 대하여 현실과 너무 동떨어진 판결을 내는 것이 문제인 것이다. 이 점을 감안하면 정책적으로 3배수 이내에서는 징벌적 손해배상을 인정하는 것이 타당할 수 있다. 법에서 규범적으로 인정하는 손해 이외에도 무형적인 손해를 반영할 수 있는 최소한의 장치는 필요한 것이다. 이 제도는 소액다수의 피해자로 하여금 최소한의 배상을 받을 계기를 마련해 줄 수 있다고 보인다.

정리하자면 다음과 같다. 공익적 성격이 인정된 분야에는 원칙적으로 단체소송을 진행할 수 있도록 할 필요가 있다. 단체소송은 단체의 목적에 부합하여야 하므로 열거적으로 규정해도 큰 문제가 없다. 그 외에 다른 집단적 분쟁이 필요하다면 개인들이 대표당사자소송을 진행할 수 있게 하여야 한다. 단체소송은 단체인증이 법으로 되어 있지만 대표당사자소송은 법원으로부터 집단인증을 받아야 하는 것이다. 이 경우 2단계 구제절차를 전제로 할 경우 1단계 절차에서는 단체소송이든 대표당사자소송이든 손해배상의무확인 소송의 형태로 진행하게 된다. 이때는 판결의 주문뿐만 아니라 이유에도 구속력을 미치게 하여야 하고 이유에는 주의의무 위반, 인과관계, 손해의 발생, 손해배상의 계산방법을 포함하여 설시되어야 하고 경우에 따라서는 손해배상 총액도 미리 판정을 할 수 있는 방법도 고려되어야 한다. 1단계 구제절차에서 소송비용은 장기적으로는 호주의 기금운영회사 방식에 착안하여 우리나라의 대한법률구조공단 같은 곳을 지정할 필요가 있다고 보인다. 또한 1단계 구제절차는 손해배상 이외에도 금지청구 등 다양한 수단을 강구할 수 있도록 설계될 필요가 있다.

2단계 권리구제절차는 손해배상액을 산정만 하면 되므로 굳이 소송절차로 할 이유 없이 비송절차로 간이하게 진행할 수 있다. 현행법으로도 분배절차에서 권리신고를 해야 분배를 받을 수 있도록 되어 있는 점을 감안하면 2단계 구제절차에서 가입신고를 하면 곧바로 권리신고가 되도록 설계를 할 경우 현행 분배절차에서 크게 벗어나지 않으면서 재판청구권 논란도 불식시킬 수 있다. 물론 제외신고 방식의 문제점을 지적하면서 재판청구권 침해 논의를 하는 것이 부당하다는 점은 이미 설명한 바 있다. 그런데 2단계 권리구제절차의 논의는 이 제도의 도입을 고려할 수 있을 정도로 현행 대표당사자소송, 단체소송이 정착되었을 경우의 문제이다. 매우 효율적으로 보이는 2단계 권리구제절차는 당장 도입하기보다는 조금 시간을 두고 지켜보면서 해외사례를 더 검토할 필요가 있다.

단체소송이든 대표당사자소송이든 가입신고(opt-in) 방식으로 참가하게 되고 손해배상액 산정도 개별적으로 하게 된다. 제외신고(opt-out) 방식처럼 분배절차를 하게 되면 손해액 산정이 지나치게 복잡해진다는 점, 재판청구권의 실질적 보장 및 처분권주의와의 정합성 등을 볼 때 가입신고(opt-in) 방식이 보다 타당해 보인다. 이 경우 단체소송이든 대표당사자소송이든 개별 피해자가 손해배상을 청구할 수 있으나 단체가 직접 손해배상청구를 할 수 있는지는 단체소송의 연구에 맡기기로 한다. 물론 입법론상 단체소송의 단체가 별도의 금지청구나 다른 권리를 행사할 수 있고 대표당사자소송의 집단 역시 금지청구나 다른 권리를 행사할 수 있다는 점은 고려의 여지가 있을 것이다. 이 경우 1단계 구제절차에서 패소한 회사측이 2단계 구제절차에서 불필요한 항변을 남용하며 절차를 지연하는 일을 방지하려는 노력도 필요해 보인다. 프랑스처럼 법원에게 절차권 남용에 대한 강력한 제재권을 부여하는 것도 하나의 대안이 될 수 있다.

또한 관할의 집중도 필요해 보인다. 현행 증권관련 집단소송의 경우 전속관할에 관한 규정은 있고 제외신고 기간 중 구성원의 소제기를 제외신고 간주로 본다는 조항은 마련되어 있다. 그러나 증권관련 집단소송 이전에 제기한 유사한 소송은 어떻게 할 것인가에 대한 규정은 없고 제외신고 기간 이후 구성원의 별소 제기는 어떻게 할 것인가에 대한 규정도 없다. 전자의 경우에는 이송시켜 병합하는 방안, 소송을 중단시키고 기일을 추후 지정하는 방안 등을 생각해 볼 수 있으나 분쟁의 통일적 해결을 위해서는 병합을 시키거나 집단소송에 흡수시키는 방안이 제도의 취지에 부합해 보인다. 후자의 경우에는 청구권 경합의 법리가 문제되는데 소송물이 같거나(소송법설) 법조경합 관계(구실체법설)이므로 중복소송의 문제로 처리하는 것이 바람직하다고 생각한다. 2단계 권리구제절차의 경우에도 1단계 구제절차와 마찬가지로 관할의 집중이 필요하다. 1단계 구제절차에서 판결이 확정된 경우 1심 수소법원 등 적합한 법원에서 2단계 구제절차를 진행하는 방안을 생각해 볼 수 있다. 궁극적으로는 대표당사자소송이나 단체소송을 전담하는 재판부를 설치해야 보다 효과적인 업무처리가 될 수 있을 것으로 기대한다.

단체소송이나 대표당사자소송의 요건을 갖추지는 못했지만 소액·다수의 피해를 양산하는 사건의 경우 미국의 복수관할 소송처럼 한 곳에서 사실상 법률상 쟁점을 심의하여 공통된 결론을 내린 뒤 이송을 하는 방식을 고려해 볼 수 있다. 다시 말해 대표당사자소송이나 단체소송에 있어서 소송허가 결정이 기각되었다고 하여 곧바로 통상공동소송 절차를 진행하지 말고 사안의 특성을 파악하여 복수관할 소송과 같은 별도의 절차를 진행할 수 있는 방안을 찾았으면 한다. 이 경우 변론을 병합은 물론 증거수집 방식도 단순한 문서제출명령이 아니라 증거개시제도를 일부 도입하거나 수사 또는 감리 관련 기록 제출명령을 인정하여 증거의 구조적 편재를 시정하려는 노력을 할 필요가 있다.

재판 이외의 분쟁해결 절차도 정비할 필요가 있다. ADR 전치주의는 오히려 절차 지연의 우려가 있고 재판절차도 활성화되지 않았는데 ADR 활성화는 본말이 전도되었다는 주장이 유력하다는 점은 관련부분에서 살펴보았다. 집단소송이 활성화되지 않은 상황에서 전치주의를 도입하는데는 많은 무리가 따르는 것도 사실이다. 추후 제도가 활성화되면 고려할 사항이다. 다만 집단적 분쟁이 대부분 화해를 비롯한 ADR로 끝나는 경우가 많다는 점, ADR 절차에서 정리된 쟁점을 이용하면 재판에서 효율적으로 이용할 수 있는 점, 사법보좌관을 재판뿐만 아니라 ADR에도 이용할 수 있는 점, 이미 법원이 조정센터를 설립하여 물적 인프라가 갖추어진 점을 감안하면 1단계이든 2단계이든 언제라도 ADR을 활용할 수 있다고 보인다. 이 경우 ADR에는 재판상 화해의 효력과 시효중단의 효력이 부여되어야 함은 물론이다.

제3절 마치며

증권관련 집단소송, 소비자단체소송은 현대형 분쟁을 해결하기 위한 방편으로 나온 소송절차이다. 종래의 협소한 당사자적격을 넓혀 권리구제의 폭을 넓혀주기 위함인 것이다. 어찌 보면 단순히 소송절차법의 문제인 것인데 제도의 반사적 효과로 인하여 엄청난 손해배상의 문제로 인하여 마치 절차법이 이념법화 되어버린 측면이 있어 보인다.

분명히 제도를 운영하다보면 장단점이 나오고 생각지도 못한 부작용 심지어 생각지도 못한 외부효과가 나오기 마련이다. 개인적인 생각으로 볼 때 이런 이념적인 측면은 제도의 도입을 논의할 때 전면적으로 언급하지 않는 것이 타당하다. 다시 말해 절차법을 도입할 때는 원래의 제도의 취지에 가장 충실하게 도입하되 그 이후 부작용이 예상되면 수정을 논하는 것이 맞기 때문이다.

현재의 증권관련 집단소송은 그 자체로도 한계점이 너무 많다. 비록 우리나라 자체적으로 도입한 것이 아니라 어쩔 수 없이 떠밀려 도입한 것이 아쉽긴 하지만 적용범위가 너무 좁고 시간과 비용이 과도하기 때문에 제도의 이용자 입장에서 통상 공동소송보다 별 나은 점을 찾지 못하고 있는 실정이다.

증권관련 집단소송을 논의할 때 관련 법률의 개선점을 논의하는 것도 상당히 의미가 있다. 당장 드러난 문제점을 고쳐야 그나마 제도의 이용자들에게 도움을 줄 수 있기 때문이다. 그러나 제도를 연구함에 있어서는 드러난 증상 보다는 그 원인이 무엇인지를 밝히는 것이 더 중요하다고 하겠다. 우리나라에서 증권관련 집단소송을 해결함에 있어 가장 중요한 문제는 정확한 성격을 파악하여 체계적인 입법을 하는 것이다. 앞서 살펴본 부분 중 상당수는 자본시장법이라는 실체법과 연관되어 있다. 유감스럽게도 절차법이 실체법과 결합하는 순간 절차법 고유의 특성이 실체법에 묻히게 될 가능성이 높은 게 현실이다.[751)]

따라서 증권관련 집단소송법을 활성화 하고 보다 현실화하기 위해서는 증권을 포함한 다른 부분까지 아우르는 집단적 분쟁해결에 관한 절차법을 두는 것이 가장 타당한 방법이라고 생각한다. 아울러 집단소송 반대론자들도 설득할 수 있도록 집단소송이 가지는 과잉적 요소들도 제거시켜 적어도 합리적 토론의 장에서 많은 논의

751) 국회에 입법된 다수의 개정안들이 적용청구권의 범위 확대 혹은 적용 분야 확대를 중점으로 한다.

를 할 수 있어야 한다.

집단분쟁을 해결함에 있어서 실체법의 적용관계에만 집중하는 것은 대단히 위험할 수 있다. 경우에 따라 실체적 진실을 위하여는 절차적 정의에 대한 무관심으로 이어질 수 있기 때문이다. 절차법은 절차법 고유의 분쟁 해결 및 타협의 장을 마련해 주는 역할에 집중할 수 있을 때 집단소송은 우리사회에서 제 자리를 잡을 수 있을 것으로 생각한다.

참 고 문 헌

국내문헌

• 단행본

강현중, 『민사소송법』, (박영사, 2004).
곽윤직, 『채권총론 제6판』, (박영사, 2003).
기업소송연구회, 『증권집단소송법』, (삼영사, 2005).
김건식, 『미국의 증권규제』, (홍문사, 2001).
김두일·김일중, 『법경제학 이론과 응용』, (해남, 2011).
__________, 『법경제학 이론과 응용Ⅱ』, (해남, 2013).
김상용, 『불법행위법』, (법문사, 1997).
김학석·김정수, 『자본시장법상 부정거래행위』, (SFL 그룹, 2015).
김홍엽, 『민사소송법 제8판』, (박영사, 2019).
김화진, 『자본시장법 이론』, (박영사, 2014).
김형배, 『채권총론』, (박영사, 1998).
_____, 『채권각론』, (박영사, 1997).
금융감독원, 『기업공시 실무안내』, (2012).
대한상공회의소, 『미국의 집단소송제 운영실태와 정책시사점』, (경제연구총서 제380호, 2006).
박민영, 『미국의 Class Action 1』, (한국학술정보, 2012).
_____, 『미국의 Class Action 2』, (한국학술정보, 2012).
박영도, 『입법학 입문』, (한국법제연구원, 2008).
박정우 외4, 『과거분식 해소대책에 관한 연구』, (서울시립대학교부설 산업경영연구소, 2004).
박철희, 『증권집단소송과 화해』, (경인문화사, 2008).
법무부, 『다수당사자소송연구』, (법무자료 제90집, 1987)
_____, 『독일단체소송에 관한 연구』, (법무자료 제94집, 1980).
_____, 『미국집단소송의 발전』, (법무자료 제91집, 1987).
법원행정처, 「소비자단체소송해설」, 2007.
_________, 『증권관련 집단소송실무』, (재판실무자료 2005-1, 2005).
변제호외 5, 『자본시장법』, (지원출판사, 2015).
사법연수원, 『미국민사법』, (2006).
_________, 『프랑스법 Ⅰ』, (2006).
_________, 『프랑스법 Ⅱ』, (2006).
석명철, 『미국증권거래법 - 미국의 시장원리와 그 운용 -』, (박영사, 2001).

손성규, 『금융감독, 제도 및 정책 - 회계규제를 중심으로』, (박영사, 2011).
송오식, 「단체법」, (전남대학교출판부, 2015).
오성근, 『일본의 금융상품거래법에 관한 연구 - 우리나라 자본시장법과의 비교를 중심으로』, (한국법제연구원, 2006).
오세훈, 『미국 민사재판의 허와실 - 과연 무엇을 배울 것인가』, (박영사, 2000).
오시영, 『미국법상의 대표당사자소송』, (법률저널, 2015).
윤승한, 『자본시장법강의』, (삼일인포마인, 2014).
이동률, 『민사소송의 당사자론』, (삼우사, 2007).
이상돈, 『미국의 집단소송제 운영실태와 정책시사점』, (대한상공회의소, 2005).
이상돈, 『공익소송론』, (세창출판사, 2006).
이상돈·홍성수, 『법사회학』, (박영사, 2000).
이상복, 『자본시장법상 기업공시 - 이론과 실무』, (박영사, 2012).
_____, 『증권범죄와 집단소송』, (삼우사, 2004).
이시윤, 『신민사소송법』, (박영사, 2017).
이의영·김재구·양덕순·이봉의, 『증권집단소송제 비교』, (한국학술진흥정보, 2007).
이준섭, 『감사책임법』, (법문사, 2005).
이효익·김한수, 『회계감사』 제2판, (신영사, 2015).
임재연, 『자본시장법』, (박영사, 2011).
_____, 『미국증권법』, (박영사, 2009).
_____, 『자본시장법과 불공정거래』, (박영사, 2014).
정동윤·유병현·김경욱, 『민사소송법』, (법문사, 2016).
정동윤, 『상법(상)』, (법문사, 2008).
정영환, 『신민사소송법』, (세창출판사, 2009).
최승재·변환봉·나지수·최광선, 『증권관련 집단소송법 개정론』, (법률신문사, 2014).
최정식, 『증권집단소송법의 이해』, (삼영사, 2008).
한국법제연구원, 『프랑스 법령용어집』, (2008).
호문혁, 「민사소송법」, (법문사, 2016).
홍기문, 「민사소송법」(제7판), (대명출판사, 2016).
황동욱, 『증권관련 집단소송』, (동현출판사, 2004).
한국증권법학회, 『자본시장법 주석서 I』, (박영사, 2015.7).
___________, 『자본시장법 주석서 II』, (박영사 2015.7).
Jack. B. Weinstein·함영주 역, 『집단소송을 위한 정의실현』, (법원공보사, 2001).
Otmar Jauerig·김홍규 역, 『독일민사소송법』, (신원문화사, 1992).
Robert D.Cooter·Thomas Ulen·한순구 역, 『Law & Ecomomics』 6th edition, (경문사, 2013).

• 학위논문

권병철, "집단소송의 법리에 관한 연구", (건국대학교 박사학위논문, 2003).

김동엽, “증권집단소송제도의 활성화 방안에 관한 연구”, (조선대학교 박사학위논문, 2015).
김상균, “제3자의 소송인입에 관한 연구 – 피고에 의한 제3자의 추가병합을 중심으로-”, (연세대학교 박사학위논문, 1995).
김정호, “증권관련 집단소송제도에 관한 법경제학적 연구”, (숭실대학교 박사학위논문, 2003).
김정철, “자본시장법상 금융투자상품의 투자자보호를 위한 제도에 관한 연구 – 자본시장법 제178조의 해석과 증권관련 집단소송법 개정방안을 중심으로-”, (고려대학교 박사학위논문, 2014).
김정환, “미국의 복합소송제도와 그 도입가능성”, (고려대학교 박사학위논문, 2011).
김학석, “금융투자상품의 부정거래행위에 관한 연구”, (고려대학교 박사학위논문, 2010).
남도현, “증권관련 집단소송법의 적용상 쟁점과 그 개선방안에 관한 연구”, (한양대학교 박사학위논문, 2015).
박성민, “증권관련 집단소송제도의 도입과정에 관한 연구 ; 신제도주의적 접근”, (서울대학교 행정학 박사학위논문, 2006).
오영교, “내부자거래와 민사책임에 관한 연구”, (연세대학교 박사학위논문, 1994).
이명민, “소비자단체소송에 관한 연구”, (고려대학교 박사학위논문, 2014).
이상복, “증권집단소송에 관한 연구 – 미국의 증권집단소송제도와 한국의 증권관련 집단소송법률안에 대한 검토를 중심으로”, (고려대학교 박사학위논문, 2003).
장송청, “집단소송제도에 관한 연구 – 한국법과 중국법의 비교를 중심으로”, (성균관대학교 박사학위논문, 2009).
정호영, “입법평가를 위한 법경제학적 접근방식에 관한 연구”, (중앙대학교 박사학위논문, 2003).
최광선, “증권관련 집단소송법제에 관한 연구”, (고려대학교 박사학위논문, 2016).
최나진, “징벌적 손해배상제도에 관한 비판적 고찰”, (고려대학교 박사학위논문, 2014).
최정식, "증권집단소송제도에 관한 법적연구", (연세대학교 대학원 박사학위논문, 2005).
한철훈, “증권관련 집단소송법안의 평가 – 남소방지정책을 중심으로 -”, (성균관대학교 박사학위논문, 2003).
함영주, “집단소송에 관한 연구 – 우리나라의 집단소송법 시안에 대한 검토를 겸하여”, (고려대학교 박사학위논문, 1997).

• **보고서 및 관련자료**

김경욱, “독일의 자본시장법상 분쟁에 관한 모범(표준)소송절차의 운영현황”, (법원행정처, 2015).
김낭규, “집단소송법 도입의 주요 쟁점과 법설계 방향”, 공정한 시장경제 확립을 위한 집단소송제·징벌적 손해배상제 도입 어떻게 해야 하나?, (대한변호사협회 외2, 2013).
법무부, “증권관련 집단소송의 제정방향”, (증권관련 집단소송법 제정 공청회 자료, 2001).
서울지방변호사회, “징벌적 손해배상제도 도입에 관한 심포지엄”, (법률신문사, 2015).
서울지방변호사회, “증권관련 집단소송법 개정을 위한 심포지엄”, 2014.

서희석, "이통3사 상대 소비자단체소송을 제기하며", 법률신문 2015. 12. 28.
오대성·강태원·함영주, 『집단소송제의 도입방안에 관한 연구(연구용역보고서)』, (사법제도개혁추진위원회, 2005).
전국경제인연합회 외5, "증권집단소송제도, 어떻게 정착시켜야 되나? - 증권집단소송제도 연착륙을 위한 대응과제 세미나 - ", 2005. 5.
정동윤, "다수당사자소송의 구조와 문제점 – 다수당사자소송연구", (법무자료 제90집, 법무부, 1987).
______, "미국의 대표당사자소송 – 그 도입실태와 도입상의 문제점 -", (법무자료 제149집, 법무부, 1991).
포괄적 집단소송법 제정을 위한 공청회 자료집, 국회의원 금태섭·대한변호사협회, 2017. 3.
한국상장회사협의회 외4, "증권집단소송 시행과 대응전략", 2005.2.
함영주, "증권관련 집단소송제의 활성화 방안에 관한 연구", (법무부 연구용역보고서, 2013).
______, "집단분쟁해결을 위한 소송구조 개선방안", (법무부 연구보고서, 2011).
Christopher Hodges·Stefaan Voet, "European Collective Redress", 유럽 집단소송법 세미나(세미나 자료), 사법정책연구원 2017. 2. 20.

• 일반 논문

강수미, "소비자단체소송의 소송법상 쟁점에 관한 고찰", (비교사법 제24권 제3호, 2017).
고형석, "집단적 소비자피해의 효율적 구제를 위한 소송제도의 개선방안에 관한 연구", (재산법연구 제32권 제4호, 2016).
______, "개인정보침해와 피해구제에 관한 연구", (법조, 통권 661호, 2011).
강태원, "집단소송에서 법관의 역할", (민사소송 한국민사소송법학회자, Vol.9-1, 2005).
강현중, "감사인의 손해배상책임제도 개선방안에 관한 연구 -연대책임 및 증명책임 관련 조항의 개정 필요성과 개선안을 중심으로-", (한국공인회계사회, 2006).
______, "증권관련 집단소송법에 관한 연구", (법학논총 제17집 국민대학교 법학연구소, 2005).
곽관훈, "일본의 집합소송의 도입 논의 및 쟁점사항", (상사판례연구 제26집 제2권, 2013).
권혁재, "독일의 단체소송제도", (民事法理論과 實務 Vol.14 No.1, 2010).
______, "영국의 집단소송제도", (저스티스 No.76, 2003).
______, "프랑스의 단체소송제도", (법학논고 Vol.35, 2011).
______, "한국에서의 집단소송제도의 도입과정 및 운영현황", (법학논고 Vol.28, 2008).
금융감독원 조사연구국, "미국의 증권집단소송 운영현황 및 정책적 시사점", 2002.
김광록, "미국증권집단소송의 최근 동향과 우리나라 증권관련 집단소송법에 대한 시사점", (企業法研究, Vol.25 No.2, 2011).
______, "증권집단소송의 최근 동향으로 본 증권관련 집단소송법의 발전적 개선을 위한 제언", (상사판례연구 제26집 제3권, 2013).
김광윤·박혜영, "회계 투명성 제고방안에 관한 실증적 연구 – 세무적 고려 포함", (세무학연구

제18권 제3호, 2002).
김경욱, “집단분쟁해결을 위한 새로운 민사소송제도의 도입에 관한 소고”, (민사소송 제17권 2호, 2012).
김남수, “EU 소비자집단소송제 도입 검토를 위한 공개 협의절차 개시 후 향후 방향에 대한 검토”, (소비자정책동향, Vol.20, 한국소비자원, 2011).
김상일·김경태, “증권집단소송제 도입이 감사보수에 미치는 영향”, (회계·세무와 감사 연구, Vol.55 No.1, 2013).
김성태, “증권관련 집단소송법에 있어서 대표당사자에 대한 연구 - 2009가합 8829사건을 중심으로 -”, (法學論叢, Vol.24, 2010).
김명아, “금융소비자 보호에 관한 법제도적 고찰 – 한국과 중국의 비교를 중심으로”, (상사법연구 제29권 제4호 통권 제69호, 2011).
김미란, “중국 증권관련 집단소송제도의 문제점과 개선방안”, (중국법연구 제21집, 한중법학회, 2014).
김성호, “미국 증권집단소송에서의 면책범위”, (상사법연구 제20권 제4호, 2002).
_____, “증권집단소송에서의 대표원고(lead Plaintiff)에 관한 연구-미국의 사적증권소송개혁법을 중심으로”, (상사법연구 제23권 제2호, 2004).
김원기·박수영, “소비자기본법상 집단적 분쟁해결제도”, (상사판례연구 제20집 제2권, 2007).
김영진, “집단소송제 도입을 통한 환경권의 보호”, (세계헌법연구 제7호)
김예경, “증권집단소송제도에 관한 고찰”, (국제회계연구, Vol.28, 2009).
김용진, “증권관련 집단소송법 제정 이후 미국으로부터의 법정지선택에 따 른 국내 상장기업의 보호방안”, (법경제연구 제40호, 2010).
_____, “미국 증권법의 역외적 적용에 관한 최근 동향과 미국 증권집단소 송에 대한 국내기업의 대응방안”, (동아법학 제52호, 2011).
김정수, “증권관련 집단소송법상 증명책임과 시장가격 이론”, (주식, 증권거래소, 2003).
김정호·박양균, “증권집단소송제도에 대한 경제학적 검토”, (증권법연구 제1권 제1호, 2000).
김 주, “중국의 대표인소송제도”, (사법개혁추진위원회).
김주영, “증권관련 집단소송제의 미활성화, 그 원인, 문제점 및 개선방안”, (기업지배구조연구, Vol.25, 2007).
_____, “투자자소송 사례분석(7) - 코오롱TNS CP소송”, (기업지배구조연구, Vol.40, 경제개혁연구소, 2011).
_____, “자본시장법상 불공정거래행위에 따른 손해배상청구의 청구인적격에 관한 검토 – 인과관계요건과의 관계성을 중심으로”, (증권법연구 제15권 제1호, 2015).
_____, “증권소송에 있어서의 전문가 감정 활용기준”, (저스티스 통권 제102호, 2008).
_____, “금융소비자 피해의 사법적 구제에 관한 소고”, (BFL 제58호, 2013).
_____, “증권집단소송에 있어서 손해배상액의 산정 및 분배방법에 관한 고찰”, (심당 송상현 선생 화갑기념논문집, 2002).
김재호, “증권집단소송의 사례분석”, (기업소송연구 2010).

김재형·김동엽, "미국 증권집단소송에 있어서 '부실표시의 중요성'", (전북대학교 법학연구 통권 제42집, 2014).
김제완, "영국과 캐나다에서의 징벌적 배상 법리의 발전과정과 현황-우니나라에서의 도입가능성 논의에 부쳐", (인권과 정의 376호, 2007).
김치원, "증권관련 집단소송법안 검토보고", (국회 법제사법위원회, 2002).
김태선, "징벌적 손해배상제도에 대한 고찰-민법개정에 따른 도입논의와 관련하여", (民事法學. 제50호, 한국민사법학회, 2010).
김학기, "증권관련 집단소송법의 문제점", (법과 정책연구, Vol.5 No.2, 2005).
김한종, "증권집단소송제도의 활성화 방안에 관한 연구", (홍익법학, Vol.10 No.3, 2009).
김화진, "증권소송에서의 인과관계이론의 재조명-미국판례동향의 시사점", (저스티스 통권 제144호, 2014).
_____, "자본시장법과 경제학 이론", (금융투자, 2014).
김희동, "집단적 권리구제소송제도에 관한 고찰 – 2단계형 제도설계의 가능성", (경상대학교 법학연구 제22권 제1호, 2014).
김홍기, "우리나라 증권관련 집단소송의 현황과 개선과제", (경제법연구, Vol.11 No.2, 2012).
_____, "금융소비자 보호를 위한 집단소송제도의 개선방안", (상사법연구 제33권 제2호, 2014).
김희철, "미국법상 공동불법행위자의 책임제한에 관한 연구 -대법원 2010.1.28. 선고 2007다16007 판례를 중심으로-", (상사판례연구, Vol.24 No.3, 2011).
남궁술, "프랑스 소비자법상 집단소송제도에 관한 연구", (소비자법연구 제3권 제2호, 2017).
노혁준, "증권집단소송과 피해주식의 범위", (증권집단소송 ISSUE 시리즈, 2005).
문기석, "미국집단소송제의 최근 동향에 대한 고찰-美國 2005년 集團訴訟 公正法(The Class Action Fairness Act of 2005)을 중심으로-", (企業法硏究, Vol.21 No.3, 2007).
박경신, "대강의 정의: 집단소송", 시민과변호사. 통권113호 (2003).
박민영, "미국의 소비자보호 Class Action에 관한 연구", (미국헌법연구 제20권 제2호, 2009).
_____, "미국의 집단피해 불법행위(Mass Tort)소송에 관한 고찰", (미국헌법연구 제22권 제3호, 2011).
박재홍, "미국 증권거래법상 정보공개의 중요성 판단기준에 관한 고찰 – 미국 증권거래법과 판례를 중심으로 -", (경성법학 제17집 제1호 경성대학교 법학연구소, 2008).
박종우 외1, "증권관련 집단소송에서의 손해액 추정", (한국경제의 분석 제18권 제1호, 2012).
박정우·정래용, "증권집단소송제에 따른 감리제도 개선방안에 관한 연구", (상사법연구 제25권 제3호, 2006).
박준선, "미국 연방증권거래법 Section10(b)에 기한 사적소송과 그 역외적용에 관한 고찰", (상사법연구 제33권 제2호, 2014).
박희주, "프랑스의 그룹소송(프랑스식 집단소송) 도입에 관한 최근 동향", (소비자정책동향 No.3, 2010).
_____, "프랑스 집단소송제도 도입", (글로벌 소비자법제동향 제1권 제2호, 2014).

백승재, "자본시장법 제정에 따른 기업감시자의 책임에 대한 고찰", (증권법연구 제11권 제3호, 2010).
변진석, "미국 민사소송에서 증거개시의 역할과 한계, 한국에 도입가능성", (미국헌법연구 제23권 제3호, 2012).
서혜숙, "미국의 1995년 사적증권소송개혁법과 관련 판례들", (판례연구, 서울지방변호사회, 2003).
서희석, "일본에서 소비자집단소송제도의 창설", (고려법학 제74호, 2014).
______, "의원발의 집단소송법안 비교 : 제19대 국회 제출법안의 특징과 과제", (입법과 정책 제8권 제1호, 2016).
______, "집단적 소비자피해의 구제를 위한 법제정비의 과제 - 가습기살균제사건을 중심으로 - ", (청파법학 통권 제13호, 2016).
석인선, "미국의 환경관련집단소송제 도입과정 및 시사점", (환경법연구 제26권 3호).
송상현, "미국 class action의 재고", (서울대학교 法學, Vol.21 No.1, 1980).
손영화, "증권집단소송제도의 개선방안에 관한 고찰", (상사판례연구, Vol.24 No.4, 2011).
______, "금융분쟁조정제도의 개선방안에 관한 연구", (한국법학논문총서, 상사법, 2001).
송민수, "집단적 소비자피해구제제도의 현황과 입법적 고찰", (전남대학교 법학논총 제36권 제3호 2016).
송종준, "증권집단소송의 발생요인분석과 법적 대응과제", (경영법률 Vol.18 No.2, 2008).
서영제·김용진, "국제민사사법공조와 미국과의 사법마찰 – 헤이그송달협약 및 헤이그증거조사협약을 중심으로-", (재산법연구 제27권 제3호, 2011).
신국미, "손해배상의 방법으로서 원상회복의 도입", (한양법학 제21권 제1집, 2010).
신종석, "증권관련 집단소송에 관한 연구", (법학연구, Vol.34, 2009).
양승규, "감사인의 부실감사로 인한 손해배상책임 – 제3자에 대한 책임을 중심으로", (가톨릭법학 제1호).
엄세용, "증권분야 분쟁해결 및 불공정거래 피해구제 개선방안 연구", (증권법연구 제16권 제1호 통권제35호, 2015).
오대성, "미국의 대표당사자소송의 현황과 그 사회적 기능에 관한 연구 – 대량불법행위사건을 중심으로 -",
______, "담배집단소송에 대한 미연방법원판결의 비교분석", (민사법연구 제11집 제1호).
______, "집단소송제의 도입필요성과 도입방향", (저스티스 통권 제95호, 2006).
______, "소비자기본법상의 단체소송의 문제점과 그 개선방향", (조선대학교 법학논총 제23권 제1호, 2016).
오석락, "환경소송의 현대적 과제", (인권과 정의 179호, 1991).
오승종, "집단소송과 대표소송에 있어서 변호사의 직업윤리", (저스티스 통권 제74호, 2003).
오정후, "증권관련 집단소송법에 대한 민사소송법적 고찰", (증권법연구 제5권 제1호, 2004).
유병현, "증권관련 집단소송법 제정안에 대한 검토", (商事法硏究, Vol.20 No.4, 2002).
윤재윤, "전문소송의 감정절차에 대하여 : 건설감정의 표준절차를 중심으로", (법조 Vol.51.

No.11, 2002).
윤진수, "손해배상의 방법으로서의 원상회복", (비교사법 제10권 1호, 통권 20호, 2002),
이규호, "증권관련 집단소송제도의 법적 경제적 분석", (규제연구, Vol.10 No.2, 2001).
_____, "공익집단소송의 비교법적 연구", (법제연구 28호, 2005).
이두아, "증권집단소송절차의 진행과 관련된 여러 쟁점들 및 그에 대한 제안", (BFL 제8호, 2004).
이명민, "독일 소비자단체소송의 민사소송법으로의 편입가능성", (동아법학 제59호, 2013).
이병준, "소비자법 내에서의 소비자기본법상 집단분쟁조정제도의 역할과 과제", (중재연구 제18권 3호, 2008).
이상윤, "집단소송에 있어서 판결의 효력", (BFL 제8호, 2004).
이상돈, "집단소송에 대한 비판적 연구 – 증권집단소송을 중심으로 - ", (民事訴訟 : 韓國民事訴訟法學會誌. 제8권 제1호, 2004).
이세인, "증권관련 집단소송제도 운영에 관한 제안 -미국의 입법례 및 소송현황을 중심으로-", (企業法硏究, Vol.19 No.4, 2005).
이윤석, "증권분쟁의 소송대체적 해결방안", (금융법연구 제10권 제2호, 2013).
이지수, "일반 소송절차법으로서의 집단소송제도- 도입필요성, 해외입법사례, 그리고 검토대안", (경제개혁연구소, No.11, 2013).
이진규, "미연방 민사소송규칙상의 집단인증", (안암법학 제42권, 2013).
임선숙, "소비자단체소송", (민사법연구 제14집 제1권, 2006.6.).
임영식, "증권집단소송에서의 피해액 추정", (법경제학연구 제7권 제1호, 2010).
전병서, "소비자단체소송에 있어서 단체의 제소권 – 그 이론적 근거 및 앞으로의 과제-", (법조 제639호, 2009).
전삼현, "증권관련 집단소송법의 개선과제", (금융법무, No.2, 2004).
_____, "미국의 허위공시관련 증권집단소송 사례검토", (법학논총 제15집 숭실대학교 법학연구소, 2006).
_____, "증권집단소송의 현재와 문제점", (기업소송연구, 2007권, 2008).
_____, "증권관련 집단소송법상의 분식회계책임", (기업소송연구, 2005(1)).
정동윤, 집단소송제도의 도입과 상장회사의 대응, (상장협 제36호, 1997).
_____, 증권관련 집단소송제도와 기업지배구조, (한일법학, 2007).
정선주, "집단분쟁의 효율적인 해결과 대량소송의 방지를 위한 대표소송제도의 신설", (민사소송 제15권 2호, 2012).
정승화, "주주대표소송의 활성화를 위한 소고", (상사판례연구 제26집 제2권, 2013).
정영수, "미국 집단소송의 쿠폰화해에 관한 고찰", (法曹, Vol.57 No.11, 2008).
_____, "소비자단체소송에 관한 고찰", (법조 56권 3호 통권 606호, 2007).
정윤모·손영락, 『증권집단소송과 투자자 보호』, (한국증권연구원, 2001).
정준우, "외감법상 외부감사인의 책임에 관한 비판적 검토", (경제법 연구 제14권 제1호, 2015).
조성봉, "미국의 증권집단소송제 운영현황과 정책적 시사점", (한국경제연구원 정책연구, 2001).

주진열, “최근 공정거래관련 집단소송제 도입을 위한 공정거래법개정안에 대한 고찰”, (법학논총, Vol.29 No.4, 2012).

차문호, “미국 집단소송제도의 운영”, (재판자료 107집 법원도서관, 2005).

최광선, “감사인의 손해배상 책임에 대한 비판적 검토 : 청구권경합설을 중심으로”, (저스티스 통권 제149호, 2015).

______, “개정 외감법상의 비례책임제도에 관한 고찰”, (저스티스 통권 제143호, 2014).

______, “증권관련 집단소송법에 있어서 다수당사자소송형태의 개선방향 – 미국 FRCP에 규정된 impleader의 도입을 중심으로 -”, (안암법학 통권 제45호, 2014).

______, “주식회사의 외부감사에 관한 법률에 있어서 과징금 도입의 문제점과 개선방안”, (상사법연구 통권 제34권 제4호, 2016).

______, “증권관련 집단소송법에서의 청구권경합”, (전남대학교 법학논총 제36권 제4호, 2016).

______, “현행 문서제출명령 제도의 문제점과 개선방안”, 법과 기업연구 제7권 제2호, 2017. 8.)

______, “소비자 집단소송의 발전방향에 관한 제언”, (충남대학교 법학연구 제29권 제1호, 2018.)

최난설헌, “공정거래법상 집단소송제 도입을 위한 논의와 최근 동향”, 선진(상사법률연구 통권 제63호, 2013).

최문희, “증권관련 집단소송과 비례적책임(Proportionate Liability)에 관한 소고 - 도입여부와 추가부담재판에 관한 고찰을 중심으로-”, (증권법연구, Vol.6 No.1, 2005).

최승재, “효율적 시장가설의 규범 포섭 : 시장사기이론의 적용한계의 획정을 중심으로”, (증권법연구, Vol.12 No.1, 2011).

______, “미국 집단소송공정화법 제정의 의미와 시사점”, (법률신문 2005. 3. 14).

최완진, “증권집단소송제도에 관한 법적 고찰 - 증권관련 집단소송법의 문제점을 중심으로”, (경영법률, Vol.16 No.1, 2005).

최정식, “증권관련 집단소송의 소송허가에 관한 연구”, (증권법연구 제6권 제2호, 2005).

______, “증권관련 집단소송법의 개선방안에 관한 고찰”, (저스티스, No.102, 2008).

______, “증권집단소송의 분배절차와 분배잔여금처리의 고찰”, (법학논총 제20집 숭실대학교 법학연구소, 2008).

______, “증권집단소송제도의 활성화를 위한 제안”, (법학연구 제53집 숭실대학교, 2014).

최진이, “증권관련 집단소송법의 문제점과 개선방안에 관한 연구”, (企業法硏究, Vol.23 No.1, 2009).

한충수, “증권관련 집단소송에서의 손해산정과 분배절차”, (저스티스 통권 제72호, 2003).

______, “증권관련 집단소송법의 허가요건과 허가절차상의 몇 가지 문제점”, (인권과 정의 제331호, 2004).

______, “인터넷·모바일 공동소송의 현황과 대안 – 제외신고 방식의 집단소송 도입 가능성을 중심으로 –”, (한양대학교 법학연구소 법학논총 제29권 제4호, 2012).

______, “소비자보호를 위한 바람직한 집단소송 시스템”, (민사소송 제10권 제1호, 2006).

함승완, "증권관련 집단소송의 진행과 관련한 몇 가지 쟁점들", (BFL Vol.43, 2010).
______, "증권관련 집단소송의 분배절차와 관련한 몇 가지 쟁점들", (BFL Vol54, 2012).
함영주, "집단소송제에 대한 연구 및 입법의 최근 동향 - 분쟁해결시스템간의 경쟁의 관점에서", (民事訴訟 : 韓國民事訴訟法學會誌, Vol.16 No.1, 2012).
______, "소비자집단분쟁조정제도에 관한 고찰 - 절차법 체계정합성의 관점에서 본 집단분쟁조정제도 -", (민사소송 : 韓國民事訴訟法學會誌, Vol.14-1, 2010).
______, "불법집단행위에 대한 집단소송법안과 집단소송법안에 대한 의견", 2009년 국회법제사법위원회 제출 의견서 (民事訴訟 : 韓國民事訴訟法學會誌, Vol.13 No.1, 2009).
______, "증권관련 집단소송제도의 도입에 따른 대응방안", (民事訴訟 : 韓國民事訴訟法學會誌, Vol.8 No.2, 2004).
______, "우리나라 특유의 집단분쟁에 대한 ADR방식의 대안 모색 - 식품, 집단시위 집단소송법 제정논의와 관련하여 -", (民事訴訟 : 韓國民事訴訟法學會誌, Vol.12 No.2, 2008).
______, "소비자단체소송의 법적 성질과 집단분쟁해결 시스템의 구축 방향", (법조 통권633호, 2009).
______, "미국 연방지방법원의 대표당사자소송운영의 경험을 통해 본 우리 집단소송제의 바람직한 운용 및 입법방안", (민사소송 12권 1호, 2008).
______, "절차법적 관점에서 살펴본 증권관련 집단소송법상의 분식회계의 처리",
______, "환경집단소송법 도입의 논의에 대한 검토", (民事訴訟 : 韓國民事訴訟法學會誌, Vol.11 No.2, 2007).
______, "프랑스 소비자단체소송법 제정의 의의와 시사점", (민사소송 제20권 2호, 2016).
함영주·이연주, "이스라엘 대표당사자소송법제의 발전과정 및 시사점", (저스티스 통권 제132호, 2012.10).
홍성수, "영국 집단소송제도", (최신외국법제 정보, 한국법제연구원, 2007).
황현호, "손해배상소송에 있어서 증명의 정도 및 범위", (법조 제557호, 2003).
Eunice K. Kim, "도드-프랭크법 비리제보제도와 기업준법문화 정립", (증권법 연구 제16권 제2호 통권 제36호, 2015).
John Carlson, "Procedural Lessons from the Toyota Unintended Acceleration Class Action Litigation", (민사소송 제15권 2호).

• 회계학논문

고성삼·조애랑·유재형, "분식회계와 증권집단소송제도에 관한 연구", (대한경영학회지 제21권 제3호 통권 68호, 2008).
김상일·김경태, "증권관련 집단소송제도가 재무분석가의 예측정확성에 미치는 영향", (대한경영학회지 제26권 제4호 통권 102호, 2013).
__________, "증권집단소송제 도입이 감사보수에 미치는 영향", (회계·세무와 감사연구 제55권 제1호 통권 제57호, 2013).
김일중, "한국 증권관련 집단소송법 적용범위의 적절성에 관한 실증분석 : 법과 경제의 접목",

김일중·김진호, “한국증권관련 집단소송법 적용범위의 적절성에 관한 연구, 입법과정 검토 및 실증분석”, (금융연구, Vol.22 No.3, 2008).
________, “집단소송의 남소 방지를 위한 일고 : ‘소송허가절차에서의 소익검토를 중심으로”, (법경제학연구 제3권 제1호, 2010).
김일중·모병욱, “증권시장 위법행위들의 효율적 억지시스템에 관한 법경제학적 분석”, (금융연구, Vol.20NaN2, 2006).
김평기, “소송위험이 적시성에 미치는 상호작용 효과”, (산업경제연구 제24권 제2호, 2011).
_____, “집단소송제도가 회계의 투명성에 미치는 영향”, (회계학연구 제27권 제4호, 2002).
박종성·김정환, “증권관련 집단소송제 도입 이후 감사인의 보수성 변화”, (회계저널 제22권 제1호, 2013).
_____, “소송위험이 회계감사 계약에 미치는 영향”, (회계정보연구, 제29권 제4호, 2011).
신찬휴·김정교, “2000년대의 감사환경 변화와 감사인 보수주의 : 내부회계관리제도와 증권관련 집단소송법을 중심으로”, (회계학연구 제40권 1호, 2015).

외국문헌

• 단행본

David Herr, 『Manuel for complex litigation』 fourth, West, (2011).
Friedenthal, Jack H., Mary Kay Kane & Miller, Arthur R., 『Civil Procedure』, 4th ed., Thomson/West, (2005).
Harald Koch, Frank Diedrich, 『Civil Procedure in Germany』, Kluwer Law International The Hague·London·Boston, (1998).
Hensler, Deborah (EDT), Hodges, Christopher (EDT), Tulibacka, Magdalena (EDT), 『The Globalization of Class Actions』, The Annals of the American Academy of Political and Social Science vol. 622, SAGE, (2009).
Howard M. Erichson, 『Civil Procedure – What Matters and Why』, Aspen Publishers, (2009).
Jacque Cory, 『Business Ethics : The Ethical Evolution of Minority Shareholders』, Kluwer Academic Publishers, (2001).
Jay Tidimarsh, Roger H. Trangsrud, 『Complex Litigation – Problems in advanced Civil Procedure』, Foundation Press, (2002).
Jeffrey Pinsler SC, 『PRINCIPLES OF CIVIL PROCEDURE』, Academy Publishing, (2013).
Joseph W. Glannon, 『Civil Procedure』 5th edition, Aspen Publishers, (2005).
Kevin Clermont, 『Principles of Civil Procedure』, Thomson West, (2009).
Mary Kane, 『Civil Procedure In a nutshell 7th edtion, Thomson West, (2013).
Richard D. Freer, 『Civil Procedure』 3rd edtion, Aspen Publishers, (2012).
Richard L. Marcus·Edward F. Sherman, 「Complex Litigation」, 6th ed., West Publishing Co.

2015.
Robert H. Klonoff, 『Class Actions and Other Multi-Party Litigation In a nutshell』, 3rd edition, Thomson West, (2007).
Thomas Lee Hazen, 『Securities Regulation In a nutshell 10th edition, Thomson West, (2009).

• 일반 논문

Ada Pellegrini Grinover, "The Globalization of Class Actions : Brazil", The Annals of the American Academy of Political and Social Science vol. 622, SAGE, (2009).
A. Gidi, "Class action in Brazil: A Model for Civil Law Countries", American Journal of Comparative Law vol.50, (2003).
Alon Klement·Keren Weinshall-Margel, "Cost-benefit Analysis of Class Actions : An Israeli Perspective", Journal of Institutional and Theoretical Economics, (2016).
Amichai Magen·Peretz Segal, "The Globalization of Class Actions : Israel", The Annals of the American Academy of Political and Social Science vol. 622, SAGE, (2009).
Anthony J. Sebok, "punitive damages: From Myth to Theory", Iwoa L. Rev. 92 (2007).
Arthur R. Miller, "Of Frankenstein Monster and Shining Knight: Myth, Reality, and the Class Action Problem", 92 Harvard Law Review 664, (1979).
Bondi, B.J., "Facilitating Economic Recovery and Sustainable Growth through Reform of the Securities Class-Action System: Exploring Arbitration as an Alternative to Litigation", Harvard journal of law & public policy, Vol.33 No.2, (2010).
CHRIS J. CHASIN, "MODERNIZING CLASS ACTION CY PRES THROUGH DEMOCRATIC INPUTS: A RETURN TO CY PRES COMME POSSIBLE", University of Pennsylvania Law Review, v.163 no.5, (2015).
Christopher Hodges, "The Globalization of Class Actions : England and Wales", The Annals of the American Academy of Political and Social Science vol. 622, SAGE, (2009).
Christogher R. Leslie, "THE SIGNIFICANT OF SILENCE: COLLECTIVE ACTION PROBLEMS AND CLASS ACTION SETTLEMENTS", Florida Law Review, (2007).
Coffee, J. C., "Reforming the Securities Class Action: An Essay on Deterrence and Its Implementation", Columbia law review, Vol.106 No.7, (2006).
Coffee, John C. Jr., "Rethinking the Class Action: A policy Primer on Reform", Indiana Law Journal, Vol 62. issue3, Article5, (1987).
Dietmar Baetge, "The Globalization of Class Actions : Germany", The Annals of the American Academy of Political and Social Science vol. 622, SAGE, (2009).
Eberhard Feess·Axel Halfmeier, "The German Capital Markets Model Case Act (KapMuG) - a European role model for increasing the efficiency of capital markets? Analysis and suggestions for reform", January 2012. p.15. Electronic copy available at: http://ssrn.com/abstract=1684528

Edward Brunet, "CLASS ACTION OBJECTORS : EXTORTIONIST FREE RIDERS OR FAIRNESS GUARANTORS", Unversity of Chicago Legal Forum Article, (2003).

Edward F. Sherman, "The MDL Model for Resolving Complex Litigation if a Class Action is Not Possible", Tulane Law Review, Vol. 82, No. 6, (2008).

Edward H. Cooper, "Rule 23: Challenges to the Rulemaking Process", 71 N.Y.U.L. 12,45 (1996).

George Vairo, "Is the class action really dead? Is that good or bad for class members?", Emory Law Journal, vol.64. (2014).

Goldstein, E. J., "Federal Rule of Civil Procedure 23: A Need for Technical Innovation", Penn State Law Review, Vol.104 No.4, (2000).

Ianika Tzankova·Daan Lungingh Scheurleer, "The Globalization of Class Actions : The Netherland", The Annals of the American Academy of Political and Social Science vol. 622, SAGE, (2009).

Ikuo Sugawara, "The Globalization of Class Actions : Japan", The Annals of the American Academy of Political and Social Science vol. 622, SAGE, (2009).

Jamie Dodge, "Facilitative judging: Organizational design in mass-mulidistrict litigation", Emory Law Journal, vol.64. (2014).

Janet Cooper Alexander, "Do the Merits Matter? A Study of Settlement in Securities Class Actions", 43 Stan. L. Rev. 497, (1991).

__________________, "AN INTRODUCTION TO CLASS ACTION PROCEDURE IN THE UNITED STATES", https://www.law.duke.edu/grouplit/papers/classactionalexander.pdf

Jasminka Kalajdzic·W.A. Bogert·Ian Mattews, "The Globalization of Class Actions : Canada", The Annals of the American Academy of Political and Social Science vol. 622, SAGE, (2009).

Jeremy Hays, "THE QUASI-CLASS ACTION MODEL FOR LIMITING ATTORNEYS' FEES IN MULTIDISTRICT LITIGATION", NYU ANNUAL SURVEY OF AMERICAN LAW, Vol.67, 589, (2012).

Jonathan C. Dickey, "SECURITIES LITIGATION UPDATE: RECENT DEVELOPMENTS UNDER THE PSLRA AND THE UIFORM STANDARD ACT", GLASSER LEGALWORKS 12TH ANNUAL CLASS ACTIONS INSTITUTE, Gibson, Dunn & Cruncher LLP, (2002),

Kitchen, C. A., "Interlocutory Appeal of Class Action Certification Decisions Under Federal Rule of Civil Procedure 23(f): A Proposal for a New Guideline", COLUMBIA BUSINESS LAW REVIEW, Vol.1, (2004).

Linda S. Mullenix, "Ending Class Actions As We Know Them : Rethinking the American Class Action", Emory Law Journal, vol.64. (2014).

Lois T Visccher, "Punitive damages: common law and civil law perspectives", Helmut Koziol,

/ Vanesa Wwlcox(eds). Springer (2009).
Lucian A. Bebchuk & Allen Ferrell, Rethinking Basic, 69 Business Lawyer 671 (2014).
Martin H. Redish, "Rethingking the theory of the class action : the risks and rewards of capitalistic socialism in the litigation process", Emory Law Journal, vol.64. (2014).
Michael A. Perino, "DID THE PRIVATE SECURITIES LITIGATION REFORM ACT WORK?", UNVERSITY OF ILLINOIS LAW REVIEW, Vol. 2003, (2003).
Michael L. Ettredge·Ying (Julie) Huang, Weining Zhang, "Conservative Reporting and Securities Class Action Lawsuits", ACCOUNTING HORIZONS, Vol.30, No.1, (2016).
Michael Palmer·Chao Xi, "The Globalization of Class Actions : China", The Annals of the American Academy of Political and Social Science vol. 622, SAGE, (2009).
Michael Y. Scudder, "The implication of market-based damages caps in securities class actions", 92 Nw. U. L. Rev, 435 (1997).
N Andrews, Multi-Party Proceedings in England : Representive ane Group Actions, Duke Journal of Comparative and International Law, vol.11, (2001).
Natalie A. DeJarlais, "The Consumer Trust Fund: A Cy Pres Solution to Undistributed Funds in Consumer Class Actions", 38 Hastings L.J. 729, (1987).
Nicholas M. Pace, "The Globalization of Class Actions : Group and Aggregate Litigation in the United States", The Annals of the American Academy of Political and Social Science vol. 622, SAGE, (2009).
Per Henrik Lindblom, "The Globalization of Class Actions : Sweden", The Annals of the American Academy of Political and Social Science vol. 622, SAGE, (2009).
Reiner H. Kraakman, "Gatekeeper. The Anotomy of a Third-Party Enforcement Strategy.", Econ & org. 53 (1986).
Rhonda Wasserman, "Future claimants and the quest for global peace", Emory Law Journal, vol.64. (2014).
Rowe, T.D., "State and Foreign Class-Action Rules and Statutes: Differences from and Lessons for Federal Rule 23", WESTERN STATE UNIVERSITY LAW REVIEW, Vol.35 No.1, (2007).
Roy L. Brooks, "Legalines, Civil Procedure, Chicago", Harcourt Brace Legal and Professional Publications, Inc., (1993).
Russell Kamerman, "SECURITIES CLASS ACTION ABUSE: PROTECTING SMALL PLAINTIFFS' BIG MONEY", Cardozo Law Review, (2007).
Seth Aronson., Amy J. Longo, "Securities Litigation Uniform Standard Act - the Year in Review", O'Melveny & Myers LLP, (2003).
Sherrie R. Savett, Berger & Montague, "Securities Class Actions Since the 1995 Reform Act : A Plaintiff Perspective", Pil Order Number 2773/ Corp, (2004).
Stephen J. Choi, A. C. Pitchard, Securities Regulation: Cases and Analysis 291 (3rd ed, 2012).

Theane Eavngelis·Bradley J. Hamburger, "Article Ⅲ standing and absent class members", Emory Law Journal, vol.64. (2014).

Thomas E.Willing, Laurel L. Hooper & Robert J. Niemic, "An Empirical Analysis of Rule 23 to Address the Rulemaking Challenges", 71 N.Y.U.L. 74, 81 (1996).

Thomas D. Rowe, Jr., State and Foreign Class Action - Rules and Statues : Difference from and Lessons for? - Federal Rule 23", Western State University Law Review vol.35 (2008).

Véronique Magnier, "The Globalization of Class Actions : France", The Annals of the American Academy of Political and Social Science vol. 622, SAGE, (2009).

Vince Morabito, "The Globalization of Class Actions : Australia", The Annals of the American Academy of Political and Social Science vol. 622, SAGE, (2009).

• 자료

http://papers.ssrn.com/sol3/papers.cfm?abstract_id=1684528

Freshfields Bruckhaus Deringer, "France adots class action", 2014

John H. Beisner, "Class Actions Seven Years After the Class Action Fairness Act", http://www.westlaw.com)2012.1.

• 독일어 논문

Peter Gilles, "Prozessrechtliche Problems von Verbraucher politischer Bedeutung bei den neuen Verbraucherverbandsklagen im deutschen Zivilrecht", ZZP 98, (1985).

Walker / Stopms, "Die bisherigen Anderungen des UklaG insbesondere durch die UWG-Reform", ZGS, (2004).

Sustmann/Schmidt-Bendum, "Der Referentenentwurf zur Reform des Kapitalanleger-Musterverfahrensgesetzes(KapMuG)", NZG 31. (2011).

Tamm, "Das Kapitalanleger-Musterverfahrensgesetz", ZHR 174, (2010).

Schneider/Heppner, "KapMuG Reload-das neue Kapitalanleger-Musterverfahrensgesetz", BB (2012).

Meller-Hannich, "Das Kapitalanleger-Musteverfahrensgesetz(KapMuG) -Eine Zwischenbilanz", ZBB 3/11.

• 프랑스어 논문

Stéphane Piedelièvre, "La loi n°2014-344 du 17 mars 2014 relative à la consommation", ÉTUDE ET COMMENTAIRES AFFAIRES, LA SEMAINE JURIDIQUE - ENTREPRISE ET AFFAIRES, (2014).

Daniel MAINGUY, "L'ACTION DE GROUPE EN DROIT FRANÇAIS – Après la loi

Hamon du 17 mars 2014", Gazette du Palais, (2014).
Jean-Paul Branlard, "L'essentiel des Règles de procédure civile", 7e édtion, Gualino, 2016.

• 일본어 논문

中田邦博·鹿野菜穂子, "消費者法の現代化と集団的権利保護", 日本評論社, (2016).
三木浩一, "消費者集合訴訟制度の理論と課題", NBL 1016号, (2014).
_______, "集合的權利保護訴訟制度の構築と比較法制度研究の意義", NBL 882号, (2008).
_______, "ブラヅルにおけるクラスアクツョン(集団訴訟制度)の概要", NBL 961号, (2011).
町村泰貴, "消費者裁判手續特例法の立法と特徵", 法學セミナ—712号, (2014).
鈴木敦士, "消費者裁判手續特例法案の概要", NBL 1016号, (2014).
鹿野菜穂子, "消費者裁判手續特例法と民事實体法", 法學セミナ—712号, (2014).
小田典靖, "消費者裁判手續特例法の成立と被害救済の實現", 法學セミナ—712号, (2014).
集合的權利保護訴訟研究會, "集合的權利保護訴訟における各種制度の比較検討(上)", NBL 932号, (2010).
____________________, "集合的權利保護訴訟における各種制度の比較検討(下)", NBL 932号, (2010).
横山 淳, "日本版 クラスアクションと金融商品取引法", 大和總研調査季報, Vol.5. (2012).

• 브라질 자료

RICARDO LUIS LORENZETTI, 『JUSTICIA COLLECTIVO』, 1st-diton, Santa Fe-RUBINZAL-CULZONI, (2010).

• 참조 인터넷 사이트

대한민국 대법원 : www.scourt.go.kr
대한민국 의안정보 : http://likms.assembly.go.kr/bill/jsp/main.jsp
한국소비자원 : http://www.kca.go.kr
한국회계기준원 : http://www.kasb.or.kr
프랑스 법령정보 : www.legifrance.gouv.fr
프랑스 국민의회(하원) : http://www.assemblee-nationale.fr
프랑스 상원 : http://www.senat.fr
독일소송제도 : http://www.disputeresolutiongermany.com
영국 법무부 : https://www.justice.gov.uk/courts/procedure-rules/civil

부록 : 프랑스 소비자법의 그룹소송

Chapitre Ⅲ : Action de groupe

Section 1 : Champ d'application et qualité pour agir
적용범위와 당사자적격

Article L623-1
Modifié par LOI n°2018-1021 du 23 novembre 2018 - art. 138

Une association de défense des consommateurs représentative au niveau national et agréée en application de l'article L. 811-1 peut agir devant une juridiction civile afin d'obtenir la réparation des préjudices individuels subis par des consommateurs placés dans une situation similaire ou identique et ayant pour cause commune un manquement d'un ou des mêmes professionnels à leurs obligations légales, relevant ou non du présent code, ou contractuelles :

법 제811-1조에 따라 인가된 전국적 수준의 소비자대표단체는 하나 또는 동종의 사업자들이 다음의 사항에 관하여 이 법 또는 계약내용과 관련성을 따지지 아니하고 공통된 원인으로서 그들의 법적 의무를 위반한 경우, 유사하거나 동일한 상황에 놓인 소비자들이 입은 개별적 손해의 배상을 받게 하기 위하여 민사사법기관에 소 제기할 수 있다.

1° A l'occasion de la vente de biens ou de la fourniture de services ainsi que dans le cadre de la location d'un bien immobilier ;

재화의 판매 또는 용역의 제공의 경우 및 부동산 임대도 포함

2° Ou lorsque ces préjudices résultent de pratiques anticoncurrentielles au sens du titre II du livre IV du code de commerce ou des articles 101 et 102 du traité sur le fonctionnement de l'Union européenne.

이러한 손해가 상법 제4권 제2편 또는 유럽연합 기능에 관한 조약 제101조 및 제102조의 관점에서 비경쟁 관행을 초래하는 경우

Article L623-2
Créé par Ordonnance n°2016-301 du 14 mars 2016 - art.

L'action de groupe ne peut porter que sur la réparation des préjudices patrimoniaux résultant des dommages matériels subis par les consommateurs.

그룹소송은 소비자들이 입은 물질적 피해에 대한 재산의 손해배상에 대하여만 적용될 수 있다.

Article L623-3
Créé par Ordonnance n°2016-301 du 14 mars 2016 - art.

L'action de groupe est introduite selon des modalités fixées par décret en Conseil d'Etat.

그룹소송은 국사원의 명령으로 정한 방식에 따라 제기된다.

Section 2 : Jugement sur la responsabilité
책임에 대한 판결

Article L623-4
Créé par Ordonnance n°2016-301 du 14 mars 2016 - art.

Le juge statue sur la responsabilité du professionnel au vu des cas individuels présentés par l'association requérante, définit le groupe des consommateurs à l'égard desquels la responsabilité du professionnel est engagée et en fixe les critères de rattachement.

판사는 신청한 단체가 제출한 개별적 사안에 관하여 사업자의 책임에 관하여 판결하고 사업자의 책임이 확정되고 병합의 기준이 정해지는데 있어서 소비자들의 그룹을 정한다.

Article L623-5
Créé par Ordonnance n°2016-301 du 14 mars 2016 - art.

Le juge détermine les préjudices susceptibles d'être réparés pour chaque consommateur ou chacune des catégories de consommateurs constituant le groupe qu'il a défini, ainsi que leur montant ou tous les éléments permettant l'évaluation de ces préjudices.
판사는 개별 소비자에게 또는 판사가 확정한 그룹을 구성하는 소비자의 개별 집단에게 손해를 배상받을 수 있음을 확정하고, 피해 금액과 이 손해를 평가할 수 있는 모든 요소를 확정한다.

Article L623-6
Créé par Ordonnance n°2016-301 du 14 mars 2016 - art.

Lorsqu'une réparation en nature du préjudice lui paraît plus adaptée, le juge précise les conditions de sa mise en œuvre par le professionnel.

판사가 손해의 현물 배상에 더 적절하다고 판단하면 그는 사업자의 이행조건을 명확하게 정한다.

Article L623-7
Créé par Ordonnance n°2016-301 du 14 mars 2016 - art.

S'il juge que la responsabilité du professionnel est engagée, le juge ordonne par la même décision les mesures adaptées pour informer de cette décision les consommateurs susceptibles d'appartenir au groupe.
Les mesures de publicité de la décision sont à la charge du professionnel. Elles ne peuvent être mises en œuvre qu'une fois que la décision sur la responsabilité n'est plus susceptible de recours ordinaires ni de pourvoi en cassation.

만약 판사가 사업자의 책임이 인정된다고 판단하는 경우 그는 그룹에 속할 수 있는 소비자들에게 이 재판을 고지할 수 있는 적절한 조치를 같은 재판에서 명한다.
재판의 공고조치는 사업자의 부담으로 한다. 이 조치는 책임에 관한 재판이 통상항소 뿐만 아니라 상고가 되지 않을 경우에만 시행될 수 있다.

Article L623-8
Créé par Ordonnance n°2016-301 du 14 mars 2016 - art.

Dans la même décision prononçant la responsabilité du professionnel, le juge fixe le délai dont disposent les consommateurs pour adhérer au groupe afin d'obtenir la réparation de leur préjudice. Ce délai ne peut être inférieur à deux mois ni supérieur à six mois après l'achèvement des mesures de publicité ordonnées par lui.
Il détermine les modalités de cette adhésion et précise si les consommateurs s'adressent directement au professionnel ou par l'intermédiaire de l'association ou de la personne mentionnée à l'article L. 623-13.

사업자의 책임을 선고한 재판에서, 판사는 소비자들이 손해배상을 받기 위하여 그룹에 가입하는 기간을 정한다. 이 기간은 그가 명령한 공고조치의 완료 후 2개월 미만이거나 6개월을 초과할 수는 없다.
그는 가입의 방법을 결정하고 소비자가 사업자에게 직접 신청할지, 단체를 통해서 신청할지, 법 제623-13조에 규정된 자에게 신청할지를 명확하게 정한다.

Article L623-9
Créé par Ordonnance n°2016-301 du 14 mars 2016 - art.

L'adhésion au groupe vaut mandat aux fins d'indemnisation au profit de l'association requérante.
L'adhésion au groupe ne vaut ni n'implique adhésion à l'association requérante.

그룹에 가입한 것은 신청 단체에게 배상금 수령에 대하여 위임을 준 것으로 본다.
그룹에 가입한 것은 신청 단체에 가입한 것으로 간주되지는 않는다.

Article L623-10
Modifié par LOI n°2016-1547 du 18 novembre 2016 - art. 84

Sous réserve des dispositions législatives relatives au maniement des fonds des professions judiciaires réglementées, toute somme reçue au titre de l'indemnisation des personnes lésées membres du groupe est immédiatement versée sur un compte ouvert auprès de la Caisse des dépôts et consignations. Celui-ci ne peut faire l'objet de mouvements en débit que pour le règlement de l'affaire qui est à l'origine du dépôt.

사법전문직의 자금처리와 관련된 규정에 따라 그룹 구성원으로서 피해를 입은 자들의 배상 명목으로 받은 모든 금액은 즉시 예금공탁금고 계좌에 입금된다. 이 계좌는 공탁의 원인이 된 사건의 정산을 위하여서만 직불로 자금 이동이 될 수 있다.

Article L623-11
Créé par Ordonnance n°2016-301 du 14 mars 2016 - art.

Le juge fixe le délai dans lequel doit intervenir la réparation des préjudices des consommateurs lésés, ainsi que celui ouvert, à cette échéance, pour le saisir des demandes d'indemnisation auxquelles le professionnel n'a pas fait droit.

판사는 피해를 입은 소비자가 손해를 배상받도록 참가해야 하는 기간을 정하고, 이 기간까지, 판사는 사업자가 의무를 이행하지 않는 점에 대한 배상을 청구하는 사건을 담당하도록 허용된 기간을 정한다.

Article L623-12
Créé par Ordonnance n°2016-301 du 14 mars 2016 - art.

Lorsqu'il statue sur la responsabilité, le juge peut condamner le professionnel au paiement d'une provision à valoir sur les frais non compris dans les dépens exposés par l'association, y compris ceux afférents à la mise en œuvre de l'article L. 623-13.
Il peut ordonner, lorsqu'il la juge nécessaire et compatible avec la nature de l'affaire, la consignation à la Caisse des dépôts et consignations d'une partie des sommes dues par le professionnel.

판사가 책임에 관한 판결을 선고할 경우 그는 단체에 발생한 지출에 포함되지 않는 비용과 제623-13조를 실행하기 위한 비용에 상응하는 충당금을 지급하도록 선고할 수 있다.
판사는 필요하거나 사건의 성격과 일치한다고 판단하는 경우 사업자에 의하여 지불된 금액의 일부를 예금공탁금고에 위탁하도록 명령할 수 있다.

Article L623-13
Créé par Ordonnance n°2016-301 du 14 mars 2016 - art.

L'association peut s'adjoindre, avec l'autorisation du juge, toute personne appartenant à une profession judiciaire réglementée, dont la liste est fixée par décret en Conseil d'Etat, pour l'assister, notamment afin qu'elle procède à la réception des demandes d'indemnisation des membres du groupe et plus généralement afin qu'elle représente les consommateurs lésés auprès du professionnel, en vue de leur indemnisation.

판사의 허가에 따라 단체는 특히 단체가 그룹 구성원들의 배상청구의 수령 절차를 진행하고 그 보다 일반적인 것으로서 단체가 소비자의 배상금에 있어 사업자에게 피해를 입은 소비자를 대리하기 위하여 국사원의 명령에서 정한 목록에 있는 사법전문직에 종사하는 자에게 조력을 받을 수 있다.

Section 3 : Procédure d'action de groupe simplifiée

Article L623-14
Créé par Ordonnance n°2016-301 du 14 mars 2016 - art.

Lorsque l'identité et le nombre des consommateurs lésés sont connus et lorsque ces consommateurs ont subi un préjudice d'un même montant, d'un montant identique par prestation rendue ou d'un montant identique par référence à une période ou à une durée, le juge, après avoir statué sur la responsabilité du professionnel, peut condamner ce dernier à les indemniser directement et individuellement, dans un délai et selon des modalités qu'il fixe.

피해를 입은 소비자의 신원과 인원수가 확정되고 이 소비자들이 동일한 금액의 피해를 입었을 경우, 제공된 금액의 합계가 같거나 동일기간 혹은 지속기간의 기준에 따른 금액의 합계가 같은 경우 판사는 책임에 관한 판결을 선고한 이후에 판사가 정한 기간과 방법에 따라 사업자에 대하여 직접적 개별적으로 소비자에게 배상할 것을 선고할 수 있다.

Article L623-15
Créé par Ordonnance n°2016-301 du 14 mars 2016 - art.

Préalablement à son exécution par le professionnel et selon des modalités et dans le délai fixés par le juge, la décision mentionnée à l'article L. 623-14, lorsqu'elle n'est plus susceptible de recours ordinaires ni de pourvoi en cassation, fait l'objet de mesures d'information individuelle des consommateurs concernés, aux frais du professionnel, afin de leur permettre d'accepter d'être indemnisés dans les termes de la décision.

사업자의 이행 이전에 판사에 의하여 정해진 방법과 기간에 따라 법 제623-14조에 규정된 재판은 그 재판이 통상항소와 상고의 대상이 되지 않는 경우 재판의 기간 내에 소비자에게 배상되는 것이 승낙될 수 있도록 사업자의 비용으로서 관련된 소비자에 대해 개별적으로 정보제공 조치를 하도록 한다.

Article L623-16
Créé par Ordonnance n°2016-301 du 14 mars 2016 - art.

En cas d'inexécution par le professionnel, à l'égard des consommateurs ayant accepté l'indemnisation, de la décision rendue dans le délai fixé, les articles L. 623-19 et L. 623-20 sont applicables et l'acceptation de l'indemnisation dans les termes de la décision vaut mandat aux fins d'indemnisation au profit de l'association.

소비자들이 승낙했던 배상에 대하여 사업자가 판사가 정한 기간에 배상을 불이행한 경우, 법 제623-19조 및 제623-20조가 적용되고, 재판의 기간에 배상을 승낙한 것은 단체에게 배상의 수령을 위임한 것으로 본다.

Article L623-17
Créé par Ordonnance n°2016-301 du 14 mars 2016 - art.

Un décret en Conseil d'Etat fixe les conditions d'application de la présente section.

국사원의 명령으로 이 절의 적용 조건을 정한다.

Section 4 : Mise en œuvre du jugement, liquidation des préjudices et exécution
판결의 이행, 손해의 정산과 이행

Article L623-18
Créé par Ordonnance n°2016-301 du 14 mars 2016 - art.

Le professionnel procède à l'indemnisation individuelle des préjudices subis par chaque consommateur, dans les conditions, limites et délais fixés par le jugement mentionné à l'article L. 623-5.

사업자는 법 제623-5조에서 정한 판결에 의하여 정해진 조건, 한도, 기간에서 각 소비자가 입은 손해를 개별적으로 배상하는 절차를 진행한다.

Article L623-19
Créé par Ordonnance n°2016-301 du 14 mars 2016 - art.

Le juge ayant statué sur la responsabilité tranche les difficultés qui s'élèvent à l'occasion de la mise en œuvre du jugement.

책임에 관한 판결을 내리는 판사는 판결의 이행시에 발생하는 난점을 해결한다.

Article L623-20
Créé par Ordonnance n°2016-301 du 14 mars 2016 - art.

L'association requérante représente les consommateurs membres du groupe qui n'ont pas été indemnisés par le professionnel dans les délais fixés, aux fins de l'exécution forcée du jugement statuant sur les demandes d'indemnisation auxquelles les professionnel n'a pas fait droit.

신청 단체는 사업자가 의무를 이행하지 않은 점에 대한 배상을 청구하는 것을 판단한 판결을 집행할 목적으로 정해진 기간에 사업자에 의하여 배상되지 않았던 그룹 구성원인 소비자를 대리한다.

Article L623-21
Créé par Ordonnance n°2016-301 du 14 mars 2016 - art.

L'intégralité des frais et des droits proportionnels de recouvrement ou d'encaissement prévus à l'article L. 111-8 du code des procédures civiles d'exécution, pour l'application des sections 1, 2 et 4 du présent chapitre, est à la charge du professionnel visé.

본 장의 1. 2 및 4절을 적용하기 위한, 민사집행법 제111-8조에 규정된 비용, 징수에 대하여 비례적인 공과금 또는 규정된 수령금은 대상 사업자의 부담으로 한다.

Section 5 : Médiation
조정

Article L623-22
Créé par Ordonnance n°2016-301 du 14 mars 2016 - art.

Seule l'association requérante peut participer à une médiation, dans les conditions fixées au chapitre Ier du titre II de la loi n° 95-125 du 8 février 1995 relative à l'organisation des juridictions et à la procédure civile, pénale et administrative, afin d'obtenir la réparation des préjudices individuels mentionnés à l'article L. 623-1.

재판부의 구성 및 민사, 형사 및 행정소송 절차와 관련된 1995. 2. 8. 법률 제95-125호의 제2편 제2장에 규정된 조건에서 법 제623-1조에서 정한 개별적 손해의 배상을 받기 위하여 단체만이 조정에 참여할 수 있다.

Article L623-23
Créé par Ordonnance n°2016-301 du 14 mars 2016 - art.

Tout accord négocié au nom du groupe est soumis à l'homologation du juge, qui vérifie s'il est conforme aux intérêts de ceux auxquels il a vocation à s'appliquer et lui donne force exécutoire.
Cet accord précise les mesures de publicité nécessaires pour informer les consommateurs concernés de la possibilité d'y adhérer, ainsi que les délais et modalités de cette adhésion.

그룹의 명의로 협상된 모든 합의사항은 법관의 승인을 받는다. 그 법관은 그 합의사항을 적용하는 자격이 있으며 집행력을 부여하는 데 있어 당사자들의 이해관계에 부합하는지 여부를 확인한다.
이 합의사항은 그룹에 가입할 가능성이 있는 관련 소비자들에게 가입의 기간과 방법을 고지하기 위하여 필요한 공고조치를 명확히 한다.

Section 6 : Modalités spécifiques à l'action de groupe intervenant dans le domaine de la concurrence
경쟁분야에 참가하는 그룹소송의 특수형태

Article L623-24
Modifié par Ordonnance n°2017-303 du 9 mars 2017 - art. 9

Lorsque les manquements reprochés au professionnel portent sur le respect des règles définies au titre II du livre IV du code de commerce ou des articles 101 et 102 du traité sur le fonctionnement de l'Union européenne, la responsabilité du professionnel ne peut être prononcée dans le cadre de l'action mentionnée à l'article L. 623-1 que sur le fondement d'une décision prononcée à l'encontre du professionnel par les autorités ou juridictions nationales ou de l'Union européenne compétentes, qui constate les manquements et qui n'est plus susceptible de recours pour la partie relative à l'établissement des manquements.

사업자의 법위반 사실이 상법 제4권 제2편 또는 유럽연합 기능조약 101조 및 102조에 정해져 있는 경우, 사업자의 책임은 법위반을 확인하고 법위반의 증명과 관련된 당사자에게 불복수단이 더 이상 가능하지 않는 경쟁당국 또는 국내 사법기관 또는 관할권 있는 유럽연합에 의하여 사업자에 대하여 선고한 재판의 기준에 따른 경우에만 법 제623-1조에 규정된 소권의 범위 내에서 선고될 수 있다.

Article L623-25
Créé par Ordonnance n°2016-301 du 14 mars 2016 - art.

L'action prévue à l'article L. 623-1 ne peut être engagée au-delà d'un délai de cinq ans à compter de la date à laquelle la décision mentionnée à l'article L. 623-24 n'est plus susceptible de recours.

법 제623-1조에 규정된 소권은 법 제623-24조에 정한 재판에서 더 이상 항소할 수 없는 날로부터 5년의 기간을 초과할 수 없다.

Article L623-26
Créé par Ordonnance n°2016-301 du 14 mars 2016 - art.

Par dérogation aux dispositions de l'article L. 623-7, le juge peut ordonner l'exécution provisoire du jugement mentionné à l'article L. 623-4 pour ce qui concerne les seules mesures de publicité, afin de permettre aux consommateurs de se déclarer dans le délai imparti.

법 제623-7조의 규정에도 불구하고, 판사는 소비자들이 제한된 시간 내에 선고를 할 수 있도록 공고수단과 관련하여 법 제623-4조에 규정된 판결의 임시이행을 명할 수 있다.

Section 7 : Dispositions diverses

Article L623-27
Créé par Ordonnance n°2016-301 du 14 mars 2016 - art.

L'action mentionnée à l'article L. 623-1 suspend la prescription des actions individuelles en réparation des préjudices résultant des manquements constatés par le jugement prévu aux articles L. 623-4 ou L. 623-14.
Le délai de prescription recommence à courir, pour une durée qui ne peut être inférieure à six mois, à compter de la date à laquelle, selon le cas, le jugement rendu en application des articles L. 623-4 ou L. 623-14 n'est plus susceptible de recours ordinaire ou de pourvoi en cassation ou de l'homologation prévue à l'article L. 623-23.

법 제623-1조에서 정한 소권은 법 제623-4조 또는 법 제623-14조에 규정된 판결에 의하여 확인된 법위반에서 발생한 손해배상의 개별 소권의 시효를 정지한다.
시효기간은 경우에 따라 법 제623-4조 또는 법 제623-14조의 적용한 판결은 통상항소 또는 상고 또는 법 제623-23조에 규정된 승인에 대한 불복을 할 수 없는 날로부터 재개하는데, 이 경우 그 기간은 6개월 이하가 될 수 없다.

Article L623-28
Créé par Ordonnance n°2016-301 du 14 mars 2016 - art.

Les décisions prévues aux articles L. 623-4 et L. 623-14 ainsi que celle résultant de l'application de l'article L. 623-23 ont également autorité de la chose jugée à l'égard de chacun des membres du groupe dont le préjudice a été réparé au terme de la procédure.

법 제623-4조 및 법 제623-14조에 규정된 재판과 법 제623-23조의 적용으로 인한 재판은 소송의 종료시에 손해를 배상받은 그룹의 구성원 개개에 대하여 모두 기판력을 가진다.

Article L623-29
Créé par Ordonnance n°2016-301 du 14 mars 2016 - art.

L'adhésion au groupe ne fait pas obstacle au droit d'agir selon les voies de droit commun pour obtenir la réparation des préjudices n'entrant pas dans le champ défini par la décision du juge mentionnée à l'article L. 623-4 ou d'un accord homologué en application de l'article L. 623-23.

그룹에 가입하는 것은 법 제623-4조에 정한 판사의 재판 또는 법 제623-23조의 적용을 승인한 합의사항에 대한 재판에 의하여 정해진 범위에 포함되지 않는 손해의 배상을 받기 위하여 일반법에 따라 소제기 하는 권리에 장애가 되지 아니한다.

Article L623-30
Créé par Ordonnance n°2016-301 du 14 mars 2016 - art.

N'est pas recevable l'action prévue à l'article L. 623-1 lorsqu'elle se fonde sur les mêmes faits, les mêmes manquements et la réparation des mêmes préjudices que ceux ayant déjà fait l'objet du jugement prévu à l'article L. 623-4 ou d'un accord homologué en application de l'article L. 623-23.

이미 법 제623-4조에 규정된 판결 또는 법 제623-23조의 적용에서 승인된 합의사항의 대상이 된 것이 있음에도 법 제623-1조에 규정된 소권이 위와 같은 사실관계, 같은 법위반, 같은 손해배상에 기초하여 판단되었다면 이 소권은 수리불가능하다.

Article L623-31
Créé par Ordonnance n°2016-301 du 14 mars 2016 - art.

Toute association de défense des consommateurs représentative au niveau national et agréée en application de l'article L. 811-1 peut demander au juge, à compter de sa saisine en application de l'article L. 623-1 et à tout moment, sa substitution dans les droits de l'association requérante, en cas de défaillance de cette dernière.

법 제811-1조에 따라 인가된 전국적 수준의 소비자대표단체는 법 제623-1조을 적용한 제소시 이후에는 신청단체의 불이행이 있을 경우 어느 때든지 신청 단체의 권리로 변경사항을 판사에게 청구할 수 있다.

Article L623-32
Créé par Ordonnance n°2016-301 du 14 mars 2016 - art.

Est réputée non écrite toute clause ayant pour objet ou effet d'interdire à un consommateur de participer à une action de groupe.

소비자에게 그룹소송에 참여하는 것을 금지하는 목적 또는 효과가 있는 어떤 문구도 작성되어서는 아니된다.

찾 아 보 기